民族文化研究叢書144

조선조 오륜시가의 역사적 전개 양상

이 책은 高麗大學校 民族文化研究院이 새로운 民族文化의 창달과 國學振興을 위하여 제정한『芝薰國學研究造成費』와『民族文化研究叢書刊行計劃』에 의하여 出版되었습니다.

民族文化硏究叢書 144

조선조 오륜시가의 역사적 전개 양상

하윤섭 지음

高麗大學校
民族文化研究院

머리말

생각해 보면 어떤 거창한 동기나 목적이 있어서 대학원에 들어온 것 같지는 않다. 그저 세상의 모든 것들을 아는 듯했던 여러 선생님들이 마냥 신기해 보였고 대학원에 들어가면 나도 그리 될 수 있지 않을까 싶었다. 행인지 불행인지 과거의 유산들을 읽고 해석하는 일련의 과정이 다른 일들보다 더 재미있었는데, 이른바 전공으로 고전문학을 택하게 된 것도 '단지' 그 이유 때문이었다.

그러다 생각이 바알간 몇몇의 '형'들을 만나게 되었고, 우리가 당연시하는 많은 지식들이 사실은 특정한 역사적 조건 하에서 일정하게 구성된 것임을 그들에게서 배웠다. 혹자에 따라 이 당연한 것을 그제서야 알았냐며 타박할 수도 있겠으나 지식의 보편성과 진실의 불변성을 의심하지 않았던 나에게 그것은 하나의 '사건'이었다. 막연한 느낌이지만 '오륜'으로 학위논문을 써야겠다는 생각도 그 어름에 들었다. 근대 이후의 우리가 인식하는 '오륜'의 개념과 근대 이전의 그들이 인식했던 '오륜'의 개념이 달랐을 수도 있겠다는 것, 이것이 작지만 큰 첫걸음이었다.

본서의 내용은 간단하다. '오륜' 개념에 덧씌워진 선험적인 규정들을 해체하여 그것 역시 다단한 시간적 흐름 속에서 끊임없이 변화해 온 역사적 구성물임을 추단하고, 이러한 오륜 담론의 구성 과정이 오륜시가의 형성 · 변이 · 굴절에 미친 적지 않은 영향의 흔적들을 발굴해 내는 것, 이것이 전부이다. 이 몇 줄을 얘기하기 위해 저리도 많은 말을 했으니 비효율도 이런 비효율이 없을 터다. 다만, 그 수많은 자료더미 속에서 유의미한 자료들을 찾아내고, 이를 다시 내 전공의 유관한 부분과 연계시켜 보았으니 이전의 나보다 조금 더 자랐겠다는 점에서 나름의 위안을 삼는다. 잘하는 일인지 알 수 없으나, 이제 그 위안거리를 책의 형태로 세상에 내어놓는다.

많은 분들의 도움이 있었다. 책의 머리말에 그분들을 호명하는 것은 그분들에게 또 한번의 빚을 지는 일이라 생각했으나 그 '불경스런' 일을 나는 지금 해야만 할 것 같다. 먼저, 지도교수이신 이창희 선생님께 감사드린다. 내가 어딘가에서 좋은 소리를 한번이라도 듣는다면 그것은 오로지 선생님의 덕이다. 물론 그 반대라면 그것은 오로지 나 자신의 탓이다. 모자란 논문을 심사해 주신 김성룡, 신경숙, 이형대, 정우봉 선생님께 감사드린다. 단언컨대, 네 분의 선생님들 덕택에 그나마 이 논문은 '덜' 부끄러울 수 있었다.

모교인 고려대학교 국어교육과와 국어국문학과의 여러 은사님들께 감사드린다. 훌륭한 스승이 남들보다 많다는 것은 분명 나에게 주어진 큰 축복이리라. 고한연 식구들도 잊을 수 없겠고, 특히 우응순·장정수 선생님은 빼놓을 수 없겠다. 너무 빨리 가 버린 은지 누나는 꼭 기억하려 한다. 수년간 몸담았던 고려대학교 민족문화연구원은 공부할 수 있는 넉넉한 공간과 논문 쓰는 데 필요한 적지 않은 자금, 여기에다 본서의 출간을 위한 지원까지 아낌없이 주었다. 민연 식구들의 온정까지 포함하여 두루 감사드린다. 함께 해 왔고, 함께 해 갈 태웅형과 성환에게는 그냥 잠자코 있으려 한다.

2013년 2학기부터 새로운 곳에 둥지를 틀었다. 사람살이의 부족함보다는 그 부족함이 만들어 낼 수 있는 보이지 않는 가능성을 굳게 믿어 주신 충북대학교 국어교육과의 여러 선생님들께 감사드린다. 그저 '좋은' 선생이 되겠다고 다짐하고 또 다짐한다.

부모님께 감사드린다. 남들이 뭐라고 하든 세상에는 지켜야 가치들이 제법 많다는 것을 두 분이 살아 온 내력에서 배운다. 동하와 동은이에게는 녀석들의 주된 관심사인 탑블라이드 팽이를 사 주겠다는 말로 대신한다. 끝으로, 쉽지 않을 삶의 행로를 함께 걸어가게 된 지현에게 고맙고 미안하며, 또 사랑한다는 말을 전한다. 분수에 넘치는 행복은 '사치'라고 생각했으니, 나는 요즘 그녀로 인해 태어나서 처음으로 너무 '사치'스럽다.

2014년 청주에서

저자 씀.

차 례

제1장
서론: 자취의 점검과 행로의 모색

1. 연구목적 및 필요성

본서는 조선조 '五倫' 담론의 역사적 변이 양상을 계보학적으로 탐색하고, 이를 '오륜시가'의 시기별 출현 양태와 비교·검토해 봄으로써 문학이 문학을 둘러싼 '문학장(場)'의 변동과 얼마나 긴밀하게 연동되어 있는가를 실증하는 데에 그 목적을 둔다. 아울러 시원의 공간에서부터 현재에 이르기까지 그 重量과 硬度에 있어 비교적 변함없이 유지되어 온 것처럼 보이는 '오륜' 개념 또한 그것을 그렇게 인식하게끔 만든 특정한 역사적 조건 하에서 일정하게 구성되어 온 것임을 입증하고자 한다. 요컨대 '오륜' 혹은 '오륜的' 개념어들, '三綱', '五常', '五品', '五教' 등에 덧씌워진 선험적이고도 초월적인 이미지를 소거하여 그것 역시 다단한 시간적 흐름 속에서 끊임없이 변화해 온 역사적 구성물임을 추단하고, 이러한 오륜 담론의 구성 과정이 오륜시가의 형성·변이·굴절에 미친 적지 않은 영향의 흔적들을 확인하는 데에 본서의 주안점이 놓여 있는 것이다.

기실 근대 자본주의의 등장과 함께 우리의 삶을 지배하던 사유 체계가 뒤바뀌면서 '오륜' 혹은 '오륜과 유사한 개념들'에 대한 저간의 인식은 다음과 같은 對極의 지점에서 형성·작용되어 왔다. 첫째, '전통' 차원에서의 인식으로, 이러한 인식의 선상에서 오륜 개념은 급격한 산업화의 진행과 함께 노정된 현대사회의 각종 병폐들을 치유할 수 있는 대안적 수단으로 주목되었다.[1)] 물론 이러한 논의들이 전근대와 근대 사이에 놓인 심원한 차이들을 무화한 채 과거의 것들에 대한 무조건적인 복원을 주장하지는 않을 터이지만, 최소한 그것이 '전통'이라는 미명 하에 다음과 같은 방식으로 악용되었던, 혹은 앞으로도 악용 가능한 소지에 대해 기민한 반성과 성찰이 필요하다는 점만은 분명해 보인다. 그리 멀지 않은 과거에 '삼강오륜'의 논리가 가족주의라는 외피를 두른 채 다수의 사회적 약자들을 억압·착취하는 이론적 근거로 사용되거나[2)] 혹은 국가가 원하는 국민像을 만들어내는 데에 일정 부분 동원되었던 것을 이미 경험한 바 있기 때문이다. 뿐만 아니라 각종 병폐들을 양산해 내는 현대사회의 구조적인 문제점은 도외시한 채 개인적 심성과 공동체적 질서의 회복만으로 그러한 것들이 절식될 수 있다고 주장하는 것은 자칫 '이념이 현실을 결정한다.'는 소박한 관념론의 반영 차원에 머물 공산이 크다 하겠다.

둘째는 '反전통' 차원에서의 인식으로, 이러한 인식의 선상에서 삼강오륜으로 대변되는 유교적 가치들은 전근대적이고 수구적이며 타기해야 마땅한 것으로 간주되었다. 이는 그 유래가 오래된 것으로 20세기 초엽의 계몽 지식인들에서부터 보이는바, "조선의 가정도 우선 부

---

1) 현대사회에서 유교가 담지한 역사적 비전과 전망의 諸 양상에 대해서는 '한국유교학회 창립 20주년 기념 학술심포지엄' 자료집에 상세히 제시되어 있다. 이에 대해서는 유교사상연구 편집부, 『유교사상연구』 24, 한국유교학회, 2005 참조.

2) Kyuhan Bae, "Labor Strategy for Industrialization in South Korea", Pacific Affairs 62, no.3, 1989, p.361~362.

자, 형제, 부부간을 떼어놓는 계급적이고, 고리타분한 예의를 타파하고, 친구와 친구 사이에서처럼 자연스런 인간의 애정을 드러내어 화기애애한 분위기가 집안에 돌게 되면 저절로 완전한 새롭고 합리적인 의례가 생겨날 것이다. …… 이는 다만 나의 사사로운 생각이 아니라 실로 신문명의 핵심이다."[3]라는 춘원의 언급에 주목해 보자. 그는 부자, 형제, 부부 사이의 관계를 규정해 온 유가적 질서, 곧 오륜 개념을 새롭고 합리적인 신문명과는 통약 불가능한, '낡고 비합리적인 것'으로 치부한다. '舊/新'이라는 이항 대립의 사유 속에서 '舊'는 '新'을 위한 '개혁'의 대상으로만 여겨졌던 것이다.

흥미로운 점은 표면상으로 서로 다른 방향을 향하고 있는 듯한 이러한 인식들이 어떤 측면에서는 다음과 같은 동일한 전제들을 공유하고 있다는 것이다. 첫째, 오륜 개념을 고정화된 실체로 여긴다는 것인데 대안적 수단이든 혹은 타기해야 할 유산이든 어떠한 주장이나 선동에 의해 얼마든지 대체 가능한 것으로 인식한다는 점이다. 이는 곧 오륜 개념을 오래된 역사적 경험과 문화적 관습에 의해 축적되어 온 구성적 산물로 이해한다기보다는 '조선적인 것' 혹은 '전근대적인 것' 등과 같이 하나의 물질화된 사물로 간주함을 의미한다.

둘째, 앞의 것과 연결되는 문제로 다양한 층차를 지닌 전근대의 시간적 흐름을 등질화시켜 그 기간 동안 오륜 혹은 오륜과 유사한 개념들이 동일한 비중이나 효력을 지녔음을 가정하고 있다는 것이다. 다시 말해 수백년에 달하는 시간의 궤적들을 '전근대'라는 全稱으로 단일화하여 '전근대=삼강오륜'이라는 등식을 不識간에 형성하게 된다는 것

3) 이광수, 「조선가정의 개혁」, 『이광수전집』 10, 우신사, 1979, 539면. 장석만, 「한국 의례 담론의 형성」, 윤해동 外, 『근대를 다시 읽는다』 1, 역사비평사, 2006, 72면에서 재인용.

이다.

셋째, '근대'라는 것이 일정한 방향성을 갖는다고 할 때 삼강오륜은 그것과 정반대의 방향으로 작용한다는 점을 전제하고 있다. 이에 따라 근대의 부정성을 상쇄시키기 위해, 혹은 근대로의 가열찬 진입을 달성하기 위해 오륜 개념은 계승과 단절이라는 양 극점에서만 사유되곤 했다. 결국 삼강오륜이라는 유가적 담론이 어떠한 이유와 방식, 그리고 조건에 의해 형성·전개·적용되었는가에 대한 세밀한 고려보다는 근대를 대타적 기준으로 삼아 그것에 대한 功過의 여부만이 논의의 주된 테제로 기능해 왔다. 여기서 중요한 것은 필자가 제기한 이와 같은 혐의들이 일련의 오륜시가 작품들을 해석하고 평가해 온 그간의 성과들과 무관하지 않다는 것이다.

필자의 관점에서 볼 때 조선조 전 시기에 걸쳐 散在해 있는 오륜시가 작품들은 그것이 갖고 있는 오래된 역사적 연원이나 시가사 전체에서 차지하는 적지 않은 비중에도 불구하고 국문학 연구사 초창기부터 비교적 최근에 이르기까지 정당한 평가를 받았다고 볼 수는 없을 듯하다. '意識的으로 詩歌를 社會敎化에 두어서 너무 敎訓的이다.'[4], '從來 우리 노래 가운데는 이러한 敎訓的인 것이 많으나 이것은 노래의 本領에서 어긋난 것이라 하겠다.'[5], '훈민시조로써 교훈적 의도를 서정적으로 표현하고자 했으나 부조화스럽다.'[6]라는 식의 평가에서 단적으로 엿볼 수가 있는데 상당한 시기적 차이를 갖고 있는 上記의 평가들에서 동일하게 전제하고 있는 것은 시가와 교훈의 '불양립성'과

4) 조윤제, 『조선시가사강』, 동광당서점, 1937, 267면.

5) 박성의, 『月巖全集 (4): 松江·蘆溪·孤山의 詩歌文學』, 예그린출판사, 1978, 189면.

6) 조동일, 『한국문학통사(3판)』 2권, 지식산업사, 2003, 345면.

양립했을 경우의 '부조화성'이라고 판단된다.

이러한 평가들은 서정시의 존재 여부를 통해 인류 문명의 발전 정도를 가늠하는 서구의 근대적 문학관에 일정 부분 견인되어 내려진 것으로 보이는데 필자는 일련의 오륜시가 작품들을 바라보는 데 있어 보다 중요한 것은 작품에 내재한 서정성의 정도라기보다는 그것이 기반하고 있는 역사적・사회적 조건들이라고 생각한다.[7] 즉 그러한 작품들이 어떠한 이유로 창작・향유되고 있었는지에 대한 저간의 사정을 좀 더 긴밀하게 살펴볼 때에야 '부조화스러움'의 실체 또한 여실히 드러날 수 있다는 것이다. 아울러 현재적 관점에서 지리하게 느껴지는 이들 작품들이 전근대의 그들에게도 동일하게 다가왔을 것이라는 막연한 확신 또한 수정되어야 할 필요가 있을 것으로 보인다. '지리함'의 기준 또한 시공을 초월하여 언제 어디서나 동일하게 유지되지는 않았을 터이기 때문이다.

물론 필자가 갖고 있는 이와 같은 문제의식들이 그간의 연구성과들을 통해 어느 정도 극복된 것 또한 사실이다. 윤성근[8]・조태흠[9]은 개

---

7) 필자의 이와 같은 언급이 문학을 뒤로 하고 문학 외적인 조건들을 전면에 내세우겠다는 의미는 아니다. 전대의 연구성과들을 단순화시켰다는 비판에 직면할 수도 있겠으나 필자가 생각하기에 재래의 성과들에서는 오륜을 둘러싼 역사적・사회적 조건들의 시기별 층차가 별반 고려되지 않은 채 오륜과 시가의 결합을 '다만' 적절치 못한 것으로 간주하는 측면이 있었다. 물론 이것은 다양한 시기에 산출된 오륜시가 작품들을 시계열적으로 나열하여 그들 사이의 세세한 편차를 확인할 수 없었던 斷代史적 구도 하에서는 불가피한 측면일 것이다. 필자는 조선조에 산출된 여러 장르의 오륜시가 작품들을 단일한 시각 하에 고찰함으로써 이러한 '불가피함'을 극복해 보고자 한다. 이러한 차원에서 필자가 진행하고자 하는 작업의 실질은 개별 작품이 놓여 있는 문학 외적 지반의 차이에 따라 각자가 담지한 문학 내적 자질들, 재래의 논의로 환언하자면 서정성의 종류나 방향이 달라질 수 있음을 확인하는 데에 있다.

8) 윤성근, 「훈민시조 연구」, 『한메김영기선생고희기념논문집』, 형설출판사, 1971.

별 작품만을 대상으로 산발적으로 진행되어 오던 종래의 성과들을 비판적으로 계승하여 이러한 부류의 작품들에 '訓民時調'라는 뚜렷한 장르적 명칭을 부여하고, 그것이 놓여 있던 역사적 조건들과의 연계 하에서 일관된 해석을 도출해 냈다. 작자의 신분과 작품의 성격, 문학적 효용 등 여러 가지 면에서 유사한 자질들을 공유하고 있는 일련의 작품들을 군집화하여 시조史의 초기적 전개 국면에서 一角을 차지하고 있는 오륜시조 작품들에 선명한 시가사적 의미를 부여하게 된 것이다. 다만 오륜 개념을 '훈민정책'이라는 단일한 시각 하에 조망함으로써 개개의 작품들이 지니고 있는 다양한 층차들을 미처 확인할 수 없었던 것은 아쉬운 점으로 남는다. 오륜시조 작자들의 신분과 작품 창작의 목적을 '목민관의 백성 교화 정책'으로 동일하게 파악했던 것이 그 대표적인 사례이다.[10] 후술하겠지만 이러한 결론은 17세기 오륜시조 작품들의 경우에는 해당되지 않는다.

이러한 점에서 김용철[11]·박연호[12]의 연구는 주목된다. 논자들은 마르크스주의 역사학에서 표방하는 경제결정론을 원용하여 조선 전·후기 훈민시조와 교훈가사를 탐색하였다. 이 논의들은 종래의 성과들을 발전적으로 집약·계승하면서도 새로운 방법론의 도입을 통해 논의의 과학성을 담보하게 된 것으로 평가할 수 있는바, 이들 논의에 힘입어 우리는 일련의 오륜시가 작품들이 당대의 사회적 정황과 괴리된 채 개별적으로 존재하는 것이 아니라 해당 시기의 역사적 요구에 걸맞

9) 조태흠, 「훈민시조 연구」, 부산대학교 박사학위논문, 1989.

10) 윤성근, 앞의 논문, 310~311면; 조태흠, 위 논문, 97면.

11) 김용철, 「훈민시조 연구」, 고려대학교 석사학위논문, 1990.

12) 박연호, 「조선 후기 교훈가사 연구」, 고려대학교 박사학위논문, 1996. 이 논문은 일련의 수정·보완을 거쳐 『교훈가사 연구』(다운샘, 2003.)라는 題名의 단행본으로 출간된 바 있다. 앞으로 이에 대한 인용은 후자를 기준으로 한다.

게 지속적으로 변모해 왔음을 확인할 수 있었다. 뿐만 아니라 이 논의들은 1980~90년대 한국 사회가 봉착했던 여러 사회적 위기들을 고민하고 모색하는 과정에서 산출된 결과물들로, 그것이 지닌 시기적 함의 또한 간단치 않다. 다만 필자가 지적하고자 하는 것은 두 연구가 기반하고 있는 방법론적 전제들에서 상기한 '근대적 시선들'이 엿보인다는 것이다.

먼저 김용철은 16~17세기 훈민시조의 출현 동인을, "지주전호제의 발전이라는 역사적 상황에 따라 급격해진 계급 간의 투쟁 및 지배계급 내부의 갈등을 재지사족의 이익에 부응하는 주자성리학적 윤리의 보급으로 해결하려는 것"으로 파악하였다. 생산관계라는 물적 토대의 변화가 주자학적 윤리의 보급 및 훈민시조의 출현이라는 상부구조의 변화를 추동했다는 것이다. 박연호는 '조선 후기'로 통칭되는 18~19세기 조선 사회를 중세 봉건 질서가 심각하게 붕괴된 상황으로 전제하고 교훈가사 작품들의 창작 및 향유를 "무너진 중세적 질서를 회복·고수하기 위한 것"으로 규정하였다. 조선 후기의 사회경제적 실태로 누차 언급되어 온 상품화폐경제의 발달, 경영형 부농의 성립, 신분제의 동요, 그로 인한 중세적 질서의 붕괴를 적출하고 교훈가사의 창작과 향유를 이러한 추세의 반동적 작용으로 간주한 것이다.

여기서 우리는 서로 다른 시기, 서로 다른 작품을 대상으로 하여 전개된 이들 논의에서 다음과 같은 공통의 해석적 기반을 발견하게 된다. 그것은 두 연구 모두 조선 사회를 중세 봉건사회의 성숙과 해체라는 일종의 역사유물론적 시각에서 이해하고 있다는 것이다.[13] 요컨대

13) 이명희, 「조선 후기 공동체 윤리규범의 특성에 관한 연구: 『승총명록』과 〈남평문씨고문서〉를 중심으로」, 한국학중앙연구원 박사학위논문, 2000, 3면.

생산수단의 소유 여부에 따라 계급 간의 모순과 갈등이 심화되고, 이와 더불어 조선 사회를 지탱해 오던 강고한 중세적 질서가 붕괴하게 되었다는 당시 사학계의 주된 논조가 오륜시가 작품들을 해석하는 데에 커다란 영향을 미친 것이다.

앞서 언급한 바와 같이 오륜시가 연구사에서 이들 논의가 차지하는 무게는 결코 가볍지 않다. 진전된 방법론의 고안과 이를 통한 일관된 작품 해석, 여기에 논자들이 궁극적으로 구현하고자 했던 당시의 시대적 요구까지 더해져 이 논의들은 조선조 오륜시가의 역사적 존재 방식을 이해하는 설명적 틀로써 매우 유효하게 기능해 왔다. 하지만 다음과 같은 질문들은 이와는 다른 그림을 그릴 수도 있는 가능성, 그리고 필요성을 우리에게 환기시켜 준다.[14)]

첫째, 양자가 기반하고 있는 방법론적 토대는 일종의 '경제주의' 혹은 '환원주의'이다. 여기서 경제주의란 사회의 경제적 기반을 유일한 결정 구조로 간주하는 특정한 이론적 접근방식으로, 이러한 방식은 사회구성체의 다른 모든 차원을 '경제'와 접합되는 또다른 수준에서 그

---

14) 주지하는 바와 같이 종래의 오륜시가 연구에서 경기체가·시조·가사 작품들을 단일한 논문 안에서 다룬 경우는 거의 없다. 물론 조태흠과 박연호의 경우는 예외이지만, 이들 논의 역시 논의의 주된 소재인 훈민시조·교훈가사 작품들의 부조적 특징들을 드러내기 위해 여타 작품들을 대비적 사례로 고찰한 것이기에 각각의 장르가 지니고 있는 그 나름의 특성에 준거하여 독립적으로 배치한 것으로는 보기 어렵다. '오륜'이라는 동일한 모티프의 작품들이 주된 양식을 달리하며 다양하게 운동하던 정황이 오륜시가의 연구사적 편폭 안으로 들어오지 않았다는 것이다. 때문에 필자가 지니고 있는 문제의식들을 정치하게 가다듬고 나아갈 방향을 제시하는 서론에서 지금까지 산발적으로 제기되어 온 오륜시가 관련 논의들을 일일이 검토한다는 것은 그다지 생산적인 일이 아닐 듯하다. 이에 따라 서론에서는 그간의 논의가 전개되어 온 거시적 구도를 방법론적 차원에서만 간략히 개괄하고, 각각의 장르에 속하는 개별 작품들의 연구사 검토는 각 장의 冒頭에서 좀 더 상세히 개진하도록 한다.

것을 단순히 반영하는 것으로, 그리고 그 자체만으로는 결정하거나 구조화하는 다른 힘을 갖지 못한 것으로 간주한다.[15] 다시 말해서 특정 사회에서 발생하는 제반 현상의 動因을 물적 토대의 문제로 환원시킨다는 것이다. 이에 따라 일련의 오륜시가 작품들은 모순된 경제적 관계를 은폐하려는 수단으로, 혹은 도태된 권력을 고수하려는 대응으로 독해되어 왔다. 과연 경제적 모순의 심화가 중세적 질서의 붕괴로 이어진다는, 즉 봉건제 사회가 무너지고 자본주의 사회로 이행하게 된다는 저간의 등식은 얼마만큼의 보편성을 지니고 있는가?

동일한 '경제'의 관점에서 중국 명·청대의 농촌 경제를 분석한 Philip C.C. Huang은 이와 같은 등식이 전 세계 어디에서나 보편적으로 통용되지는 않는다는 것을 보여준다. 그는 농촌 경제에 대한 고전적 견해의 사례로 아담 스미스와 칼 맑스를 들고, 그들이 그들 사이의 명백한 견해차에도 불구하고 '상업화의 진행이 농촌 경제를 자본주의화시킬 것'이라는 믿음을 공유하고 있었다고 지적한다. 이어 이러한 그들의 견해가 일부 서구 사회의 근대적 경험에 기초한 것인 만큼 非서구 사회, 특히 제3세계 국가에 일방적으로 적용시켜서는 곤란하다는 점을 적시하고, 자신의 가설을 중국 북부 지역의 사례를 통해 적실하게 증명하였다.[16] 상품경제의 전개와 확산이 전통사회의 遺制와 秩序를 붕괴시키지 않았다는 것, 바로 이것이 논자가 도달한 최종 결론이었던 것이다. 인구의 대다수가 농업에 종사했고,[17] 사회적, 문화적,

---

15) 스튜어트 홀 지음, 김덕련 옮김, 「문화연구에서 그람시의 적절성」, 『읽을꺼리』 6, 카피레프트, 2000, 166면.

16) Philip C.C. Huang, The Peasant Family and Rural Development in the Yangzi Delta, 1350~1988, California: Stanford University Press, 1990, pp.1~11.

17) 이헌창은 18세기 조선의 경제통합체제에 대해 논하는 자리에서 "생산력이 전근대의 낮은 수준에 머물고 인구의 85% 정도가 농업에 종사하였으며, 농가의 대부분이

그리고 경제적으로 당시의 중국과 유사한 궤적을 보이는[18] 조선의 경우는 어떠한가? 이것이 필자가 제기하는 첫 번째 질문이다.

둘째, 주지하듯이 오륜의 덕목은 부자·군신·부부·장유·붕우 등 다섯 가지로, 이것이 의미하는 실제적 범위는 가족과 가문, 향촌사회를 벗어나지 않는다. 때문에 이들 논의에서 오륜시가의 문제를 당대 향촌사회의 동향과 연관 지어 해석하고자 했던 것은 적확한 판단이라 생각한다. 다만 이것이 성립하기 위해서는 생산력의 비약적 증가와 사적 소유제의 발달, 그로 인한 경제적 모순의 심화가 오륜과 오륜시가의 지형에 어떠한 변동을 초래했는가의 문제에 대해 좀 더 명시적인 근거들이 필요할 듯하다. 필자가 판단하기에 이들 연구에서는 상기한 일련의 명제들이 논의의 전제로 제시되었을 뿐, 이것들 사이에 놓여 있는 직접적인 인과관계가 명확히 제시되지는 않은 것으로 보이기 때문이다. 경제적 모순의 심화와 그로 인한 삶의 핍박이 부자·부부·장유 등을 비롯한 諸인간관계의 붕괴와 직결된다는 전제는 얼마만큼의 유의미한 상관성을 확보하고 있는가? 경제적 요인과 그것에 의해 결정되는 권력의 크기, 이러한 현실적 요건들이 오륜의 문제와 맞닿는 지점은 어디인가? 혹시 양자 사이의 인과관계가 모종의 선험적 전제에 의해 예단되어 버린 측면은 없지 않은가? 이것이 필자가 제기하는 두 번째 질문이다.

셋째, 윤리적 질서나 교훈적 지침을 제기한 작품들의 해석 가운데

농업과 가내수공업이 결합된 소농경영적 생산구조"였음을 밝힌 바 있다. 이에 대해서는 이헌창, 「조선왕조의 경제통합체제와 그 변화에 관한 연구」, 『조선시대사학보』 49, 조선시대사학회, 2009, 183면 참조.

18) 기시모토 미오·미야지마 히로시 지음, 김현영·문순실 옮김, 『조선과 중국 근세 오백년을 가다: 일국사를 넘어선 동아시아 읽기』, 역사비평사, 2003 참조.

우리가 종종 마주치게 되는 것은 작품의 존재 자체가 바로 그 작품이 표방한 유가적 가치들이 제대로 지켜지지 않는 현실을 직접적으로 반영하고 있다는 것이다. 다시 말해서 오륜시조나 가사, 혹은 그러한 것들을 주된 테마로 다루고 있는 소설 작품들의 창작과 유행은 오륜적 질서가 붕괴된 당대의 정황을 여실히 보여준다는 것이다.[19] 그런데 곰곰이 생각해 보면, 이러한 가치들의 위반은 고금을 막론하고 언제 어디서나 상존하기 마련이다. 때문에 해당 작품이 창작된 바로 그 시기에 중세적 질서가 붕괴되고 있었고, 이것을 작품 창작의 주된 요인으로 간주하는 것은 다분히 일면적이다.[20] 이는 '붕괴'라는 단어가 어

---

19) 일례로 강고한 유가적 이념을 담지하고 있는 〈진대방전〉의 경우를 살펴보도록 하자. 이 작품에 대한 저간의 독법은 그 다양한 결의 차이에도 불구하고 다음과 같은 유사한 해석적 틀을 공유한다. 즉 작품이 창작된 조선 후기 사회를 근대로의 이행기로 상정하고, 이러한 시기적 국면 하에서 조선 사회를 지탱하던 오륜적 질서가 붕괴되는 현상들이 속출하게 되었으며 이에 대한 대안적 차원에서 〈진대방전〉類의 작품들이 보다 적극적으로 창작·향유되었다는 것이다.(이현국, 「〈진대방전〉의 전반적 성격」, 『국어국문학연구』, 연거제정년기념논총간행위원회, 1995; 이태문, 「윤리의식의 중세적 형상화: 〈진대방전〉을 중심으로」, 『연세학술논집』 27, 연세대학교 대학원 총학생회, 1995; 조재현, 「〈진대방전〉 연구」, 국민대학교 석사학위논문, 1998; 박은정, 「〈진대방전〉에 나타난 이념의 위상과 이본 생성 동인」, 『한민족어문학』 47, 한민족어문학회, 2005.) 이러한 해석들은 오륜시가에 대한 재래의 해석들과 별반 다르지 않은 것으로, 〈진대방전〉과 같은 작품의 존재 이면에는 그러한 가치들이 무너져 가는 당대의 현실이 그대로 자리하고 있음을 전제하고 있다. 그러나 박은정(위 논문, 84면)에 따르면 이 작품의 이본은 총 113종으로 현전하는 고전소설 작품들 중 15번째로 많은 이본을 가지고 있다. 이것을 해석하는 방향은 여러 가지일 수 있겠으나 필자는 적어도 이러한 사실의 원인이 작품 내적인 것들, 예컨대 등장 인물의 개연성이나 서술 내용의 핍진성, 서술 구조의 정합성 등으로만 환원되어서는 곤란하다고 생각한다. 그 정도로 많은 이본 수, 특히 112종이 한글을 주된 표기체계로 삼고 있다는 사실은 이 작품이 상당히 넓은 범위의 '자발적'인 독자층을 확보하고 있었으며, 이는 다시 그러한 가치들의 당위에 공감하는 이들이 적지 않았음을 의미하기 때문이다.

20) 예컨대 형제간의 우애를 강조하는 작품들이 조선 전기부터 후기까지 꾸준히 등장

떤 대상이 유지했던 이전의 견고함과 현재의 그렇지 못한 상황을 의미한다는 점에서 더욱 그러하다. 부모에 대한 불효, 형제 간의 분쟁, 연장자에 대한 불공 등과 같은 反인륜적 사례들이 조선 전기보다 후기에 좀 더 많이 발생했다고 단언할 수 있는가? 또한 실상이 그렇다 하더라도 그것의 직접적인 요인이 오륜 외적인 문제에 의한 오륜적 질서의 內破에 있다고 단정할 수 있는가? 현실의 실태와 관계 없이 '오륜은 마땅히 지켜야 한다'는 식의 이념적 당위에 의해 그러한 작품들이 창작될 가능성도 있지 않은가? 이와 같은 질문들에 쉽사리 대답할 수 없다면 우리는 다른 경로를 통해 이러한 작품들에 접근할 필요가 있을 듯하다. 이것이 필자가 제기하는 세 번째 질문이다.

넷째, 두 논의에서 뚜렷하게 간취되는 사실 하나는 오륜을 지배층의 전유물로 간주하고 있다는 것이다. 이에 따라 오륜시가 작품들의 전반적 인상은 중앙에서 파견된 지방 관료들과 향촌사회에서 기거하는 재지사족들이 우매한 대다수의 백성들을 교화시키기 위해 마련한 이데올로기적 수단 정도로 인식되었다. 물론 오륜 개념의 소종래가 유학에 있고 현전하는 작품들의 상당수가 양반층에서 나온 만큼 이러한 인식은 일면 타당하다고 볼 수 있다. 그러나 오륜 개념이 '인간'이라는 보편적 범주를 상정하고 있고 이를 일반 백성에게 전이시키고자 했던 저

한다는 사실은 이와 같은 일들이 특정한 시기의 특정한 이유에 의해서 특별히 빈번해지는 것이 아니라 인간 세계에서는 고금을 막론하고 언제나 상존하는 것임을 의미한다. 따라서 어떤 시기에 교화를 강조하는 목소리들이 점증한다고 해서 이를 곧 해당 시기의 인륜적 질서가 무너졌다는 사실로 확정하는 것은 어떤 면에서 대단히 위험하다. 동어반복이지만 교화 혹은 그와 유사한 행위들을 강조하는 입장에서 볼 때 그러한 질서들은 (전대에 비해) '항상' 무너져 있다. 따라서 중요한 것은 형제간의 우애를 강조하되 그것의 방법이나 목적, 내용이 어떻게 변화하는지를 기민하게 포착하는 일이라 생각한다.

간의 노력들이 상당 기간 지속되었던 점을 감안하면, 오륜에 대한 다수 대중의 역할을 단순히 被動의 수준으로 한정시키는 것은 재고의 여지가 있을 듯하다. 즉 일반 백성들 또한 그들 나름의 필요와 논리에 의해 상층으로부터 전래된 오륜 개념을 전유(專有, Appropriation)했을 가능성이 있다는 것이다. 조선 후기 여러 가집들에서 산견되는 작자 미상의 오륜 관련 시조들, 그리고 역시 작자 미상으로 전래되어 온 수편의 오륜가사 작품들, 오륜적 질서의 준수를 주된 테마로 하는 일련의 고전소설 작품들을 이러한 시각에서 바라볼 수는 없을까? "조선에서는 날품팔이조차 仁義禮智信을 말한다."는 어느 외국인 선교사의 기록[21]은 이와 관련하여 매우 중요한 지점을 시사해 준다고 생각되는데, 이것이 필자가 제기하는 네 번째 질문이다.

다섯째, 오륜시가라는 사상사적 차원의 작품들을 대상으로 하고 있으면서도 정작 오륜 개념 자체에 대한 심도 있는 고찰은 별반 이루어지지 않은 듯하다. 물론 오륜 개념이 『맹자』라는 유가 경전을 기원으로 하고 그 텍스트가 조선조 사회에서 기본적인 학습서로 읽혔던 만큼 용어의 의미 그 자체에 중대한 변화가 있으리라고는 생각하지 않는다. 다만 그것 역시 현실에 적용됨에 있어 수용자의 해석을 거쳐야 하기 때문에 수용자 자신이 놓여 있는 역사적·사회적 맥락에 따라 이전과는 다른 방식으로 독해될 수 있음에 유의해야 하지 않을까 한다. 비근한 예로, '부자 간에 親이 있어야 한다'는 당위적 명제 자체에는 변함이 없겠지만 '親'하기 위해 지켜야 할 일련의 실천 사항들은 개별 시기의 사람들이 암묵적으로 공유하게 되는 일정한 의식의 틀에 따라 얼마든지 달라질 수 있다. 따라서 오륜시가 작품들을 읽기 위해 무엇보다

21) J.S. 게일 지음, 신복룡 옮김, 『전환기의 조선』, 집문당, 1999, 81면.

선행되어야 할 것은 해당 시기의 역사상에 대한 선험적인 이해의 방식들을 접어둔 채 그것이 어떠한 맥락에서 호명되고, 어떠한 형태로 활용되는가에 더욱 집중할 필요가 있을 것으로 보인다. 이것이 필자가 제기하는 다섯 번째 질문이다.

필자는 위와 같은 문제들이 의식적으로든, 무의식적으로든 '근대'의 문제와 일정 정도 마주하고 있는 것으로 생각한다. 전근대를 구성하는 몇 개의 표상들, 예컨대 '중세/봉건/성리학/삼강오륜' 등에 대해 선취된 이미지가 일련의 오륜시가 작품들을 일정한 방향으로 해석하게끔 유도했다는 것이다. (실제의 여부와는 별개로) 자유와 평등의 가치가 내면화되어 있는 근대인의 시각에서 볼 때, 차등적 인간관계에서 준수해야 할 당위적 사항들을 내포하고 있는 삼강오륜은 그 자체로 억압적이고 정체적인 것으로 다가오지 않을까? 하지만 억압과 정체의 여부를 판별하는 기준이 근대에 있어서는 곤란하다. 근대를 기준으로 하는 逆算의 방식 하에서 '전근대적인 것'들은 실제의 모습보다 미화되거나 혹은 폄하되기 마련이다. 미화와 폄하의 過裝들을 걷어내고, 실제의 모습들을 찾아가는 것이 우리의 목적이라면, 다음과 같은 가정에 주목해 보는 것도 필요치 않을까 한다. "삼강오륜이라는 유가적 질서가 '지금, 여기'의 視座에서는 보수적이고 수구적인 것처럼 보이지만, 그러한 것들이 탄생하고 성립했던 시기에는 도리어 진보적인 역할을 수행했을 수도 있지 않을까?"[22] 긍정과 부정 식의 이분적 가치 판단을 배제하고 주어진 역사적 조건 하에서 오륜과 오륜시가 작품들이 남겨 놓은 다양한 지층들을 확인하는 것, 이것이 본고의 궁극적인 목적이다.

---

22) 미조구치 유조 外 지음, 동국대학교 동양사연구실 옮김, 『중국의 예치시스템』, 청계, 2004, 116면.

여기서 필자가 진행하고자 하는 작업의 실질을 간추리면 다음과 같다. 현전하는 오륜시가 작품들을 생성연대를 기준으로 순차적으로 배열할 때 뚜렷하게 간취되는 현상은 15・16~17・18~19세기라는 세 개의 시기적 구획에 경기체가・시조・가사라는 세 개의 시가 장르가 상당히 선명한 정도로 대응되는데, 이러한 대응의 함의를 탐색하는 것이 본서의 골자이다. 이렇게 볼 때 본서는 '오륜'이라는 사상적 개념과 '시가'라는 문학적 소재로 양분되는바, 이 두 축이 결합하되 그 결합의 양상이 시기마다 달라지게 되며, 전자[오륜]에 관한 담론의 추이가 후자[시가]의 변이와 밀접한 관련을 맺는다는 것이 논의의 출발점이다. 그렇다면 어떠한 이유로 그러한 변이가 나타나는가의 문제가 자연스레 뒤따르게 되는데 이는 본서의 과제가 사상사적・문학사적 문제임과 동시에 그 둘을 통어하는 사회사적 문제이기도 하다는 의미이다. 주지하듯 담론의 변화는 그 담론이 행해지는 담론 공간의 문제에 강하게 긴박될 수밖에 없기 때문이다. 결국 본서의 요지는 〈'오륜'시가〉와 〈오륜'시가'〉의 문제로 압축되는데 문제제기의 단계에서 이에 대한 필자의 생각을 간략하게나마 밝히는 것이 온당할 듯하다.

첫째, 삼강오륜이라는 인륜적 질서는 유교 사회가 태동한 이래 인간이 지켜야 할 마땅한 준칙으로 자리매김해 왔다. 이는 조선조의 경우에도 마찬가지였으며 적어도 근대 계몽기 이전까지는 부정할 수 없는 사실이다. 따라서 삼강오륜이 지닌 독존적 지위만큼 피치자들에게 그것을 강제하고자 한 치자들의 노력 또한 지속되었던바, 중요한 것은 그러한 노력의 양태들이 해당 시기나 주체, 조건 등에 따라 단일하지 않았으며, 이러한 변동의 근저에는 오륜과 관련한 이러저러한 담론의 변화가 자리하고 있다는 것이다. 여기서 '오륜과 관련한 담론'에는 비단 오륜 개념의 정의와 속성에 대한 이론적인 차원만이 아니라 오륜이라는 天賦的 요소를 지녔으면서도 악한 행위를 반복하는 인간 자체에 대한 이해, 그러한 인간의 改善 가능성에 대한 고민, 그들에 대한 처리 방법의 문제 등 담론의 주체들이 '현실'과 만나게 되면서 확대된 문제들까지 포함하게 된다. 유념할 것은 이러한 변모들이 담론 주체가 놓인 시기·공간·신분 등의 諸 요소에 따라 일정한 경향성을 보인다는 것인데, 그러한 경향성에 대한 탐색이 본고의 주된 관심사 중 하나이다.

둘째, '오륜시가'에서 '시가'의 문제는 결국 시가 장르의 분화 문제를 의미하는데 작가가 작품을 모색하고 창작하는 문학 행위의 과정들은 기존의 양식 및 관습과 어떤 방식으로든 관련을 맺지 않을 수 없다.[23] 즉 작품 창작의 당시에 존재하는 여러 양식과 관습들에 작자 자신의 의도나 목적 등을 대입하고 적용해 보는 과정이 의식적으로든 무의식적으로든 개입되기 마련이라는 것이다. 이는 곧 오륜시가 작품의 작자들 역시 선택 가능한 복수의 장르들 중에서 자신의 의도를 가장 잘 전달할 수 있는 하나의 양식을 擇一하였음을 의미하는바, 개개의 장르가 그 나름의 장르 관습, 내적 질서, 기대지평 등을 보유한다는 사실에 주의한다면 동일한 모티프의 시가 작품이 일정한 시기적 구획에 따라 그 주된 양식을 달리한다는 것은 분명히 문제적 현상이다. 더구나 경기체가·시조·가사 장르가 조선 전기부터 후기에 이르기까지 사대부들의 시가 향유 공간에서 꾸준히 활용되던 것들이었음을 감안하면 상기한 현상의 이면에는 우연적 所致로 치부할 수 없을 만큼 상당히 중요한 필연적 動因들이 자리하고 있을 것이라 짐작된다. 예컨대 15세기 『악장가사』에 所載한 경기체가 〈오륜가〉와 16세기 사림

23) 김흥규, 『한국문학의 이해』, 민음사, 1986, 30면.

파 문인 지식인들[24)]에 의해 창작된 시조 〈오륜가〉는 '오륜'이라는 동일한 유가적 모티프에도 불구하고 개개의 작품이 채택한 장르의 상이로 말미암아 작품의 전반적 분위기나 詩想의 전개 방식, 전달하고자 한 궁극적 메시지 등에서 현격한 차이를 보인다. 뒤에서 논의하겠지만 이러한 이질적 현상에는 작품을 창작한 창작 주체의 사상적 경향, 현실인식, 문학관 등 여러 가지 요소들이 복잡하게 얽혀 있는 것으로 보인다. 오륜시가의 史的 변천과 이를 추동한 諸 요인의 탐색, 바로 이것이 본서가 도달하고자 하는 최종 목표인 것이다.

---

24) 이 용어는 정출헌, 「16세기 사림파 문인의 문학사회학적 인식 지평과 문학생성 공간의 연구」, 『동양한문학연구』 24, 동양한문학회, 2007에서 차용하였다. 한편 '사림파'라는 정치집단의 성격을 본고에서 어떻게 규정할 것인가에 대해서도 약간의 설명이 필요할 듯하다. 주지하듯이 '훈구와 사림의 대립'이라는 조선 전기 정치사의 통설은 '사장과 도학의 대립'이라는 조선 전기 문학사의 통설과 긴밀하게 연결되어 있는데, 이에 대한 이해의 방식이 아직까지 단일한 방향으로 귀결된 것은 아니기 때문이다. 통설에 의하면 훈구와 사림은 출신 배경이나 경제적 기반 등에 있어서 명확한 차이를 가지며, 이러한 차이에서 오는 긴장과 갈등, 알력과 대립이 16세기에 치열하게 전개되었던 정치적 투쟁의 근본 원인이라는 것이다. 그런데 통설을 비판적으로 바라보는 여러 실증적 연구들이 지속적으로 제출되어 온바, 최근 김범은 이러한 논의들을 종합·계승하여 본 개념의 타당성에 대해 재검토할 필요가 있음을 주장하였다.(김범, 「조선전기 '훈구·사림세력' 연구의 재검토」, 『한국사학보』 15, 고려사학회, 2003, 75~99면.) 필자 역시 김범의 견해에 동의하지만 그렇다고 하더라도 양자 사이에 보이는 이질성이나 한쪽에서만 보이는 응집성의 면모들을 무화하여 "실제로 존재했던 정치적·사상적 갈등까지 무의미한 것으로 치부해서는 안 될 것이다."(김정신, 「조선전기 "훈구", "사림"의 출처론과 공신관」, 『한국사상사학』 37, 한국사상사학회, 2011, 34면.) 김범이 주장한 바와 같이, 뚜렷한 결론이 정해지지 않은 현재의 시점에서 필요한 것은 본 개념을 좀 더 유보적이고 제한적으로 활용하는 일일 터(98면), 본서에서는 '사림파'의 개념을 (사회경제적 기반의 차이를 전제하고 있는) '훈구파'의 대타적 개념보다는 16세기라는 문제적 시기에 유사한 정치적 행로와 경험 및 사상적·학문적 경향 등을 공유하고 있는 일군의 학자·관료·문인들로 한정할 것이다.

2. 서술 방향 및 자료적 기반의 검토

2.1. 서술의 구도와 순서

본 항에서는 이상의 검토를 통해 도출된 몇 가지 지점들을 요약·정리하고 본서에서 그러한 문제들을 어떠한 방식으로 처리할 것인지에 대해 필자 나름의 생각을 간략히 밝히고자 한다.

첫째, 재래의 성과들 속에서 오륜 개념은 탐색되어야 할 대상으로 인식되기보다는 '이미 해명된 무엇'으로 간주된 상태에서 다루어졌다. 다시 말해 오륜 개념이 '유교/교화/양반/중세/봉건' 등 몇몇 개념들과의 연계 속에서 先이해됨으로써 그것이 수백 년에 달하는 시간의 궤적 속에서 어떠한 방식으로 사유되고 활용되고 있었는지에 대한 정미한 고찰이 부족했다는 것이다. 때문에 오륜 개념에 대한 인식과 그러한 인식의 공유 과정에 대한 고찰보다는 그것이 동일하다는 전제 하에서 사회경제적 조건이나 향촌사회에서의 정치적 질서 등 그것을 둘러싼 주변적 환경의 변화에 따라 어떻게 활용되고 있었던가의 문제에 보다 많이 천착하였다. 필자는 이러한 도식이 지닌 선명성에 충분히 공감하지만 역시 문제는 양자 사이의 뚜렷한 영향 관계를 입증하기가 쉽지 않다는 데에 있다. 이에 따라 본고에서는 오륜 개념이 동일한 의미로 고정된 채 이해되다가 오륜 외적인 사항들의 변화에 의해 갑작스레 호명된 것이 아니라 그것의 활용 가치가 사유의 주체들에게 전반적인 합의를 획득함으로써, 그리고 획득한 합의의 범위가 일정한 수순에 의해 점점 더 확장됨으로써 실제의 현실에서 일정한 규정력을 갖게 되었다는 가설에서 출발하고자 한다. 요컨대 오륜 개념에 대한 사유의 방식이 변화하는 지점과 변화된 사유의 실체들이 당대의 담론 공간 내에서 주종을 차지하게 되는 과정 그 자체에 주목하겠다는 것이다.

둘째, 재래의 오륜시가 연구는 15세기 경기체가 오륜가, 16~17세기 시조 오륜가, 18~19세기 가사 오륜가 작품들을 단일한 시각 하에 조망하지 못함으로써 각자 사이에 놓여 있는 지속과 단절의 흔적들을 적절히 포괄할 수 없었던 것으로 보인다.[25] 특히 오륜시가의 장르들이 일정한 시기적 구획을 기준으로 다양하게 運動하고 있었던 諸 현상은 해당 시기의 특정 장르만을 대상으로 하는 斷代史的 방식으로는 주목하기 어렵다. 따라서 오륜시가 작품들이 보여주는 이채로운 변환의 과정들은 특정 시기의 이전과 이후를 동일한 시각 하에 확보할 수 있을 때에야 비로소 해명 가능하다. 어떠한 이유에서 경기체가 〈오륜가〉는 시조 〈오륜가〉에 자신의 자리를 내어주게 되었는가? 조선 후기 오륜시가의 주된 장르가 시조에서 가사로 이전된 사정은 무엇인가? 이러한 질문에 답하기 위해 요구되는 사항들은 비단 시가사적 사실들에만 국한되지 않는다. 필자가 생각하기에 장르적 변동이라는 현시된 실상의 이면에는 오륜 개념에 대한 사유 주체의 인식적 변화가 보이지 않게 자리하고 있다. 따라서 본서의 요체는 당대의 여러 기록들과 개별 작품들 속에서 변화된 인식의 편린들을 적실히 읽어내는 일일 터, 필자는 이러한 일련의 과정을 미셸 푸코의 '담론' 개념을 통해 살펴보고자 한다.[26]

---

25) 예외적으로 박연호는 16~17세기 오륜시조 작품들을 18~19세기 오륜가사 작품들의 전사적 형태로 간주하고, 그러한 이행의 과정에서 보이는 諸 현상의 의미들을 조선 후기의 사회상과 연관 지어 논증하였다.(박연호(2003), 앞의 책, 27~46면.) 본서는 이에서 많은 영향을 받았다.

26) 푸코의 담론 개념과 계보학적 방법론에 대해서는 미셸 푸코 지음, 이정우 옮김, 『담론의 질서』, 새길, 1993; 윤평중, 『담론이론의 사회철학』, 문예출판사, 1998; 다이안 맥도넬 지음, 임상훈 옮김, 『담론이란 무엇인가: 알튀세 입장에서의 푸코·

필자가 본서에서 사용하고자 하는 담론 개념은, "특정한 대상이나 개념에 관한 '지식'을 생성시킴으로써, 또한 그러한 존재들에 관해 무엇을 말할 수 있고 무엇을 인식할 수 있는가를 정하는 규칙들을 형성함으로써 현실에 관한 설명을 산출하는 언표들의 응집성 있고 자기지시적인 집합체"[27]이다. 이러한 입장에 설 때 우리는 오륜과 관련한 이러저러한 문제들을 해당 사회의 사회경제적 因果로 진단해 오던 종래의 관점에서 한발 물러나 오륜이라는 유가적 지식과 그 지식의 결과로 생성된 제반적 사안들을 보다 다양한 관점에서 수용할 수 있게 된다. 오륜 개념 역시 하나의 지식이 분명하다면 그것에 대한 인식의 변화는 외부적 조건보다는 지식 그 자체의 문제와 좀 더 직접적으로 연계되어 있을 가능성이 크기 때문이다. 15세기 집권 사대부층에게 오륜 개념은 어떠한 이유에서 이와 같은 방식으로 이해되었는가? 16세기 사림파 문인들에게 오륜 개념이 저와 같은 방식으로 이해되는 것은 어떠한 이유 때문인가? "특정 시기에 인간의 모든 앎의 형태를 밑받침하는 심적 하부구조"[28], 오륜의 문제로 환언하면, "특정 시기 오륜 개념에 대한 여러 사람들의 이해의 방향을 유사하게 만들어 주는 의식적·무의식적인 구조들"이 본고에서 활용하고자 하는 '담론' 개념의 정의인 것이다.

주지하듯 푸코는 기본적으로 단절적인 역사적 계기를 상정하면서 어떤 담론이 역사 속에서 형성·변환되는 것을 가능케 해 준 '가능성의 조건들[EPISTEME]'에 대해 탐색하였다. 여기서 '가능성의 조건들'

포스트맑시즘 비판』, 한울, 2002; 양운덕, 『미셸 푸코』, 살림, 2003; 홍인숙, 「근대 계몽기 여성담론 연구」, 이화여자대학교 박사학위논문, 2007; 장윤선, 「조선 전기 귀신 담론 연구」, 서강대학교 박사학위논문, 2007.

27) 조셉 칠더즈·게리 헨치 엮음, 황종연 옮김, 『현대 문학·문화 비평 용어사전』, 문학동네, 2003, 154~155면.

28) 김현 編, 『미셸 푸코의 문학비평』, 문학과지성사, 1989, 22면.

이란 역사상의 특정한 시기에 특정한 지식이 획득되고 정리되며 유포되는 방식[29]을 가리키는바, 이러한 그의 논의는 본고와 관련하여 매우 중요한 지점들을 시사해 준다. 오륜시가 작품들을 오륜 담론의 언어적 재현물로 간주할 때 이러한 작품들이 경기체가와 시조라는 일정한 흐름에서 이탈하여 시조와 가사라는 새로운 장르로 출현하게 되었다는 사실은 오륜에 대한 담론 자체에 모종의 변화가 일어났음을 의미한다. 또한 오륜을 둘러싼 담론이 변화했다는 사실은 오륜과 관련하여 담론의 주체들이 통과해야만 하는 무의식적인 의미망이 변화하게 되었음을 의미한다. 따라서 오륜시가 작품들의 역사적 변이 양상과 그것의 원인을 탐색하기 위해 우리는 변이를 추동한 가능성의 조건들로 거슬러 올라가야 한다.

필자는 그러한 가능성의 조건들을 성리학이라는 학(學)적 토대가 조선 사회에 성립·확산·유포되던 일련의 과정을 통해 접근해 보고자 한다. 冒頭에서 언급한 바와 같이 본고의 주된 목표 중 하나는 '오륜'이라는 유가적 지식이 '노래'라는 의사소통의 매체를 통해 당대의 인간들을 규정하고 규율해 온 과정의 역사를 탐색하는 데에 있다. 때문에 지식과 권력이 인간을 주체화하는 상이한 방식들에 주목한 푸코의 담론 이론은 본 논의에 유용한 틀을 제공해 줄 것이라 생각한다.[30]

---

29) 조셉 칠더즈·게리 헨치 엮음, 앞의 책, 171면.

30) 본서의 제목에서 표방한 '계보학'이란 용어 역시 이와 유사한 맥락 안에 놓여 있다. 주지하는 바와 같이, 계보학이란 진리로 인정되는 특정 개념의 가변성을 전제하고, 그것이 진리로 인정되어 온 개념 형성의 역사를 추적함으로써 진리라는 이름하에 자행되어 온 무의식적인 억압과 폭력을 드러내고자 하는 목적을 지닌다. 본 논문에서는 오륜 개념의 진리화 과정을 이러한 방법론을 통해 해명해 보고자 하는데 오륜에 대한 우리의 일반적인 생각과는 달리 이것이 일상 속에서 반드시 지켜야 하는 당위적 준칙으로 절대 다수의 사람들에게 각인된 것은 그리 오래되지 않은 듯하다. 16세기 사림파 문인들이 이러한 모토를 토대로 현실을 개혁하고자 했을

그런데 담론 개념을 논의의 주된 방법론으로 구사하게 될 경우 본고는 다음과 같은 몇 가지 한계에 봉착하게 된다. 첫째, 개개의 작품에 대한 검토를 토대로 하여 귀납적 방식으로 도출된 결론이 아니라 필자가 세워 놓은 가설적 전제 하에 작품을 배치·해석함으로써 작품의 분석이 담론적 정황에 종속될 우려가 있다. 때문에 단일 작품이 지니고 있는 도드라진 지점들이 사상될 수 있다. 둘째, 논의의 방향이 미리 정해진 목적적 진술방식을 택하여 특정한 하나의 부분을 전체인 것으로 오인하게 만드는 浮彫的 수법으로 진술하게 되거나 혹은 구체적 근거들을 자의적으로 取擇함으로써 논의의 과학성을 담보할 수 없게 될 가능성이 있다. 셋째, 작품의 출현 및 성격을 담론의 문제와 연관지어 해석하게 될 경우 시기적 담론에 포섭되지 않는 이질적 측면들이나 담론과 작품 사이에 엄연히 존재하는 다양한 離隔의 지점들을 제대로 포착하지 못하게 될 수 있다.

이러한 한계들이 분명히 존재함에도 불구하고 필자가 담론의 문제를 작품에 앞세우는 까닭은 다음과 같다. 첫째, 이러한 작업이 유의미한 방향으로 진행될 경우 작품을 우선적으로 배치할 때 보이지 않던 여러 가지 지점들이 발견될 수 있다. 예컨대 작품의 창작을 작자 개인의 주체적 행위로만 간주하게 되면 오륜 개념에 내재한 특유의 계급성으로 인해 그것이 지배층의 自利적 차원에서 개진된 이념화 작업의 일

때, 보다 많은 사람들은 실현 불가능한 이상만을 좇는다는 의미의 '迂遠'이라는 이유를 들어 그들을 조소했다. 상이한 담론의 자장 속에 머물러 있던 이들에게 개인적 도덕의 완성을 부르짖는 사림파 문인들의 주장은 낯설게 다가왔던 것이다. 그렇다면 이러한 '낯설음' 자체가 낯설게 된 것은 대략 어느 시점부터인가? 어떠한 과정을 거쳐 오륜 개념은 부정할 수 없는 일종의 보편적 진리로 기능하게 되었는가? 기원이 아닌 발생과 유래의 측면에 주목하는 계보학적 탐색은 상기한 질문들의 답을 찾아가는 과정에서 적절한 방향을 제시해 줄 것이라 기대한다.

단으로 인식될 수 있다. 물론 이와 같은 면모가 전혀 없는 것은 아니겠지만 '오륜'이라는 동일한 기표 뒤에는 이해의 방향과 이행의 목적, 달성 가능한 방식 등에 있어서 무시할 수 없는 간극들이 가로놓여 있다. 뿐만 아니라 그러한 간극을 유발한 학적 차원에서의 변화 역시 반드시 짚고 넘어가야 할 요소 중의 하나이다. 필자는 오륜시가의 변모 양상과 그 동인을 탐색하기 위해서는 이러한 사항들에 대한 확인이 보다 우선되어야 한다고 생각한다.

둘째, '오륜=교화'라는 상식화된 도식의 차원에서 한발 더 나아가 그러한 도식의 형성 과정이나 도식에 해당되지 않는 오륜의 활용 방향 등을 좀 더 면밀하게 확인할 수 있다. 주지하듯 二倫의 항목을 포함한 오륜 개념이 백성 교화에 대한 이론적 수단으로 위정자들에게 인식된 것은 김안국을 위시한 일련의 사림파 문인들이 향촌사회의 제반 문제와 맞닥뜨리면서이다. 그런데 향촌사회에서 발생하는 각양의 문제들이 공동체 사회에서 상시적으로 존재하던 것들임을 감안하면 이러한 변화들을 현실의 경험에 대한 작자 개인의 즉자적 반응으로만 해석할 수는 없을 듯하다. 상존하던 문제들을 바라보는 시선과 처리하는 방식의 차이, 그리고 그러한 차이를 유발케 한 사유 체계의 변화 등 필자는 오륜시가 작품들의 등장과 퇴장에는 이와 같은 작품 너머의 사실들이 자리하고 있을 것이라 생각한다. 필자가 오륜시가의 문제를 담론의 영역으로 확장시키고자 하는 것도 이러한 이유에서이다.

셋째, 오륜시가 작품들의 작자들을 일별해 보면 그들 상호 간에는 하나의 집단으로 귀속될 수 있는 近似한 자질들이 공유되어 있다. 15세기의 집권 사대부층, 16세기의 사림파 관료들, 17세기의 재지사족들, 18~19세기의 未詳의 작자들 등이 그것으로, 이들 사이에는 단일한 집합의 명칭을 부여할 수 있을 정도로 유사한 내부적 흐름이 존재한다. 따라서 작자 개인에서 집단의 문제로 확산시켜 나가는 것보다는 집단에서 개인의 문제로 수렴해 들어오는 편이 개인과 집단 사이에 얽혀 있는 구조적 부면들을 드러내는 데 다소 효율적이지 않을까 한다. 아무래도 전자의 관점에서는 작자 개인의 주체성만 부각될 뿐 그 자신이 집단과 맺고 있는 다종다양한 측면들은 쉽사리 포착되기가 어려울 터이기 때문이다.

필자는 상기한 점들이 유의미한 정도와 방향으로 해명될 수 있을 때 (작품과 작가의 문제에 보다 주력해 온) 재래의 성과들에서 미처 확인할 수 없었던 주요한 국면들이 우리의 시선 앞으로 던져질 수 있을 것이라 생각한다. 이는 물론 필자가 내세우고자 하는 방법론의 불가피한 한계들을 염두에 두면서 이를 보완할 수 있는 적절한 경로들이 마련될 때에야 비로소 가능할 터, 이러한 작업을 통해 오륜시가에 대한 연구사의 편폭이 좀 더 확장될 수 있기를 기대한다.

본서는 다음과 같은 순서로 진행된다. 먼저 2장에서는 15세기에 행해진 오륜 담론의 실체를 추적해 보고, 이를 궁중 악장인 경기체가 〈오륜가〉의 세계상과 연관 지어 해석하고자 한다. 일반적으로 볼 때 새로운 왕조의 성립은 그것의 정당성을 수립하고 공표하는 차원에서 기존의 왕조가 지니지 못했던 모종의 결핍들을 비판하고 극복하는 과정이 반드시 요청된다. 뿐만 아니라 비판과 극복에 소요되었던 이념적 근거들은 문물과 예악을 비롯한 각종의 제도들을 수립하는 모종의 원천으로 작용한다. 후술하겠지만 선초에 진행되었던 排佛의 담론이나 立法의 체계를 세우기 위한 기준의 마련, 왕조의 유지와 지탱에 필수적인 禮樂·典章의 수립 과정에서 오륜 개념의 존재는 매우 긴요하게 활용되었다. 필자가 생각하기에 경기체가 〈오륜가〉 속에는 이를 위한 지난한 노력과 모색의 과정, 그러한 결과로 얻게 된 자긍과 자부, 현재적 가치의 미래적 영속에 대한 간절한 염원 등의 모습들이 오롯이 녹아들어 있는바, 이에 대한 검토가 2장의 과제이다.

시조 〈오륜가〉가 출현하여 그것의 창작과 전파가 지속적으로 전개된 16세기는 3장에서 다룰 것이다. 16세기의 경우 사림세력의 등장과 함께 '오륜'의 의미가 일정한 방향으로 재인식·재구성된다는 점에서 주목해야 한다. 즉 '三綱'에서 '二倫'이 더해져 그 대상의 범주가 '五倫'으로 확장될 뿐만 아니라 그러한 범주의 확장과 그에 대한 실천 사항들이 국왕의 주도로 이루어지는 것이 아니라 일군의 사림파 문인들에 의해 주도된다는 것이다. 필자는 이러한 오륜 담론의 변화와 시조 〈오륜가〉의 출현을 연동시켜 이해하고자 하는데 이는 재래의 논의에 대한 다음과 같은 문제의식에서 출발한다.

기실 16세기 시조 〈오륜가〉의 출현과 관련한 거개의 논의는 단순히 '유교윤리의 확산', '바람직하지 못한 현실을 바람직한 현실로 바꾸려는 의지의 산물', '양반관료들이 백성들에게 유교윤리를 전파하려 한 노력의 소산' 정도로 표피적인 차원에 머물러 있다. 그러나 이러한 조건 아래에서라면 어떠한 이유로 시조 〈오륜가〉가 유사한 시기에 유사한 자질들을 공유하고 있는 사람들에게서'만' 산출되었는가를 설명하기가 쉽지 않다. 이 시기에 발생한 시조 〈오륜가〉의 창작 및 전파가 주세붕·송순·정철과 같은 일련의 사림파 관료들을 통해 이행되었다는 사실은 그들이 공유하고 있었던 유사한 문제의식의 문학적 결과인 것으로 보이는데 이 문제는 시조 〈오륜가〉의 창작 동인과 그 세계상을 설명하는 데 있어 반드시 해명해야 할 부분이다. 필자는 이를 위해 이 시기 사림파 문인들에게서 보이는 새로운 학문적 경향에 주목하여 이것이 오륜 담론의 변화에 어떠한 영향을 미쳤는지, 그리고 오륜시조의 세계상과는 어떠한 지점에서 맞닿게 되는지를 탐색하고자 한다.

4장에서는 17세기 오륜시조 작품들에 대해 살펴볼 것이다. 17세기 오륜 담론의 특징적 면모는 그것이 향촌의 재지사족들 사이에서 상당히 중요한 것으로 인식될 정도로 확산·공유되기 시작했다는 것인데, 이는 17세기 오륜시조 작품의 작자들, 김상용·박선장·박인로 등이 모두 현실적 관직을 보유하지 않은 재지사족인 점과 더불어 주목을 요하는 부분이다. 특히 16세기 작품들의 대부분이 지방으로 파견된 중앙관료의 입장에서 창작된 것들임을 감안하면 이는 오륜 개념이 전대와는 다른 현실적 所用을 갖게 된 것이라 추정할 수 있다. 뿐만 아니라 임란 이후 조선 사회에 발생한 일련의 변화들, 예컨대 주자가례의 시행과 부계 친족 질서로의 이행, 향촌사회의 구조적 재편, 성리학적 학문 방법에 대한 광범한 동의와 수용 등은 오륜 개념의 전파·수용의 문제와 불가분의 관계를 맺는다. 다시 말해 상기한 현상들을 어떠한 원인의 결과로 간주할 때 오륜 개념은 그것이 실현되기 위해서 필수적으로 요청되는 이념적 토대를 제공했다는 것이다. 이러한 지점은 정치의 현장에서 所用되던 오륜 개념이 개인 혹인 개인이 속한 일정한 공동체 안으로 들어오게 된 결과일 것으로 생각된다.

5장에서는 오륜시가의 장르 자체가 다시 한번 급변하여 오륜가사 작품들이 족출하게 되는 18~19세기를 다룰 것이다. 필자가 생각하기에 오륜시가史에 있어 시조에서 가사로의 장르 변환은 그러한 작품을 수용하거나 수용하기를 바라는 대상의 폭이 넓어진 결과로 판단된다. 실제 이 시기에 창작된 몇몇의 오륜가사 작품들은 활자화된 형태로 출판되기도 하고, 가집에 수록되어 있기도 하며, 필사의 형태이지만 그 전파의 범위가 상당한 것들이 적지 않게 남아 있다. 이러한 증거들은 조선 후기 오륜 담론의 실체적 면모와 상당 부분 부합하는바, 이 시기 오륜 담론의 두드러진 지점은 여성을 포함한 일반 민중을 오륜의 실천적 주체로 포섭하고 있다는 것이다. 이러한 과정을 통해 여성과 민중은 오륜적 질서를 수호하는 주체로 자리매김하게 되는데 이는 조선 후기 오륜가사의 창작 동인에 대한 기존의 해석을 새롭게 바라볼 여지를 제공한다. 즉 이전 시기까지 오륜적 질서 안으로 포섭되지 못했던 여성과 민중이 그 주체로 새롭게 호명됨으로써 오륜과 관련된 일련의 문화 현상들에 대한 수요가 증폭하게 되었다는 것이다. 결론적으로 필자는 18~19세기에 족출한 오륜가사의 창작 동인이 '무너져 가는 중세적 질서의 고수' 내지는 '근대라는 문제적 시기에 의해 오륜 개념이 전대와 다른 의미로 전환된 것'에 있다기보다는 전대부터 지속되어 온 오륜 담론의 확장과 변모에 의해 점점 더 많은 사람들이 오륜의 당위성에 공감하게 되고, 에에 따라 오륜가사 작품들의 수요와 공급이 증가하게 된 결과로 파악하고자 한다.

2.2. 대상 작품의 범위와 자료적 기반의 검토

오륜시가 작품들의 장르적 명칭에 대해 많은 이견들이 제출된 바 있다. '훈민시가', '교훈시가', '경세가류 시가' 등이 여기에 해당될 터인데, 유사한 성격의 작품들을 어떠한 방식으로 군집하고, 그 군집된 집합의 명칭을 어떻게 부여하는가의 문제는 논자 자신이 그러한 부류의 작품들을 어떠한 시각에서 바라보는가의 문제와 밀접하게 연관되어 있다. 따라서 논문을 시작하기에 앞서 필자 또한 어떠한 의도 아래 '오륜시가'라는 명칭을 선택하게 되었는지에 대해 약간의 설명이 필요할 듯하다.

먼저 '훈민시가'라는 명칭은 이미 그 안에 '治者/被治者'라는 계급적 구도가 내재되어 있기 때문에 16세기 중반 이후 주세붕·송순·정철 등과 같이 중앙에서 파견된 관료들의 작품에는 적실하다. 하지만 17세기 이후에 산출된 작품들이 반드시 위와 같은 관계 하에서만 발생한 것은 아니라는 점에서 〈오륜가〉 계열 시조 작품들을 전체적으로 포괄할 수 있는 적절한 명칭은 아니라고 생각한다. 양 시기의 작품들을 '훈민시조'라는 명칭으로 단일화시킬 경우 양자가 갖고 있는 주요한 차이들이 자칫 무화될 수도 있기 때문이다. 후술하겠지만 17세기 이후에 산출된 〈오륜가〉 작품의 작자들은 이전과 달리 거개가 재지사족인데, 필자는 이 지점을 오륜시가의 사적 전개 양상에서 간과해서는 안 될 주요한 분기점으로 생각한다.

한편 '교훈시가'라는 명칭은 '훈민시가'와 달리 작자의 계급성을 탈각시킴으로써 17세기 이후에 지속적으로 창작된 〈오륜가〉 계열의 작품들을 망라할 수 있다는 장점이 있다. 그러나 이러한 명칭에 속하지 않는 여타 하위 장르들의 작품은 교훈적 의미를 갖고 있지 않다는 의미로 곡해할 가능성이 있다는 점에서 주의를 요한다. 당대의 강호시조 작품들 역시 명백한 교훈적 의도 아래 창작되었고, 이에 따라 상당 정도 '교훈'적 의미와 의도가 내장되어 있음을 부인하기 어렵기 때문이다. '경세가류 시가'라는 명칭 역시 '경세'라는 단어의 사전적 정의가 다소 추상적이기 때문에 이러한 명칭에 포섭될 수 있는 작품들이 무한정 확대될 수 있으며, 따라서 이러한 類의 작품들이 공유하고 있는 특유의 응집성이 사상되어 버릴 수 있다는 점에서 적절치 않은 듯하다.

필자가 사용하고자 하는 '오륜시가'라는 명칭은 '오륜'이라는 개념어에 내장된 특유의 유가적 상징성으로 인해 위의 논자들이 주목하고자 했던 계급성·교훈성 등을 한꺼번에 표상할 수 있으며 경기체가·시조·가사 등 다양한 장르로 변이를 거듭해 온 이러한 부류의 시가 작품들을 모두 포괄할 수 있다는 장점이 있다. 특히 작품의 성격이나 내적 질서, 교화적 의도의 크기 등에서 후대의 시조·가사 작품들과 적지 않은 차이를 보유한 경기체가 〈오륜가〉 또한 오륜이라는 소재적 명칭 하에서는 별다른 불협을 일으키지 않는다. 물론 '오륜시가'라는 명칭 역시 정철의 〈훈민가〉나 이숙량의 〈분천강호가〉, 김상용의 〈훈계자손가〉와 같이 오륜을 벗어난 내용을 담고 있거나 한두 가지의 덕목만으로 이루어진 작품들을 적절히 수용하지 못하는 난점이 있다.[31] 본고에서는 이러한 점을 유가 윤리 전반과 오륜의 관계를 명확히 분리함으로써 해결하고자 한다.

특정 개념의 범주적 폐쇄성을 강고하게 작동시켜 여타의 출입을 허용치 않는 것도 바람직한 일은 아닐 것이나 그것의 범주를 무한히 확장시켜 원래의 모습과 확장된 모습이 상이할 정도로 괴리되는 것 역시 경계해야 할 일이다. 유가적 윤리와 오륜의 문제 역시 마찬가지인데 양자는 뚜렷한 포함 관계에 놓여 있긴 하지만 오륜적 질서 이외의 유가 윤리 또한 엄존하는 것이 현실이다. 뿐만 아니라 오륜이라는 개념어가 통칭되었을 때와 거기에 속하는 낱낱의 덕목들이 별칭되었을 때 양자 사이에 존재하게 되는 의미의 차이들도 무시할 수 없다. 따라서 본고에서는 우리가 일반적으로 인식하고 있는 오륜의 덕목들과 主奴·師弟·宗族 등 유가적 전통 내에서 통상적으로 인정해 온 擬似적 오륜 개념, 그리고 주세붕, 정철, 박선장의 경우와 같이 작자 나름의 판단을 통해 오륜적 질서 안으로 편입시켰던 여타의 덕목들까지를 '오륜시가'라는 집합 안에 포함시키고자 한다. 이러한 관점에 설 때 본고

31) 최현재, 「敎訓時調의 傳統과 朴仁老의 〈五倫歌〉」, 『한국시가연구』 14, 한국시가학회, 2003, 64면.

의 대상 작품들은 오륜적 덕목들을 모두 포함해야 한다는 필요조건을 지니게 되며, 작품의 제목이나 항목에 '오륜'이라는 기표가 반드시 인지되어야 한다.[32)]

이에 따라 본서에서 대상 작품을 선정한 기준은 다음과 같다. 첫째, 〈오륜가〉라는 제목을 지닌 모든 장르의 작품들은 포함한다. 둘째, 제목에 오륜이 포함되어 있지는 않더라도 작품 내에 오륜의 항목들이 모두 존재하는 작품들 역시 포함한다. 셋째, 작품의 목적이나 의도가 일련의 오륜시조 작품들과 유사하다 하더라도 작품 내에서 다루고 있는 내용들이 오륜의 항목에서 현저히 벗어나 있다고 판단되는 경우는 제외하기로 한다. 넷째, 오륜시조의 경우 특정 작가의 단일 작품이 오륜의 항목 중 어느 하나를 대상으로 하였다면 배제하기로 한다. 다섯째, 오륜가사의 경우 다량의 이본들이 존재하는 경우가 많은데 본 논의의 주된 목적이 시조에서 가사로의 장르적 전환과 이를 증빙할 수 있는 텍스트 분석에 있으므로 이본 간의 대교는 가급적 지양하고 필요한 경우에만 참조하도록 한다. 본고에서 활용할 대상 작품들의 출전과 서지사항, 판본 현황 등을 제시하면 다음과 같다.

1. 경기체가 〈오륜가〉: 『악장가사』에 소재한 선초 악장의 하나로, 창작 연대와 작자는 미상이다. 세종 때 예조에서 찬진한 작품으로 보기도 하지만 이를 입증할 만한 구체적인 증거는 없는 실정이다. 다만

---

32) 이에 따라 이숙량의 〈분천강호가〉나 김상용의 〈훈계자손가〉는 본고의 주된 대상으로 삼지 않는다. 물론 이 작품들은 여타의 오륜시조 작품들과 상당히 유사한 성격을 공유하지만 가문이라는 특수한 공간에서 필요시되는 유가적 덕목들에 초점을 맞춤으로써 오륜의 덕목들이 작품 내에서 모두 구현되지 않는다. 교훈시조와 오륜시조가 뚜렷한 상하 관계에 있다고 가정할 때 이러한 작품들은 오륜시조보다는 교훈시조의 영역에서 다루어지는 것이 합당하다고 생각한다.

『성종실록』 23년(1492) 8월 21일자 기사에 새로 지은 등가 악장 〈배천곡〉의 곡조명으로 '오륜가조'가 명기되어 있는 것으로 보아 성종 23년 이전에 창작·연행되었다가 그 이후에는 그다지 연행되지 않은 것으로 보인다. 『악장가사(장서각본)』, 『아속가사(윤씨본)』, 『속악가사(봉좌문고본)』 등 현전하는 세 개의 이본에 모두 들어 있으며, 글자의 출입이나 변형 등은 전혀 없다. 본고에서는 김명준, 『악장가사 주해』, 다운샘, 2004, 52~54면에 영인되어 있는 『악장가사(장서각본)』을 참조하였다.

2. 주세붕, 〈오륜가〉: 〈도동곡〉을 비롯한 주세붕의 시가 작품들이 모두 『죽계지』에 수록되어 있음에 반해 〈오륜가〉는 1904년에 후손 周鶴璟이 발간한 『무릉속집』에만 소재한다. 때문에 『속집』이 제외된 『武陵雜稿』(『한국문집총간』 26~27, 한국고전번역원, 1988)에는 〈오륜가〉가 들어있지 않다. 본고에서는 신재주선생유적선양회에서 『속집』 및 『죽계지』 등 주세붕과 관련한 서적들을 일괄하여 간행한 『신재전서』(신흥인쇄소, 1979, 264면.)를 참조하였다.

3. 송순, 〈오륜가〉: 『면앙집』 권4, 『한국문집총간』 26, 한국고전번역원, 1988, 238면에 한역본이 제시되어 있다. 〈면앙정가〉나 〈자상특사황국옥당가〉 등 당시 상당 정도 유행했던 작품 역시 한역되어 있는 것을 보면 간행 당시 존재하던 국문의 原詞를 문집에 편입시키는 과정에서 한역한 것으로 보인다. 하지만 이 역시 추정에 불과하며 송순 작품의 한역 과정이나 조선 후기 가집에 소재한 국문본과의 대교 문제는 별도의 고찰을 요한다. 본고에서는 시조 형식에 맞추어 한역본을 시조화한 김동욱의 反譯을 인용하기로 한다. 이에 대해서는 김동욱, 「임란

전후 가사연구」, 『진단학보』 25~27 합본, 진단학회, 1964, 469면을 참조하였다.

4. 정철, 〈훈민가〉: 〈훈민가〉만을 별도로 전재한 『경민편』과 송강의 작품 모음집인 『송강가사』에 각기 전한다. 먼저 『경민편』의 이본은 모두 다섯 종으로, 가람본·경술 을축본·국립도서관본·무진 7월본·무진 9월본이 그것이다. 이 중 무진 9월본을 제외한 4개의 이본에는 동일한 항목의 작품 16수가 약간의 표기 체계만 달리한 채 소재되어 있다. 반면, 무진 9월본에는 군신의 항목이 1수 추가되어 있고,[33] '無以惡凌善 無以富呑貧'[34]과 '行者讓路 耕者讓畔'[35]에 대한 작품들이 각각 1수씩 부기되어 총 19수가 소재되어 있다. 그러나 박성의[36]·서만수[37]에 따르면, 무진 9월본에 첨가된 3수의 작품은 후대의 필사자가 첨가한 것으로 판단된다. 상기한 이본에는 동일한 작품들에 대해 '군신장은 원곡이 아름답지 않은 것은 아니지만, 고금인의 語訓이 다르고 用事가 심원하여 愚夫愚婦가 대번에 이해하기 어렵다. 때문에 俚語로 한 곡을 添成하여 쉽게 이해할 수 있도록 本章의 아래에 附錄한다. (君臣章, 原曲非不爲美, 古今人語訓不同, 用事深遠, 愚夫愚婦, 猝難領解. 故更以俚語, 添成一曲, 其於易曉, 附見於本章之下.)', '중간에

33) "ᄉᆞ랑ᄒᆞ올ᄉᆞᆫ 우리 님군 귀ᄒᆞ실샤 우리 샹감 / 구즁심쳐의 자고 새야 ᄇᆡᆨ셩 근심 / 우리도 이 은덕 잇지 말고 갈튱보국ᄒᆞ오리라."

34) "용타 ᄒᆞ고 업슈오며 가난ᄒᆞᆫ들 보챌손냐 / 네 가ᄋᆞᆷ 네 모질기 나ᄂᆞᆫ 아니 무셔웨라 / 진실노 법에 곳 걸니면 뉘우ᄎᆞᆫ들 므ᄉᆞᆷ ᄒᆞ리."

35) "내 길흔 완완ᄒᆞ니 압희 몬져 셔오쇼셔 / 내 밧ᄎᆞᆫ 넉넉ᄒᆞ니 ᄀᆞ흘 몬져 갈ᄅᆞ쇼셔 / 어즙어 녜 죠흔 풍쇽을 다시 볼가 ᄒᆞ노라."

36) 박성의, 「『경민편』과 〈훈민가〉 소고」, 『어문논집』 10, 안암어문학회, 1967, 162면.

37) 서만수, 「鄭松江의 〈訓民歌〉 研究」, 『한국어문학연구』 7, 동악어문학회, 1971, 188면.

결실된 것은 僭妄함을 무릅쓰고 追補한다.(蓋中間缺失者, 不揆僭妄, 輒此追補.)'라는 기록이 보이기 때문이다. 한편 송강의 시가 작품들이 망라되어 있는 『송강가사』의 경우, 필자가 살펴본 이본은 모두 4종으로 관서본·별집·성주본·이선본 등이다. 이 가집들에도 〈훈민가〉는 16수로 소재되어 있는데 본고 역시 이에 의거하여 통상적으로 그의 작품으로 알려진 16수만을 대상으로 한다. 작품의 인용은 정재호·장정수, 『송강가사』, 신구문화사, 2006, 277~294면을 참조하였다.

5. 김상용, 〈오륜가〉: 본 작품은 저자의 문집인 『仙源遺稿續稿』(『한국문집총간』 65, 한국고전번역원, 1988, 188면)에 그의 또다른 시조 작품인 〈훈계자손가〉와 함께 소재되어 있다. 한편 김영한 소장 『훈계사』에는 두 작품의 한역본이 현토식으로 표기[38]된 채 먼저 등장하며, 이어 국문본 〈오륜가〉와 〈훈계자손가〉가 차례로 제시된다. 안동 김씨 문충공파 27대손의 항렬자가 '漢'이고, '영한'이란 이름을 가진 사람들이 다수 보이는데,[39] 이 가집의 소장자인 '김영한'은 이들 중 한 사람일 것으로 생각되지만 이 역시 추정에 불과할 뿐 정확히 고증된 사안은 아니다. 『仙源續稿』에 소재한 작품과 비교할 때 『훈계사』의 작품은 대개 다음과 같은 면에서 주목할 만하다. 첫째, 작품의 배치 순서이다. 『仙源續稿』의 경우 '父子－君臣－夫婦－長幼－朋友'의 차례로 기술되어 있으나 『훈계사』에서는 '君臣－父子－長幼－夫婦－朋友'의 순으로 기술되었다. 둘째, 일률적으로 적용되는 현상은 아니지만 『仙源

38) 예를 들면 다음과 같다. "事君乎代 正道奴 導之爲也 盡誠盡忠爲也 死而後乃已尼 如是事之爲多可 不合則退尼羅."

39) 安東金氏中央花樹會 編, 『安東金氏世譜』 권6, 安東金氏中央花樹會, 1982, 197~676면.

續稿』에 보이는 한자식 표현들은 『훈계사』에서 좀 더 이해하기 쉬운 한글식 표기로 대체되어 있다. 예컨대 '군신지륜'의 '正(정)흔 길노'는 '바른길노'로, '붕우지륜'의 '久而敬之(구이경지)'는 '오라도록 공경ᄒ여라'로 표기되어 있다. 셋째, 『훈계사』의 말미에는 '두길아 이걸 본바드라'라는 필사기가 있어 본 작품의 소용 범위가 가족 내지 가문을 넘지 않았음을 짐작할 수 있다. 본고에서는 『한국문집총간』에 소재되어 있는 작품을 참조하였다.

6. 박선장, 〈오륜가〉: 본 작품은 박선장, 『수서선생문집』 권4, 『한국역대문집총서』 1577, 경인문화사, 1995, 515~518면에 소재되어 있는데 이 문집은 1810년(순조 10)에 현손 朴齊顏 등이 목판본으로 편집·간행한 것이다. 한편 권순회가 최근 입수한 필사본 『수서선생문집』은 아직 학계에 소개되지 않은 자료로, 문집의 말미에 '花川朴主事冊主芝山宅宅冊'라는 소장처가 부기되어 있어 박선장의 문중에서 보관해 오던 것임을 짐작할 수 있다.[40] 목판본 〈오륜가〉에 비해 표기 상태가 다소 불안정하다든가, 좀 더 고어의 형태이기 때문에 필사본이 선행본으로 보이지만, 목판본의 명확한 오류가 필사본에는 바르게 되어 있는 부분[41]도 있어 양자의 선후 관계는 추후의 고찰을 요한다. 본고에서는 『한국역대문집총서』에 소재한 작품을 참조하였다.

7. 박인로, 〈오륜가〉: 『노계집』 권3, 『한국문집총간』 65, 한국고전번역원, 1988, 255면. 박인로의 문집은 모두 세 번 간행되었는데 1831

40) 귀중한 자료를 선뜻 제공해 주신 권순회 선생님께 지면을 빌어 감사드린다.
41) 예를 들면, 『수서선생문집』 권3에 나오는 〈秋日卽事〉, 〈往伯武家賞菊〉 등의 작품들은 7언 장편인데, 목판본의 경우 5언 장편에 들어가 있다.

년 목판본으로 간행된 초간본, 1904년에 간행된 光武 甲辰본, 1964년에 후손 朴洙文이 간행한 중간본이 그것으로, 이 중 〈오륜가〉는 초간본과 중간본에만 실려 있다. 두 본의 〈오륜가〉는 표기 체계까지 일치하는 것으로 보아 초간본의 그것을 그대로 全載한 듯하다. 특이한 것은 김석배가 발굴·소개[42]한 경오본(1690) 『노계가집』과 노계 종택에서 소장하고 있는 필사본 『노계집』에는 그의 가사 작품과 〈조홍시가〉 4편을 제외한 여타의 시조 작품들이 전혀 보이지 않는다는 것이다. 자세한 경위는 알 길이 없으나 〈오륜가〉의 상당 부분이 일실된 점을 감안하면 『노계가집』의 발간 당시에는 〈조홍시가〉 이외의 시조 작품들이 그다지 알려지지 않았거나 발견되지 않았던 데에서 기인한 듯하다. 본고에서는 『한국문집총간』에 소재한 작품을 참조하였다.

8. 오륜가사: 임기중 편, 『(個人本)역대가사문학전집』 1~50, 여강출판사, 1998. 본고의 주된 목적이 오륜가사 작품들 간의 세미한 차이들을 토대로 하여 그것의 의미들을 조명하는 데에 있다기보다는 그러한 작품들이 신분과 성별, 공간을 막론하고 조선 후기 사회에 전방위적으로 확산·전파되었던 정황을 포착하는 데에 있기 때문에 『(개인본)역대가사문학전집』(임기중 편, 여강출판사, 1992)에 소재한 작품과 이본들만을 대상으로 하더라도 오륜가사 작품들의 거시적 동향을 추출하는 데에 별다른 무리가 없을 것으로 보인다. 다만 필요할 경우 『한국가사자료집성』(단국대학교 율곡도서관, 태학사, 1997)이나 『역대가사문학전집』(임기중 편, 동서문화원, 1997)을 비롯한 여타의 가사 자료집들도 참고할 것이다.

---

42) 김석배 편, 『경오본『노계가집』』, 구미문화원, 2006: 「庚午本『蘆溪歌集』研究」, 『어문학』 91, 한국어문학회, 2006.

시기별 오륜시가 작품의 소재 및 출전

시기	장르	작품 제목	작자	소재 문헌	비고	소장자/처
15	경기체가	〈오륜가〉	예조	『악장가사』	김명준, 『악장가사 주해(영인본)』	
				『무릉속집』	『신재전서』	
16	시조	〈오륜가〉	주세붕	『면앙집』	『한국문집총간』 26	
		〈오륜가〉	송순	『송강가사』	정재호 · 장정수, 『송강가사』	
		〈훈민가〉	정철	『선원속고』	『한국문집총간』 65	
17	시조	〈오륜가〉	김상용	『수서집』	『수서선생문집』	
		〈오륜가〉	박선장	『노계집』	『한국문집총간』 65	
		〈오륜가〉	박인로		『(개인본)역대가사문학전집』 21권, 393면.	강전섭
18~19	가사	〈오륜가〉	곽시징		『어문논집』 6, 민족어문학회, 1962.	유구상
					『(개인본)역대가사문학전집』 04권, 011면.	임기중 ⓐ
		황립, 〈오륜가〉	황립		『(개인본)역대가사문학전집』 14권, 473면.	임기중 ⓑ
					『(개인본)역대가사문학전집』 14권, 507면.	임기중 ⓒ
				『복선화음녹』	『(개인본)역대가사문학전집』 14권, 592면.	임기중 ⓓ
					『(개인본)역대가사문학전집』 42권, 350면.	임기중 ⓔ
				『유도연원가』	『(개인본)역대가사문학전집』 43권, 552면.	임기중 ⓕ
				『언문소학』	『(개인본)역대가사문학전집』 25권, 567면.	강전섭 ⓐ
					『(개인본)역대가사문학전집』 26권, 209면.	강전섭 ⓑ
					『(개인본)역대가사문학전집』 26권, 146면.	김문기 ⓐ
					『(개인본)역대가사문학전집』 26권, 166면.	김문기 ⓑ

18~19	가사	『장편가집』, 〈오륜가〉	미상	『망노각수방』	『(개인본)역대가사문학전집』 14권, 539면.	장서각
				『장편가집』	『(개인본)역대가사문학전집』 14권, 548면.	규장각
				『악부』 下	『(개인본)역대가사문학전집』 14권, 562면.	임기중
				『만언ᄉᆞ』	『(개인본)역대가사문학전집』 14권, 582면.	국립중앙도서관
				『언문소학』	『(개인본)역대가사문학전집』 25권, 567면.	강전섭
		『초당문답가』, 〈오륜가〉	미상	『악부』 下	『(개인본)역대가사문학전집』 14권, 567면.	임기중 ⓐ
				『오륜젼』	『(개인본)역대가사문학전집』 42권, 471면.	임기중 ⓑ
				『오륜편』	『(개인본)역대가사문학전집』 42권, 477면.	임기중 ⓒ
				『오륜편』	『(개인본)역대가사문학전집』 42권, 486면.	임기중 ⓓ
				『오륜편』	『(개인본)역대가사문학전집』 42권, 496면.	임기중 ⓔ
				『오륜편』	『(개인본)역대가사문학전집』 42권, 499면.	임기중 ⓕ
				『오륜편』	『(개인본)역대가사문학전집』 42권, 508면.	임기중 ⓖ
				『오윤편』	『(개인본)역대가사문학전집』 42권, 566면.	임기중 ⓗ
				『오륜행록』	『(개인본)역대가사문학전집』 26권, 241면.	강전섭
				『초당문답』	정재호, 『(註解)草堂問答歌』, 박이정, 1995	규장각
		고대본 〈오륜가〉	미상	『오륜가』	청구기호 만송 C15 A97A	고려대 도서관

제2장
15세기: 오륜의 발견과 상상적 완비

그간의 시가사에서 15세기와 16세기는 '조선 전기'라는 범칭 아래 한 묶음으로 다루어져 온 것이 사실이다. 이러한 구도 하에서 경기체가 〈오륜가〉는 작품의 주된 소재적 요소인 '오륜'이 갖는 유가적 맥락 아래 16세기에 산출된 일련의 시조 〈오륜가〉 작품들과 유사한 연장선상에 놓여 있는 것으로 논의되어 왔다. 특히 전자의 경우, 작품의 내적 분석과 연행 상황에 대한 구체적인 검토가 결여된 채 오륜에 부여된 유가적 상징성과 그 사회적 역할에 기대어 작품의 창작 목적이나 전체적인 주지 자체를 예단해 버린 측면이 없지 않다. 〈연형제곡〉과 더불어 경기체가 〈오륜가〉를 "성리학적 사고에 의거하여 백성을 교화하고자 한 것"[1]으로 파악한 박경주의 논의는 대표적이라 할 수 있다. 임주탁 역시 양자가 지닌 차이점에 주목하고 있기는 하지만 "주세붕의 〈오륜가〉는 『악장가사』 〈오륜가〉의 전통을 계승한 것"이라고 하여 둘 사이의 유사성이나 연속성을 분명히 전제하고 있다.[2]

1) 박경주, 『경기체가 연구』, 이회문화사, 1996, 242면.

2) 임주탁, 「연시조의 발생과 특성에 관한 연구: 〈어부가〉, 〈오륜가〉, 〈도산육곡〉 계열 연시조를 중심으로」, 서울대학교 석사학위논문, 1990, 25~26면. 비록 논자가 지적한 계승의 의미가 '비판적' 계승을 의미한다 할지라도 두 작품의 경우 '계승'의 관점에서 바라보기에는 너무나도 이질적이라는 것이 필자의 생각이다. 따라서 '지

그런데 조선 전기 오륜시가와 관련된 최근의 연구 성과에서도 이와 유사한 논의들이 지속적으로 반복·재생산되고 있는 것으로 보아[3] 경기체가 〈오륜가〉를 '백성에 대한 윤리적 교화'의 맥락 속에서 파악하고자 했던 저간의 견해들은 선초의 시가사적 구도 안에서 여전히 주요한 영향력을 미치고 있는 듯하다.[4] 특히 김윤희[5]·김중기[6] 등은 동

속'보다는 '단절', '계승'보다는 '변모'의 관점에서 살펴보는 것이 본 작품의 경우에는 보다 온당하지 않을까 한다. 더구나 경기체가 〈오륜가〉가 직접적으로 연행되었던 기록을 『실록』에서 찾아볼 수 없으며, 성종 23년 8월 21일자 기사에, '五倫歌調에 새로 제정된 악장인 〈配天曲〉을 올려 부른다.'고 되어 있는 것으로 보아 주세붕이 생존했던 16세기에는 연행되지 않았을 가능성이 높은 것으로 보이기 때문이다.

3) 김명준, 『악장가사 연구』, 다운샘, 2004, 179면. "(경기체가) 〈오륜가〉는 그 내용이 성리학적 윤리 질서를 담고 있어 도덕적 무장을 중시했던 일부 사대부들에 일정 정도 영향을 미쳤을 것으로 생각된다. 송순의 〈오륜가〉 5수와 주세붕의 〈오륜가〉 6수를 비롯하여, 정철의 〈훈민가〉 12수 등 이른바 〈오륜가〉 내지 훈민가류가 그것이다."; 조규익, 「선초악장 〈오륜가〉의 시대적 의미」, 『온지논총』 24, 온지학회, 2010, 158면. "경기체가 형식으로 되어 있으면서도 지배 이데올로기를 바탕으로 하는 訓民의 시대적 분위기를 짙게 반영하고 있다는 점이 매우 중요하고 흥미롭다."

4) 한편 고영화는 경기체가 〈오륜가〉와 시조 〈오륜가〉를 대상으로 하여 장르의 매체적 성격과 선택의 원리를 탐색하였다. 논자는 동일한 '오륜'의 내용이라 하더라도 '확인의 원리'가 강할 경우에는 경기체가를, '전달의 원리'가 강할 때에는 시조 장르를 선택하게 되는데 이는 각 장르의 속성에 대한 창작 주체의 인식의 결과임을 설득력 있게 고찰하였다. 다만 논의의 초점이 장르가 갖는 매체적인 성격의 분석에 맞추어져 있었기 때문에 서로 다른 장르의 선택이 갖는 함의, 창작 주체의 세계인식이나 창작 의도, 시기적 국면과 관련하여 맺게 되는 역사성 등의 문제들은 자세히 다룰 수 없었던 것으로 보인다. 따라서 본고에서는 이와 같은 점들에 초점을 맞추어 논의를 전개하고자 한다. 이에 대해서는 고영화, 「장르의 매체적 성격과 장르 선택 원리에 대하여: 오륜가 계열 경기체가와 시조를 중심으로」, 『문학교육학』 5, 한국문학교육학회, 2000, 9~26면 참조.

5) 김윤희, 「주세붕의 국문시가 연구」, 고려대학교 석사학위논문, 2005, 58면. "세종 때 창작된 것으로 추정되는 〈오륜가〉가 『악장가사』에 경기체가 형식으로 남아 있다. 이는 주세붕이 기존 작품의 논리를 수용하여 시조 형식으로 재구했으며, 그러한 시도를 전범으로 하여 이후 지속적으로 〈오륜가〉가 창작된 것으로 보아야 할 것이다."

일한 題名과 구조적 상동성에 기대어 주세붕 〈오륜가〉의 창작 모태를 경기체가 〈오륜가〉로 확정하고 있는데 양자 사이의 상관관계를 입증하는 데 있어 상기한 두 가지 요소는 그다지 적실치 않은 것으로 보인다. 주세붕 자신이 경기체가 〈오륜가〉를 접했을 것이라는 추정도 막연하거니와 (접했다 하더라도) 旣成 작품의 존재에도 불구하고 새로운 작품을 창작하게 된 動因이 보다 중요한 것으로 생각되기 때문이다. 필자가 작품의 기원에 대한 탐색을 지양한 채 작품과 작품 사이의 차이와 단절에 주목하는 이유도 여기에 있다.

조선 전기 오륜시가 작품들에 선명한 계기적 인과성을 부여했던 이러한 논의들은 비록 각각의 작품에 대한 유익한 정보들을 상당 부분 밝혀냈음에도 불구하고 양자 사이에 놓여 있는 일정한 간극들, 예를 들면 장르적 속성이나 창작의 목적, 작품에 내재한 일정한 방향성 등을 엄밀하게 고려하지 않은 채 내려진 잠정적 결론으로 보인다. 필자는 이러한 문제점이 조선 전기라는 범칭 아래 15세기와 16세기를 유사한 성격의 시기로 파악한 데서 기인했다고 생각한다. 즉 임란을 전후하여 조선시대를 양분해 오던 사학계의 통설로 인해 15세기와 16세기 사이에 놓인 이질적인 지점들이 제대로 포착되지 않았다는 것이다.

필자는 비록 두 작품이 '오륜'이라는 소재적 공통점을 지닌다 하더라도 산생된 시기가 서로 다른 이상, 해당 시기의 구체화된 역사적 맥

6) 김중기, 「신재 주세붕의 교훈시조 연구」, 계명대학교 석사학위논문, 2006, 44~57면. "신재의 〈오륜가〉는 국문시가 가운데 오륜의 내용이 최초로 발견되는 『악장가사』에 실려 있는 경기체가 형식의 〈오륜가〉와 관계가 있다. …… 『악장가사』의 〈오륜가〉는 1432년 禮曹에서 창작된 官撰의 악장으로 유교의 진작과 대국민 교화가 그 주된 목적이었을 것이다. …… 신재의 오륜가가 경기체가인 『악장가사』의 것과 그 맥이 닿아 있다는 것을 알 수 있다. …… 신재가 『악장가사』의 오륜가를 참조하였다는 기록은 없으나 『악장가사』의 오륜가가 국가 대사에 쓰이는 악장이었던 만큼 사대부 전체에게 알려졌다고 보아야 할 것이다."

락 아래 재검토할 필요가 있다고 생각한다. 이는 경기체가 〈오륜가〉가 창작된 15세기부터 시조 〈오륜가〉가 중점적으로 출현하는 16세기 중·후반까지 길게는 150년, 짧게는 100년이라는 시간적 거리가 존재하고, 또한 그 사이에는 시대적 배경과 역사적 상황의 적지 않은 차이에 따라 '오륜'이 갖는 의미나 효용 그 자체에도 상당한 이질성이 내포되어 있을 것이라 짐작되기 때문이다.

이를 위해 필자는 15세기와 16세기를 분절하여 개개의 시기가 갖는 차별적인 지점들에 주목하고자 한다. 즉 시조 〈오륜가〉가 지닌 諸 특성에 준하여 경기체가 〈오륜가〉를 해석해 오던 기존의 관점을 지양하고 그것이 창작된 15세기의 역사적 맥락에 좀 더 충실하겠다는 것이다. 물론 이러한 관점은 우리가 흔하게 학습해 온 훈구파/사림파, 사장파/도학파와 같은 이분화된 도식과 별반 다르지 않은 것처럼 보인다. 하지만 이러한 도식이 형성되어 온 저간의 맥락을 꼼꼼히 살펴보면 훈구파나 사장파로 지칭되는 15세기 관료 문인들의 면모는 그들이 지닌 그 나름의 특성으로 주목되기보다는 '非사림파적인 것', '非도학파적인 것' 등과 같이 16세기 사림파 문인들을 기준으로 소급하여 도출된 것임을 부인하기 어렵다.[7] 훈구 세력의 퇴영성·부정성을 지적한 그간의 평가 또한 이와 무관하지 않은데 필자는 양 시기를 사상적 경향을 토대로 단절된 것으로 파악함으로써 경기체가 〈오륜가〉가 출현할 수 있었던 사회적 지반이 16세기 시조 〈오륜가〉의 그것과는 명백히 달랐음을 주장하고자 한다. 아래에서는 15세기에 삼강오륜의 담

---

7) 이에 대해서는 김범, 앞의 논문, 2003: 「朝鮮前期의 王權과 政局運營: 成宗·燕山君·中宗代를 중심으로」, 고려대학교 박사학위논문, 2005: 「'훈구 세력'에 대한 공정한 인식과 평가」, 『내일을 여는 역사』 26, 내일을 여는 역사, 2006; 에드워드 와그너 지음, 이훈상·손숙경 옮김, 『조선왕조 사회의 성취와 귀속』, 일조각, 2007 참조.

론이 어떻게 형성·전개되는지를 살펴보고, 경기체가 〈오륜가〉가 어떠한 맥락 속에서 산출된 것인지를 가늠해 볼 것이다.

1. 15세기 오륜 담론의 지형

동아시아 정치사에서 '外儒內法', 즉 겉으로는 유학적 이념을 표방하면서도 내면적으로는 엄형준법의 법가적 통치에 의거하는 방식은 가장 일반적인 정치 시스템이라 할 수 있다.[8] 이는 곧 정권의 정당성을 보증해 주는 사상적 이데올로기로서의 '儒'와 전제국가를 경영하는 실체적 수단으로서의 '法'이 불가피한 필요에 의해 결합한 형태이다. 연구자에 따라서 '경국대전체제'로 명명[9]하기도 하는 조선조 사회 또한 기본적으로는 이러한 형태에 속한다고 할 수 있다.

다만 여기서 유념해야 할 것은 이러한 정치적 시스템을 구성하는 두 가지 요소, '덕치/법치', '교화/형벌'의 상대적 비율이 시기에 따라, 그리고 그것을 운용하는 정치적 주체에 따라 단일하지 않았다는 것이다. 물론 교화와 형정 모두 유교사회를 지탱하는 매우 중요한 정치적 도구들임은 이론의 여지가 없다. 따라서 양자 가운데 어느 하나를 폐기하고 다른 하나만을 專用하던 사례를 漢代 이후의 유교국가에서는 찾아보기 힘들다. 뿐만 아니라 후자보다는 전자에 그 궁극적 지향을 두었던 것 또한 부정할 수 없는 사실이다. 그렇다면 결국 문제는 후자의 의미·비중·적용을 어느 선까지로 한정하는가가 될 터, 우리가 맞닥뜨린 오륜 담론의 문제 역시 이와 무관하지 않다.

---

8) 박원재, 『유학은 어떻게 현실과 만났는가』, 예문서원, 2001, 119면.

9) 오영교 편, 『조선 건국과 경국대전체제의 형성』, 혜안, 2004 참조.

어느 시대를 막론하고 피치자들에게 오륜 개념의 실천을 강제함으로써 오륜적 질서를 구축하고자 했던 것 자체에는 별반 차이가 없을 것이다. 하지만 그 강제의 방식에 있어서는 '법적 처벌'과 '교화의 선행'이라는 두 가지 방식으로 뚜렷이 구분되며 오륜 개념은 그러한 구분을 위해 일정한 '의미의 변형'을 수반하지 않을 수 없게 된다. 여기서 '의미의 변형'이란 비단 逐字的 차원의 변형뿐만 아니라 개념이 현실에서 어떻게 구현되는가 하는 활용 방식의 변형까지도 포함된다. 또한 이러한 변형의 이면에는 담론의 주체들이 지니고 있었던 일정한 인식틀의 전환 역시 보이지 않게 자리해 있다. 후술하겠지만 이러한 전제들은 15~16세기 오륜 담론의 전개 양상과 직간접적으로 연결되어 있으며 나아가서는 경기체가에서 시조로의 변환이라는 문학 양식의 전이로까지 이어져 있다. 본 절에서는 15세기의 오륜 담론이 어떠한 방식으로 형성·전개되었는지에 대해 살펴봄으로써 경기체가 〈오륜가〉 해석의 발판을 마련하고자 한다.

1.1. 排佛과 立法의 이론적 근거

'말할 수 있는 것'과 '말할 수 없는 것', '볼 수 있는 것'과 '볼 수 없는 것'은 대상을 특정한 방식으로 재단하고 분절하는 '분절의 방식'에 의해 결정된다. 특정한 분절의 법칙에 따라 구성되는 담론 속에서야 대상은 비로소 정의되고 보이게 마련이라는 것이다.[10] 이는 곧 동일한 대상이 상이한 담론 속에서는 이전과 전혀 다른 방식으로 정의되거나 혹은 아예 배제되어 보이지 않게 될 수도 있음을 의미하는데 비근한 예로 『고려사』에 등장하는 오륜 관련 기사들은 채 10건을 넘지 않는

10) 이진경, 『철학의 외부』, 그린비, 2006, 104면.

다.[11] 일종의 국가 종교로서 불교의 비중이 상당했던 고려의 사정을 감안하면 당연한 것이라 치부할 수도 있겠으나 유교 역시 현실의 정치적 이념을 제공하거나 교육적 기반, 윤리적 질서 등의 구축을 위한 이론적 근거로 기능[12]하는 등 고려사회에서의 이념적 위상이 결코 낮지 않았음을 감안하면 상기한 수치적 과소성은 주목할 만하다. 이는 삼강오상의 개념이 심오한 이론적 연찬이나 철학적 탐색을 거쳐야만 얻을 수 있는 것이 아니라 유교의 가장 기본적이면서도 기초적인 속성 중의 하나임을 감안하면 더욱 그러하다.

당연하게도 고려시대라고 해서 교화의 중요성이 과소평가되지는 않았다. 『고려사』에는 교화와 관련된 수많은 기록들이 산견되며 그 내용 역시 '부모에게 효도하고, 형제 간에 우애한다.'는 유가적 교화의 실질과 별반 다르지 않다. 특히 「열전」에 실린 〈충의〉·〈효우〉·〈열녀〉들의 기록에는 모범적 사례들의 현시를 통해 쇠퇴한 풍속을 교정하고자 했던 지배층들의 익숙한 의도가 여실히 드러난다.[13] 그럼에도 오륜과

11) 오륜·오상·삼강·오교·오품 등 오륜과 관련된 대부분의 개념어들을 기준으로 추출한 결과가 총 9건이다. 이 중, 「세가」에 2건, 「열전」에 7건 보이는데, 「열전」의 경우, 이제현·정몽주·김자수·이첨·윤소종·조준 등 거개가 여말의 성리학자들과 관련된 언급들이다.

12) 박용운, 『고려시대사』, 일지사, 2008, 411면; 변동명, 「고려시기의 불교와 유교」, 『한국중세사연구』 18, 한국중세사학회, 2005, 43~78면; 오종록, 「유교는 고려와 조선의 통치에 어떤 역할을 하였나?」, 『내일을 여는 역사』 16, 내일을 여는 역사, 2004, 285~287면; 이희락, 「고려시대 유교의 실천윤리」, 『한국사연구』 10, 한국사연구회, 1974, 80~95면; 김훈식, 「고려후기의 『효행록』 보급」, 『한국사연구』 73, 한국사연구회, 1991, 21~25면.

13) 『고려사』 제121권, 「열전」 제34, 〈효우〉. "부모(父母)에게 효도하고 형제(兄弟) 간에 우애하는 것은 사람의 항성(恒性)이다. 그런데 세교가 쇠퇴하여 그 항성을 잃은 자가 많다. 그런즉 이에 모든 힘을 다한 자들을 널리 알리고 장려하지 않을 수 있겠는가? 고려 5백년 간에 효도와 우애로 사책(史冊)에 기재되어 있거나 정표(旌表)에서 찾아볼 수 있는 자가 10여 명이나 되므로 이에 〈효우전〉을 짓는다."

관련한 이야기들이 『고려사』 내에서 상당히 드물게 보이는 것은 무엇을 의미하는가? 필자는 이를 통해 오륜 개념과 교화의 행적들을 직결시켜 왔던 우리의 관성적 사고를 의심해 볼 필요가 있다고 생각한다. 다시 말해 '부모(父母)에게 효성하고 형제(兄弟) 간에 우애해야 한다.'는 명제가 '오륜적 질서를 준수해야 한다.'는 또 다른 명제로 곧바로 치환되지는 않는다는 것이다. 양자가 치환되기 위해서는 양자의 동일성을 당연시하는 특정한 담론의 형성이 요청되는바, 오륜과 관련된 모종의 담론구성체가 뚜렷한 형태로 형성되지 않았던 고려시대에 오륜 개념은 '말해질 수도, 보여질 수도 없었'던 것이다.[14] 이러한 사정은 여말선초라는 전환의 시기에 이르러 급변하게 되는데 수적 차원에서의 빈출은 말할 것도 없거니와 질적 차원에 있어서도 다기한 양상을 보여준다.

> [1] 저 부처라는 자가 어떠한 사람입니까? 대[世]를 이은 적자(嫡子)로서 그 아비를 배반하여 부자 사이의 친함을 끊었으며, 일개 필부(匹夫)로서 천자에 대항하여 군신의 의리를 멸했습니다. 남녀가 한 집에서 사는 것을 옳은 길이 아니라 하고, 남자가 밭갈고 여자가 베짜는 것을 옳지 않다고 하여 자자손손 이어가는 길을 끊어버리고, 입고 먹는 원천을 막으려 하였으며, 그 도(道)로써 천하를 바꾸고자 생각하였습니다. 진실로 이렇게 한다면 백년 뒤에는 인류가 멸절되어, 하늘이 위에서 운행하고, 땅이 아래에서 실어주어 그 사이에서 나고 자라는 것이 초목(草木)·금수(禽獸)·어별(魚鼈)·용사(龍蛇) 뿐일 것이니, 삼강오상의 도가 어찌 그 사이에 있을 수 있겠습니까?[15]

14) 상이한 담론 하에서 새로운 개념이 형성되거나 기존의 개념이 배제되는 과정은 강명관, 「節婦, 烈婦, 烈女」, 『동양한문학연구』 25, 동양한문학회, 2007, 5~28면 참조.

[2] 저 부처[佛]라는 이는 대체 어떤 사람이기에 대[世]를 이은 적자(嫡子)로서 그 아비를 배반하고, 필부(匹夫)로서 천자(天子)에 대항하여 부자 사이의 윤기(倫紀)와 군신 사이의 의리를 멸절시켰습니다. 남녀가 집에서 사는 것을 옳은 일이 아니라 하고, 남자가 밭갈이 하고 여자가 베짜는 것을 못할 일이라 하여, 자자손손 이어가는 길을 끊어버리고, 입고 먹는 원천을 막았으며, …… 하늘이 덮어 주고 땅이 실어서, 그 사이에서 나고 자라는 것이 오직 초목(草木)이나 금수(禽獸) 뿐일 테니, 삼강오상의 도가 어찌 그 사이에 있을 수 있겠습니까?[16)]

[3] 불씨의 도는 예융(裔戎)의 한 법일 뿐으로, 한 조각의 공허한 말을 구사하여 삼강(三綱)을 멸하고 민재(民財)를 모손하니 이단(異端)의 해가 이보다 더 심한 것은 없습니다. 이치를 해하고 참된 것을 어지럽히는 것은 논할 여지도 없거니와 우선 뚜렷한 것으로 말한다면, 부부(夫婦)는 인륜(人倫)의 시초로서 천지에 근본하고 음양에 수순하여 만물의 생생(生生)의 근본을 이루는 것입니다. 그런데 저 불씨는 욕(欲)이라고 말하면서 남녀의 배필을 없애 생생의 근원을 끊으니, 그 해가 되는 한 가지요, 군신(君臣)은 천지의 큰 의리로서 원수(元首)와 고굉(股肱)이 서로 일체가 되어 잠시도 떠날 수 없는 것인데 저 불씨는 이록(利祿)의 매개(媒介)라 하여 세속을 떠나 산림에 은둔하여 대의를 돌아보지 않으니, 해가 되는 것이 두 가지입니다. 부자(父子)는 천합(天合)

15) 『고려사』 제120권, 「열전」 제33, 〈김자수〉. "彼佛何人也? 以世嫡而叛其父, 絕父子之親, 以匹夫而抗天子, 滅君臣之義, 以男女居室爲非道, 以男耕女織爲不義, 絕生生之道, 塞衣食之源, 欲以其道, 思以易天下. 信如此焉, 則百年之後, 人類絕矣. 天行乎上, 地載乎下, 其所以生育於其閒者, 惟草木禽獸魚鼈龍蛇而止爾, 三綱五常之道, 竟何寓其於閒哉?"

16) 『세종실록』 6년(1424) 3월 12일. "彼佛何人, 以世嫡而反其父, 以匹夫而抗天子, 絕父子之倫, 滅君臣之義. 以男女居室爲不義, 以男耕女織爲何事, 絕生生之本, 塞衣食之源 …… 天之所覆, 地之所載, 其所以生育於其間者, 惟草木禽獸之類耳. 三綱五常之道, 竟何寓於其間哉?"

> 의 친속이어서 하늘이 물(物)을 냄에 한 근본이 되게 하였는데, 저 불씨는 사사로운 은혜라 하고, 반드시 그 친함을 겸애(兼愛)하여 부모를 길 가는 사람과 다름이 없게 하고자 합니다. 부모를 떠나 사랑을 끊음으로써 천상(天常)을 어지럽히니, 그 세 번째 해가 되는데, 이 삼강(三綱)을 잃으면 인도는 멸하게 됩니다.[17]

먼저 [1]은 고려 最末期의 기록[18]으로 성균관 생원 朴礎 등이 올린 상소문 가운데 일부이다. 앞뒤 맥락을 통해 살펴보건대 이 상소문은 배불을 주청한 정도전을 배척하고, 숭불을 주청한 김전의 말을 좇은 왕에게 그것의 불가함을 진달하기 위해 작성되었다.[19] 이 글에서 '삼강오상'은 불교의 폐해를 고발하는 이론적 근거로 기능하는데 그는 부처 자신이 부자·군신·부부 등 현실의 인간적 질서를 부정하고 멸절시켰음을 근거로 하여 자신의 주장을 합리화한다. '오상'이 갖는 다양한 정의[20] 가운데 '오륜', 즉 '인간 사이에 지켜야 할 다섯 종류의 윤리

---

17) 『세종실록』 30년(1448) 7월 22일. "佛氏之道, 裔戎一法耳. 駕一片空虛之說, 淪滅三綱, 耗蠹民財, 異端之害, 莫此爲甚也. 其害理亂眞, 未暇論也, 姑以顯然者言之. 夫婦, 人倫之始, 本乎天地, 順乎陰陽, 以成萬物生生之本也. 彼佛者乃曰欲也, 而去男女之配, 絕生生之源, 爲害一也. 君臣, 天地之大義, 元首股肱, 相爲一體, 不可斯須離也. 彼佛者乃曰利祿之媒, 而離世絕俗, 逃遁山林, 不顧大義, 爲害二也. 父子, 天合之親, 天之生物, 使之一本, 彼佛者乃曰私恩, 而必欲兼愛其親, 父母無異路人, 辭親割愛, 以亂天常, 其害三也. 失此三綱而人道滅矣."

18) 『고려사』「세가」에는 박초와 관련된 구체적인 기록이 보이지 않으나, 『고려사절요』에는 이 상소문이 공양왕 신미 3년(1391)에 작성된 것으로 나온다. 『고려사절요』 권35, 「恭讓王 二」, 〈辛未 三年〉.

19) 『고려사』 제120권, 「열전」 제33, 〈김자수〉. "전하께서는 정도전이 지은 闢佛의 책 때문에 그를 조종의 죄인이라 여기시며, 김전이 지은 奉佛의 설 때문에 그를 전하의 충신으로 여기시는 겁니까. 이에 대해서 신등은 또한 감히 알지 못하겠습니다. 전하께서 정도전의 正學을 의심하고, 김전의 邪說을 믿는다면 어찌 천하의 웃음거리가 되지 않으며 만대의 조소를 받지 않겠습니까. 이에 대해서는 신등이 감히 말씀드릴 수 있습니다."

적 관계[舊指君臣・父子・兄弟・夫妻・朋友之間五種倫理關係]'가 선택됨으로써 '오상'은 불교로 인해 멸절되는 존재로 인식되는 것이다.

기실 이 시기에 와서 오륜 개념이 위와 같은 용도로 활용되는 것은 어떤 면에서 시사적이다. 분명히 존재했었음에도 불구하고 인식의 지평 안으로 들어오지 않았던 개념들이 담론의 지형이 변화함과 동시에 수면 위로 부상하게 되었다는 점에서 그러하다. 이전 시기의 경우, 오륜과 관련된 언급 자체가 드물기도 하지만 이를 근거로 불교를 배척해야 한다는 식의 주장은 보이지 않는다. 박초가 언급한 불교의 폐단, 즉 인륜을 멸절시키는 것으로 인식하게끔 만든 부처의 행적이야 불교의 전래와 함께 익숙하게 알려진 것일 터, 그렇다면 이는 새로운 담론의 형성으로 이전에는 보이지 않던 것들이 보이게 되었음을 의미한다. 불교의 교리가 실제로 삼강오상을 얼마나 저해했는가의 문제와는 별도로, 오상 개념 자체에 내재한 선험적 당위성이 이 시기 들어 점차 부각되기 시작하면서 삼강오상은 儒佛의 同棲가 불가능함을 입증하는 가장 중요한 이론적 근거로 기능하게 된 것이다.

세종 대의 기록인 [2]는 [1]번 자료와 매우 유사한 언어들로 가득차 있다는 점에서 흥미롭다. 각자가 소재한 문헌의 표지가 없다면 동일인의 소작으로 보아도 무방할 정도인데 양자의 출처에 대한 검토 역시 필요한 일이겠으나 우선 주목되는 바는 개별 상소에 대한 왕들의 상이한 반응이다. [1]에서 공양왕은 이 글을 읽은 후 크게 노했다. 주변 신하들 역시 박초의 상소에 대해 호의적이지 않았다.[21] 심지어는 박초

20) 『한어대사전』에 제시된 '오상' 개념의 정의들은 다음과 같다. 【첫째, 옛날 다섯 종류의 윤상 도덕. 즉 아버지는 의롭고, 어머니는 자애로우며, 형은 우애하고, 동생은 공손하며, 자식은 효성스러워야 함. 둘째, 金・木・水・火・土의 五行. 셋째, 仁・義・禮・智・信. 넷째, 五倫. 다섯째, 삼국시대 촉나라의 마량 형제 다섯 명을 가리킴. 그들의 字가 모두 '常'자를 썼으므로 이와 같이 부름.】

의 상소가 '견식이 천박한 광유(狂儒)'[22]들의 소행임을 들어 숭불을 주장하기까지 하고, 왕은 이를 기꺼이 받아들인다. [2]에 대한 세종의 반응은 문면에 드러나지 않아 쉽사리 판단하기 어렵다. 그러나 排佛의 담론이 전사회적으로 확산되고 있던 당대의 공론 하에서 이에 대한 반응이 [1]과 같았을 것이라 상정하기는 어렵다. 또한 위 상소에 연명한 생원수가 101명이라는 사실은 삼강오상의 당위성을 근거로 불교를 공격하는 위와 같은 인식이 보다 집단적으로 형성되고 있었음을 의미하는데, 이는 한두 명의 문제적 人士가 조심스럽게 의견을 개진하던 고려 말의 상황과는 판이하게 다르다. 삼강오상을 기준으로 儒와 佛을 가르는 분절의 법칙이 자연스럽게 작동하게 된 것이다.

이러한 사정은 [3]에서도 확인된다. 그가 생각한 불교의 수많은 폐단 중 가장 '뚜렷한 것[顯然者]'은 부부·군신·부자 사이의 人道를 멸

21) 『고려사절요』 권35, 「恭讓王 二」, 〈辛未 三年〉. "소가 올라가니 왕이 크게 노하였다. 박초 등이 글을 올리려 할 때, 생원 서복례(徐復禮)가 서명하지 않으니, 박사 김초(金貂) 등이 북을 치며 성토하여 그를 내쫓았다. 또 사예(司藝) 유백순(柳伯淳)은 박초 등이 글 올리는 것을 힘껏 만류하였으나 되지 않으므로, 지신사 성석용(成石瑢)에게 말하기를, "박초 등의 소를 위에 올리지 마시오." 하였다. 박초 등이 이를 알고 함께 의논하여 유백순에게 수업을 받지 않을 것을 의론하니, 대사성 김자수(金子粹) 등이 그 무례함을 미워하고, 또 김초 등이 장관에게 알리지 않고 생도를 제 마음대로 내쫓은 것에 노하여, 김초 등의 가노를 가두고 복례를 불러와서 다시 입학하게 하였다."

22) 『고려사』 제46권, 「세가」 제46, 〈공양왕 2〉. "6월 초하루 병진일에 전 전의부정 김전(金琠)이 글을 올리기를 …… "지금 견식이 천박한 광유(狂儒)들이 삼한의 대체를 돌보지 않고, 다만 절을 부수고 승려들을 배척하는 것으로 자신들의 주장을 삼고 있습니다. 태조가 창업할 때의 깊은 지혜가 도리어 어린 유생의 계책만 못했겠습니까? 전하는 위로 태조의 원대한 염원을 받들어 절을 수축하고 땅과 사람을 주어서 불교를 일으키시기 바랍니다."라고 하였다. 전 호조판서 정사척(鄭士倜) 또한 글을 올려, "불교는 나라에 복되고 이로우니 의당 숭봉해야 합니다."라고 말하였다. 왕이 그 말을 옳게 여겨 받아들였다."

절시킨다는 것이다. 그런데 이러한 유자들의 언급은 불교의 유래가 상당하며, 그것의 전파 범위가 대단히 넓다는 점을 상기하면 다소 모순적이다. 그들이 주장한 불교의 그와 같은 혐의들이 실제 현실과 있는 그대로 일치하는 것은 아니기 때문이다. 다시 말해서 위의 언급들은 출가한 승려들에게나 해당되는 것이지 불교를 믿는 대다수의 사람들과는 무관한 것이기에 이를 토대로 불교 자체를 배척해야 한다는 논리는 다분히 일면적이다. 여말선초의 승려인 함허당 기화가 불교의 五戒와 유교의 五常이 다르지 않음을 들어 유불의 회통을 강변하고자 했던 것[23]이나, 선초의 불교계가 효·충과 같은 성리학적 이념을 활발히 수용하고자 했던 것[24]은 이러한 정황과 연계되어 있는데 자신들 역시 현실의 인륜적 질서를 부정하지 않는다는 것, 바로 그것을 말하고 싶었던 것이다.

주지하듯이 삼강오상이 배불의 이론적 근거로 활용되기 위해서는 내재된 개념의 당위성·절대성이 많은 사람들에게 공유되어야만 한다. 한 치의 의심도 허용하지 않는 절대적 권위가 확보될 때에야 비로소 다른 것을 배제할 수 있기 때문이다. 따라서 불교가 인륜적 질서를 파괴하고야 말 것이라는 배불론자들의 견해는 유교가 독점적인 지위를 부여받은, 혹은 부여받아야만 한다고 인식하는 담론구성체 안에서만 발견되기 마련이다. 선초의 유자들이 던진 불교의 이 같은 혐의들은 유교와 불교가 각기 다른 기능을 담당했던 고려시대에는 제기될 수

23) 오경후, 「여말선초 기화의 유·불회통론」, 『한국사상과 문화』 32, 한국사상문화학회, 2006, 113~120면.

24) 박재현, 「조선전기 불교의 이념적 변화 과정 연구」, 『불교학연구』 26, 불교학연구회, 2010, 343~348면; 조현설, 「성녀와 악녀: 조선 전기 불교계 소설의 여성 형상과 유가 이데올로기의 접점에 관한 시론」, 『불교어문논집』 8, 한국불교어문학회, 2003, 79~85면.

없었던 문제인 것이다. 이렇듯 배불 담론의 이면에는 불교에서 유교로의 전환이라는 거시적 차원의 변화뿐만 아니라 삼강오상이라는 미시적 개념의 전범화·진리화 과정 역시 자리해 있다. 요컨대 유가의 기초적 개념인 삼강오상이 현실적인 규정력을 갖기 위해서는 그럴 수 있는 일정한 조건의 형성이 반드시 요구된다는 것이다. 그렇다면 일종의 '진리'로 기능하게 된 삼강오상은 배불 이외에 어떠한 방식으로 구현되는가? 다음의 자료들에 주목해 보자.

> [1] 강복(康輻)이 아내를 버린 것은 진실로 죄가 있습니다. 그러나 강복의 아내가 된 지 10여 년에 강복을 따라 순안(順安)으로 돌아갔다가, 강복이 모친상을 당하게 되자, 함께 평양(平壤)의 본가(本家)에 돌아왔습니다. (고씨가) 강복을 침핍(侵逼)하여 버려지기를 구[求棄]하고는 스스로 최마(衰麻)를 벗고 길복(吉服)으로 상경(上京)하였습니다. 아내를 잃은 조사(朝士)가 문득 배우자를 구한다는 것을 듣고, 도하(都下)에 시끄럽게 전하더니, 마침내 이준생(李俊生)에게 시집갔습니다. 그 지아비[夫]를 배반한 죄가 이미 드러났는데도, 이것은 버려두고 묻지 않은 채 홀로 강복만을 죄준다면, 크게 사체(事體)가 어그러질 것입니다. 대저 군신(君臣)·부자(父子)·부부(夫婦)는 그 의리[義]가 하나인데, 지어미[婦]가 지아비[夫]를 배반한 것은 삼강(三綱)을 훼손한 것이니, 청컨대 의금부(義禁府)에 내려 궁추(窮推)하여 크게 징계하소서.[25]

> [2] 사유(赦宥)하는 글에 강상(綱常)과 관계된 것은 용서하는 예(例)에 들어 있지 않습니다. 붕우(朋友)는 오륜(五倫)의 하나이니, 조신충

25) 『세조실록』 9년(1463) 4월 25일 "康輻棄妻, 固有罪焉, 然高氏爲輻妻十餘年, 隨輻歸順安, 及輻遭母喪, 同歸平壤本家, 侵逼輻求棄, 自脫衰麻, 吉服上京. 聞有喪室朝士, 輒求爲配, 喧傳都下, 終歸李俊生. 其背夫之罪已著, 捨此不問, 獨罪輻, 大乖事體. 夫君臣·父子·夫婦, 其義一也. 婦而背夫, 三綱毁矣, 請下義禁府, 窮推大懲."

> 의 죄는 마땅히 온전하게 풀어줄 수 없습니다. …… 조신충의 죄는 강상을 범하였으므로 사유를 내렸다 하여 온전히 풀어줄 수 없으니, 청컨대 외방(外方)으로 내쳐 후래(後來)를 경계하도록 하소서.[26)]

위 자료들에서 삼강오륜은 인간이 반드시 지켜야 할 대전제로 제시되어 있으며 이를 지키지 않는 사람들을 처벌하는 주요 근거로 기능한다. 앞서 살펴본 바와 같이 삼강오륜에 내재한 당위성·보편성 등이 이 시기 들어 부각되기 시작하면서 배불 이외에 이와 같은 방식으로도 기능하게 된 것이다. '당위'와 '금기'는 동전의 앞뒤와도 같은 것일 터, 당연한 수순으로 볼 수 있는 이러한 방식의 흔적들은 선초의 여러 기록들에서 심심치 않게 등장하는데 주목할 것은 위와 같은 사례들이 고려시대에는 별반 문제시되지 않았다는 것이다.

[1]은 순안 현감 강복이 두 번씩이나 적처를 버렸다는 혐의로 추핵당한 내용 중의 일부이다. 그런데 문제는 강복뿐만 아니라 그의 두 번째 처인 고씨 또한 남편을 배반하였다는 죄목으로 처벌받게 되었다는 것이다. '求棄'의 정황이야 알 수 없지만 그녀의 죄목은 남편에게 버림받고 난 이후 이준생에게 시집갔다는 것인데, 이는 곧 그녀가 재혼하지 않았다면 죄를 받지 않았을 것이라는 의미이기도 하다. 그러나 그녀가 이준생에게 시집간 것은 남편에게 버림받은 여자로서의 불가피한 선택이었을 터, 따라서 이를 두고 남편을 배반했다는 그들의 주장은 이해하기 힘들다. 그럼에도 불구하고 이러한 견해가 납득될 수 있었던 것은 "군신(君臣)·부자(父子)·부부(夫婦)의 의리가 하나"라는 부정할 수 없는 명제 때문이었다. 요컨대 삼강오상의 개념이 어떤 사

26) 『성종실록』 17년(1486) 2월 5일. "赦文, 關係綱常, 不在原例. 朋友, 五倫之一, 信忠之罪, 不宜全釋 …… 信忠罪犯綱常, 不可以赦而全釋. 請黜于外, 以警後來."

건의 적법성을 판별하는 기준으로 기능하게 된 것이다.

이와 관련하여 [2]번 자료 역시 흥미롭다. 『실록』에 이와 관련된 기사가 5건이나 등장하는 것으로 보아 당시 조정에서 꽤나 중요하게 다루어졌던 사안인 듯하다. 사건의 개요는 간단하다. 생원 조신충은 이순조와 친구 사이였는데 그가 죽자 그의 아내에게 장가들었다. 조정의 관리들은 조신충에게 '犯綱常'의 책임을 물어 외방으로 내칠 것을 종용한다. 양자의 혼인이 어떻게 이루어진 것인지 알 수는 없지만 당대의 혼인이라는 것이 당사자들끼리의 결정만으로 성립되는 것이 아니라 집안과 집안 사이의 중대한 문제였음을 감안하면, 이 혼인이 그들과 그들을 둘러싼 주변인들의 법적·윤리적 상식 내에서는 통용될 수 있는 사안이었음을 의미한다. 다시 말해 자신들의 혼인이 사회적 금기를 위반하는 일이라 생각하지 않았다는 것이다. 역사적·사회적 맥락이 다른 고려시대와 직접적인 비교는 불가하겠지만, 同姓 간의 혼인조차 빈번했던[27] 고려인들의 눈에 조신충의 사례는 심상한 일로 여겨졌으리라 생각된다.

위의 두 가지 사례들은 공히 삼강오륜의 개념이 절대화되면서 개인의 지극히 사적인 영역까지도 규율하게 되었음을 말해준다. 어떠한 사건에 당면했을 때 그것의 適否를 판별하는 모종의 인식적 틀이 생성된 것이다. 그런데 '강상죄'로 명명할 수 있는 이러한 사건들에 대해 당대의 관료들이 법적 처벌로 일관하는 것은 삼강오륜에 대한 우리의 인식과는 다소 괴리되는 것처럼 보인다. 대개의 경우 삼강오륜은 유교 국가 조선이 행했던 교화 정책의 일환으로 인지되어 온 것이 보다 일반적이기 때문이다.[28] 그렇다면 이러한 인식은 어디에서 유래된 것인

27) 이에 대해서는 김창현, 『高麗의 女性과 文化』, 신서원, 2007, 127~201면.

28) 후술하겠지만 경기체가 〈오륜가〉에 대한 저간의 해석이 '백성에 대한 윤리적 교

가? 다음의 자료들에 주목해 보자.

[1] 나라를 다스리는 일은 삼강(三綱)·오상(五常)을 바로잡는 것보다 더 큰 일이 없사오니, 천하 국가의 치란(治亂)과 흥망(興亡)이 실로 여기에 매어 있는 까닭입니다. 그러므로 사람으로서 삼강오상을 어지럽게 한다면 천지에 용납될 수도 없거니와, 왕법으로도 용서할 수 없습니다. 바라옵건대 아들이 아버지에게, 아내가 남편에게, 종이 상전에 대하여 비록 죽이는 데까지 이르지는 않았다 할지라도, 그 악역(惡逆)의 정상이 이미 드러난 자와 아비·남편·상전을 고소하거나 저주하고, 후욕(詬辱)한 자들은 비록 사령(赦令)이 내리기 전에 있은 일이라 하더라도 법률에 따라 죄를 처단케 하시어 이로써 왕법을 엄하게 하시고 삼강오상을 바로잡게 하소서.[29)]

[2] 이 때문에 순임금은 설(契)을 사도(司徒)로 삼아 인륜(人倫)을 가르치게 했고, 또 혹시 가르친 바를 좇지 않는 자가 있을까 염려하여, 고요(皐陶)에게 명하여 형정을 관장하는 사(士)가 되게 하여 형벌을 밝혀 교화(敎化)를 돕게 함으로써 형벌을 쓰지 않아도 되기를 기약하였습니다. 후세의 형벌을 논하는 자들은 형벌의 근원이 여기에서 나온 것을 알지 못하였으니 각박(刻薄)한 데에 빠진 상앙(商鞅)·신불해(申不害)와 같은 자들은 말할 것도 없거니와, 고식적(姑息的)인 속리(俗吏)들이 자기 형편에 맞게 법조문을 해석하여 스스로의 이익을 도모하려는 계책에 이르게 되면 또한 한결같이 형을 가볍게 하는 것으로 일삼고 있습니다. 그러나 형(刑)이 가벼우면 가벼울수록 더욱더 백성의 풍속을 후

화'의 방향으로 편중되었던 것 역시 이와 무관하지 않을 것이다.

29) 『세종실록』 즉위년(1418) 10월 6일. "爲治之道, 莫大於正綱常, 天下國家之治亂興亡, 實係於此, 故人而亂綱常, 天地所不容, 王法所不赦. 伏望子之於父, 妻之於夫, 奴之於主, 雖未至於殺, 其惡逆情狀已見者及告言詛罵之類, 雖在赦前, 許令依律斷罪, 以嚴王法, 以正綱常."

(厚)하게 하기에는 부족하여 왕왕 패역(悖逆)하고 작란(作亂)하려는 마음을 조장하게 되어 옥송(獄訟)을 더욱 번다(繁多)하게 만들 것이니, 선왕의 법(法)을 강구하지 않음이 지나치다고 하겠습니다.[30]

[3] 옛부터 음양(陰陽)이 조화(調和)되지 못함은 반드시 큰 기강(紀綱)이 바르지 못하기 때문이었습니다. 이른바 큰 기강이라는 것은 오륜(五倫)인데, 지금 자식이 혹 어버이에게 크게 불효(不孝)하는 자가 있고, 아우가 혹 형에게 크게 우애하지 않는 자가 있고, 정처(正妻)를 소박하는 자가 있으며, 장유(長幼)의 차례가 없는 자가 있어도 법사(法司)에서 듣고도 핵문하지 않으며, 핵문하여도 엄하게 다스리지 아니하니, 음양이 어찌 조화될 수 있겠습니까?[31]

[1]은 삼강오륜을 바로잡는 방법에 대해 사헌부에서 올린 상소문의 일부로, 내용의 대강은 삼강오륜을 어지럽게 한 아들·아내·종에 대해 법률에 따라 처단할 것을 주문하고 있다. 특별한 사건에 대한 대안의 하나로 개진된 견해가 아니라 치국의 방도 가운데 하나로 진달되었음에 주목한다면 이러한 그들의 언급을 당대 관료층의 일반적 인식으로 보아도 무방하리라 생각된다. 다시 말해 법적 질서가 이완된 실제의 현상을 보완하기 위해 발화된 것이 아니라 국가를 경영하는 주요한 방법의 하나로 제시되고 있다는 것이다. "죄인은 그의 몸으로 그가 지

30) 『세종실록』 10년(1428) 5월 26일. "是故帝舜, 使契爲司徒, 教以人倫, 又慮教之或不率也, 命皐陶作士, 明刑以弼教, 期于無刑. 後世之論刑者, 不知出此, 其陷於商·申之刻薄者, 無足論矣, 至於俗吏姑息之論·便文自管之計, 則又一以輕刑爲事. 然刑愈輕而愈不足, 以厚民之俗, 往往反以長其悖逆作亂之心, 使獄訟愈繁, 則不講乎先王之法之過也."

31) 『성종실록』 3년(1472) 11월 4일. "自古陰陽不調, 必由大綱不正. 所謂大綱者, 五倫也. 今子或有大不孝於親者, 弟或有大不友於兄者, 疎薄正妻者有之, 長幼無序者有之, 而法司聞而不劾, 劾不痛繩, 陰陽安得和乎?"

은 죄와 그에 따라 물리적으로 그에게 할당된 정당성을 공포하"는 바,[32] 삼강오상의 정당성은 이를 위반한 사람들을 죄주고 처벌하는 방식을 통해 많은 사람들에게 현시됨으로써 좀 더 공고해지기 마련이다.

이러한 인식은 [2]에서도 반복된다. '以下陵上'의 폐단을 시정하자는 취지의 윗글에는 형벌에 대한 그들의 인식이 여실히 드러난다. 형벌을 쓰지 않아도 되기를 기약하기 위해 형벌을 써야 한다는 것이 바로 그 골자인데, 물론 그들이 상앙·신불해로 대표되는 각박한 법가의 주장에 찬동하는 것은 아니지만 그렇다고 해서 그들과 대극의 지점에 위치해 있는 것도 아니다. '형(刑)이 가벼우면 가벼울수록 더욱더 백성의 풍속을 후(厚)하게 하기에는 부족하다.'라는 그들의 발언은 법적 질서의 강화를 통해 완정한 사회질서를 구축하고자 했던 법가의 그것과 일정 부분 중첩되어 있다. "법으로써 엄하게 다스리지 않는다면 사람들이 징계(懲戒)되는 바가 없을 텐데, 풍속이 어떻게 바루어지겠는가?"[33]라는 성종의 발언 역시 선초의 이와 같은 분위기와 무관하지 않을 것이다.

[3] 역시 마찬가지이다. 겨울의 따뜻한 날씨를 걱정하는 왕의 발언에 대해 동지사(同知事) 정자영(鄭自英)은 그것의 원인을 음양이 조화되지 못한 탓으로 돌린다. 이어 음양이 조화되지 못한 까닭을 큰 기강, 즉 오륜이 제대로 확립되지 못했기 때문이라고 말하는데, 현실에서의 윤리적 질서의 부재가 천재지변과 직결된다는 그들의 天譴論的 사유도 흥미롭지만 그것을 바로잡기 위해 정자영이 내놓은 방안 역시 주목을 끄는 부분이다. 그는 '아비에게 불효하고, 형에게 우애하지 않으며, 정처를 소박하고, 장유의 차례가 없'는 오륜적 질서의 위반자들에 대

32) 다이안 맥도넬, 앞의 책, 146면.

33) 『성종실록』 11년(1480) 10월 18일. "若不痛繩以法, 則人無所懲, 風俗何由正乎?"

해 '법사에서 엄히 다스릴 것'을 주문한다.

물론 위와 같은 사례들이 삼강오륜을 바로잡기 위한 유일무이한 방법이었다고는 말할 수 없다. 세종 때 간행된 『삼강행실도』가 여러 차례 중간되거나 언해와 축약의 형태로 지속적으로 갱신되었던 것은 가능한 많은 사람들이 이것의 당위성을 숙지하고 이행하기를 바랐던 저들의 생각과 무관하지 않다. 뿐만 아니라 학교 교육을 꾸준히 정비한다든지 효자나 충신, 열녀들에게 旌表를 하사했던 저간의 정황들이 간단없이 포착되는 것[34]은 교화를 진작시키기 위한 방식에 있어 법적 처벌 이외의 방식들 또한 다양하게 활용되고 있었음을 의미한다.

다만 필자가 주목하고자 하는 것은 삼강오륜이라는 명분적 질서가 당위적인 것으로 인식되면서 이전 시기와는 상이한 치죄의 기준이 생성되었다는 것이며, 이에 더하여 법적 처벌과 교화의 시행을 동일한 것으로 파악했던 그들의 사고가 이후 시기에는 찾아보기 힘든 대단히 독특한 지점이라는 것이다.[35] 이에 대해서는 2장에서 상술하겠지만 16세기 사림파 문인들의 경우 敗常한 자들에 대한 형벌의 시행을 가급적 지양하고 그러한 사태를 원천적으로 차단할 수 있는 여러 교화적 도구들의 마련을 강력하게 촉구했다. 필자는 바로 이 부분이 삼강오륜의 개념史에 있어 15세기와 16세기를 가르는 주요한 분기점이 되리라 생각하는데, 그렇다면 삼강오륜에 대한 선초 관인들의 이와 같은 인식은 어디에서 배태하는가? 이를 다음 항에서 살펴보도록 하자.

---

34) 박주, 『조선시대의 정표정책』, 일조각, 1997, 6~68면.

35) 김정신, 「조선전기 훈구·사림의 정치사상 비교」, 연세대학교 박사학위논문, 2008, 48~57면.

1.2. 건국된 왕조에 대한 賞讚과 頌祝의 재료

선초 문인들에 대한 집적된 연구성과들이 공통적으로 지적하는 것은 그들의 현실인식이 한결같이 긍정적이고 낙관적인 데에 기반하고 있다는 사실이다.[36) 말폐적 왕조를 전복하고 새로운 왕조를 개창했다는 자부심과 개창된 왕조가 요구하는 각종 문물·제도들을 자신들 스스로 수립하고 정비했다는 자신감을 공유하고 있었던 그들에게 현실의 모든 物像들은 王化의 이상을 이미 실현하고 있는 것이며, 그들이 희망했던 이상적 질서를 이미 구현하고 있는 것으로 인식되었다.[37) 그들의 사고에 있어서, 사람이 인격적 완성을 통해 자연의 우주적 질서에 조화로이 합치되는 일[修己]은 왕도정치의 이상을 실현함으로써 人文的 질서의 완성을 구현하는 일[治人]과 이념상으로나 실천적으로 모순되지 않는 것이었다.[38) 그러한 책무를 자신들의 소임으로 自負하고 있었던 그들에게 조선왕조는 '時와 運이 만난 守成의 시대'이자 '中興의 시대'이며, 따라서 자신들은 '盈滿한 현재를 경계하여 낙관적 현재를 유지·연장해야만 한다.'[39)고 생각했다. 중요한 것은 선초의 집권사대부층들에게 보이는 이러한 현실인식이 『악장가사』에 소재한 경기체가 〈오륜가〉의 미의식과 주목할 만한 일치를 보이고 있다는 것이

36) 이에 대해서는 김성룡, 『여말선초의 문학사상』, 한길사, 1995, 15~310면; 김풍기, 『朝鮮前期 文學論 硏究』, 태학사, 1996, 30~80면; 김흥규, 「강호자연과 정치현실」, 『욕망과 형식의 시학』, 태학사, 1999, 135~147면; 김남이, 「집현전 학사의 문학 연구」, 이화여자대학교 박사학위논문, 2001, 2~213면; 이형대, 『한국 고전시가와 인물 형상의 동아시아적 변전』, 소명출판, 2002, 81~98면 참조.

37) 김성룡, 앞의 책, 237·296면.

38) 김흥규, 앞의 책, 144~145면. "수기·치인의 일체성은 본래 유가 전반의 공통논리라 하더라도 그 조화로운 관계 및 현실적 합일에 대한 낙관은 16세기 이후 사림의 관점과 비교하여 유의할 만한 차이를 가진다고 하겠다."

39) 김남이, 앞의 논문, 88면.

며, 또한 그것의 소재가 된 삼강오륜의 개념이 그들의 이러한 인식과 유사한 방향에서 활용되고 있다는 것이다.

[1] 지금 우리 주상 전하께서는 신성(神聖)하신 자질로 군사(君師)의 도리를 다하시니, 공이 이루어져 정치는 안정되었으며 일만 가지 일들이 다 갖추어졌습니다. 그리하여 강상(綱常)을 부식(扶植)하여 세도를 유지하는 것을 근본으로 하고 있으니, 명교(名敎)에 관계되는 것들을 강구(講究)하고 헤아려 떳떳한 법으로 나타내지 않은 것이 없습니다. 몸소 실행하고, 마음으로 얻게 한 결과로써 백성을 교화시키는 것이 이미 그 지극함을 다하였건만, 그리고도 오히려 흥기(興起)시키는 방법에 미진함이 있을까 염려하여, 이에 이 책을 만들었습니다.[40]

[2] 공경히 생각하건대, 전하(殿下)께서는 신묘한 도(道)를 알선(斡旋)하시고 정치의 기미(機微)를 미륜(彌綸)하시니, 지극한 덕(德)이 감통(感通)하여 그 그윽한 향기가 상제(上帝)에까지 이르렀고, 신기한 교화(敎化)가 융액(瀜液)하여 그 스며드는 은혜가 하민(下民)에까지 미쳤습니다. 그러므로 화기(和氣)가 널리 퍼지고 특별한 보응(報應)이 거듭 내렸습니다. …… 초목(草木)도 그 영광에 참여하니, 또한 예택(睿澤)에 감동한 것을 알겠습니다. 진실로 심원한 교화(敎化)가 넓은 국운(國運)에 따르지 않았다면 어찌 신고(神膏)가 갑자기 넓은 들과 바다에 나타났겠습니까?[41]

40) 『세종실록』 14년(1432) 6월 9일. "今主上殿下, 以神聖之資, 盡君師之道, 功成治定, 萬目畢張, 而以扶植綱常・維持世道爲本, 凡有關於名教者, 無不講究商確, 著爲彝典, 所以化民於躬行心得之餘者, 既極其至, 猶慮興起之方有所未盡, 乃爲此書."

41) 『세조실록』 10년(1464) 4월 20일. "恭惟殿下 斡旋道妙, 彌綸政機, 至德感通, 馨香格于上帝, 神化瀜液, 滲漉浹於下民. 故和氣之旁流, 而殊應之荐降. …… 草木與榮, 亦知感於睿澤. 苟玄化不隨於廣運, 豈神膏輒形於滂洋?"

[3]	東韓基業垂無極	동한의 드리워진 기업 그 끝이 없고
	化日中天舒以長	중천의 따스한 태양 길게 늘어져 있네
	商嶺未聞逃世客	세상 피해 상산으로 도망간 사람 들어본 적 없고
	漢庭多見白頭郎	한나라 조정에 있던 白頭郎들 가득하구나
	君王遇相懃三接	임금과 신하 서로 만나길 하루 세 번씩 하니
	萬姓歸仁秉五常	만백성 歸仁하여 오상을 지키는구나
	懃政不弛思納誨	정사에 게으르지 않아 간언 받아들일 것 생각하고
	經邦未懈用謀臧	나라 다스리는 것 해이해지지 않아 옳은 계책 쓰려 하네
	時雍豈肯憂難治	태평한 시대에 어찌 다스리기 어려움을 근심하겠으며,
	歲熟何須歎旱蝗	풍년 든 해에 한재와 황재를 근심할 필요가 있는가?[42]

위 자료들은 모두 특별한 목적 하에 작성된 것들이다. [1]은 관찬 교화서인 『삼강행실도』의 서문이고, [2]는 適雨에 대해 임금께 경하드리는 箋文이다. [3]은 세종의 손자인 李湜이 성종으로 짐작되는 듯한 임금의 어제시에 화운한 시의 일부이다. 상기한 자료들은 모두 그 1차적 수신자가 임금이기에 그 안에 깃들어 있는 정치적 수사 역시 고려해야 하겠지만, 그렇다고 해서 문면에 드러나 있는 이러저러한 의식의 자국들을 위장된 포즈라고만 해석할 수는 없다. 이러한 글들 속에서 우리가 간취해 할 것은 왕이라는 절대 권력에 대한 아유의 편린들이 아니라

42) 李湜, 〈恭和御製七言排律六十韻〉, 『四雨亭集』 上, 『한국문집총간』 16, 한국고전번역원, 1988, 520면.

그 안에 투사되어 있는 그들의 현실인식과 세계관일 터이기 때문이다.

[1]은 『삼강행실도』를 짓게 된 연유를 서술하고 있다. 주지하듯 이 책은 세종 10년에 일어난 김화의 부친 살해 건을 계기로 만들어지게 되는데,[43] 서문에 이러한 내용은 보이지 않는다. 대신 세종의 영명한 자질과 그로 인해 성취된 태평성세의 징후들이 나열되어 있을 뿐이다. 그들이 보기에 당대는 '강상(綱常)을 부식하여 세도가 유지'되어 있으며, '백성을 교화시키는 것이 이미 그 지극함을 다'했다. 바로 앞서 나온 내용[44]과 연계시켜 보면 현재는 삼강오륜의 질서가 완비되어 있는 三代의 시기인 것이다. 거듭 말하지만 이러한 인식은 16세기 이후에는 찾아볼 수 없는 독특한 지점인데 결핍된 무언가를 채우기 위함이 아니라 이미 완비되어 있으나 혹시 모를 미진함이 이 책을 만들게 된 표면적 이유인 것이다. 이러한 인식은 [2]에서도 엿볼 수 있다. 箋文에 따르면 이 세상은 이미 임금의 교화가 흘러 넘쳐 '그 스며드는 은혜가 하민(下民)에게까지 미쳐' 있으며, 초목과 같은 미물조차도 '예택(睿澤)에 감동'해 있다. 그들이 파악한 適雨의 원인은 旣구현된 교화에다 넓은 국운이 합쳐진 것이니 그들에게 있어 현세는 이미 "자연의 질서와 인간의 윤리가 조화를 이루고 군왕의 덕치가 자연의 축복으로 나타나는"[45] 유가적 이상사회인 것이다.

[3]번 시는 '無極'·'舒長'·'時雍'·'歲熟' 등 조화롭고 넉넉한 시어들로 가득 차 있다. 동쪽에 세워진 조선이라는 基業은 무궁할 터인데 그것은 하늘에 떠 있는 따스한 태양, 곧 왕의 덕화 덕분이다. 지금 이

43) 『세종실록』 10년(1428) 9월 27일; 동년 10월 3일자 기사 참조.

44) 『세종실록』 14년(1432) 6월 9일. "然先王之時, 五典克從, 民用和睦, 而比屋可封, 三代以後, 治日常少, 而亂賊之徒, 接跡於世者, 良由君上導養之如何耳."

45) 이은영, 「朝鮮 初期 祭文 研究」, 이화여자대학교 박사학위논문, 2001, 121면.

곳엔 어지러운 세상을 피해 도망간 사람들도 없고, 조정에는 왕에게 知遇를 입은 현신들로 가득하다. 임금과 신하가 낮에 세 번 만나 정사를 논의하니 만백성은 歸仁하여 삼강오륜을 굳게 지킨다. 태평성세이기에 다스리기 어렵다는 것은 근심할 필요가 없으며, 해마다 풍년이 들기에 가뭄이나 메뚜기떼의 재해도 전혀 걱정스럽지 않다. 인륜적 질서가 구비되어 있고, 자연의 풍요로움이 충만되어 있는 이곳, 바로 작자가 인식하는 현재의 모습이다. 그에게 있어 현실은 이미 '왕도를 회복한 요순[挽回王道似陶唐][46]'의 시대에 다름아닌 것이다.

상기한 기록들은 다음과 같은 공통점을 지닌다. 첫째, 임금을 1차적 수신자로 상정한다. 둘째, 현실에 대한 긍정적이고 낙관적인 인식이 그 저변에 깔려 있다. 셋째, 삼강오상이라는 인륜적 질서는 자신들이 발딛고 있는 '지금 이곳'에 이미 구현되어 있다. 이 중, 첫째와 둘째는 선초의 악장과 그 속성을 같이 하는데 주지하듯이 선초의 악장은 조정의 공덕과 임금의 성덕을 찬송·찬미하는 시어들로 채색되어 있으며, 따라서 장르의 속성이나 기능상 부정적인 세계 형상의 개입을 허용하지 않는다.[47] 중요한 것은 경기체가 〈오륜가〉 역시 선초 악장의 하나라는 것인데, 과연 재래의 견해와 같이 이 작품은 백성에 대한 교화 내지 훈민을 목적으로 창작된 것인가? 이를 다음 절에서 살펴보도록 하자.

---

46) 李湜, 앞의 글, 앞의 책, 같은 면.

47) 이형대, 앞의 책, 98면.

2. 경기체가 〈오륜가〉의 세계상과 그 의미48)

2.1. 형식적 완결과 旣구현된 오륜적 질서

경기체가 〈오륜가〉는 『악장가사』에 소재한 선초 악장의 하나이다. 그런데 문제는 본 작품이 실체만 있을 뿐 이에 대한 부가 정보가 전혀 발견되지 않는다는 것이다. 『인조실록』에 '예조로 하여금 『소학』, 『오륜가』, 『격몽요결』 등의 서적을 반포케 하다.'49)라는 기록이 보이긴

---

48) 본 절은 하윤섭, 「鮮初 〈五倫歌〉의 고전적 원천과 그 의미: 경기체가 〈오륜가〉와 시조 〈오륜가〉를 중심으로」, 『어문논집』 60, 민족어문학회, 2009, 73~81면을 근간으로 하되 기존의 생각들을 좀 더 공고하게 보완할 수 있는 여러 정황적 근거들을 보충하고, 무리한 추정이나 과도한 서술을 교정하는 차원에서 기술하였다. 논의를 시작하기에 앞서 이 점을 분명히 밝힌다.

49) 『인조실록』 7년(1629) 8월 17일자 기사에는 『소학』·『격몽요결』 등의 서적과 함께 〈오륜가〉를 간행하여 반포케 했다는 기록이 보인다.("令禮曹印『小學』·『五倫歌』·『擊蒙要訣』等書, 頒布中外.") 필자는 이 기사에서 지칭한 〈오륜가〉가 경기체가 〈오륜가〉일 수도 있다고 생각하였으나 아래의 기록을 통해 짐작해 보건대 아닐 가능성이 보다 높은 것으로 판단하였다. 해당 기록은 다음과 같다. 이형상, 『병와전집』 8, 「芝嶺錄」 6, 한국학중앙연구원, 1980, 776면. "〈화산별곡〉은 세종조에, 〈오륜가〉는 인조조에 모두 장악원에서 간행되어 泯滅되지 않았다. 또한 강희맹의 〈농구〉, 정철의 〈관동별곡〉은 文苑에 가장 많이 알려져 있다.(華山別曲在世宗朝, 五倫歌在仁祖朝, 並皆刊行於樂院, 所不可泯也. 且如姜希孟農謳, 鄭澈關東別曲, 最播於文苑.)" 이는 17세기 문인인 이형상이 당시 유행하던 몇몇의 노래들을 기록해 놓은 것이다. 여기에 언급된 〈오륜가〉가 『악장가사』에 소재한 경기체가 〈오륜가〉가 아님은 다음과 같은 정황을 통해 짐작 가능하다. 주지하는 바와 같이 〈화산별곡〉과 경기체가 〈오륜가〉는 세종~성종대에 창작되었는데 위 기록에서는 〈화산별곡〉만을 세종조의 것으로 명기하고 있다. 그런데 만일 위 기록의 〈오륜가〉가 『악장가사』 소재 〈오륜가〉와 동일한 작품이라면 이 역시 세종~성종 대의 어디쯤으로 명기하였을 것이다. 특히 『악장가사』에는 두 작품이 연이어 실려 있기 때문에 상기한 기록의 〈오륜가〉가 경기체가 〈오륜가〉와 동일한 작품일 여지는 더욱 적다. 또한 『승정원일기』 인조 7년 7월 14일자 기사("且小學則惟識字者, 可以講習也. 平時有五倫歌, 以諺書刊出, 頒行閭巷間, 愚蠢之民, 亦可感發其良心於觀聽之際.")에 의하면 이 때의 〈오륜가〉 간행은 글을 알지 못하는 이들을 대상으로 이루어진 것인

하지만 아래 주석에서 보이는 여러 이유들을 통해 미루어 짐작해 볼 때, 이때의 〈오륜가〉가 경기체가 〈오륜가〉를 가리키는 것으로 보이지 않는다. 앞에서 살펴본 바와 같이 종래의 연구성과들에서 이 작품을 '백성에 대한 윤리적 교화의 수단'으로 해석한 것도 작품과 관련한 정보의 부재에 기인한 바 크다. 따라서 본 작품을 독해하기 위해 우리에게 요구되는 것은 선초 사대부층이 지니고 있었던 오륜에 대한 인식들, 작품이 속해 있는 장르적 표지, 궁중 악장의 목적 및 제작 과정 등을 세밀하게 주시하고, 그것들 사이에 맺고 있는 긴밀한 연관 관계들을 적실히 해명해 내는 일일 것이다. 본 항에서는 이러한 점들을 염두에 두면서 경기체가 〈오륜가〉를 살펴보고자 한다.

어떠한 작품이 특정 장르로 귀속된다고 해서 해당 장르의 속성들을 모조리 체현하고 있으리라는 가정은 다소 위험하지만 필자가 본 작품을 재론하고자 하는 이유는 경기체가 〈오륜가〉를 해석해 왔던 그간의 성과들에서 '경기체가'와 '악장'이라는 장르적 표지를 간과한 채 '오륜'이라는 소재적 요소에만 주목해 왔다는 개인적 판단 때문이다. 주지하듯이 경기체가 〈오륜가〉는 경기체가라는 형식적 장르와 악장이라는 기능적 장르에 동시에 귀속되는데 둘 사이에는 양자가 갖는 장르적 속성으로 인해 장르론 차원에서의 배타적 경계가 형성되지 않는다. 〈화산별곡〉·〈상대별곡〉 등 선초의 악장 정비 과정에서 경기체가 장르가

데, 짐작컨대 그들에게 경기체가 〈오륜가〉를 부르게 하지는 않았을 듯하다. 일반적으로 노래는 곡조와 가사가 어느 정도 일치할 때 일정한 효과를 발휘할 수 있는데 한자어로 구성된 경기체가 〈오륜가〉를 언문으로 번역하였다면 곡조와의 불일치가 상당히 심할 수밖에 없다. 따라서 더 이상 원작품이 지니고 있던 노래로서의 기능은 할 수 없게 되는 것이다. 위 기록에 언급된 〈오륜가〉의 장르가 정확히 어떤 것인지 확인할 수는 없지만 인조조에 새로이 창작된 작품이거나 혹은 그 전대로부터 전해져 내려오던 시조 〈오륜가〉 작품일 가능성이 보다 큰 것으로 보인다.

적지 않은 비중으로 활용된 것 또한 이와 무관하지 않다. 이는 경기체가의 형식적 속성이 악장에 귀속되기 위한 여러 필요조건들을 구비하고 있기 때문인데, 이에 따라 필자는 경기체가 〈오륜가〉를 해석하는 데 있어 본 작품이 속해 있는 장르들의 속성에 주목하는 것이 보다 우선되어야 한다고 생각한다. 그렇다면 경기체가와 악장이라는 외재적 틀에, '오륜'이라는 이념적 내용이 더해지게 되면 어떠한 메시지를 내장하게 되는가?

判陰陽 位高下 天尊地卑
生萬物 厚黎民 代作聖賢
仁義禮智 三綱五常 秉彝之德
위 萬古流行ㅅ 景 긔 엇더ᄒᆞ니잇고
伏羲神農 皇帝堯舜 伏羲神農 皇帝堯舜
위 立極ㅅ 景 긔 엇더ᄒᆞ니잇고. 【1장】

父爲天 母爲地 生我劬勞
養以乳 敎以義 欲報鴻恩
泣竹筍生 叩氷魚躍 至誠感神
위 養老ㅅ 景 긔 엇더ᄒᆞ니잇고
曾參閔子 兩先生의 曾參閔子 兩先生의
위 定省ㅅ 景 긔 엇더ᄒᆞ니잇고. 【2장】
納諫君 盡忠臣 居仁有義
尙文德 韜武功 民得其所
耕田鑿井 含哺鼓腹 太平聖代
위 復唐虞 景 긔 엇더ᄒᆞ니잇고
麒麟必至 鳳凰來矣 麒麟必至 鳳凰來矣
위 祥瑞ㅅ 景 긔 엇더ᄒᆞ니잇고. 【3장】

男有室 女有家 天定其配
納雙雁 合二姓 文定厥祥
情勢好合 如鼓瑟琴 夫唱婦隨
위 和樂ㅅ 景 긔 엇더ᄒᆞ니잇고
百年偕老 死則同穴 百年偕老 死則同穴
위 言約ㅅ 景 긔 엇더ᄒᆞ니잇고.【4장】

兄及弟 式相好 無相猶矣
鬩于墻 外禦侮 死生相救
兄恭弟順 秩然有序 和樂且湛
위 讓義ㅅ 景 긔 엇더ᄒᆞ니잇고
伯夷叔齊 兩聖人의 伯夷叔齊 兩聖人의
위 相讓ㅅ 景 긔 엇더ᄒᆞ니잇고.【5장】

益友三 損友三 擇其善從
補其德 責其善 無忘故舊
有酒湑我 無酒沽我 蹲蹲舞我
위 表誠ㅅ 景 긔 엇더ᄒᆞ니잇고
葉 晏平仲의 善與人交 晏平仲의 善與人交
위 久而敬之ㅅ 景 긔 엇더ᄒᆞ니잇고.【6장】

경기체가 〈오륜가〉는 그 제목에서도 알 수 있듯이 '오륜'에 해당하는 각 항목들을 차례대로 기술하고 있다. 그러나 그러한 항목들의 차이에도 불구하고 각각의 항목들 사이에는 '오륜'으로 범칭되는 인륜적 질서의 조화로움이 내재되어 있다. 그리고 이러한 조화로움은 각각의 장들을 관통하고 있는 견고한 형식적 틀에 의해 밑받침되어 있다. 위에서 확인할 수 있듯이 각각의 장들은 단일한 형식적 구조에 의해 단단하게 통일되어 있는데 '3/3/4 3/3/4 4/4/4'의 고정된 자수율은 말할 것도 없거니와 각 장을 구성하는 行數 및 字數까지 정확하게 일치한다.

여기에 그러한 것들을 집약적으로 제시하는 4행의 언표들, 그리고 각 장의 내용들을 가시화할 수 있는 구체적인 사례(5행)들의 제시와 앞에서부터 이어져 온 고고한 흥취를 극대화시키는 6행이 매 장마다 반복되어 나타난다.[50] 특히 6행에서는 5행에서 제시된 개별적인 사례들의 구체화된 정경들이 짤막한 어휘[立極·定省·祥瑞·言約·相讓·久而敬之]로 집약되어 나타남으로써, 그리고 집약된 시어가 '景 긔 엇더ᄒᆞ니잇고'라는 진행형적 시제로 표현됨으로써 그러한 인륜적 질서의 면면들은 마치 눈앞에 펼쳐진 것처럼 전경화되어 나타난다.

뿐만이 아니다. 각각의 장들 사이에는 시어 및 시행의 배치와 관련하여 주목할 만한 공통점이 내포되어 있다.[51] 기본적으로 경기체가 장르는 '景 긔 엇더ᄒᆞ니잇고'란 구절의 폐쇄성으로 인해 위 작품의 '和樂·讓義·表誠' 등 4행의 '景' 바로 앞에 제시된 구체적 정경들을 가장 잘 구현할 수 있는 최선의 시어들로 구성될 수밖에 없다. '曾參 閔子'는 孝의 이념을 가장 잘 실천했던 대표적 인물이며, '伯夷·叔齊'와

50) 물론 이러한 형식적 폐쇄성은 이 작품이 경기체가 장르이기 때문에 나타난 것으로 볼 수도 있다. 그러나 맹사성의 〈강호사시가〉가 악장이었을 가능성을 타진한 기존의 견해를 감안하면, 동일한 형식의 지속적인 반복과 거기에서 오는 감정의 고양을 '악장' 문학의 기본적인 속성으로 보아도 무방하지 않을까 한다. 즉 경기체가 장르가 동일한 형식의 지속과 반복을 그 장르적 속성으로 지니고 있었기 때문에 악장 문학의 대표적 장르로 자리매김할 수 있었다는 것이다. 이에 대해서는 이형대, 「〈강호사시가〉의 장르적 성격과 세계 형상」, 『어문논집』 36, 민족어문학회, 1997 참조.

51) 경기체가 장르에 대한 기본적인 이해는 김흥규(1999), 「장르론의 전망과 경기체가」, 앞의 책, 122~131면 참조.

'晏平仲' 역시 각 장이 표방하고 있는 이념적 질서들을 대표하는 전범적 인물들이다. 그런데 이러한 특성들은 기본적으로 찬양·송축의 문학인 樂章의 속성상 완성형 혹은 현재진행형으로 나타나게 된다.[52)]

따라서 위에 제시되어 있는 인물들은 더 이상 고전의 테두리 안에만 머물러 있는 것이 아니라 노래가 연행되는 '지금 여기'에 현현하게 된다. 즉 어떠한 윤리적 질서의 전범이 되는 인물들이 '景 긔 엇더ᄒᆞ니잇고'라는 현재진행형으로 기술됨으로써 그 인물들로 대표되는 윤리적 질서들은 이미 이 자리에 구현되어 있는 것으로 인식된다는 것이다. 이와 아울러 완성형 혹은 현재진행적인 어법은 초시간적 요청이자 미래의 행위를 규정하는 당위로서의 의미를 내포하게 되며,[53)] 따라서 위와 같이 구현되어 있는 인륜적 질서가 앞으로도 영원히 계속될 것임을 암시하고 있는 것이다. 이러한 무궁함은 작품 자체에 내재한 형식적 반복성과 구조적 상동성에 의해 어느 정도 뒷받침되고 있는 것으로 보이는바, 현재의 상태에 대한 긍정적 인식과 미래적 청사진으로서의 낙관적 전망이 경기체가 〈오륜가〉가 담고 있는 내용의 大綱이다.

한편 우리는 여기서 군신·부부 간에 대해 노래한 3장과 4장을 유심히 살펴볼 필요가 있다. 만약 경기체가 〈오륜가〉가 '在下者'가 가져야 할 '在上者'에 대한 당위적 의무를 노래한 것이라면, 그런 점에서 궁극적으로 '백성에 대한 교화'를 그 최종적 목표로 삼은 것이라고 한다면 이 장은 신하가 군주에 대해 가져야 할 충성심이라든지 아내가 남편에 대해 가져야 할 공경심 등에 대해 노래했을 것이다.[54)] 그러나 위 두

---

52) 김흥규, 「선초 악장의 天命論的 상상력과 정치의식」, 『한국시가연구』 7, 한국시가학회, 2000, 142면.

53) 김흥규, 위 논문, 142면.

54) 실제 16세기 시조 〈오륜가〉의 대부분은 이러한 내용을 노래하고 있다. 임금에

작품은 기본적으로 그러한 〈오륜가〉의 통상적 문법에서 상당히 벗어나 있다.

3장의 전체적인 주어는 '조선'이다. 여기서는 조선 왕조가 개창된 뒤 문덕을 숭상하고[尙文德], 전쟁을 종식시켜[韜武功] 백성들이 각기 살 만한 자리를 얻게 되었음[民得其所]을 언급하고, '耕田鑿井 含哺鼓腹'으로 대변되는 唐虞의 시절이 지금 이 자리에 구현되어 있음[復]을 노래하고 있다. 즉 임금과 신하 사이에 義가 있어야 한다는 당위의 언급이 아니라 태평성대의 전범인 당우의 시절이 '회복'되어 있다고 함으로써 그러한 義는 이미 '지금 여기'에 현현되어 있는 것으로 전제된다는 것이다. 유가적 전통 내에서 태평성대의 도래를 알리는 '麒麟'과 '鳳凰'이 등장하고 있는 점, 그들의 등장을 진행형적 기술[위 祥瑞ㅅ 景 긔 엇더ᄒᆞ니잇고]로 처리하고 있는 점 등은 이 작품이 의도하는 바가 '군신유의의 준수'가 아니라 그것이 이미 준수되어지는 '현재의 송축'에 있음을 짐작케 한다.

4장에서는 남편과 아내 사이에 있어야 할 '別'에 대해 노래하고 있는 것이 아니라 양자가 만나 이루어내는 조화와 화락을 노래함으로써 그러한 조화와 화락의 기운이 연행의 현장, 좀 더 넓혀서는 조선 곳곳에 편만해 있는 것으로 묘사되어 있다. 이렇게 볼 때 작품 전체의 주지를 豫示하는 1장 역시 축자적 해석 너머의 의미들을 지니고 있는 것으로 보인다. 우주의 시초와 존비의 차서, 인간의 선천적 所與 등을 기

대한 신하의 절대적 충성을 노래한 송순 〈오륜가〉의 3장("군왕이 백성 거ᄂᆞ리니 부모가 아니신가 / 뭇신하 하늘갓치 우러러 일신을 바치는도다 / 다만지 축수하옵기 억만년을 누리소서")이나 남편에 대한 아내의 至純한 공경을 노래한 주세붕 〈오륜가〉의 4장("지아비 받 갈라 간 ᄃᆡ 밥고리 이고 가 / 반상을 들오ᄃᆡ 눈섭의 마초이다 / 친코도 고마오시니 손이시나 다ᄅᆞ실가") 등은 대표적인 예이다. 이에 대해서는 다음 장에서 상론할 것이다.

술한 1장의 보이지 않는 주체는 '조선'이다. 興과 亡, 盛과 衰를 거듭해 온 유가적 전통이 조선의 건국과 더불어 세워지게 되었음[立極]을 만천하에 공표하고 있는 것이다. 뿐만 아니라 '복희'·'신농'·'황제'·'요순' 등의 시어들 역시 간단치 않은 의미를 내포하게 된다. 다시 말해 고대 중국의 성인들과 그들이 이룩한 태평성대가 조선의 건국과 함께 비로소 구현되었음을 천명·송축하고 있다는 것이다. 특히 '無爲之治'로 대변되는 상기한 시기들의 필요조건 중 오륜적 질서의 완비가 막중한 비중을 차지하고 있다는 점은 시사적이다. 3장에서 살펴보겠지만, 이와 같은 지점은 16세기 시조 〈오륜가〉 작품들의 그것과 대별된다는 점에서 그러하다.

결론적으로 경기체가 〈오륜가〉의 궁극적 지향은 '오륜'이라는 당위적 질서에 대한 권고 내지 촉구에 있다기보다는 각각의 인륜적 질서들이 이미 완벽하게 구비되어 있는 합리적 세계, 그리고 그러한 세계의 무궁함에 대한 기원과 송축의 염원들, 이와 더불어 그것의 순차적 확인으로 인해 생기게 되는 高揚된 감정들을 묘파하는 데에 보다 많은 비중이 놓여 있는 것으로 보인다. 작품의 전편을 관류하고 있는 긍정적이고도 낙관적인 현실인식, 자아와 세계 사이에 조금의 틈입도 허용치 않는 완전한 합일 등은 이를 증거한다.

현실에서 발생하는 反오륜적 사례들이 새로운 왕조의 건국과 함께 절식될 수 있는 것이 아니라면, 경기체가 〈오륜가〉에 모사된 모습들은 선초 사대부층의 상상 속에서 직조된 관념적 세계상으로 간주할 수 있다. 물론 그렇다고 해서 그들이 현실에서 일어나는 다종한 惡行들에 눈을 감은 채 자신들이 만들어 놓은 '상상의 공동체' 안에서 안주하고만 있었던 것은 아니다. 그들 역시 세상을 濟度한다는 治者적 책무에 긴박되어 있었던 만큼 그러한 사태들을 문제적으로 인식하고, 이를 해결할 수 있는 여러 현안들을 고민하고 모색하였음에 틀림없다.

그런데 중요한 것은 이러한 고민과 모색의 양태들이 각자가 기반하고 있는 현실 인식과 세계관 등에 따라 상이한 모형으로 산출된다는 데에 있다. 필자는 법적 처벌의 강화와 오륜적 질서의 수립을 동일한 것으로 인식했던 선초 사대부층의 사유가 오륜적 질서의 완비를 의심치 않았던 그들의 현실 인식과 무관하지 않다고 생각한다. 좀 더 다양한 가능성을 열어놓아야 하겠지만 이러한 인식 속에서 오륜적 질서에 반하는 사례들은 지극히 예외적인 것으로 간주되었을 것이며, 이는 법적 처벌에 대한 긍정을 상대적으로 용인하는 하나의 근거로 작동했다는 것이다.

경기체가 〈오륜가〉에는 이러한 추정의 단서들이 곳곳에 숨어 있다. 앞서 살펴본 바와 같이 본 작품에 그려져 있는 시적 세계는 (경기체가와 악장이라는) 장르적 속성으로 인해 그러한 질서들이 제대로 준수되지 않는 현실의 실상을 좀처럼 수용하지 않는다. 대신, 그것이 완비된 조선의 현재와 완비될 미래가 완료적 시제로 오묘하게 기술되어 있을 뿐이다. 우리가 '오륜=교화'라는 일반화된 상식만으로 이 작품을 진단할 수 없는 이유가 바로 여기에 있다.

2.2. 경기체가 〈오륜가〉[55]의 고전적 원천과 그 의미

이러한 점은 본 작품의 고전적 원천이 어디에 있는가에서도 확인할 수 있을 듯하다. 2장의 '生我劬勞'는 주지하는 바와 같이 『시경』「소아」

55) 경기체가 〈오륜가〉의 창작연대나 주체는 명확하지 않다. 다만 성종 23년 8월 21일자 기사에 예조에서 올린 새로운 등가 악장 중 〈配天曲〉 옆에 '五倫歌調'라는 부가 설명이 있어 그것이 적어도 성종대 이전에 지어진 것임을 짐작케 한다. 또한 〈오륜가〉 자체가 속악가사에 속하는 것이니만큼 그것은 종묘제례악으로써가 아니라 임금과 신하의 회례연을 목적으로 창작된 것으로 보인다. 이러한 〈오륜가〉의 창작배경 역시 그것의 궁극적 지향을 가늠하는 중요한 지표가 될 것이라 생각한다.

〈요아〉편[56]에 보이며, 4장의 '男有室 女有家'은 『춘추좌전』 환공 18년의 기사에 나오는데 이것을 주희가 인용함으로써 이 구절은 그대로 『시경』「국풍」〈남산〉편에 대한 집주[57]로 등장하게 된다. 이를 통해 우리는 경기체가 〈오륜가〉의 창작 주체들이 『시경』의 원문뿐만 아니라 그 주석에 있어서까지 적극적으로 활용했음을 확인할 수 있다.[58] 이는 다섯 번째 작품에 나오는 '秩然有序'의 경우 또한 해당된다. '秩然有序'는 형제 또는 장유 관계에서 정연한 질서가 있어야 된다는 것으로, 「소아」〈상체〉편의 集註[59]에 등장한다.

한편 4장의 '天定其配'라는 첫 번째 행의 시어는 「대아」〈황의〉편의 '天立厥配'[60]를 여하한 이유에서 수정한 것으로 보인다. 두 번째 행의 '文定厥祥'이라는 시어는 「대아」〈대명〉편[61]에 나오며, 다섯 번째 행의 '百年偕老'는 「국풍」〈격고〉편[62]에 등장한다. 또한 '死則同穴'은 「국풍」

---

56) "蓼蓼者莪 匪莪伊蒿 哀哀父母 生我劬勞".

57) "女有家・男有室 無相瀆也 謂之有禮 易此必敗".

58) 물론 『춘추좌전』의 기사를 그대로 가져왔을 수도 있으나 아래에서 확인할 수 있듯이, 본 작품을 구성하는 시어들의 대다수가 『시경』을 그 출전으로 한다는 점에서 『춘추좌전』보다는 주희의 『시집전』에서 인용하였을 가능성이 보다 크다고 판단된다. 한편 이 시기 조선의 문인들에게 널리 읽혀지던 『시경』 해설서가 주희의 『시집전』이 아닐 가능성도 상존하지만 『시집전』의 체재에 근거하여 胡廣 등이 1415년에 편찬한 『詩傳大全』이 조선에 유입되어 세종 때 판각되었고, 이에 대한 구결과 언해 작업이 병행되었다는 서지학계의 논의를 참고할 때 본 작품의 고전적 모태를 주희의 『시집전』으로 보더라도 크게 무리는 없을 것이라 생각한다. 이에 대해서는 최경훈, 「조선시대 간행의 주자 저술과 주석서의 편찬」, 경북대학교 석사학위논문, 2008, 32면 참조.

59) "此詩反覆言朋友之不如兄弟. 蓋示之以親疎之分, 使之反循其本也. 本心旣得, 則由親及疎, 秩然有序, 兄弟之親旣篤, 而朋友之義亦敦矣, 初非薄於朋友."

60) "作之屛之 其菑其翳 脩之平之 其灌其栵 啓之辟之 其檉其椐 攘之剔之 其檿其柘 帝遷明德 串夷載路 天立厥配 受命旣固".

61) "大邦有子 俔天之妹 文定厥祥 親迎于渭 造舟爲梁 不顯其光".

〈대거〉편[63]에 보이는데, 특징적인 것은 이 편의 등장인물이 淫奔하는 자임에도 불구하고[64] 작자는 이 대목을 변용하여 '백년을 함께 하고 죽어서는 함께 묻힌다.'는 부부간의 애틋한 정을 노래했다는 점이다.[65] 이는 곧 『시경』의 원의를 변경하면서까지 창작의 목적을 달성하려 했던 창작주체들의 적극적 개입을 의미하는 것이라 생각된다. 이런 점에서 세 번째 행은 주목을 요한다. 이는 『시경』의 글자를 변개하여 부부간의 화락함을 강조하려 한 작자의 의도를 엿볼 수 있는 부분이기 때문이다. 즉 작자가 『시경』 「소아」 〈상체〉편의 '妻子好合 如鼓瑟琴'이란 구절[66]에서 '처자'를 '情勢'로 바꿈으로써 형제간의 우애를 강조하기 위해 '보조적'으로 삽입한 위 구절[67]을 부부 사이의 조화와 화락함을 보여주는 구절로 변개시킨 것이다.

5장의 1행은 '兄及弟矣 式相好矣 無相猶矣'라는 「소아」 〈사간〉편의 구절을 그대로 인용하였다. 2행 역시 「소아」 〈상체〉편의 '兄弟鬩于墻外禦其侮'라는 구절을 토대로 경기체가의 형식에 맞게 字數만 조정한 것이다. 3행의 '和樂且湛'[68]은 「소아」 〈상체〉편의 구절을 동일하게

62) "死生契闊 與子成說 執子之手 與子偕老". 물론 『국풍』 〈군자해로〉편에도 "남편과 함께 늙는다[君子偕老]"는 시어가 등장하지만 부부가 死生을 함께 한다는 의미로 보아 위 구절은 〈격고〉편에서 유래한 것으로 보는 편이 타당할 듯하다.

63) "穀則異室 死則同穴 謂予不信 有如皦日".

64) "民之欲相奔者, 畏其大夫, 自以終身不得如其志也. 故曰, 生不得相奔以同室, 庶幾死得合葬以同穴而已. 謂予不信, 有如皦日, 約誓之辭也."

65) 『毛序』에도 이 시에 대해 "大車, 刺周大夫也. 禮儀陵遲, 男女淫奔, 故陳古以刺今大夫不能聽男女之訟焉."라고 하여 작품의 주된 인물이 음분하는 자임을 언급하고 있다.

66) "妻子好合 如鼓瑟琴 兄弟旣翕 和樂且湛".

67) "言妻子好合, 如琴瑟之和, 而兄弟有不合焉, 則無以久其樂矣."

68) 주 108번 참조.

차용하였으며, 마지막 6장의 '有酒湑我 無酒沽我 蹲蹲舞我' 또한 「소아」〈벌목〉편의 구절을 그대로 가져 온 것이다. 요컨대 경기체가 〈오륜가〉의 작자는 『시경』의 작품 중에서 부부·형제·붕우 간의 바람직한 모습들을 노래한 작품을 추출하여 이를 바탕으로 작품을 구성하고 있는 것이다.

부연하자면 경기체가 〈오륜가〉의 창작자들은 『시경』의 작품 가운데 부부·형제·붕우 간의 '마땅함'을 노래하고 있는 작품을 선별하여 거기에서 시어들을 차용하든지,[69] 그것이 여의치 않을 경우 일부 시어들의 字句를 수정하거나 원의를 변경하여 자신들의 창작 의도를 달성하고 있다. 이렇듯 경기체가 〈오륜가〉의 고전적 원천은 상당 부분 『시경』에 기대고 있는데, 특히 『시경』 중에서도 제후들을 소집하여 향연을 베풀거나 종묘에 제사지낼 때 쓰는 雅頌과 국풍 중에서도 正風에 드는 周南·召南이 대부분을 차지한다. 이는 무엇을 의미하는가? 필자는 바로 여기에 〈오륜가〉의 주된 창작목적이 있을 것이라 생각한다.

주지하듯 선초 음악정비의 과정은 그 이념적 근거를 주나라의 옛 제도에 두었기 때문에 노래에 구현할 정신적 경지는 周樂 계통의 『시경』이었다.[70] 『시경』의 시를 향악이나 당악의 곡조에 얹어 노래했던 정황을 보여주는 태종대의 기사는 이 시기에 『시경』을 음악적 전범으로 여겼던 당대의 실상을 짐작케 한다.[71] 즉 선초 음악 정비의 주체들은

69) 예를 들어 「소아」 〈사간〉과 〈상체〉는 형제간의 우애를 노래한 것이고, 「소아」 〈벌목〉은 붕우간의 우호를 노래한 것이다.

70) 길진숙, 『조선전기 시가예술론의 형성과 전개』, 소명출판, 2002, 91면.

71) 『태종실록』 2년 6월 5일. "지금 國初를 당하여 그대로 因襲하는 것은 불가하오니, 신 등이 삼가 兩府의 음악 가운데 그 聲音이 조금 더 바른 것을 취하고, 風雅의 시[『詩經』: 필자주]를 참고하여 조회와 연향의 樂을 정하고 이것이 臣民들이 통용하는 음악에까지 미치도록 하였습니다. 아래에 갖추어 열거하였사오니, 성상께서

조선의 음악을 주나라의 그것처럼 전아하게 바꾸고 싶었으나 곡조에 있어서의 갑작스런 변개 내지는 창작이 현실적으로 어려웠기 때문에 곡조는 그대로 우리의 것을 사용하되 가사에 있어서만큼은 『시경』의 것을 차용했던 것이다.

이는 경기체가 〈오륜가〉에도 그대로 해당되는데 이러한 사실은 본 작품의 창작 목적이 어디에 있는지를 극명하게 보여준다. 요컨대 찬란했던 주대의 문물·제도를 조선에 복원시킴으로써, 또는 복원되었음을 천명함으로써 (무력을 통한 역성혁명이라는) 건국의 부당성을 상쇄시키고, 왕권의 숭고함과 왕조의 무궁한 번영을 예찬·송도하고 있는 것이다.[72] 경기체가 〈오륜가〉의 창작목적을 '성리학적 사고를 통

살펴 보시고 시행하시어 聲音을 바루고 和氣를 부르소서. 첫 잔을 올리고 俎를 올릴 때 이르러 〈鹿鳴〉을 노래하되 中腔調를 쓴다. 獻花하면 〈皇皇者華〉를 노래하되 轉花枝調를 쓴다. 둘째 잔을 올리고, 첫번째 湯을 올릴 때 이르러서는 〈四牡〉를 노래하되 金殿樂調를 사용한다. 세째 잔을 올리면 오양선 정재를 하고, 두 번째 탕을 올리면 〈魚麗〉를 노래하되 夏雲峯調를 사용한다. …… 여섯 번째 탕을 올리면 〈臣工〉을 노래하되 水龍吟調를 사용한다. 여덟째 잔을 올리면 〈鹿鳴〉을 노래하고, 일곱 번째 탕을 올리고 아홉째 잔에 이르면, 〈皇皇者華〉를 노래하며, 여덟 번째 탕을 올리고 열째 잔에 이르면, 〈南有嘉魚〉를 노래하되 洛陽春調를 사용하며, 아홉 번째 탕을 올리고 열한 번째 잔에 이르면 〈南山有臺〉를 노래하되 風入宋調나 洛陽春調를 사용한다."

72) 이 노래를 일반 백성들에게 전파했다는 기록은 적어도 아직까지는 발견되지 않았다. 때문에 이 노래의 궁극적 수신자를 일반 백성이 아닌 궁중 연행에 참가하는 왕과 신하들로 판단한 필자의 생각은 그러한 기록의 등장으로 언제든지 부정될 수 있다는 점에서 한시적이다. 그러나 길진숙은 선초 악장의 가사들이 조정의 관료들에게까지 익숙하지 않았던 기록[『세종실록』 15년 11월 27일자 기사]을 토대로, 이들 노래의 연행 영역이 궁중의 공식연 너머로까지 확산되지는 않았을 것으로 추정하였는데,(길진숙, 앞의 책, 98~99면) 필자는 경기체가 〈오륜가〉 역시 그 연행에 있어 여타의 작품들과 유사한 경로를 밟지 않았을까 생각한다. 물론 경기체가 〈오륜가〉가 지방의 향교와 같은 곳에서 사족들이 행한 의식 가운데 한 번도 사용되지 않았다는 구체적인 증거가 발견되지 않았기 때문에 이러한 언급은 신중해야 할 터이나, 위의 언급이 적어도 경기체가 〈오륜가〉의 창작 주체들이 작품을 창작했던

한 백성의 교화'로 파악했던 기존의 견해와는 달리,[73] 본 작품은 창작 주체가 발딛고 서 있는 이 공간이 인륜적 질서의 표준인 '오륜'이 이미 확립되어 있는, 그리고 그러한 질서가 영원할 것임을 노래하고 있는 '악장' 문학의 전형이다.

이는 세종 14년(1432) 이전에 지어진 것으로 추정되는 〈연형제곡〉을 통해서도 어느 정도 짐작 가능하다. 이 작품은 기존 논의에서 언급된 것처럼 성리학적 사고에 의거하여 백성을 교화하려는 데에 그 목적이 있는 것이 아니라, 장자가 아님에도 왕위에 오른 세종이 양령・효령과의 관계에서 보여 준 돈독한 우애를 讚美하고 褒奬함으로써 '형우제공'으로 표방되는 인륜적 질서가 이미 조선 사회에 구비되어 있음을 현시하려는 데에 주된 목적이 있다.

바로 그 시점에 한해서는 여전히 유효하다고 생각한다. 시조 〈오륜가〉가 창작 이전부터 (사족을 포함한) 일반 백성들을 잠재적 수신자로 상정해 놓고 있던 반면에, 경기체가 〈오륜가〉의 경우 그 주된 수신자가 궁중 연행에 참여했던 왕과 왕실 관계자들, 그리고 조정의 신료들이라는 것이며, 바로 이 지점에서 15세기 경기체가 〈오륜가〉와 16세기 시조 〈오륜가〉는 현격한 차이를 갖는다는 것이다.

73) 결과론적인 추정이긴 하지만 경기체가 〈오륜가〉가 교화를 목적으로 창작되었고, 또 그러한 차원에서 연행되었다면 16세기 들어 조정에서 매우 활발하게 전개되었던 교화 담론의 언급들 속에 이 작품이 거론된 바가 없다는 사실을 이해하기 힘들다. 후술하겠지만 중종과 대소 신료들은 行實圖類 위주로 진행되어 오던 기존의 교화 방식에 한계를 느끼고 있었고, 이를 타개하기 위해 새로운 레파토리의 창안이 절실하던 터였다. 때문에 경기체가 〈오륜가〉가 그들의 의도에 부합되었다면 일련의 교화 서적과 더불어 이것 또한 활용했을 가능성이 보다 높다 하겠다. 이러한 사실은 다음과 같은 추정을 가능하게 한다. 첫째, 경기체가 〈오륜가〉가 16세기 당시에는 연행되고 있지 않았다는 것. 둘째, 연행되고 있었다 하더라도 그것이 교화의 도구로는 적절치 않은 것으로 판단되었다는 것 등이다. 섣불리 답할 수 없는 부분이긴 하지만 어느 쪽이든 경기체가 〈오륜가〉와 시조 〈오륜가〉를 '교화'라는 동일한 선상이 아니라 각기 다른 측면에서 바라보아야 할 필요성을 환기시켜 준다.

有大德 履大位 乘龍御天
抱兼恭 謹名分 格守臣職
長枕大被 以庇本根 惟日戒愼
위 兩全ㅅ景 긔 엇더ᄒᆞ니잇고
葉 天尊地卑 情意交通 天尊地卑 情意交通
위 無間ㅅ景 긔 엇더ᄒᆞ니잇고 【〈연형제곡〉, 4장】

愛之深 敬之至 通于神明
始于家 始於政 民興於仁
風淳俗美 熏爲大和 產祥致瑞
위 泰治ㅅ 景 긔 엇더ᄒᆞ니잇고
葉 順德所感 萬福來崇 順德所感 萬福來崇
위 壽昌ㅅ 景 긔 엇더ᄒᆞ니잇고 【〈연형제곡〉, 5장】

먼저 4장에는 맏이가 아닌데도 임금이 된 세종과 그에게 왕위를 양도한 양령·효령 사이의 도타운 모습들이 모사되어 있다. 1행에서는 세종이 왕위에 오르는 일련의 과정들을[乘龍御天], 2행에서는 양령과 효령이 '그럼에도 불구하고' 신하로서의 직분을 삼가 지키는 모습을[格守臣職], 3행에서는 긴 베개와 큰 이불을 함께 사용하면서 서로를 지켜주고, 또 서로에게 謹愼하는 정경을 묘파함으로써 양립하기 어려운 군신과 형제 사이의 필요조건들이 조선의 왕실에 편만해 있는 것[天尊地卑 情意交通]으로 기술된다. '형우제공'이라는 오륜적 질서가 이미 완비된 조정의 정황을 예찬·송축하고 있는 것이다.

5장은 4장의 결과이다. 형제 사이의 지극한 사랑과 공경은 신명을 감동시키고[1행], 집안[왕실]에서 시작된 화락한 기운은 정사에 그대로 반영되어 백성들의 仁을 북돋운다.[2행] 순미해진 풍속, 훈훈한 화기의 달성, 때맞추어 도래한 상서로움의 징조들[3행]은 왕실 내부의 윤리적 정비가 국가 전체의 교화로 이어진다는 선초 사대부들의 사유 속에서 도출된 것이다. 이러한 사유 하에서 세종과 그의 형제들이 보여주었던 우애의 표상들은 '크게 다스려지고[泰治]' 있는 현실의 근원이자 징표로서의 기능을 담당하게 되는 바, 이러한 모습들이 진행형의 시제로 기술됨으로써 형우제공의 윤리적 질서는 현재화되기에 이른다.

이렇듯 '백성에 대한 윤리적 교화'의 차원에서 해석되어 온 〈연형제곡〉 역시 그 주된 목적은 오륜적 질서가 완비된 조종의 성덕을 칭송하고, 그것이 태평성대의 증좌임을 표창하는 동시에 '미래적 현재'로서의 조선의 모습을 재확인하는 데에 있다고 할 수 있다. 그런데 선초 악장에 보이는 이와 같은 면모들은 '오륜' 개념이 在下者에 대한 교화의 방편으로 인식되기 시작하는 16세기의 그것과는 준별을 이룬다. 이에 대해서는 3장에서 살펴보도록 하자.

제3장
16세기: 오륜의 재인식과 현실적 所用의 擔持

시조사의 초기적 전개 국면에서 강호시조와 더불어 양 축을 형성하고 있는 오륜시조 작품들[1]은 그것이 지닌 다기한 시대적 함의에도 불구하고 그리 많은 조명을 받지는 못하였다. 한 세기에 달하는 고전시가 연구사를 감안하면 오륜시조에 대한 연구성과가 수십 편에 지나지 않는다는 사실은 다소 의외이기까지 하다. 짐작컨대 오륜 개념에 내재한 강고한 봉건성, 작품 안에 담긴 고압적 목소리, 작품과 작품 사이의 近似性, 해당 장르의 서정성과는 배치되는 듯한 주제적 지향 등이 빈약한 연구성과의 주된 요인이지 않을까 한다. 오륜시조의 발생과 전개에 관해 현재까지 제기된 연구성과들을 살펴보면 대개 다음의 두 가지 방향에서 요약 가능하다.

첫째, 유교 윤리의 확산과 유포에 따라 오륜시조가 발생했다는 견해이다.[2] 어떠한 현상 속에서 새로운 변화가 생성되었다는 것은 그러한

---

1) 우응순, 「16세기 정치현실과 시가문학」, 『민족문학사강좌(상)』, 창작과비평사, 1995.

2) 대표적으로 다음 논의들을 들 수 있다. 윤성근, 앞의 논문; 김선호, 「오륜가 연구」, 건국대학교 석사학위논문, 1981; 조태흠, 앞의 논문: 「유교이념의 시적 변용고: 훈민시조를 중심으로」, 『국어국문학지』 27, 문창어문학회, 1990; 임주탁, 앞의 논문; 전재강, 「훈민시조 작가와 작품의 역사적 성격」, 『어문학』 79, 한국어문학회, 2003;

현상을 떠받치고 있던 모종의 기반 또한 변화하였음을 의미할 터, 따라서 이러한 견해들 속에서 오륜시조의 발생과 관련하여 그 직접적 동인을 무엇으로 파악하고 있는지 살펴볼 필요가 있다. 여기서 시기적 변동을 함축하는 단어로 '확산'을 들 수 있는데, 확산의 사전적 의미로 볼 때 이러한 견해는 확산되는 대상[유교 윤리]의 동일성·불변성을 전제하고 있다는 점에서 적절치 않은 것으로 보인다. 다시 말해서 이러한 결론에 따를 경우 15세기와 16세기의 '유교'는 어떠한 이질성도 담보하지 않은 채 단지 그 유포의 범위나 이해의 정도에서만 더 넓고 깊어진 것으로 인식된다는 것이다. 그러나 이러한 조건 아래에서라면 어떠한 이유로 시조 〈오륜가〉가 '16세기'라는 한정된 시기와 '사림파 문인 지식인'이라는 유사한 자질들을 공유하고 있는 사람들에게서'만' 산출되었는지 설명하기가 쉽지 않다. 당대 시가사에서 차지하는 비중의 多少 여부를 떠나 시조 장르는 15세기에도 분명히 있었던 것으로 보이기 때문이다.

필자가 생각하기에 15세기와 16세기 사이에는 비록 '유교'라는 커다란 범주 안으로 귀속될 수는 있어도 그 안에서는 반드시 서로 다른 집합을 가져야만 할 정도로 현격한 사상적 단층이 존재한다. 하지만 이러한 단층의 실제를 '유교'라는 全稱的 개념어로는 포착하기가 쉽지 않으며, 따라서 우리가 되물어야 할 것은 16세기의 유교가 과연 '어떤 유교'인가의 문제라고 생각한다. 여기서 중요한 것은 바로 이 점이 오륜시조의 출현이라는 새로운 문학 현상과 의미 있는 상관관계에 놓여 있다는 것인데, 이에 대한 탐색이 본 장의 주요한 목적 중 하나이다.

둘째, 16세기 지주제의 발전과 함께 계급 간의 모순이 발생하고 그

박규홍, 「시조의 사회적 기능 고찰: 조선조 사회와 시조의 관계를 중심으로」, 『시조학논총』 19, 한국시조학회, 2003; 김중기, 앞의 논문.

에 따라 일련의 강상 질서가 해체되었으며 이에 대한 이데올로기적 봉합의 차원에서 오륜시조와 같은 작품들이 출현하게 되었다는 견해이다.[3] 이는 15세기와 대별되는 16세기'만'의 특징으로 16세기 오륜시조의 출현이라는 새로운 문화적 현상을 설명한다는 점에서 상당한 설득력을 지니며, 특히 上記한 문제점들을 해결할 수 있는 여러 대안적 근거들이 마련되었다는 점에서 시사하는 바가 크다. 그러나 본 논의는 다음과 같은 점에서 좀 더 생각해 볼 여지를 갖는 듯하다.

첫째, 논자의 설명과 같이 경제적 이해관계의 상충, 민생의 피폐, 그로 인한 강상질서의 붕괴, 그리고 이에 대한 이데올로기적 봉합이 연쇄적으로 일어날 수 있는 가능성은 충분하다. 문제는 '오륜시조의 출현'이라는 역사적 현상의 원인을 설명함에 있어 사회경제적인 요인에 상당한 비중을 할애할 경우 오륜시조의 주된 창작 주체였던 '사림'이라는 異質적 집단과 그들이 행했던, 이전 시기와는 다른 對사회적 행위들의 의미가 그다지 부각되지 않을 수도 있다는 것이다.

만일 사회경제적 변화로 인해 급격해진 계급간의 투쟁이 시조 〈오륜가〉 발생의 주된 요인이라면 그러한 갈등 및 투쟁을 무마하고 봉합하는 것은 훈구/사림의 여부를 떠나 당대의 위정자라면 누구에게나 부과되었던 사회적 책무가 아닌가? 그런데 왜 하필 시조 〈오륜가〉의 출현은 주세붕·송순·정철과 같은 일련의 사림파 문인 지식인들을 통해서만 발생하였는가? 또한 잠정적 추정의 차원이긴 하지만 오륜 및 오륜과 유사한 효용을 지닌 윤리적 테제들의 설파와 권면은 16세기 이후 조선조 말기인 19세기에 이르기까지 지속적으로, 그리고 보다 고도화된 방법을 통해 강화되어 갔던 것으로 보인다. 이러한 장기지속적

3) 김용철, 앞의 논문, 7~17면 참조.

인 현상을 사회경제학적 요인'만'으로 어떻게 설명할 수 있는가?

둘째, 논지의 기본적 전제로 삼고 있는 '지주전호제의 발전'이 과연 16세기적 현상인가 하는 것이다. 주지하듯이 조선은 16세기로 접어들면서 국가재정체계에 있어 많은 변화를 겪게 된다. 특히 연산군 이후 왕실을 중심으로 한 재정지출이 심각해지면서 국가재정 또한 만성적인 적자상태에 직면하게 되었으며, 이를 확충하기 위해 양인 농민층에게 공물·진상 등의 조세와 군역에 대한 부담을 가중시켰다. 결국 조세와 군역에 대한 막중한 부담을 피하기 위해 양인 농민층이 택한 것은 당시 개간·매득·겸병 등의 방법을 통해 대규모의 토지를 소유하고, 이로 인해 많은 노동력을 필요로 했던 재지사족들의 농장으로의 投託이었다.[4] 요컨대 '양인'이기 때문에 져야 했던 경제적 부담의 해소를 위해 '양인'이라는 신분적 이득을 포기하고, '노비'로 전락해 갔던 것이다.

이러한 현상들을 통해 미루어 짐작하건대 16세기 농업 경영의 주요한 노동력은 계약관계를 전제로 하는 전호 계층이 아니라 예속 관계를 전제로 하는 노비 계층이 주를 이루었다고 할 수 있다. 이는 최근 제출된 농업사의 연구성과에서도 확인되는바, 김건태는 16~18세기 양반 지주층의 농업경영형태를 분석하면서 16세기의 경우 전답과 노비가 필수적으로 요청되는 作介制가 대부분을 차지하는 반면, 17세기 중반부터는 작인의 신분에 구애되지 않는, 따라서 양반에서 노비에 이르는 다양한 신분의 농민들이 작인으로 포섭되는 竝作制가 대부분을 차지한다고 주장하였다.[5] 즉 '竝作'의 의미를 전제하는 '지주전호제'의 발

4) 김성우, 『조선중기 국가와 사족』, 역사비평사, 2001, 130~144면.

5) 이에 대해서는 김건태, 「조선시대 양반가의 농업경영」, 역사비평사, 2004; 이영훈, 「조선전호고」, 『역사학보』 142, 역사학회, 1994. 참고.

전은 17세기 중반 이후부터 가속화되었다는 것이다.[6)]

뿐만 아니라 '지주전호제의 발전'이라는 16세기의 사회경제적 현실이 '오륜시조의 출현'이라는 문학적 사실과 얼마만큼의 연관성을 지닐 것인가의 문제 또한 선결되어야 할 부분이라고 생각한다. 다시 말해서 사회경제적 시스템의 붕괴와 그로 인해 점증한 계급 간의 모순과 갈등을 강상질서의 해체나 오륜시조 출현의 당위적 전제로 간주하는 것은 그 인과관계의 설정에 있어 다소 모호한 측면이 있으며,[7)] 따라서 양자가 갖는 직접적인 연관의 자취들이 좀 더 선명하게 입증될 필요가

6) 과도한 추정일지 모르지만 16세기 조선 사회의 사회경제적 양태를 지주전호제의 발전으로 이해하고, 그로부터 계급 간의 갈등과 모순을 추출하는 논자의 구도는 인류 역사의 발전 단계를 '원시 공산제→노예제→봉건제→자본주의→사회주의'로 파악하는 마르크스주의 역사학의 그것과 어느 정도 닮아 있다. 특히 '생산력이 발달하고 이에 따라 농민의 지위가 향상되었다'(김용철, 앞의 논문, 10면.)라는 언급은, 자신의 생산 도구에 대한 농민·수공업자의 부분적인 사유를 전제하는 서구의 봉건제적 특성과 상당 부분 겹친다. 그것의 이론적 타당성을 따지는 것은 능력 밖의 일이겠지만, 인류 역사의 시간적 흐름을 '발전'이라는 우열의 시각으로 바라봄으로써 근대 이전의 사회를 그 이후의 발전된 단계로 나아가기 위한 예비적 단계 혹은 낙후된 사회로 '예단'해 버릴 수 있음에 유의해야 하지 않을까 한다. 뿐만 아니라 위와 같은 등식의 형성에 이론적 근거가 되었던 영국의 사례를 농업형태나 국가체제가 상이했던 조선, 중국, 일본 등의 동아시아 국가에 무매개적으로 대입해서는 곤란하다는 근간의 견해에도 주의를 기울여야 하지 않을까 한다. 이에 대해서는 김선홍, 「조선 봉건제론의 연구사적 재검토」, 『산경논총』 12, 강릉대학교 영동산업문제연구소, 1990, 207~212면; 강성호, 『마르크스주의 역사학의 새로운 시작을 위하여』, 책세상, 2003, 19~43면; 이정철, 「조선 후기 경제변동의 새로운 성격 규정을 위하여」, 강만길 엮음, 『조선 후기사 연구의 현황과 과제』, 창작과비평사, 2000, 196~213면 참조.

7) 오륜과 연관된 일련의 강상범죄들은 사회경제적 시스템의 붕괴로 인해 발생하는 다른 범죄들과 구분해야 할 필요가 있다. 예컨대 자영농의 축소 문제가 16세기 조정에서 주요 현안으로 대두될 정도로 심각했다고 해서 그것이 곧 부자·부부·형제 간에 발생하는 강상범죄의 증가로 직결되지는 않는다는 것이다. 이러한 강상범죄들은 부귀와 빈천을 막론하고 언제 어디서나 일어날 수 있음을 염두에 둘 필요가 있다.

있다는 것이다.

셋째, 〈오륜가〉의 출현은 기본적으로 당시 빈번하게 일어났던 강상범죄들을 절식시키기 위해 성립되었다. 그런데 만약 논자의 주장과 같이 지주전호제의 강화로 인한 계급간의 대립·갈등·투쟁이 근본 요인이었다라고 한다면 윤리적 질서의 구축이라는 다소 우회적인 방법이 아니라 그것들을 잠재울 수 있는 보다 근본적이고 직접적인 대책을 내세웠을 것으로 짐작된다. 실제 이 시기 발생한 사회경제적 문제들을 해결하기 위해 사림파 지식인들은 한전제라든가 노비종모법과 같은 현실적인 대안들을 제출하였다. 즉 생산관계의 차원에서 비롯된 대립과 갈등을 윤리적인 차원으로 봉합하려 했다기보다는 잘못된 생산관계를 직접적으로 보정해 줄 수 있는 현실적인 정책들이 논의되거나 시행되고 있었다는 것이다.

넷째, 주지하는 바와 같이 16세기 들어 시조 〈오륜가〉 작품들이 족출하는 현상은 분명 당시 사림들이 주창했던 일련의 교화 정책들과 그 궤를 같이 한다. 여기서 주목할 만한 점은 당대의 사림파 관료들이 교화 정책의 필요성을 강변하면서 항상 함께 거론했던 것이 당시 빈번하게 발생하고 있었던 여러 강상범죄들에 대한 우려 섞인 표명이었다는 것이다. 그런데 강상범죄라고 하는 것이 반드시 피지배자에 의해서만 발생하는 것은 아니며, 또한 이 시기에만 집중적으로 나타나는 것도 아니다. 시대, 지역, 신분을 초월하여 언제, 어디서나, 누구에 의해서든 발생할 수 있는 것이다. 중요한 것은 그럼에도 불구하고 강상범죄들을 절식시키기 위한 일련의 행위들이 어떠한 이유에서, 이전 시기와 다른 규모와 방법을 동반한 채 이 시기에 집중적으로 나타나는가의 문제이다.

또한 사림파 문인 지식인들이 주요한 문제적 현상으로 지적했던 강상범죄들, 예컨대 부녀자의 윤리적 일탈이나 형제간의 송사 문제 같은 것들은 일정 정도의 경제적 부를 소유한 사람들에게서 발생할 가능성이 보다 높다. 따라서 중요한 것은 그러한 강상범죄들을 담당하는 주체들이 그것들을 어떻게 인식하고 어떻게 해결하느냐에 따라 '오륜' 담론의 형성과 같은 새로운 사회적 현상들이 追隨된다는 사실을 전제하는 데 있다고 생각한다. 일례로 16세기 시조 〈오륜가〉에서 매번 등장하는 '형제'에 관한 작품들의 경우 그간의 연구 성과들에서는 거개가 이 시기 들어 빈번하게 발생한 형제간의 재산 다툼과 관련지어 설명하였다. 그러나 형제간의 재산 다툼이 비단 이 시기에만 나타나는 것은 아니며, 15세기의 여러 기록들에서도 어렵지 않게 발견할 수 있다.[8] 그렇다면 16세기 들어 형제간의 우애를 강조하는 덕목이 '오륜' 안으로 포섭되고, 특히 일련의 〈오륜가〉 작품들 내에서 주목할 만한

---

8) 『실록』에는 이러한 정황을 증거하는 기록들이 상당수 발견되는데, 이는 형제 간의 소송을 위시한 오륜적 질서의 위반이 특정 시기의 시기적 조건으로 인해 보다 집중적으로 발생하는 것이 아니라 시공을 초월하여 언제 어디서나 발생할 수 있는 문제임을 의미한다. 번거롭지만, 대표적인 사례 몇 가지만 들면 다음과 같다. 『태조실록』 7년(1398) 6월 15일. "유독 노비(奴婢) 한 가지 일 때문에 부모 형제 사이에 서로 해치고 원망과 비방이 날로 일어납니다." 『태종실록』 12년(1430) 12월 6일. "세속(世俗)에서는 가산(家産)과 노비[臧獲]같은 작은 일 때문에 서로 돈목(敦睦)하지 못하고, 도리어 원수로 삼아 형제 간에도 다투지 아니함이 없어 관부(官府)에 고(告)하고, 소송할 때에는 극구 저훼(詆毁)하며, 심한 자는 때리면서 다투기도 하니, 풍속의 퇴폐함이 한결같이 이 지경입니다."; 『성종실록』 15년(1484) 11월 12일. "대저 지금 부자·형제가 서로 꾸짖고 화목하지 못한 것은 노비(奴婢)와 재산이 고르지 못한 데에서 일어나는 것으로, 어찌 그렇게 야박한가?"; 『연산군일기』 1년(1495) 5월 28일. "법은 상세한 데까지 하고자 하나 더 간사한 것을 더욱 열어서 혹 도망한 노(奴)의 자식이라 말하고, 또 도망한 비(婢)의 소생이라고 말하여 양민(良民)을 차지하고 사천(私賤)을 빼앗으니, 소송이 어지러워 끝이 없고, 형제·숙질들이 한 가정에서 입술을 비쭉거리며 비웃으니, 부자·형제가 원수가 되어 풍속이 쇠퇴해 지는 것도 이런 것에서 말미암은 때문입니다."

비중을 차지하게 되는 이유는 무엇인가? 짐작컨대 이는 아마도 형제간의 송사를 바라보는 사림파 문인 지식인들의 시선의 변화와 그것을 해결하고자 하는 방법적 차이에 기인했을 것이다.

사정이 이러하다면 〈오륜가〉의 출현을 하부구조의 변화[생산관계]에 따른 상부구조의 변화[윤리적 봉합]와 같이 단선적으로 접근하는 기존의 관점은 재고해야 할 필요가 있을 것으로 보인다. 이전 시기에도 강상과 관련한 문제들이 광범하게 존재했음에도 그것과 관련한 여러 가지 실천적 행위들이 이 시기에만 집중적으로 나타난다면, 그리고 경제적 정황과 강상범죄의 증가 사이에 놓인 일정한 함수 관계가 명징한 것으로 인정될 수 없다면,[9] 그것의 주요 원인이 이 시기 들어 발생한 일련의 경제적 토대의 변화 혹은 붕괴일 가능성보다는 그러한 실천적 행위들의 주체가 강상범죄들을 바라보는 시선과 그것을 해결하는 방법적 차원에서의 변화일 가능성이 보다 높을 것으로 짐작되기 때문이다. 따라서 본고에서는 15세기 관료 문인들과 16세기 사림파 문인들이 이러한 사안들에 대해 어떻게 대응하였는가의 문제에 초점을 맞출 것이다. 요컨대 오륜적 범죄들을 두고 그들 사이에서 벌어지는 이러저러한 담론들에 주목하겠다는 것이다.

하나 더, 시조 〈오륜가〉의 출현이 해당 시기의 사상적 변화와 연관되어 있다면 그것은 부득불 이전과는 다른 정치적 의미를 內藏하게 된다. 이는 동아시아의 역사 속에서 오륜 개념의 모태인 유학이 주요한

9) 이와 관련하여 『중종실록』 36년 11월 15일자 기사의 "在今之世, 人不知五倫, 故人紀紊亂, 漸至難救. 若人倫明而根本立, 則雖凶年, 不足以爲害也."와 같은 언급은 시사적이다. 사림파 관료인 송인수의 이 발언에는 국가적 안정의 필요조건 중 오륜적 질서의 확립을 최우선으로 내세웠던 그들의 사유가 고스란히 담겨 있다. 후술하겠지만 그들이 현실에서 발생하는 일련의 강상범죄들을 발본적으로 해결하고자 했던 것은 이러한 사유와 직접적으로 맞닿아 있다.

정치사상으로 기능해 왔으며, 유학 내부의 다단한 흐름들 중 어느 하나가 독점적 지위를 부여받게 되었을 때 이전과 다른 정치적 변화들이 동반되었음을 심심치 않게 확인할 수 있기 때문이다. 뿐만 아니라 오륜시조의 작자들 대부분이 정치적 갱신을 꿈꾸던 실천적 관료들이며, 오륜시조는 그러한 理想의 실제적 결과물이기도 하기 때문이다.

물론 기존 논의에서 오륜시조의 출현이 갖는 정치적 의미가 언급되지 않은 것은 아니다. 그러나 많은 논의에서 산견되는 다음과 같은 언급들, 예컨대 "백성을 교화하는 일이 향촌사회를 지배하는 그 자신들의 현실적 이해와 밀접한 관련을 가졌기 때문"[10]이라든가 "지주이면서 이념적 실천가인 사림의 입장에서 백성들의 입장에 서는 것이 아니라 자신들의 입지를 중심으로 생각하였다."[11], "(훈민시조는) 양반에게는 긍정적, 평민에게는 부정적 이바지를 했다."[12], 혹은 "오륜이라는 관념체계가 당대에 발전한 지주전호제에서 지주 사족의 이익을 옹호하고 있으며 지배/피지배관계에서 일어나는 모순을 왜곡·은폐하려는 경향을 띤다."[13] 등은 오륜이라는 당위적 질서의 강조와 전파를 위한 그들의 행위가 그들 자신, 혹은 그들이 속해 있었던 일정 집단의 이익을 위해 편향적으로 이루어 졌음을 전제하고 있는 게 아닌가 한다. 필자 역시 이러한 혐의를 부정하는 것은 아니지만, 적어도 그것이 사실이라면 이는 어떠한 사건의 결과일 수는 있어도 동기는 아니었을 것이라 생각한다. 신분제 사회의 부당성을 의심하지 않았던 그들에게

---

10) 전재강, 앞의 논문, 510~511면.

11) 최재남, 「주세붕의 목민관 생활과 〈오륜가〉」, 『사림의 향촌생활과 시가문학』, 국학자료원, 1997, 228~229면.

12) 윤성근, 앞의 논문, 351면.

13) 김용철, 앞의 논문, 17면.

우리가 물어야 할 것은 오륜시조의 창작을 비롯한 일련의 교화행위들이 그러한 부당성을 공고하게 만들었다는 결과에 대한 책임이 아니라 그러한 행위들이 과연 어떠한 사유 체계 내에서 출현하게 되었는가와 같은 좀 더 근원적인 문제가 아닐런지.

한편 16세기에 새로운 의미와 방식으로 전유된 오륜 개념이 어떠한 이유에서 '노래'로 불리게 되었는가의 문제 역시 본고와 관련하여 비상한 관심을 요한다. 이는 곧 오륜이라는 생경한 이념적 모티프가 어떠한 과정을 거쳐 '시조'라는 문학적 양식에 편승하게 되었는가의 문제인데, 현재적 관점에서 볼 때 '五倫'이라는 유가적 개념이 '歌'라는 일상적 행위와 결합되었다는 것은 상당히 이질적인 현상처럼 보인다. 어떠한 문학적 장치로 포장을 하든 그것은 딱딱한 이념의 준수에 대한 설파와 권면에 지나지 않을 것으로 짐작되기 때문이다. 뿐만 아니라 당시에 상용되던 여러 가지 '歌'의 양식 중 〈오륜가〉의 주된 장르로 '시조'가 채택되었다는 사실 또한 해명해야 할 문제 중의 하나이다. 결국 이러한 것들은 '오륜시가' 중 '시가'와 관련된 문제들로, 당시 시조 〈오륜가〉의 창작 집단들이 '시조' 장르를 어떤 방식으로 인식·활용하고 있었는지의 여부가 좀 더 분명하게 해명되어야 할 것이다.

우선 첫 번째 문제와 관련하여 필자는 현전하는 최초의 시조 〈오륜가〉 작품인 주세붕의 〈오륜가〉가 창작된 시점에 주목하고자 하는데, 주지하듯 주세붕의 〈오륜가〉는 사림파의 향촌개혁 프로젝트가 시작된 지 4~50년이 지난 뒤에 창작되었다. 그런데 일반적으로 볼 때 무언가가 새롭게 출현했다는 사실 이면에는 기존에 그것과 유사한 기능을 담당하던 것으로부터 모종의 결핍이 생겨나게 되었음을 전제한다. 다시 말해서 〈오륜가〉 출현 이전에 그와 유사한 기능을 담당했던 일련의 교화 정책들이 더 이상의 효용 가치를 지니게 되지 못함에 따라 그 대안의 하나로 시조 〈오륜가〉가 창작되었을 가능성이 농후하다는 것이다.

두 번째 문제는 당대 시가사의 동향과 연계하여 이해해야 할 필요가 있을 것으로 보이는데 시조 장르는 발생 초기부터 시가사의 주종을 차지한 것이 아니라 "그 지속적인 향유에도 불구하고 경기체가나 고려가요의 위세에 압두되다가 16세기 사림파의 시가 개혁과 함께 본격적으로 문학사적 위상을 공고히 하기 시작"[14)]했다. 현전하는 일련의 오륜 시조 작품들이 16세기 사림파 문인 지식인의 所作임은 주지의 사실일 터, 이는 자연스럽게 다음과 같은 질문으로 연결된다. 경기체가와 시조의 장르 문법에 정통해 있던 주세붕은 어떠한 이유에서 〈오륜가〉를 '시조'로 짓게 되었는가? 〈면앙정가〉와 〈양미인곡〉 등의 완정한 가사 작품을 남긴 송순과 정철이 무엇 때문에 〈오륜가〉와 〈훈민가〉를 창작하는 데 있어서는 '시조' 장르를 취택하게 되었는가? 이는 결국 그들이 목표했던 오륜시가의 사회적 효용을 달성하는 데 있어 시조의 장르적 특색이 상당히 유용했음을 의미하는바, 바로 이 지점이 새로이 전개된 오륜 담론과 오륜시가의 장르적 변환이 맞닿는 지점이라 하겠다.

본격적인 논의를 시작하기에 앞서 명확히 해야 할 부분이 있다. 차후 개진될 필자의 논의가 자칫 특정 집단의 정치적 방식을 부정하고, 그에 대응하는 집단의 정치적 방식을 긍정하는 식으로 오해될 소지가 있다는 것이다. 하지만 법적 처벌의 방식이든 그 이외의 방식이든 오륜적 질서의 구현을 통해 신분제 사회였던 유교 국가 조선의 생산관계를 생산·재생산하고자 했다는 데에는 별반 다를 게 없다. 따라서 어떤 특정한 방식에 좀 더 많은 진전성을 부여한다든지 혹은 긍정/부정식의 일정한 가치가 포함된 판단을 내린다든지 하는 것은 결코 생산적

14) 정출헌, 「고려가요의 층위와 그 전승양상」, 『민족문학사연구』 13, 민족문학사연구소, 1998, 205면.

인 일이라 할 수 없을 것이다. 어떠한 방식이든 그것은 해당 시기의 나름의 특성으로 주목되어야지 이전 혹은 이후 시기와 비교하여 상호 우위를 점칠 수 있는 문제는 아니기 때문이다. 필자가 살펴보고자 하는 것은 동일한 목적을 달성하기 위한 방식에 있어서 양 시기 사이에 유의미한 차별의 지점이 엿보인다는 것이며, 그러한 차별의 지점이 새로운 지식의 생성 및 전파와 무관하지 않다는 것이다. 요컨대 지식이 권력의 시행 방식을 변환시키는 바로 그 지점에 주목하겠다는 것인데 필자는 이에 대한 탐색이 시조 〈오륜가〉의 출현 동인을 설명하는 데 있어서 주요한 연결고리가 될 것이라 생각한다.

1. 16세기 오륜 담론의 전개와 오륜시조의 출현

1.1. 사림파 문인 지식인의 정치적 부상과 사상적 전변[15)]

1 삼강오륜이라는 인륜적 질서는 유교 사회가 태동한 이래 인간이 지켜야 할 마땅한 준칙으로 자리매김해 왔다. 이는 조선조의 경우에도 마찬가지였으며, 적어도 근대 계몽기 이전까지는 부정할 수 없는 사실이다. 따라서 삼강오륜이 지닌 그만큼의 독존적 지위만큼 피치자들에게 그것을 강제하고자 한 치자들의 노력 또한 지속되었는데, 중요한 것은 그러한 노력의 양태들이 해당 시기나 주체에 따라 단일하지 않았

15) 본 항은 하윤섭, 「16세기 오륜시조 출현의 시기적 조건과 그 정치적 의미」, 『민족문학사연구』 46, 민족문학사학회, 2011, 21~54면을 근간으로 하되 기존의 생각들을 좀 더 보완할 수 있는 여러 정황적 근거들을 보충하고, 무리한 추정이나 과도한 서술을 교정하는 차원에서 기술하였다. 본 절의 "1.3. 일상성의 정치와 오륜시조의 출현" 역시 이와 같다. 논의를 시작하기에 앞서 이 점을 분명히 밝힌다.

으며, 이러한 변동의 근저에는 오륜과 관련한 이러저러한 담론의 변화가 자리하고 있었다는 것이다.

여기서 '오륜과 관련한 담론'에는 비단 오륜의 개념과 속성에 대한 이론적인 차원만이 아니라 오륜이라는 天賦적 요소를 지녔으면서도 악한 행위를 반복하는 인간 자체에 대한 이해, 그러한 악한 인간의 개선 가능성에 대한 고민, 그들에 대한 처리 방법의 문제 등 담론의 주체들이 '현실'과 만나게 되면서 확대된 담론 외적인 문제들까지 포함된다. 중요한 것은 이러한 변모들이 16세기 사림파 문인들의 정치적 부상과 함께 더욱 집중적으로 나타난다는 것인데 본 절에서는 그러한 변모의 흔적들을 살펴보기 위한 예비적 단계로 그들의 학문적 경향이 당시에는 상당히 이질적인 것으로 받아들여지고 있었다는 사실로부터 출발하고자 한다.

주지하듯 유교라는 이름 뒤에는 하나의 체계적 사유구조가 자리하고 있는 것이 아니라 시공간적으로 대단히 큰 변화를 겪은 유동적인 사유의 흐름이 존재하고 있다.[16] 이는 곧 유교라는 전체 집합 속에는 복수의 유교'들'이 존재하고 있으며, 따라서 특정 시기의 사상적 동향을 살펴보기 위해서는 그것이 과연 '어떤' 유교인가에 대한 질문이 필수적으로 요청된다는 의미이다. 필자는 조선 전기의 경우에도 이와 같은 질문을 던져볼 필요가 있다고 생각하는데, 먼저 아래의 자료들에 주목해 보도록 하자.

> [1] 그때 유신(儒臣) 조광조(趙光祖) 등이 이학(理學)을 창명(倡明)하여 도덕(道德)과 경제(經濟)를 자기의 소임으로 삼았는데 남곤(南袞)·

16) 김영민, 「성리학의 형이상학: 개별 자아의 세계 전유」, 『철학과 현실』 58, 철학문화연구소, 2003, 182면.

심정(沈貞) 등의 모함으로 죄를 입고 죽었다. 이 뒤로부터 간신들이 『소학(小學)』·『근사록』을 가리켜 간궤(姦宄)의 보따리라고 비방하고, 마음을 다스리고 자신을 신칙하는 유자들을 가리켜 "말은 그럴 듯하게 하면서도 행실은 그렇지 않다."고 지목하여 뭇 비방이 벌떼같이 일어나 사방에서 그들을 공격하였다. 그래서 이학을 금기하는 것이 지금까지도 없어지지 않아 인심을 어둡게 하고 천리(天理)를 멸망시켰다.[17)]

[2] 홍문관이 아뢰기를, "부제학 김정이 그 어버이의 병환으로 인해 사장(辭狀)을 올리고 갔습니다. 지금 성상께서 경연(經筵)에 나가실 때를 당했는데, 정은 진강에 절실히 필요한 사람입니다. 부르는 것이 옳지 않겠습니까?" 하니, 전교하기를, "지금은 이학(理學)을 진강할 때이다. 들으니, 시양(侍養)할 만한 다른 형제가 있다 하니 부르는 것이 옳겠다." 하였다.[18)]

[3] 설경 기준(奇遵)이 아뢰기를, …… "옛적 삼대(三代) 이후의 임금들이 누구인들 잘 다스리고 싶지 않았겠습니까마는, 그러나 능히 잘 다스리지 못한 것은 도학(道學)이 밝지 못해서 마음을 말단의 일에만 썼기 때문이니, 제왕은 마땅히 심학(心學)에 힘을 다하여 조금도 간단이 없어야 하는 것입니다."[19)]

17) 『명종실록』 8년(1553) 4월 18일. "其時儒臣趙光祖等倡明理學, 以道德經濟爲己任, 爲南袞·沈貞等所構陷, 被罪而死. 自此之後, 姦臣指『小學』·『近思錄』, 謗以爲姦宄之囊橐, 指治心飭己之儒, 目之以言渭行涇, 群誹衆(楨)毁蜂起, 操戈四至. 理學之禁, 迄于今而未泯, 使人心晦冥, 天理滅泯."

18) 『중종실록』 12년(1517) 12월 30일. "弘文館啓曰: "副提學金淨, 呈病親辭狀以去. 今當御經筵之時, 淨於進講至切之人, 無乃召之可乎?" 傳曰: "今進講理學之時, 而聞其有他兄弟可侍養者, 召之可也."

19) 『중종실록』 11년(1516) 10월 8일. "說經奇遵曰: …… 自古三代以下之君, 孰不欲善治? 然未能善治者, 以其道學不明, 馳心於末務也. 帝王當盡其心學, 無少間斷."

[4] 조광조는 범상하지 않아서 젊어서부터 학문에 뜻을 두고 잡서를 보지 않았고 오직 이학(理學)으로 스스로를 권면하였으며, 행실에 흠이 없었으므로 동배(同輩) 중에서 명성이 두드러져서 드디어 세상에서 존중되었다. 다만 벼슬이 너무 갑자기 올랐고 기국이 넓지 않아서 헌장(憲長)으로 있을 때에 남을 능멸하는 과실이 많았으니 애석하다. …… 동시대의 사람들로 혹은 경조(輕躁)하거나 혹은 우망(愚妄)하거나 혹은 추잡한 자들과 섞여 나아가, 다들 거리낌 없이 구변을 부리고, 상 앞에서도 저희끼리 추켜세워 조광조의 학문는 이락(伊落)의 연원(淵源)이 있다 하였으니, 남의 구실이 된 것은 괴이할 것이 없다.[20]

위 기록들은 기묘사림의 일원이었던 조광조·김정·기준 등의 학문적 지향이 어떠했던가를 보여주고 있는데 [1]에서 史臣은 조광조가 이학을 倡明한 것, 道德·經濟를 자신의 소임으로 삼은 것, 『소학』·『근사록』 등의 宋代 理學 텍스트가 그들의 사상적 모태인 것 등등에 대해 간단히 언급하고 있다. 언뜻 보기에 우리가 조광조에 대해 알고 있었던 평소의 지식들과 크게 다르지 않은 것 같지만 '倡明'이라는 단어의 사전적 정의에 유념해 볼 때 그가 주창한 '이학'이 기존의 주류적 학문 경향과는 이질적이었음을 짐작할 수 있다. 뿐만 아니라 '지금까지도 이학을 금기한다.'는 구절을 곱씹어 보면 당대의 학문적 지형에서 '이학'이 상당히 돌출적인 것이었음을 짐작할 수 있다.

이러한 점은 [2]를 통해서도 엿볼 수 있다. 아버지의 병환을 이유로 조정을 떠나 있는 김정을 급히 불러들이라는 왕의 전교는 그 당시 이

20) 『중종실록』 15년(1520) 10월 9일. "光祖不凡, 自少有志於學, 不觀雜書, 唯以理學自勉, 行無玷缺, 名著輩流, 遂爲世所重耳. 但仕進(大)[太]驟, 器局不弘, 官居憲長, 多有陵人之失, 惜哉! …… 同時之人, 或輕躁或愚妄或麤雜混進, 皆以口辯自肆, 顧無所忌, 乃於上前, 自相推譽, 以光祖所學, 有伊洛淵源. 其爲人口實, 無怪矣."

학을 진강할 수 있는 관료가 그리 많지 않았으며,[21] 이것이 그 당시로서는 꽤나 새로운 학문이었음을 짐작케 한다. '이학'이 당시의 일반적인 학문 경향이 아니었으며, 儒者의 범주에 속한 사람일지라도 누구나 알 수 있는 바가 아니었다는 것이다.

[3]에서 기준은 삼대 이후의 정치가 피폐해진 것은 도학이 밝지 못해서이고, 때문에 제왕은 마땅히 심학에 힘을 써야 한다고 말한다. 이에 대한 왕의 대답이 "이학은 마땅히 힘을 쏟아야 할 바이다(理學, 所當用力)"인 것을 보면, '이학·도학·심학'이 유사한 학문적 경향을 지칭하는 서로 다른 용어임을 확인할 수 있다.[22]

[4]의 기록은 기묘사화 후 피화자들에 대해 행해진 史臣의 평가인데, 그는 조광조의 학문을 '이학'으로 규정한다. 이는 곧 그가 선택 가능한 복수의 학문들 중 이학을 자신의 학문적 지향점으로 삼았음을 의미하며, '이락의 연원'이라는 언급으로 보아 그것이 바로 송대 理學(道學/心學)과 동일한 것임을 알 수 있다. 요컨대 기묘사림들은 당시의 학풍을 쇄신하기 위한 대안으로 理學을 들고 있으며, 자신들을 송대 '程朱'로 대변되는 성리학의 직접적 계승자로 인식하고 있었다는 것이

---

21) 이러한 점은 다음의 실록 기사로도 확인할 수 있다. "지금 이학을 아는 사람으로는 오직 호조 좌랑(戶曹佐郎) 김식(金湜)뿐으로 김식은 대강만 아는 자가 아닙니다."(『중종실록』 12년(1517) 7월 28일); "근자에 이학을 아는 자는 적어서 오직 김응기 한 사람뿐입니다. …… 이학을 아는 자가 대마다 나는 것은 아니니 어찌 쉽사리 많이 얻을 수 있겠습니까?"(『중종실록』 8년(1513) 9월 20일); "윤탁은 이학(理學)에 정통하지만 신[홍언필: 필자주]은 본디 이학을 모릅니다."(『중종실록』 12년(1517) 7월 28일)

22) 김경호는 『조선왕조실록』에서 이학·도학·심학 등의 용어가 출현하는 빈도수를 계측하여 이러한 용어들이 중종대 이후 점증하고 있음을 실증하고, 이를 토대로 16세기 조선 사회에 새로운 철학적 담론이 형성되고 있었음을 주장하였다. 이에 대해서는 김경호, 「16세기 조선 지식인 사회의 『심경』 수용과 철학적 담론의 형성」, 『동양철학』 19, 한국동양철학회, 2003, 63~81면.

다. 이는 곧 그들이 이전 시기의 학문적 경향과 명확한 선을 긋고 있었음을 말해주는데,[23] 다음의 기록들은 당시 그들이 주창했던 새로운 학문의 조류가 많은 사람들에 의해 부정되거나 혹은 그것의 실현 가능성이 의심받고 있던 정황을 보여준다는 점에서 흥미롭다.

[1] 이는 다름아니라 무오년 이후로 김일손(金馹孫) 등 제유(諸儒)가 잇달아 죽어서 사림(士林)의 화(禍)가 지극히 참혹하였으므로, 부형들이 이록(利祿)을 꾀하는 것만으로 자제를 가르치고 학문하는 근본을 가르치지 않아 풍속과 사습이 극도로 무너진 때문입니다. ……『소학』·『대학』을 끼고 다니는 자가 있으면, 사람들이 모두 손가락질하고 웃으며, '이 사람은 공맹(孔孟)의 학문을 배우고, 정주(程朱)의 행실을 행하는 사람이다.' 합니다."[24]

[2] 사신은 논한다. 당시의 학자가 흔히 조광조(趙光祖)의 무리를 사모하여 이학(理學)을 숭상하고 사장(詞章)을 귀하게 여기지 않았으며, 처음으로 학문하는 어린 사람들 중에서도 그의 이름을 사모하여 글은 읽지 않고 마치 참선(參禪)하듯이 종일 단좌(端坐)하는 자가 있으므로 사장(師長)들이 다 병통으로 여겼으나 또한 감히 그 폐단을 바로잡지 못하였다.[25]

---

23) 최근 정재훈은 16세기 사림들이 주목하였던 성리학이 15세기의 체재교학화된 성리학과는 분명히 다른 것임을 전제하고 양자 사이의 차이점을『대학』,『소학』,『심경』,『근사록』 등 일련의 성리서들을 통해 살펴본 바 있다. 뿐만 아니라 김정신 역시 선초의 주자학이 국정교학으로서 주류의 학문이었음을 부정하지 않으면서도 그 시기의 주자학이 16세기의 그것과 달리 원대 이래의 국가 주도, 국가 중심의 尊君的 정치를 강조하는 체제교학화된 성향이 상당하였음을 설득력 있게 논증하였다. 이에 대해서는 정재훈,『朝鮮前期 儒教政治思想 研究』, 태학사, 2005; 김정신,「조선전기 훈구세력의 인성론과 형정 중시의 정치운영」,『한국사상사학』 33, 사상사회연구소, 2009.

24)『중종실록』 12년(1517) 8월 27일. "若有挾『小學』·『大學』者, 人莫不指笑以爲: '此人學孔孟之學, 行程朱之行者也.'"

[3] 대사성(大司成) 송인수(宋麟壽)는 유자(儒者)의 조행이 있고 옛 것을 좋아하는 사람이다. 교화(教化)가 밝지 못하고 사습(士習)이 단정하지 못한 것을 민망하게 여겨, 글을 통독(通讀)할 적이면 의리에 관한 가르침을 개발(開發)하여 제생(諸生)들을 유도(誘導)해 주었다. 생원(生員) 송구(宋拘)·이순효(李純孝)의 무리가 재방(齋房)으로 물러나 말하기를 '의리에 대한 가르침을 어찌 이 시대에 행할 수 있겠는가? 의리에 관한 가르침을 행하다가 어느 시절에 과거를 할 것인가.'하며, 서로들 사장(師長)을 비난하기를, '지금 주자(朱子)가 우리 동방(東方)에 다시 나왔음을 보겠다.' 하면서 크게 비웃었다. 이에 앞서 김안국(金安國)이 동지(同知)일 적에 생원 민개(閔槪)가 벌(罰)로 강(講)을 하게 되었는데, 그가 읽는 것을 틈타, 한(漢)·당(唐)이래의 참다운 유자(儒者)를 묻자, 민개가 소동파(蘇東坡)라고 답하였다. 김안국이 그의 추향(趨向)이 올바르지 못함을 통탄(痛歎)하여 개연히 경계하기를 '유생(儒生)인 사람이 성리학(性理學)을 알지 못한다면 되겠는가?'했는데, 민개가 물러나와 비난하기를, '지난날 성리학 때문에 패했었으니 징계되었을 텐데,【김안국이 기묘년에 유림(儒林)의 영수(領袖)로서 뭇 소인들에게 패했었기에 한 말이다.】 지금 어찌 다시 와서 이와 같이 하는가?' 했었다.[26)]

---

25) 『중종실록』 12년(1517) 8월 7일. "當時學者, 多慕趙光祖輩, 崇尙理學, 不貴詞章. 初學小子, 亦慕其名, 不讀書, 終日端坐, 如參禪者有之, 師長皆病之, 而亦不敢矯其弊."

26) 『중종실록』 37년(1542) 1월 18일. "大司成宋麟壽, 有儒行好古之人也. 愍其敎化之不明, 士習之不端, 其於通讀之際, 開發義理之訓, 誘掖諸生, 則有生員宋拘·李純孝之輩, 退議于齋曰: '義理之訓, 豈可行於今時? 行義理之訓, 而何時爲科擧乎?' 相與議其師長曰: '今見朱子再生於吾東方也', 遂大笑. 先是, 金安國爲同知時, 生員閔槪, 以罰講進, 因其所讀, 問漢唐以下眞儒, 則槪以蘇東坡答之. 安國痛其趨向之不正, 慨然戒之曰: '爲儒生者, 不知性理之學, 可乎?' 槪退而非之曰: '昔以性理之學見敗, 可以懲戒,【安國, 己卯年, 以儒林領袖, 見敗於群小故云.】而今何再來, 如此爲耶?'"

[1]은 경연에서 나온 기록으로 발화자는 기준이다. 이 자료는 연산군 대에 발생한 두 번의 사화 이후 『소학』·『대학』 등의 성리학 텍스트가 일종의 불온서적처럼 간주되던 정황을 여실히 보여주는 동시에, 당시 많은 사람들이 정주학에 대해 현실에서 구현하기 어려운 '迂遠'한 학문 정도로 인식하고 있었음도 말해준다. 요컨대 텍스트의 소지만으로도 비웃음을 살 만큼 성리학은 당대에 보편적인 지위를 점하지 못했다는 것이다.

[2]에서 '참선하듯이 종일 단좌'하는 모습은 송대 성리학자들이 개인의 마음을 다스리기 위해 수양법으로 시행했던 '靜坐'[27]의 모습과 중첩되는데, 이에 대해 '師長들이 다 병통으로 여겼다.'라는 언급은 이러한 모습이 전에 없던 생소한 것이었음을 암시한다.[28] 또한 기묘사림 내지는 그들과 유사한 학문적 지향을 지닌 사람들을 제외한 나머지의 경우 그들의 학문 경향에 대해 폐단으로 인식하고 있었음도 확인할 수 있다.

[3]은 김안로의 失勢 이후 일부 기묘사림 혹은 그들의 학문적 유산

---

27) '靜坐'의 개념이 송대 성리학자들에게 이전과 다른 의미로 전유되는 과정은 미조구치 유조 外 편저, 김석근 外 옮김, 『중국사상문화사전』, 민족문화문고, 2003, 207~274면 참조.

28) 당대에 유행한 사림파 문인들의 학문적 방법에 대해 非사림파 문인들은 매우 부정적이었다. 이는 곧 그들이 받아들였던 바가 당시로서는 상당히 새롭고 전에 없던 것이지만, 또 한편으로는 그러한 이유로 인해 어떤 사람들에게는 대단히 위험하고 부정적인 것으로 인식되기도 했음을 의미한다. 그러한 정황을 알려주는 몇 가지 사례를 들면 다음과 같다. 『중종실록』 15년(1520) 5월 15일. "제 생각에 오늘날의 선비는 이치를 탐구한다 하여, 책을 펼쳐도 묵시(默視)만 하고 구두(口讀)의 학습을 힘쓰지 않으며 의논을 높게 하기를 힘쓰고 실학(實學)을 일삼지 않으므로 그러합니다."; 『중종실록』 32년(1537) 12월 13일. "『소학(小學)』의 가르침은 본래 좋은 것인데 소학을 일컫는 자들이 독서는 부지런히 하지 않고 하늘만 쳐다보며 생각했으니 그것은 학문을 그르치는 것으로 폐단이 극도에 달하였습니다."

을 이어받은 사림파 문인들이 조정에서 그들의 입지를 늘려가고 있을 때의 기록이다. 송인수 역시 그 일원인데, 위 기록에서 주목되는 바는 '교화가 밝지 못하고 사습이 단정치 못한 원인'을 '義理之學', 곧 성리학이 행해지지 못하는 것과 동일시하고 있다는 것이다. 이에 대해 몇몇 유생들은 '의리에 관한 가르침을 행하다가 어느 시절에 과거를 할 것인가?', '지금 주자가 우리 동방에 다시 나왔음을 보겠다.' 등의 조소 어린 반응을 보이는데, 이는 당시 사림파 문인들이 창도하려 했던 궁극적 이상의 현실 가능성이 예비 관료인 유생들에게까지 의심받고 있었음을 증거한다.

바로 다음의 사례도 마찬가지의 맥락인데, 한·당 이래의 眞儒를 묻는 김안국의 질문에 유생은 소동파를 거론하고, 김안국은 이에 대해 '性理之學'을 알지 못한다고 경계한다. 이는 소동파가 지닌 문사적 지향과 정호·정이·주희가 지닌 도학적 지향을 서로 다른 것으로 분별하고 있었으며, 마땅히 따라야 할 것을 후자로 인식하고 있던 당대 사림파 문인들의 의식적 지향을 여실히 보여준다. 뿐만 아니라 김안국의 경계에 대한 민개의 반응, 즉 "성리학 때문에 패했었으니 징계되었을 텐데, 지금 어찌 다시 와서 이와 같이 하는가?"은 당시 사람들의 인식 속에 '기묘사림=성리학'이라는 금기의 도식이 자리하고 있었음을 말해준다.

이러한 자료들은 모두 16세기 사림파 문인들의 사상적 경향을 15세기의 그것과 동일한 것으로 파악하거나 단지 유포의 범위나 이해의 정도에서만 넓고 깊어진 것으로 전제해서는 안 된다는 것을 보여준다. 즉 그들이 개진했던 이러저러한 논의들이 오늘날 보기에는 '유학'이라는 전칭어와 별반 차이를 갖지 못한 듯 보이지만 기실 16세기 당대에는 상당히 새롭고, 참신한 것들이었음[29]을, 따라서 때로는 금기하고

기피해야 할 것으로 인식되기도 했다는 점을 상기시켜 준다는 것이다. 그렇다면 그들이 견지했던 사상적 면면들이 이 시기에 집중적으로 보이는 강력한 교화에의 의지와 직접적으로 맞닿는 지점은 어디인가? 이를 다음 절에서 살펴보도록 하자.

[2] 『소학(언해)』·『동몽선습』·『격몽요결』·『여씨향약(언해)』·『정속(언해)』·『삼강행실도』[30]·『이륜행실도』. 이상의 텍스트들이 오륜시조의 출현과 관련하여 중요한 점은 이 책들의 제작과 유포를 담당했던 주체들과 오륜시조의 작자들이 유사한 학문적 경향을 공유하고 있

29) 정출헌(2007), 앞의 논문, 175면.

30) 상기한 텍스트들 중 『삼강행실도』는 여타의 것들과 조금 다르다. 이는 세종 대에 만들어져 세조·성종 대를 거치면서 이미 상당 정도 전파된 상태였기 때문이다. 뿐만 아니라 언해나 발췌 등 효율적인 배포를 위한 고민과 그것의 실제적인 적용이 15세기 이후 꾸준히 진행되고 있었다. 하지만 그 과정을 보면 16세기와는 조금 다른 양상을 보인다. 우선 『세종실록』 26년 2월 20일자 기사에서 정창손은 『삼강행실도』의 언해 작업에 대해 다음과 같이 말한다. "삼강행실(三綱行實)을 반포한 후에 충신·효자·열녀의 무리가 나옴을 볼 수 없는 것은 사람이 행하고 행하지 않는 것이 사람의 자질(資質) 여하(如何)에 있기 때문이니, 어찌 꼭 언문으로 번역한 후에야 사람이 모두 본받을 것입니까?" 이는 교화의 여지보다는 이른바 자질결정론에 무게를 둔 것으로서 인위적 행위를 통한 교화의 가능성을 다소 부정적으로 본 것이다.(윤진영, 「지식의 유통에 있어 『삼강행실도』 판화의 기능과 특징」, 주영하 외, 『조선시대 책의 문화사』, 휴머니스트, 2008, 108면.) 이러한 견해가 당시 모든 신료들의 일반적 생각이었다고는 말할 수 없지만, 최소한 『삼강행실도』의 편찬과 언해 작업에 대한 왕의 의지에 모든 신료들이 동의하지 않았다는 것만은 알 수 있다. 뿐만 아니라 실록 기사에는 『삼강행실도』의 전파와 교육이 관리들의 태만으로 제대로 이루어지지 않고 있음을 증거하는 기록(『성종실록』 7년(1476) 7월 23일; 8년(1477) 4월 22일; 9년(1478) 8월 21일 등)들이 적지 않게 보이는데, 이는 조금 확대해서 말한다면 당시의 관리들이 인위적 행위를 통한 교화의 가능성에 다소 회의적이었음을 의미하는 것은 아닐까? 하지만 중종 대의 경우, 이 책의 체재를 모방한 『이륜행실도』가 편찬되고, 우리나라의 사례를 보강한 『속삼강행실도』가 만들어지는 등 전대와는 다른 방식과 강도로 활용된다는 점에서 주목할 만하다.

던, 요컨대 사림파이거나 사림파의 맥을 잇거나, 아니면 최소한 사림파 개혁운동의 범위 내에 있던 인물들이라는 것이다.[31] 그렇다면 이러한 텍스트들이 표방하는 내용과 앞 장에서 살펴본 그들의 학문적 경향은 어떻게 연결되는가? 우선 다음의 자료를 살펴보도록 하자.

> [1] 이른바 인륜은, 대강(大綱)은 오륜(五倫)이지만 이외에도 무궁한 이치가 있으니, 이것으로 위아래가 서로 힘써 행하면 어찌 다스려지지 않는 일이 다시라도 있겠습니까? …… 사람의 마음은 본래 다 선하니 어찌 교화되지 않을 자가 있겠습니까? 자사(子思)가 『중용(中庸)』 끝에 '공경을 돈독히[篤恭] 함에 천하가 평치(平治)해진다.' 하였으니, 대저 천하의 일은 본디 만 가지이나, 오로지 '공경을 돈독히 함'을 천하를 담당하는 근본으로 삼았습니다.[32]

> [2] 날마다 쓰는 것 중에서 가장 가까운 것으로 말하면, 군신(君臣)의 사이에는 군신의 이치가 있고, 부자(父子)의 사이에는 부자의 이치가 있고, 부부(夫婦)·장유(長幼)·붕우(朋友)의 사이에도 (각각의 이치가 있으며), 출입하고 기거하고 사물을 응접하는 데에 이르기까지도 각각의 이치가 있지 않음이 없습니다. 대개 사람은 천부의 성을 품수받아 만물이 내 몸에 갖추어져 있으니, 그 이치를 밝히고 그 성품을 다한다면 모두 요순(堯舜)이 될 수 있을 것이며 천지에 참여하여 만물의 화육(化育)을 도울 수 있을 것입니다.[33]

---

31) 김용철, 앞의 논문, 18면.

32) 『중종실록』 13년(1518) 7월 27일 "夫所謂人倫, 大綱則五倫, 而此外又有無窮之理. …… 人心皆善, 則夫豈有不化者乎? 子思於『中庸』終曰: '篤恭而天下平.' 夫天下之事, 固萬種, 而獨以篤恭, 爲擔當天下之本."

33) 『명종실록』 21년(1566) 9월 4일. "以日用之最近者言之, 則爲君臣者有君臣之理, 爲父子者有父子之理, 爲夫婦·爲長幼·爲朋友, 以至於出入起居應事接物之際, 亦莫不各有理焉. 夫人稟天賦之性, 而萬物皆備於身, 明其理而盡其性, 則皆可以爲堯

상기한 자료들은 조광조·이언적의 언급으로 교화에 힘쓸 것을 주청하는 맥락 속의 일부이긴 하지만 그 행간 속에는 인간의 교화 가능성에 대한 확신과 믿음이 잠재되어 있다. 이들은 인간의 본성이 선함을 전제하고, 이에 따라 인간의 改善[34] 가능성을 긍정적으로 보고 있는데, 이러한 그들의 언급은 송대 성리학의 그것과 다르지 않다. 주지하듯 성리학에서는 "사람은 본래 善으로서의 본성을 갖추고 있으나 그럼에도 불구하고 기질의 所爲에 의해 악행이 생겨난다. 그렇다면 이 세상에서 악을 없애기 위해서는 기질을 선으로서의 본성으로 되돌리기만 하면 된다."[35]라는 '기질변화론'을 핵심 개념으로 삼는다. 이는 곧 '性善'이라는 그들의 이론적 전제와 그럼에도 불구하고 존재하는 현실의 악행을 이해하고 해결하기 위한 설명틀일 텐데, 주목할 것은 이 시기 사림파 문인들이 교화 정책의 필요성을 강변하면서 바로 그 기질변화론을 중요한 이론적 근거로 들고 있다는 것이다. 그런데 다음의 자료들은 이러한 기질변화론이 전대의 관료 문인들에게는 보편적이고 당위적인 것으로 인식되지 않고 있었음을 말해준다.

> [1] 삼강행실(三綱行實)을 반포한 후에 충신·효자·열녀의 무리가 나옴을 볼 수 없는 것은, 사람이 행하고 행하지 않는 것이 사람의 자질(資質) 여하(如何)에 있기 때문입니다. 어찌 꼭 언문으로 번역한 후에

舜, 而參天地贊化育矣."

34) 善과 惡을 가르는 기준 또한 시공을 초월하여 항구적이지는 않을 터, 우리가 일상적으로 사용하는 善惡의 개념과 상기한 改善의 의미를 동일하게 사용할 수는 없다. 당연하게도 16세기 사림파 문인들이 상정한 '善'의 조건은 삼강오륜이라는 명분적 질서를 준수함으로써 신분제 국가의 생산관계를 공고히 하고, 나아가서는 그것의 무궁한 지속을 위해 재생산할 수 있는, 그러한 인간의 속성을 의미할 것이다.

35) 고지마 쓰요시 저, 신현승 역, 『송학의 형성과 전개』, 논형, 2004, 111면.

야 사람이 모두 본받겠습니까?[36]

[2] 聖人은 지극히 誠하여 도가 하늘과 더불어 동일하고, 君子는 敬함으로써 그 도를 닦을 수 있되, 衆人은 慾으로 인해 혼미해져서 오직 악을 좇게 된다. 때문에 사람은 그 理는 동일하지만 품부받은 질과 행하는 일에 있어 선악의 다름이 있는 것이다.[37]

[3] 사람의 천성은 변화시킬 수 없다. 그런데도 반드시 변화시키려 한다면 오리의 짧은 다리를 길게 늘이려 하는 것이나 학의 긴 다리를 짧게 줄이려 하는 것과 무엇이 다르겠는가? 이로써 보건대 본연지성은 변화시킬 수 있으나 기질지성은 변화시킬 수 없다. 비록 혹시 변화시킬 수 있는 사람이 있다 하더라도 그 변화는 오래 지속될 수가 없는 것이다.[38]

먼저 [1]은 세종 자신이 언문 제작의 당위성을 신하들에게 전달하는 과정에서 나온 것으로, 주목할 것은 『삼강행실』의 언해와 반포에 대한 정창손의 반응이다. 물론 위의 언급이 『삼강행실』의 언해 작업, 나아가서는 언문 자체에 대한 반대를 표명하는 자리에서 나온 것이기에 인간의 改善 가능성을 부정하는 그의 발언을 오롯이 신뢰할 수는 없다. 그러나 그 역시 유가적 지식인인 이상 백성에 대한 교화 자체를 전면적으로 부정할 수는 없을 터, 이런 측면에서 보자면 위의 발화는 다른

36) 『세종실록』 26년(1444) 2월 20일. "頒布『三綱行實』之後, 未見有忠臣孝子烈女輩出. 人之行不行, 只在人之資質如何耳, 何必以諺文譯之, 而後人皆效之?"

37) 권근, 〈天人心性分釋之圖〉, 『입학도설』 권1, 국립중앙도서관(청구기호 BC古朝 17-196). "聖人至誠, 道與天同, 君子能敬, 以修其道. 衆人以欲而迷, 惟惡之從, 故人者, 其理一, 而所稟之質, 所行之事, 有善惡之不同." 자료의 所載 및 해설은 조진희, 「權近의 天人心性論 硏究: 『入學圖說』을 중심으로」, 연세대학교 석사학위논문, 2001, 18~19면 참조.

38) 성현 저, 이래종 역주, 「부휴자담론」, 소명출판, 2004, 17~18면.

담화 속에 슬며시 끼어든 것이기에 외려 평소에 잠재되어 있던 그의 생각을 좀 더 솔직한 형태로 엿볼 수 있지 않을까 한다. 요컨대 드러내놓고 말할 수는 없지만 늘상 견지하고 있던 素見이 예기치 않은 상황에서 돌출했다는 것이다. 삼강행실 자체가 아니라 삼강행실의 언해를 부정한 것도 유사한 맥락에서 이해할 수 있을 듯한데, "이러한 말이 어찌 이치를 아는 儒者의 말이겠느냐?"라는 세종의 憤氣 역시 유가적 이념과 상이한 실제의 현실인식을 질타한 것으로 들린다. 이러한 점을 염두에 두면서 [1]을 살펴보면, '행하고 행하지 않는 것이 사람의 자질(資質) 여하(如何)에 있기 때문'이라는 그의 말은 언문 제작의 목적 자체를 정면에서 부정하는 것이기도 하거니와 본 항의 관심사와 연관 지어 생각해 볼 때, 이는 곧 교화 정책의 실효성을 강하게 의심하는 것이기도 하다. 다시 말해서 '민간의 어리석은 남녀'들은 타고난 자질이 낮기 때문에 인위적 행위를 통한 교화의 행위가 실현될 가능성이 희박하다고 파악한 것이다.

[2]는 권근의 기록으로 그는 인간을 聖人·君子·衆人으로 三分하고 衆人에 대해 '欲으로 인해 혼미해져서 오직 악을 좇'는 존재로 규정한다. 뿐만 아니라 다른 지면에서는 衆人의 인성을 '自暴自棄'하여 '금수와의 거리가 멀지 않[其違禽獸不遠]'[39]은 것으로 표현하는데, 물론 이 책이 학문에 初入한 사람들을 위해 쓰여진 것임을 감안해야 하겠지만 그렇다 하더라도 그가 갖고 있는 衆人에 대한 인식은 16세기 사림파 문인들의 그것과 비교해 볼 때 다소 낯설다. 또한 '自暴自棄'·'其違禽獸不遠' 등의 용어들은 모두 『맹자』에서 유래한 것인데,[40] 주지

---

39) 이에 대해서는 강문식, 「權近의 經學과 經世觀」, 서울대학교 박사학위논문, 2005, 188~189면.

40) 『孟子』 〈離婁章〉 上, "孟子曰, 自暴者, 不可與有言也, 自棄者, 不可與有為也.

하는 바와 같이 『맹자』에서는 이러한 사람들을 '衆人'으로 곧바로 치환시키지는 않는다. 따라서 衆人에 대한 권근의 언급을 그 자신의 사유 체계 내지는 해당 시기의 일반적 이해에서 기인한 것으로 보아도 무방하리라 생각한다. 17세기 문인인 직재 이기홍(1641~1708)은 이러한 견해에 대하여 "양촌의 뜻이 이와 같지 않았더라도 새로운 견해를 창출하여 (사람을) 선악으로 나누어 놓았으니 후학들의 쟁단을 일으킬까 두렵다."[41]라고 기록하고 있는데, 이는 아마도 권근이 '人'의 圖形을 양분하여 聖人과 衆人으로 나누고, 衆人을 악을 좇는 존재나 금수에 비의함으로써 인간이 지닌 개선의 가능성을 부정하는 데 따른 우려가 아닐까 한다.

[3]은 성리학에서 일반적으로 규정하는 본연지성과 기질지성의 관계가 역전되어 있다는 점에서 흥미로운 자료이다. 주지하듯이 성리학에서 양자의 관계는 '기의 영향에 의해 본래의 성이 훼손되어 기질의 치우침이 생기고, 학문을 통해 기질을 변화시켜 치우침이 없는 근본으로 돌이킬 때 천지지성(본연지성)은 본래대로 존재하게 되는 것'[42]으로 규정된다. 요컨대 본연지성은 純善無惡하되, 기질지성은 有善有惡하기 때문에 후자를 변화시켜 전자를 회복한다는 것이다. 그런데 성현의 경우 이와 반대로 본연지성은 변할 수 있으되, 기질지성은 변할 수 없는 것으로 파악하고 있어 16세기 이후 사림파 문인들이 견지했던 性說과 대조를 이룬다.

言非禮義謂之自暴也, 吾身不能居仁由義謂之自棄也.";〈告子章〉上, "夜氣不足以存則其違禽獸不遠矣."

41) 이기홍, 〈上尤齋先生〉, 『直齋集』 권5, 『한국문집총간』 149, 한국고전번역원, 1995, 374면. "且人是天地之性最貴者, 則性中初豈有善惡兩物, 相對出來耶? 陽村之意, 雖未如此, 而創出新見, 分破爲善惡者, 恐起後學爭端."

42) 오하마 아키라 저, 이형성 옮김, 『범주로 보는 주자학』, 예문서원, 1997, 181면.

물론 위에서 살펴본 몇몇의 자료가 15세기 관료 문인들의 보편적 생각이었다고는 말할 수 없다. 이는 학문적 성취를 통해 인간의 기질을 변화시킬 수 있다는 언급 또한 이전 시기 다른 문인들의 기록에 보이기 때문이다. 하지만 위와 같은 생각들도 엄연히 존재하고 있었다는 것, 위에서 열거한 사람들이 당시의 학문과 경세를 주도하는 인물이었다는 점을 상기하면 이러한 면모들을 주변적 경향으로 치부할 수 없을 듯하다.

> [1] 평상시에 개연히 탄식하며 말하기를 "우리 동방은 지기가 편박되어 인품이 후하지 못하다. 또한 이학을 알지 못하여 인하여 덕을 이룬 자가 매우 적다. 이것이 내 평생 통한하는 바이다." 때문에 공이 후학을 가르칠 때 비록 그 재질의 고하에 따라 각각 가르치는 바가 달랐음에도 반드시 성리대전 등의 책들을 권하여 그 기질을 변화시키는 데 힘쓰게 하니 智愚와 賢不肖의 차이가 없어졌다.[43]

> [2] 주현(州縣)의 선비들도 오직 이욕만을 찾기에 급급하여 가르침을 세우고 인륜을 밝히는 것을 강하려 하면 곧 시문을 짓는 일이 급하다 하고, 백록학규(白鹿學規)에 대하여 논하려 하면 곧 사마시(司馬試)가 늦어진다고 말합니다. …… 신은 듣건대 사람에게 있어 道라는 것은 누구나 균등하게 받아 가진 것으로 성인이라고 더 풍성하지 않고 어리석은 사람이라고 더 부족하지도 않아 가르침이 있으면 유(類)가 없어져 누구나 요순(堯舜)같이 될 수 있다 하였습니다.[44]

---

43) 〈先生行狀〉, 『慕齋集』, 『한국문집총간』 20, 한국고전번역원, 1988. "居常慨嘆曰, "吾東方地氣偏薄, 人稟不厚, 又不知理學, 所以因學成德者甚寡, 是吾平生所痛恨者也." 故公之敎後學, 雖因其才之高下, 各有所施, 必勸性理大全群書等書, 務求變其氣質者, 則無智愚賢不肖之有異焉."

44) 『선조수정실록』 19년(1586) 10월 1일. "州縣士人, 亦惟利是求, 欲講立敎明倫, 便

[1]은 모재 김안국에 대한 후대의 기록이다. 앞서의 논의와 연계하여 주목할 만한 것은 그가 재래의 학문과 추구되어야 할 학문이 괴리되어 있음을 지적한 것, 그리고 추구되어야 할 학문이 다름 아닌 이학이며 이를 달성할 수 있는 텍스트로『성리대전』등의 성리학 서적들을 꼽고 있다는 것이다. 뿐만 아니라 그는 학문의 주된 목적을 '기질을 변화시켜 지우와 현불초의 차이가 없어지게 하는 것'으로 삼고 있는데, 이는 어리석은 사람이나 불초한 사람 역시 학문이라는 인위적 과정을 통해 智하고 賢해질 수 있음을 전제한 것이다.

[2]는『선조실록』에 실린 중봉 조헌의 상소 중 일부로 그는 인간에게 부여된 균등의 도를 근거로 누구나 배우기만 하면 요순이 될 수 있음을 역설한다. 이는 곧 앎을 통해 인간의 기질을 변화시킬 수 있다는 모재·신재의 생각과 상통한다. 그런데 위에서 나열한 기록들은 모두 학문을 통한 인간의 기질 변화를 이야기한다는 점에서 여타의 교화서적 및 오륜시조의 잠정적 수신자와는 다소 차이를 갖는 듯하다. 전자가 학문을 할 수 있는 계층임에 반해 후자는 반드시 그렇지만은 않은 것으로 보이기 때문이다. 그렇다면 '인간의 기질을 변화시킴으로써 개선케 할 수 있다'라는 그들의 생각은 과연 어느 선까지를 그 대상으로 하는가? 이를 아래에서 확인해 보자.

> [1] 성인은 인륜의 지극함입니다. 대저 사람에게 큰 윤리가 다섯이 있는데 …… 진실로, 인륜의 지극함으로 황극의 덕을 세워 이미 그 준칙이 섰다면 가정에서부터 조정으로, 조정에서부터 사방에까지 미쳐 온 나라의 백성들로 하여금 秉彝의 천성으로 배양하고 개도케 할 수

謂葩藻之爲急, 纔論白鹿學規, 便謂司馬之或緩. …… 臣聞, 道之在人, 均受同得, 不以聖豊, 不以愚嗇, 有敎則無類, 人可爲堯舜."

있습니다. (그리고) 그 배양된 가운데로 나아가 양지(良知)의 단서를 열어주어 이미 알고 있는 단서로 인하여 자신을 반성하게 하면, 앎의 실제에 다다를 수 있을 것이니, (이렇게 되면) 사람이 하늘에서 부여받은 바가 비록 기질과 물욕에 가려지게 되더라도 어찌 초연히 그 본체의 온전함을 회복할 수 있지 않겠습니까? 또한 이른바 秉彝라는 것은 사람마다 동일하게 부여받은 바이고 나에게만 사사로이 주어진 것이 아니니, 저 衆人들이 동일하게 이것을 받고서도 각자가 제대로 온전히 하지 못하는 것을 보고서 어찌 측은히 여겨 구원할 길을 생각하지 않겠습니까?[45)]

[2] 상수와 위수는 청정하여 조금의 더러움도 없으니 가을이 되면 밑이 다 보인다. 이는 마치 상지의 자질은 청명하고 순수하여 기품과 물욕의 허물이 전혀 없는 것과 같다. 황하와 탁수, 경수는 모든 사물들을 비출 수가 없으니, 이는 마치 중인과 하우가 기에 얽매이고 사욕에 가리워진 것과 같다. 그러나 일촌의 아교로도 천길의 혼탁함을 맑게 할 수 있으니, 어찌 더러움을 씻어내어 그 본연의 청정함으로 돌아가지 않을 수 있겠는가?[46)]

[3] "또 들으니 사노(私奴) 여형(呂衡)이란 자가 학문에 뜻을 두고 안

45) 나세찬, 〈弘文館疏〉, 『松齋遺稿』 권3, 『한국문집총간』 28, 한국고전번역원, 1988, 93면. "伏以聖人, 人倫之至, 夫人之大倫有五. …… 誠能以人倫之極, 建皇極之德, 已立其施人之準則, 自家而朝廷, 自朝廷而四方, 使一國人民, 養之以秉彝之天, 開之以秉彝之性, 使卽其所養之中, 以啓其良知之端. 因其已知之端, 而反之於身, 以致其知之之實, 則人之所得於天者, 雖有氣質物欲之蔽, 而豈不超然復得其本然之全體哉? 其所謂秉彝者, 又人人之所得, 而非有我之得私也. 彼視衆人之同得乎此, 而不能自全者, 豈不爲之惻然思有以救之哉?"

46) 유희춘, 〈觀水說〉, 『眉巖集』 권3, 『한국문집총간』 34, 한국고전번역원, 1988, 201면. "湘, ·渭二水, 淸淨無査滓, 至秋見底, 猶上智之資淸明純粹, 無氣稟物欲之累也. 黃河濁涇, 不能明映萬類, 猶中人下愚拘於氣而蔽於欲也. 然一寸阿膠, 足求千丈之渾, 則豈不能澄治蕩滌, 而反其本然之淸淨哉?"

> 국에게서 『소학(小學)』을 구해다 읽더니, 안국이 서울로 올라올 때에 글을 지어 바쳤는데, 그 말이 유자(儒者)라고 불리는 사람도 또한 미치지 못할 바가 있었다 합니다. 안국이 여기 있다면 그 글을 가져다가 볼 수 있을 것입니다."하고, 조광조(趙光祖)가 아뢰기를, "…… 대개 사람의 본심은 귀천(貴賤)이 다를 바 없는 것이니, 타고난 천성에 어찌 풍성하고 인색한 차이가 있겠습니까? 이것으로 본다면 사람의 악한 점을 교정하는 것은 오로지 교화(敎化)에 달려 있는 것입니다."[47]

[1]은 일반 백성들을 교화시킬 수 있는 방법을 강구하는 자리에서 나온 발언이다. 당시 빈발하던 강상범죄를 해결하기 위해 홍문관에서 올린 상소 가운데 일부로,[48] '양지(良知)의 단서를 열어주'기만 하면 기질을 변화시켜 백성들을 모두 선하게 만들 수 있다는 취지이다. 이러한 발언의 이면에 '(신분을 막론하고) 所與된 천성으로서의 秉彝'를 인정하는 이학적 사유가 깔려 있음은 물론이다.

[2]는 미암 유희춘의 글인데, 흥미로운 것은 일반적으로 교화 불가능한 것으로 인식되어 온 '下愚'를, '더러움을 씻어내어 그 본연의 청정함으로 돌아갈' 수 있는 존재로 인식하고 있는 것이다. 이는 앞서 인간을 聖賢・君子・衆人으로 삼분하여 중인을 금수와 그리 멀지 않은 것으로 보았던 권근의 인식과는 사뭇 다르다. 뿐만 아니라 그는 경연 석상에서 "이른바 하우불이에 속하는 사람은 하등 중에서도 심한 자인가?"라는 왕의 질문에 대해 "이른바 不移라는 것은 옮길 수 없는

47) 『중종실록』 13년(1518) 5월 4일. "且聞有私奴呂衡者, 有志學問, 求『小學』於安國而讀之, 及其來也, 作書而獻之, 其言雖號爲儒者, 亦有不到處. 安國若在此, 則此書亦可入內而見之." 光祖曰: "…… 蓋本心, 無異於貴賤, 所賦之天理, 豈有豐嗇乎? 以此見, 矯人之惡, 專在於敎化也."

48) 실제 이 상소문은 『중종실록』 38년(1543) 5월 4일자 기사에 그대로 보인다.

자가 아니라 옮기려 하지 않는 자입니다."라고 답하는데, 이는 역으로 개인적 의지만 있다면 얼마든지 汚染된 기질을 변화시킬 수 있다는 의미이기도 하다.[49] 이는 곧 나세찬·주세붕·유희춘 등 당대의 사림파 문인들이 그 세밀한 결의 차이에도 불구하고, 적어도 (일반 民을 포함한) 인간이 개인적 노력과 수양을 통해 편벽된 기질을 변화시킬 수 있다라는 데에는 기본적으로 동의하고 있었음을 말해준다.

이러한 측면에서 [3]은 대단히 흥미로운 자료이다. 김안국이 경상도 관찰사로 있을 때 여형이란 노비가 그에게서 『소학』을 얻어 읽고는 글을 지어 바쳤다. 글의 수준이 꽤나 높았던 듯한데,[50] 노비에게까지 『소학』을 권했던 김안국의 열정도 놀랍거니와 이 일화에 대한 조광조의 반응 역시 주목된다. '사람의 본심은 귀천(貴賤)이 다를 바 없다는 것', 따라서 어느 누구라도 교화를 통해 악을 제거할 수 있다는 것이 바로 그것으로, 이러한 저들의 인식은 "衆人의 도덕적 능력을 회의하고 기질지성의 변화 가능성을 부정적으로 보았던 권근·변계량 등의 인성론"[51]과 대조적이다. 이를 통해 우리는 16세기 사림파 문인들이 이학·심학 등으로 지칭되는 새로운 지식의 습득으로 인해 인간에 대한 이해의 방식에 있어 전대와는 사뭇 다른 입장을 견지하게 되었음을 짐

49) 유희춘, 〈經筵日記: 甲戌〉, 『眉巖集』 권18, 앞의 책, 491면. 이 기록 역시 『선조실록』 7년(1574) 12월 15일자 기사에 보인다. 자료의 所載 및 해설은 김정신(2008), 앞의 논문, 197면 참조.

50) 여형이 지은 글의 대강이 4월 25일자 기사에 보인다. 『중종실록』 13년(1518) 4월 25일. "그것은 의리가 광명하여 천성(天性)에서 나온 것이요 용렬한 사람이 알 수 없는 것이었으니, 그 뜻은 '이 천지 사이에 부자(父子) 군신(君臣)의 도가 발라야 천리(天理)가 바르고 인도(人道)가 서는 법입이다. 폐조 때에는 인도의 기강이 무너졌다가, 오늘에 와서는 성상께서 온 나라에 모범을 세움에 뜻을 두니, 사상(使相)과 조정의 대신들도 힘써 성상의 뜻을 본받아야 한다.'는 것이었습니다."

51) 김정신(2008), 앞의 논문, 48면.

작할 수 있다.

다시 처음으로 돌아가서 본 항의 冒頭에 나열된 일련의 교화 서적들, 그리고 그들의 문학적 실천물인 '오륜시조'는 모두 '인위적 수단, 곧 지식의 전파를 통해 백성을 교화시킨다.'는 특별한 목적을 갖고 있다. 그런데 이러한 목적 아래에는 '모든 인간은 개인적 노력과 수양에 따라 개선 가능하다.'라는 인식이 공통적으로 전제되어 있다. 여기서 중요한 것은 심상한 듯 보이는 이러한 인식이 이전 시기로부터 이어져 오던 보편적이고 일반화된 것이 아니라 16세기 사림파 문인 지식인들이 견지했던 사상적 모색의 결과물이라는 것, 그리고 그것이 비단 사상적 모색의 차원에서만 그친 것이 아니라 이전 시기와 다른 규모와 방법을 동반한 채 실제의 현실에서 다양하게 시행되었다는 것이다. 다음 절에서는 새로운 지식의 영향으로 생성된 이러한 담론들이 현실에서 구현되는 방식에 대해 살펴보도록 하자.

1.2. 법적 인식의 상이와 교화 담론의 변이[52]

① 16세기 사림파 문인들의 정치적 부상과 사상적 전변이 오륜시조의 출현과 모종의 접점을 지니려면 우선 그러한 변화가 현실에 미친 실제적인 영향의 흔적들을 살펴볼 필요가 있다. 오륜시조의 출현이 당시에 일어났던 일련의 사회경제적 변화보다는 '理學'·'心學' 등으로 지칭되는 새로운 지식 및 사상의 유행과 연동되어 있다는 필자의 전제

---

52) 본 항은 하윤섭, 「16세기의 법적 질서와 〈오륜가〉의 발생: 15세기와의 대비적 지점을 중심으로」, 『우리어문연구』 46, 우리어문학회, 2010, 279~314면을 근간으로 하되 기존의 생각들을 좀 더 보완할 수 있는 여러 정황적 근거들을 보충하고, 무리한 추정이나 과도한 서술을 교정하는 차원에서 기술하였다. 논의를 시작하기에 앞서 이 점을 분명히 밝힌다.

가 현재로서는 적지 않은 간극이 놓여 있는 가설적 전제에 불과하기 때문이다. 따라서 이러한 가정이 좀 더 명징하게 증명되기 위해서는 그들이 견지했던 사상적 경향이 현실에서 어떻게 구현되었는지, 그리고 그러한 구현의 방식과 오륜시조는 어떠한 상관관계에 놓여 있는지에 대해 정미한 고찰이 요구된다. 이에 따라 본 항에서는 그들이 맞닥뜨린 강상범죄의 사례들과 그것들을 처리하는 방식들에 주목함으로써 보편적 인간의 개선 가능성을 긍정했던 그들의 사유가 삼강오륜을 바로잡으려는 노력의 방식들에 어떠한 변화를 가져왔는지에 대해 살펴볼 것이다. 뿐만 아니라 그들의 이와 같은 방식이 이전 시기의 관료문인들과 뚜렷한 차별점을 확보하고 있었음을 논증하고자 한다. 먼저 다음의 자료를 살펴보도록 하자.

> [1] 사신은 논한다. …… 전에 형으로서 아우를 송사하여 그 재물을 빼앗으려는 백성이 있었는데 주세붕이 그 백성을 시켜 제 아우를 업고 종일 뜰을 돌게 하되 게을러지면 독촉하고 앉으면 꾸짖었다. 몹시 지치게 되었을 때에 그 백성을 불러 묻기를 '너는 이 아우가 어려서 업어 기를 때에도 다투어 빼앗을 생각을 가졌었느냐?' 하니, 그 백성이 크게 깨달아 부끄럽게 여기고 물러갔다. 또 생원(生員) 이극온(李克溫)이 제 아우를 송사하여 다툰 일이 있었는데 주세붕이 흰 종이 한 폭에 왼쪽에는 이(理)자를 쓰고 오른쪽에는 욕(欲)자를 써서 이극온[53]에게 주고 찬

53) 『공주이씨대동보』에 의하면 이극온에게는 4명의 동생이 있었는데, 그들의 이름은 차례대로 이계우(李繼禹), 이극량(李克良), 이극공(李克恭), 이극검(李克儉)이다. 이계우를 제외한 4명의 이름의 終字가 『논어』 〈학이〉편의 '夫子, 溫良恭儉讓以得之, 夫子之求之也, 其諸異乎人之求之與'에서 기원한 것인데, 이로써 짐작하건대, 둘째 이계우의 경우는 서자일 가능성이 높고, 따라서 피소송자도 이계우일 것이라 생각된다. 『公州(公山)李氏大同譜』 권3, 공주(공산)이씨대동보편찬위원회, 1990, 4면 참조.

> 찬히 타이르기를 '네가 만약 옳다고 생각하거든 이 자 아래에 이름을 적고 너에게 욕심이 있었거든 욕 자 아래에 적으라.' 하니, 이극온이 붓을 잡고 낯을 붉히며 머뭇거리고 결단하지 못하였다. 그러자 주세붕이 소리를 돋우어 '너는 생원인데 어찌 이와 욕을 분별할 줄 모르겠느냐, 빨리 적으라.' 하니, 이극온이 곧 욕 자 아래에 적고서 간다는 말도 없이 달아났다. 주세붕이 5년 동안 벼슬을 살았는데, 정사를 행하는 것이 이와 같았다.[54)]
>
> [2] 백성 중에 형제끼리 밭을 두고 소송하는 자가 있었는데 공께서 효제와 친애의 도리로 얼굴을 마주하여 깨우쳐 주시니 그들이 공의 진실되고 간절함에 감동하여 마침내 소장을 찢고 돌아갔다.[55)]

[1]은 중종 36년, 주세붕에 관한 실록기사의 일부분이며, [2]는 호음 정사룡이 쓴 김안국의 神道碑銘 중 일부분이다. 두 자료 모두 얼핏 보면 단순히 주세붕·김안국이 지닌 治者로서의 충만한 자질을 기록한 심상한 자료 같지만 자세히 보면 그렇지 않다. 먼저 [1]은 두 개의 실화로 이루어져 있으며, 모두 형제 간의 송사에 당면하여 주세붕이 그것을 어떻게 처리했는가의 실상을 다루고 있다. [2] 역시 서사의 주체

---

54) 『중종실록』 36년(1541) 5월 22일 "史臣日 …… 嘗有民, 以兄訟弟, 謀奪其財. 鵬, 令民負其弟, 終日巡于庭, 倦則督, 坐則責, 至於困極, 招其民問日: '爾當此弟年幼負鞠之, 時亦有爭奪之念乎?' 民大悟, 慙而退. 又有生員李克溫, 訟其弟爭之, 鵬於白紙一幅, 左書理字, 右書欲字付克溫徐解之日: '爾若直, 着名于理字下, 爾有欲心, 欲字下着之.' 溫秉筆赧面, 遲回難斷. 鵬厲聲日: '爾爲生員, 豈不知理欲之分乎? 其速着.' 溫卽於欲字下着之, 不告而遁. 鵬五年居官, 行政類此."

55) 정사룡, 〈有明朝鮮國崇政大夫議政府左贊成 兼知經筵春秋館成均館事弘文館大提學藝文館大提學五衛都摠府都摠管世子貳師贈謚文敬金公神道碑銘〉, 『호음잡고』 권7, 『한국문집총간』 25, 한국고전번역원, 1988, 244면. "民有兄弟訟田者, 公面喩孝悌親愛之道, 民感其諄切, 竟裂券而去." 참고로 이 기록은 정출헌(2007), 앞의 논문, 160면을 참고하였는데, 그 출처가 달라 글자의 출입이 있을 수 있음을 밝힌다.

와 과정만 다를 뿐 거의 동일한 의미의 일화를 다루고 있는데, 여기서 필자가 주목하고자 하는 것은 위 자료들에서 보이는 소송들이 일종의 민사소송이라는 것이다. 그런데 민사소송의 경우 소송을 제기하는 소송자들은 거개가 자신이 사회의 일반적 현실에 비추어 억울한 입장에 처해 있으며, 또한 자신이 재판에서 이길 만한 어떤 근거, 예를 들면 법적 근거 혹은 자신과 유사한 인근의 판례, 혹은 성문화되지는 않았더라도 대개의 경우 그렇게 판결되곤 하는 일종의 관습법 등을 보유하고 있을 때, 그러니까 재판에서 이길 확률이 그렇지 않을 확률보다 조금이라도 더 있을 경우에 소송을 제기하는 것이 일반적이라고 할 수 있다. 따라서 위 자료에서의 소송 제기자들[형] 또한 자신이 재판에서 이길 것이라는 어느 정도의 확신을 기반으로 하고 있었다 하더라도 크게 어긋나지 않을 듯하다.

사정이 이러하다면 위 사례를 통해 우리는 다음과 같은 몇 가지 경우의 수를 상정해 볼 수 있다. 첫째, 형제끼리 송사하는 것을 금지하는 법이 부재하는 경우. 이는 위 자료를 통해서도 어느 정도 짐작할 수 있다. 즉 만약 그러한 법이 존재했다면 주세붕은 그러한 법 조문을 근거로 송사 자체를 무화시켰거나 아니면 송사 자체가 성립되지 않았을 가능성이 보다 높다는 것이다. 둘째, 그러한 법이 존재하고 있었지만 실제 현실에서는 기능하지 않았을 경우. 두 가지 경우 중 어떤 것이 당대의 현실과 좀 더 부합하는가의 문제는 선초의 법전들을 좀 더 면밀히 살핀 뒤에야 명확해지겠지만, 분명한 것은 강상과 풍속을 해칠 수 있는 위와 같은 사례들을 원천적으로 차단할 수 있는 법적·사회적 시스템이 그 당시에는 구축되어 있지 않았다는 것이며, 또한 형제 간의 송사 문제가 당시 사람들의 의식 속에서 '절대 해서는 안 될' 금기의 사항으로 자리하지 않았다는 것이다.

이와 더불어 필자는 위에서 제시한 자료들이 모두 한 인물을 긍정적으로 평가하는 자리에서 나온 언급이라는 점에 주목하고자 한다. 누군가를 긍정적으로 평가함에 있어서 보다 부각시킬 수밖에 없는 것은 기록자의 입장에서 '그리해야 마땅하다'고 생각되지만 여타의 사람들은 그리하지 못하는 점, 곧 평가의 대상만이 갖고 있는 보다 변별적인 지점일 것이다. 이렇게 볼 때 위의 두 사례들은 평가 대상자들의 일생 혹은 일부분의 생애 중에서 여타의 사람들과는 이질적인 행위의 하나로 선택된 것이며, 이는 역으로 당대의 많은 관료들이 적어도 강상범죄와 관련된 송사를 처리함에 있어서 그들과는 다른 태도를 견지하고 있었음을 반증한다고 볼 수 있다. 즉 송사에 대한 이들의 처리가 많은 사람들의 주목을 받을 만큼 상이했다는 것, 그리고 그것이 그들을 긍정적으로 평가하게끔 만드는 데 주요한 역할을 하고 있다는 것이다.

여기서 잠시 선초의 법적 질서가 어떠했는지에 대해 살펴보도록 하자.[56] 조선 창업의 주체들은 고려 왕조 붕괴의 주요한 원인 중 하나로 토지·노비와 관련한 민사소송의 만연과 그로 인한 미제 소송의 적체를 들었다.[57] 그러나 이러한 상황은 조선조 건국 이후 소송을 종식시키려는 조정의 노력에도 불구하고 심해져만 갔다. 노비소송과 관련하여 실록에서 확인 가능한 것만 뽑아도 정종 2년 4월의 666건, 태종 13년 11월의 2,100건, 태종 14년의 12,797건으로,[58] 아래 주석의 실

56) 이에 대해서는 임상혁, 「조선전기 민사소송과 소송이론의 전개」, 서울대학교 박사학위논문, 2000, 124~144면 참조.

57) 『태조실록』 1년(1392) 12월 27일. "고려 왕조의 말기에 토지(土地)와 노비의 법이 극도로 문란하게 되었으므로, 간사한 무리들이 온갖 방법으로 모의(謀議)하여 송사(訟事) 다툼이 매우 번잡하여, 마침내 부모·형제가 서로 해쳐서 풍속을 손상하는 데 이르게 되었으니, 내가 매우 민망히 여긴다."

58) 선초에 발생한 구체적인 소송 건수에 대해서는 임상혁, 앞의 논문, 31면 참조.

록 기사를 참고하면 여기서의 소송 건수가 결코 단기간에 해결할 수 있는 양이 아님을 알 수 있다. 그렇다면 이는 단지 국가 체제가 정비되지 않은 건국 초기의 상황이기 때문인가?

> [1] 요즘 인심이 점점 간위(奸僞)해져서 송사를 다투는 일이 그치지 않고, 또 송관에게 허물을 돌려 법사에 정소하는 것이 지금보다 심한 때가 없었습니다. 만일 연한을 세워 송사를 결단한다면 괜찮겠으나, 도감(都監)을 설치하는 것은 형세상 어려울 것입니다.[59)]

> [2] 또 先祖 때 이미 『삼강행실도』를 편찬하여 백성을 교화하는 데 방도가 있었다. 다만 장유·붕우의 조항이 빠져 있어, 이를 충족하여 『오륜행실도』로 만들 것을 청하였다. 아울러 중외로 널리 배포하여 사람들로 하여금 외우고 익히게 하였다. 이때 중종이 '결송대한'을 만들려고 하였는데, 공이 이에 대해 다음과 같이 말하였다. "인심의 후박이 실로 교화와 관련되어 있으니, (교화를 잘하면) 백성들로 하여금 쟁송하지 않게 하는 것이 가할 것이다. (그렇게 되면) 대한을 정할 필요가 있겠는가?"[60)]

[1]의 자료는 중종 19년 7월, 적체되어 있는 소송들의 신속한 처리를 위해 斷訟都監의 재설 여부를 묻는[61)] 왕에게 신하들이 답한 내용

---

59) 『중종실록』 19년(1524) 7월 19일. "今人心漸至奸僞, 爭訟不息, 又歸咎訟官, 呈訴法司, 未有甚於此時也. 如立年限以斷訟, 則可, 若設都監則勢難矣."

60) 정사룡, 앞의 글, 앞의 책, 같은 면. "且先朝旣撰三綱行實, 敎民有方, 但缺長幼·朋友, 請足此爲五倫, 竝廣布中外, 使人得誦習. 時中廟欲立決訟大限, 公以爲人心厚薄, 實係敎化, 使民無訟可矣, 何必立限?"

61) 『중종실록』 19년(1524) 7월 19일. "대저 송사를 다투는 자가 지금에 와서 더욱 심한데, 해가 묵어도 결단하지 못하는 것은 유사(有司)의 직무가 번극(煩劇)하기 때문이다. 백성의 원망이 반드시 많을 것이기에 조종조에서도 단송도감(斷訟都監)

의 일부이며, [2]의 자료는 이러한 조정의 처분에 대한 모재 김안국의 반응이다. 위에서 살펴본 것처럼 중종조 이전에도 소송은 만연되어 있었으므로, '인심이 점점 간위(奸僞)해져서 송사를 다투는 일이 지금보다 심한 때가 없었습니다.'라는 언급은 지금의 상황을 과장하여 좀 더 신속한 조치를 이끌어내려는 위정자의 일반적인 수사일 것이다. 그러나 확실한 것은 예악형정이 어느 정도 완비된 것으로 평가되는 성종대 이후에도 소송의 건수는 줄어들지 않았다는 것이다. 이와 관련해서 주목되는 것이 [2]에 보이는 김안국의 언급이다. 즉 만연된 소송에 대한 사림파 문인지식인의 구체적인 해결방안이 제시되어 있는 것이다. 이에 대해서는 항을 달리하여 좀 더 자세히 살펴보도록 하자.

② 위의 자료에 보이는 '연한을 세워', '결송대한' 등의 용어는 곧 '定限法'을 가리키는 것으로 일정한 시기를 정하여 이전의 일에 대하여 제소를 금지시키려는 斷訟 정책의 산물이다.[62] 그런데 중요한 것은 자료 [1]에서 이 방안을 제안하는 자가 正卿 權鈞(1464~1526)이라는 것이다. 권균은 중종 반정 이후 신진 사림이 진출하면서 연산군 때 아부·순종하며 벼슬하였다는 이유로 대간의 탄핵을 받은 바 있는 훈구 관료의 대표적 인물이다.[63] 그는 만연된 소송을 '정한법'이라는 제도

을 두었었는데, 지금 적체된 것의 여부는 내가 알지 못하겠으나 도감을 세우면 쉽게 결단할 수 있을 것이니, 지금 다시 설립하는 것이 어떠한가? …… 이제 인심이 간위(奸僞)해진 것인 날로 더하여 사리에 맞지 않더라도 즐겨 송사를 다투는 자가 있으니, 그 문안(文案)을 죄다 살피기는 어려울 것이다. 단송도감(斷訟都監)을 세우면 폐단이 있을런지 모르겠으나, 오직 소송이 적체될 것이 염려된다."

62) 이러한 정한법 이외의 단송 정책으로는 '過限法'이 있다. 과한법은 소송의 사유가 발생한 지 일정한 기간이 지나면 소송을 금지시키는 방안으로, 조선 전기 단송 정책은 이 두 가지 방안이 교체·반복되었다. 이에 대해서는 임상혁, 앞의 논문, 133면.

63) 권균의 사례 하나만으로 훈구 관료들의 법적 인식을 재단하는 것은 부분을 전체

적 정비로 해결하려고 하는데, 이에 비해 사림파 문인 지식인의 선도적 인물로 평가 받는 김안국의 경우는 권균이 제기한 '정한법'을 부정하면서 교화를 잘 시행하면 소송이 줄어들 뿐만 아니라 아예 백성들이 쟁송하지 않게 될 것이라 주장한다. 다시 말해서 권균이 불안정한 법적 질서를 또 다른 법을 제정하는 것으로 보완하려 했다면, 김안국의 경우는 불안정한 법적 질서라는 동일한 현상을 교화정책이라는 전혀 다른 방법으로 개선하려 했다는 것이다. 그렇다면 교화를 통해 쟁송을 억제하려는 김안국의 이러한 노력을 '김안국'이라는 특출난 인물의 개인적인 행동으로 볼 수는 없는 것일까? 그렇지 않다면 김안국이 속한 사림파 문인들의 거개가 이러한 생각들을 공유하고 있는 것인가? 이를 살펴보기 위해 다시 주세붕 관련 기록으로 돌아가 보자.

성문화된 법에 의거해서 소송자가 제기한 문제들을 정당한 절차를 거쳐 해결해 주는 것[64]이 올바른 판결의 정의라면 주세붕의 재판은 잘못된 것이라 할 수 있다. 재산 상속과 관련한 법적 근거들이 이미

로 일반화할 수 있다는 점에서 문제의 소지가 있다. 하지만 '훈구'라는 집단적 명칭이 소수의 사림파 문인들을 제외한 나머지를 포괄하는 불분명한 개념이고, 권균의 이력이나 행적이 사림파 문인들과 상당 정도 동떨어져 있다는 점을 감안하면, 완정한 법적 질서의 정비와 교화의 정립을 동일시했던 선초의 사대부들과 동궤에 놓여 있는 것으로 보아도 무방하지 않을까 한다. 뿐만 아니라 서후, 남곤, 남세준 등 우리가 일반적으로 훈구파 관료로 인식하는 이들이 법과 형정에 대해 상당히 긍정적인 의미를 부여하고 있음을 볼 때(김정신(2009), 앞의 논문, 159~160면.) 권균의 문제는 그와 유사한 자질들을 적지 않게 보유하고 있는 집단적 사유의 결과물로 보는 편이 바람직하지 않을까 한다.

64) 재판을 통해서 소송을 당한 피소송자가 이긴다 하더라도 이것 역시 소송자가 제기한 문제들을 해결해 주는 것과 마찬가지의 의미를 지닌다. 소송이란 간단히 말해서 누가 옳은가를 판단해 달라는 것이고, 소송을 제기한 사람이 틀렸다는 것을 알려주는 것 또한 문제를 해결하는 것이 되기 때문이다. 다만 여기서 중요한 것은 이 경우에도 반드시 성문화된, 혹은 성문화되지는 않았지만 그것과 유사한 권위를 갖고 있는 '법적 근거'에 따라야 한다는 것이다.

선초부터 상세하게 마련되어 있었기도 하거니와[65] 만약 이극온이 정말로 억울한 입장이었다면, 그러니까 이러저러한 이유로 자신이 가져야 할 재산을 동생에게 빼앗긴 것이라면 주세붕은 소송 담당자로서의 직무를 다하지 않은 것이라 할 수 있다. 법적 근거에 의거해서 재산의 귀속 여부를 정확히 가려 주는 것, 이것이 '제대로 된' 판결이라는 것이다. 여기서 다음의 자료에 주목해 보자.

> [1] 금령(禁令)에 용잡(冗雜)한 것이 너무 많아서 유사(有司)가 능히 모두 거행할 수가 없기 때문에, 민간(民間)의 소요(騷擾)가 억울하게 형법(刑法)에 걸린 것이 많다. 금후에는 50조건(條件) 내에 부모(父母)에게 불효(不孝)하고, 형제(兄弟)끼리 불화(不和)하고, 인리(隣里)에 불목(不睦)한 자 …… 나이 장성한 처녀(處女)를 시집보내는 일, 죽은 사람을 검시(檢屍)하고 추고(推考)하는 일 외에는, 비록 각년(各年)의 수교(受敎)한 일일지라도 모두 거행(擧行)하지 말라.[66]

> [2] 지금 본부(本府)에 처첩(妻妾)과 부자(父子) 사이의 분간(分揀)을 호소해 오는 일들이 매우 많은데, 그 근원이 곧 노비(奴婢)·전토(田土)·가사(家舍) 등의 재물을 다투는 것에 있습니다. 이로 말미암아 골육(骨肉)이 상잔(相殘)하고 풍속이 각박해지니 진실로 작은 사안이 아닙니다. 신의 생각으로는, 적실(嫡室)의 본자식과 첩(妾)의 자식에게 노비를 나누어 주는 법이 국가에서 정해 놓은 상전(常典)에 있으나 그 아비가 한때의 애증(愛憎)으로 인해 국법대로 하지 않고 순서를 잃어 가면서 나누어 주고 있는데 만약 이와 같이 하면서 그 문계(文契)가 분

---

65) 김민정, 「『경국대전』 상속입법주의에 관한 연구」, 이화여자대학교 석사학위논문, 2006.

66) 『세조실록』 3년(1457) 1월 28일. "禁令太多冗雜, 有司不能遍擧, 民間騷擾, 誤掛刑憲者多. 今後五十條件內, 父母不孝·兄弟不和, …… 年壯處女成壻物故人檢屍推考事外, 雖各年受敎之事, 竝勿擧行."

명치 않은 자는, 청컨대 성법(成法)에 의하여 관에서 그 재주(財主)가 되어 나누어 주도록 하소서.[67)]

[1]에서 세조는 당시의 법망이 너무 촘촘하여 억울하게 법에 저촉되는 사람이 많다는 이유를 들어 지정한 몇몇의 사안 이외에는 법으로 처벌하지 말 것을 지시하고 있다. 그런데 본고의 관심과 더불어 특별히 주목을 끄는 것은 '父母不孝'·'兄弟不和'·'隣里不睦' 등 일련의 강상범죄에 대해서는 법적 근거를 들어 엄단할 것을 주문하고 있다는 것이다. [2]의 자료는 15세기 『문종실록』에 실린 가족 간의 쟁송과 관련한 기사인데, 여기서 주목되는 바는 '오륜'의 첫째 항목에 해당하는 부자 사이의 쟁송임에도 불구하고 그러한 쟁송을 해결하는 방법이 '성법(成法)에 의하여'라는 것이다.

물론 이러한 사건이 주세붕·김안국에게 일어났다 하더라도 그들 역시 당대의 법 조문에 의해 일정한 법적 처벌을 가했을 것임은 부정할 수 없다. 이는 16세기에도 엄연히 존재하는 처벌의 흔적들이 명확히 증거하는 바이다.[68)] 그럼에도 불구하고 만일 주세붕·김안국이 위와 같은 사건들을 담당하게 되었더라면 법적 처벌 이외에 또 다른 방

---

67) 『문종실록』 1년(1451) 8월 29일. "今本府分揀妻妾父子之事甚多, 其源乃因爭奴婢·田土·家舍財物而然也. 以此骨肉相殘, 風俗薄惡, 誠非細故. 臣以爲嫡室本息及妾子息處, 奴婢分給之法, 國有常典, 其父以一時憎愛, 不如國法, 而失序分給, 若有如此而文契不明者, 請依成法, 官作財主分給."

68) 일례로 중종 37년 9월 4일의 기사를 들 수 있다. "헌부가 아뢰기를, '근래 인륜이 밝혀지지 않아 풍속이 퇴패함에 따라 강상(綱常)의 변고가 잇따라 발생하고 있습니다. 지금 또 통진에서 어미를 살해한 딸이 있었으니 매우 경악스럽습니다. 기전(畿甸)은 왕화(王化)가 제일 먼저 미치는 곳인데도 이러한 변고가 발생하였으니 인륜이 멸절(滅絕)되어 차마 말할 수 없는 지경입니다. 이는 교화가 행해지지 않은 소치이지만, 극악한 자를 베어 형법(刑法)을 바르게 하지 않을 수 없습니다.'"

법을 강구하지는 않았을까? 특히 부자간·형제간·처첩간 등 가족 관계 내에서 일어나는 크고 작은 소송들에 대해서는 위의 실록과 행장에서 보이는 바와 같이 그들은 인간이 지켜야 할 이러저러한 덕목을 효유하여 소송 자체를 무화시켰을 가능성이 높다. 그렇다면 동일한 사건에 대한 처리의 방식이 전대와 비교하여 달라지게 되는 것은 어디에서 연유하는가? 16세기 사림파 문인들의 언급을 통해 빈번하게 도출되는 교화 담론이 연결되는 지점은 바로 여기이다.

> [1] 교화(教化)를 밝혀야 됩니다. …… 지금은 나라를 다스림에 있어 교화에 근본을 두지 않고 일체 형법(刑法)에 의해 다스리고 있습니다. 형(刑)은 간사함을 금하기 위한 것인데도 간사함이 그치지 않고 법은 백성을 단속하는 것인데도 범법자가 더욱 늘어만 갑니다. 사람들이 덕(德)스럽지 못하여 풍속이 날로 야박해지니 저자에는 싸움질이 잇따르고 감옥에는 죄수들로 가득 찼습니다. 더욱이 부자(父子)의 은정은 천성(天性)인데도 아비를 시해하는 아들이 있는가 하면, 형제(兄弟)의 정리(情理) 역시 천성이거늘 형을 소송(訴訟)하는 아우가 있으며, 또 아내가 남편을 무시하고 노비가 주인을 배반하는 것이, 평상적 습관으로 굳어져서 전혀 괴이하게 여길 줄을 모릅니다. …… 백성을 교도하는 방법은 형법에 있는 것이 아니라 교화에 있는 것으로, 교화를 밝히는 것이 어찌 전하의 일신(一身)을 벗어날 수가 있겠습니까?[69]

> [2] 신들이 듣기로는, 덕교(德敎)는 정치의 근본이고 형벌(刑罰)은

69) 『중종실록』 35년(1540) 5월 20일. "明教化. …… 今也爲國而不本於教化, 一切以刑法從事. 刑所以禁奸而奸不止, 法所以律民而民益犯, 人不見德, 俗日就薄, 鬪爭連於闤闠, 縲紲盈於囹圄. 加以父子之恩, 天性也, 而子弑其父; 兄弟之情, 天顯也, 而弟訟其兄. 妻抗其(父)[夫], 奴背其主, 習以爲常, (悟)[恬]不知怪. …… 導民之方, 不在於刑法, 而在於教化. 教化之明, 豈外於殿下之一身哉?"

덕교를 돕는 것이라고 하였으니, 선왕(先王)들은 백성에게 그 몸을 길러 주고 나서 또 그 마음까지 길러 주었으며, 완악하여 도저히 통솔할 수 없는 지경에 이르러서야 형벌로 위엄을 보였습니다. …… 지금은 그렇지 않아서 기르는 방법을 강구하지도 않고 가르치는 방법에 대해서도 들은 바가 없습니다. 오로지 형벌로써 백성을 다스리는 본의로 삼아 백성들을 법망(法綱)으로 몰아넣는 데에만 힘을 쏟으니, 혹시라도 거기에 들어가지 않을 것을 걱정할 뿐, 들어간 백성을 살릴 방도는 강구하지 않고 있습니다.[70)]

[3] 제왕의 정치는 인의예악(仁義禮樂)에 근본하지만 백성 가운데 정교(政敎)를 따르지 않는 자는 형벌로 다스렸으니, 이는 다만 정치를 보조하는 도구일 뿐입니다. 때문에 형정(刑政)이 비록 갖추어졌다고는 하더라도 신중하고 애긍(哀矜)하는 뜻을 그 사이에 쓰지 않은 적이 없었습니다. 고요(皐陶)가 순(舜)의 덕을 칭찬하여 '임금의 덕에 허물이 없어 아랫사람을 대할 때는 간이함으로 대하고 대중을 거느릴 때는 관대함으로 거느렸으며, 의심스런 죄는 가볍게 벌하고 의심스런 공(功)은 중(重)하게 상을 주었습니다. 죄가 없는 사람을 죽이는 것보다는 차라리 법을 어긴 이를 놓치는 것이 낫다고 생각하였으니 살려주기를 좋아한 덕이 백성들의 마음에 젖어들었다.'고 하였습니다. 대개 순의 덕정은 관대하고 간이(簡易)함에 근본하고 형벌은 궁극적으로 형벌을 사용하지 않을 것을 의도하여 백성들이 마음으로 도왔기 때문에 사방의 백성들이 교화되었으니, 이것은 후세에서 응당 본받아야 할 점입니다. …… 진실로 이 두 가지 폐해를 없애고 교화를 베푼다면 태평의 정치를 다시 오늘날에 보게 될 것이니, 삼가 성상께서는 유념하소서.[71)]

70) 『중종실록』 上同. "臣等聞德教, 致治之本, 而刑罰, 所以弼教也. 先王之於民, 旣有以養其身, 又有以養其心, 至於有頑不率而後, 刑以威之. …… 今也不然, 養之之方未講, 教之之道無聞, 而專以刑罰, 爲治民之意, 務敺之, 如恐其不入, 入之而不求其生道."

위 기록들은 모두 기묘사화 이후 정권을 농단하던 김안로가 사사되고, 사화의 피화자들이 일부 서용되었으며, 기묘사림의 遺裔들이 조정 내에서의 비중을 점차 높여가던 중종대 후반의 기록들이다. 발화자들은 구수담, 김인후, 이언적 등으로 그들의 정치적 지향 혹은 이념이 어디를 지향하고 있었던가는 이미 많은 논의가 축적되었기에 굳이 논할 필요가 없을 듯하다.[72] 본고와 관련하여 주목되는 것은 자신들이 발딛고 있는 당대의 현실을 그들은 어떻게 바라보고 있는가의 문제인데, 위에서 살펴볼 수 있듯이 그들의 인식 내에서 당대의 현실은 '교화에 근본을 두지 않고 일체 형법(刑法)에 의해 다스려지고 있'으며, '오로지 형벌로써 백성을 다스리는 본의로 삼아 백성들을 법망(法綱)으로 몰아넣고 나서는 다시는 그들을 살릴 방도를 강구하지 않고 있'는 실정이다.

이러한 상황에 대한 구체적인 해결책은 [3]에 집약되어 나타난다. 이 자료는 명종 21년 이언적이 올린 〈進修八規〉의 일부로, 그는 형벌이 정치를 보조하는 도구임을 부정하지 않으면서도 그것의 사용을 가급적 지양할 것을 강조한다. 순임금에 대한 찬사의 덕목 중, '죄가 없

71) 『명종실록』 21년(1566) 9월 4일. "帝王之治, 本於仁義禮樂, 而民有不率敎者, 有刑而齊之. 是特補治之具爾, 故刑政雖設, 而欽恤之意, 未嘗不行於其間. 皐陶稱舜之德曰: "帝德罔愆, 臨下以簡. 御衆以寬, 罪疑惟輕, 功疑惟重. 與其殺不辜, 寧失不經. 好生之德, 洽于民心." 蓋舜之德, 本於寬簡, 而刑期無刑, 民協于中, 故有四方風動之效, 此後世之所宜法者也. …… 誠去此二害, 而施之以敎化, 則於變之治, 可復見於今日矣."

72) 다만 위의 기록들이 아래의 내용과 관련해서도 상당히 유용한 지점들을 보여주고 있다는 것만은 짚고 넘어가야 할 듯하다. 주지하듯이 구수담·이언적 등은 기묘사림의 정치적 유산을 상당 부분 이어받은 사림파 문인들인데, 그들이 바라보는 당대의 현실이 '교화보다는 형법을 우선시하고 있었다.'라는 것은 그만큼 그들이 전대의 훈구파 관료들에 비해 교화에 할애하는 비중 혹은 그에 기대는 시선의 높이가 더 높았음을 의미한다 하겠다.

는 사람을 죽이는 것보다는 차라리 법을 어긴 이를 놓치는 것이 낫다고 생각하였다.'는 그의 언급은 법망을 조밀하게 적용함으로써 사회의 질서를 바로잡는 저간의 방식이 자신의 생각과는 합치되지 않음을 의미한다. 이러한 맥락에서 '형벌은 궁극적으로 형벌을 사용하지 않을 것을 의도한다.'는 대목 역시 새롭게 이해된다. 1장에서 살펴본 바 있듯이 이러한 언급은 15세기 관료 문인들에게서도 보인다.[73] 하지만 동일한 언급이라 할지라도 그것을 해석하고 적용하는 의도 내지 목적은 판이하게 다르다. 15세기의 그들에게 본 명제는 엄정한 법적 처벌을 당연시하는 근거로 해석되었던 반면, 16세기 사림파 문인인 이언적에게 본 명제는 법적 처벌을 지양하고 교화의 방편을 구현해야 함을 주장하는 당위적 근거로 활용되고 있는 것이다.

물론 현실의 문제들을 과장함으로써 자신의 발언이 갖는 정당성의 수준을 높이고자 했던 수사적 측면들을 충분히 고려해야 할 터이나, 당시 시행되고 있는 법적 처벌의 강도가 전대에 비해 얼마나 높아졌는지를 측정하는 것은 사실상 불가능하다. 뿐만 아니라 사회적 금기의 위반자들을 치죄하는 일이야 늘상 있어 왔던 것이기에 형벌의 강도가 특정 시기에만 더 높아진다는 것도 상상하기 어렵다. 따라서 위의 언급들을 근거로 하여 16세기 형벌의 시행이 전대에 비해 좀 더 각박해졌다고는 섣불리 말할 수 없다. 따라서 그들이 지적한 당대의 상황은 16세기'만'의 그것이 아니라 이전 시기부터 이어져 온 상당히 일반적인 모습일 것이라 짐작된다.

그런데 이와 같은 일반적인 모습들이 유독 사림파 문인들에게만[74]

---

73) 1장 1절 ①항 66면의 예시문 [2]번 참조.

74) 일반적으로 非사림파 문인으로 분류되는 남세준·남곤 등이 법과 형정에 대해 "백성의 사욕을 금지시킴으로써 遷善遠辜할 수 있는 敎化의 수단", "형벌로써 형벌

문제적인 현상으로 발견된다는 사실은 앞 절의 논의와 어떻게 연결되는가? 주지하듯이 그들은 '배우기만 하면 누구나 요순이 될 수 있다'고 생각했으며, 이러한 명제의 대상에 일반 백성들 또한 포함시켰다. 따라서 위정자들이 해야 할 우선적인 책무는 그들에게 요순이 될 수 있는 자질들, 구체적으로는 삼강오상의 덕목들과 그것을 실천할 수 있는 구체적인 사항들을 가르쳐 주는 것이지 이를 위반한 자들에 대해 법적 처벌로 일관하는 것은 바람직하지 못한 것으로 인식되었다. 이러한 그들의 생각은 실제 다음과 같은 실천적인 작업들로 연결된다.

> [1] 형벌과 법을 만든 것은 다 옛 임금이 백성을 사랑하는 인에서 나왔으니 그것[愛民之仁]으로써 먼저 인도하지 아니하고, 법에만 기대어 죄를 논한다면 이것이 어찌 백성을 속이는 것에 가깝지 않겠는가? 내가 외람되이 陜고을의 근심을 나누어 맡은 이후로 맡은 땅을 살피고 백성의 풍속을 관찰할새, 매양 죄인을 결단하는 것을 당하여 일찍이 이에 대해 깊이 탄식하지 않은 적이 없었다. 어리석은 백성이 인륜의 중함도 알지 못하거늘 어찌 법제의 자세함을 알겠는가? 미련한 것이 장님과 귀머거리 같으며, 힘쓰는 것이 오직 옷과 밥에 달려드는 것밖에 없어서 스스로 법에 저촉되는 것을 깨닫지 못하여 죄에 흘러 빠져들게 되거든, 유사가 이에 법을 살펴 그것으로 다스린다면, 그물로 새를 잡거나 함정으로 짐승을 잡는 것과 동일한 것이 되니, 어디에 그 백성으로 하여금 선한 데로 옮겨가 죄 짓는 것으로부터 멀어지게 함이 있겠는가?[75]

을 그치게 하는 善治의 수단" 등과 같이 긍정적이고 적극적인 의미를 부여했다는 것은 형벌보다는 非형벌적 방법을 우선하는 방식이 사림파 문인들이 지닌 독특한 지점이었음을 말해준다. 이에 대해서는 김정신(2008), 앞의 논문, 57면 참조.

75) 김정국, 〈警民編跋〉, 『警民編 全』(국립중앙도서관, 청구기호 한古朝30-6). "夫制爲刑法, 皆出於先王愛民之仁也. 不有以導之於先, 執法而論囚, 不幾於罔民乎? 余自叨分陜憂, 按所部·察民風, 每當斷獄, 未嘗不深喟於斯. 蠢愚之民, 不知人倫之

[2] 『여씨향약(呂氏鄕約)』이나 『정속(正俗)』 같은 책은 풍속을 순후하게 하는 책입니다. 『여씨향약』이 비록 『성리대전(性理大全)』에 실려 있으나 주해(註解)가 없어 우리나라 사람들이 쉽게 이해하지 못하므로 신이 곧 그 언해를 상세하게 만들어 사람마다 보는 즉시 이해하게 하고, 『정속』 역시 언자(諺字)로 번역하였습니다. …… 『이륜행실(二倫行實)』은 신이 전에 승지(承旨)로 있을 때 개간을 청하였습니다. 삼강(三綱)의 중요함은 비록 어리석은 사람들도 모두 알거니와, 붕우형제(朋友兄弟)의 윤리에 대해서는 보통 사람이 혹 알지 못하는 이가 있기 때문에 신이 『삼강행실도(三綱行實圖)』에 의거하여 유별로 뽑아 엮어서 개간하였습니다.[76)]

[1]은 김안국의 동생인 사재 김정국이 편찬한 『警民編』의 발문이다. 주지하듯이 이 책은 백성들이 일상적으로 저지르는 범죄의 원천적 차단을 위해 만들어졌는데 그는 형벌/법이라는 것이 옛 임금의 '愛民之仁'에서 근원한 것이므로 백성을 다스릴 때에는 '애민지인'을 먼저 하고, '형벌과 법'을 나중에 해야 한다고 말한다. 즉 백성들이 무지하여 인륜의 중함을 알지 못한 상태에서 저지른 죄이기 때문에 인륜의 중함을 먼저 가르쳐 준 뒤[愛民之仁]에야 형벌과 법을 적용해야 한다는 것이다. 그는 "형벌 이전에 도덕적 흥기를 우선함으로써 강압성과 폭력성, 힘에만 근거한 질서유지 방식에서 벗어나 도덕성의 자발적 흥기,

重, 焉知制法之詳, 蚩蚩然有同乎聾聵, 貿貿焉惟衣食之趣, 自不覺其觸犯科條, 流陷於罪辜, 有司於是, 按律繩之, 如罥羅捕雀, 機檻取獸, 烏在其使民遷善而遠辜耶?"

76) 『중종실록』 13년(1518) 4월 1일. "如『呂氏鄕約』·『正俗』等書, 乃敦厚風俗之書也. 『鄕約』雖載於『性理大全』, 而無註解, 遐方之人, 未易通曉, 故臣乃詳其諺解, 使人接目便解, 『正俗』亦飜以諺字. …… 如『二倫行實』, 臣前爲承旨時, 請開刊. 如三綱之重, 雖愚夫愚婦, 皆知之, 至於朋友·兄弟之倫, 凡常之人, 或有不知, 故臣依『三綱行實』, 撰類以刊之."

자발적 실현을 통하여 사회의 여러 질서를 유지해 나갈 것을 적극적으로 모색하였"[77]던바, 이 책은 그러한 모색의 직접적 결과물인 것이다.

[2]는 김안국이 풍속 교화와 의약에 관한 서책들의 반포를 청하는 글의 일부이다. 『여씨향약』·『정속』 등의 책들은 주지하는 바와 같이 송대 성리학자들이 향촌사회의 풍속을 교정하기 위해 만든 것인데 이와 같은 類의 서책들에 주목하고 언해하며 전파하는 일들이 김안국을 위시한 일군의 사림파 문인들에게서 이루어지고 있다는 사실은 시사적이다. 이러한 작업의 의도 내지 목적이 '인간은 배움을 통해 改善 가능하다'라는 앞장에서의 논의와 무관하지 않기 때문이다. 다시 말해 '明人倫·崇正學·正鄕俗'[78] 등으로 요약되는 그의 행적들이 이학·심학 등으로 지칭되는 새로운 학문적 조류의 체득과 불가분의 연관이 있다는 것이다.

일반 백성들이 오륜적 질서를 위반하는 원인을 그들은 모두 '알지 못하는 데'에서 찾았다. 제어할 수 없는 재해의 빈발과 엄격한 상하관계로 유지되는 신분제 사회에서 그들의 이러한 인식은 대단히 표피적이고, 한편으로는 봉건적이라 치부할 수도 있다. 하지만 이러한 평가 이전에 우리가 주목해야 할 것은 이 시기를 전후하여 역사의 전면에 부상하기 시작하는 일군의 사림파 문인 지식인들에게서 법적 처벌 이전에 그보다 선행해야 하는 또 하나의 단계, 곧 강력한 교화에의 의지가 집단적으로 제기되기 시작했다는 것이며, 이러한 현실적 변화가 그들이 수용하고 체득하고자 했던 새로운 지식의 영향에 기인한 바 크다

77) 정호훈, 「16~17세기 『警民編』 간행의 추이와 그 성격」, 『한국사상사학』 26, 한국사상사학회, 2006, 132면.

78) 강혼, 〈二倫行實圖序〉, 『木溪逸稿』 권1, 『한국문집총간』 17, 한국고전번역원, 1988, 166면. "日三綱二倫行實, 明人倫也. 日性理大全, 崇正學也. 日諺解正俗·諺解呂氏鄕約, 正鄕俗也."

는 것이다. 또 하나, 그들의 신념 혹은 이상이 당위적 차원의 설파에만 그친 것이 아니라 자신들이 당면한 구체적인 현실 공간 안에서 실질적인 규정력을 동반한 채 직접적으로 행사되었다는 것이다. 요컨대 강상과 풍속을 저해할 수 있는 사건들에 대한 해결 방법의 차이, 이것이 바로 16세기 사림파 문인 지식인과 이전 시기 혹은 동시기의 훈구파 관료들이 준별되는 지점인 것이다.

1.3. 일상성의 정치와 오륜시조의 출현

〈오륜가〉라는 단어가 '五倫'과 '歌'라는 서로 다른 기표들의 합으로 이루어진 만큼 16세기 오륜시조의 출현 동인을 탐색하고자 하는 본 항에서 양자에 대한 당대의 인식을 추적하는 작업은 필수적으로 요청된다. 이는 곧 왜 〈'오륜'가〉인가, 그리고 왜 〈오륜'가'〉인가의 문제로 요약할 수 있을 터인데, 이제까지의 논의는 주로 전자와 관련된 것으로 이를 요약하면 다음과 같다. 이학·심학·도학으로 지칭되는 새로운 지식의 유행과 그것을 담지한 정치집단의 부상으로 인간에 대한 이해의 방식이 변화하였고, 이에 따라 법적 처벌보다는 교화 정책의 광범한 시행을 통해 오륜적 질서의 위반자들을 처리하고자 하였다는 것, 그리고 이러한 과정 속에서 삼강오륜 역시 이전과 다른 형태로 해석되고 적용되었다는 것이 바로 그 골자였다. 본 항에서는 후자의 문제, 곧 어떠한 이유에서 오륜이라는 생경한 이념적 모티프가 노래로 재현될 수 있었는가에 집중할 예정인데 이는 다시 다음의 두 가지 문제로 세분된다.

첫째, 16세기에 새로운 의미와 방식으로 전유된 오륜 개념이 어떠한 이유에서 '노래'로 불리게 되었는가의 문제이다. 이는 곧 오륜과 같은 이념적 모티프가 어떠한 과정을 거쳐 문학적 양식에 편승하게 되었는가의 문제인데 현재적 관점에서 볼 때 '五倫'이라는 유가적 개념이 '歌'라는 일상적 행위와 결합되었다는 것은 상당히 이질적인 현상처럼 보인다. 어떠한 문학적 장치로 포장을 하든, 그것은 결국 딱딱한 이념의 준수에 대한 설파와 권면에 지나지 않을 것으로 짐작되기 때문이다. 뿐만 아니라 16세기 당시에는 이미 여러 사림파 문인들에 의해 『소학』·『경민편』·『여씨향약』·『정속』과 같은 교화 서적들이 광범하게 출간·전파되고 있었는데, 이러한 정황 속에서 〈오륜'가'〉는 어떻게 출현하게 된 것인가?

둘째, 당시에 상용되던 여러 노래의 양식 중 〈오륜가〉의 주된 장르로 '시조'가 채택되었다는 사실 또한 긴밀히 살펴보아야 할 부분이다. 주지하는 바와 같이 경기체가·시조·가사 등의 諸 장르들은 당대의 시가사에서 차지하는 비중의 多少 여부를 떠나 사대부들의 시가 향유 공간에서 꾸준히 창작·향유되고 있었다. 그럼에도 현전하는 16세기의 〈오륜가〉 작품들이 모두 '시조' 장르를 채택하고 있다는 사실은 작가 개인의 선호 문제나 우연적 합일의 결과라기보다는 무언가 공통의 원인이 숨어 있을 것으로 짐작된다. 결국 이러한 것들은 '오륜시가' 중 '시가'와 관련된 문제들로, 당시 시조 〈오륜가〉의 창작 집단들이 '시조' 장르를 어떠한 방식으로 인식·활용하고 있었는지의 여부가 좀 더 분명하게 해명되어야 할 것으로 보인다. 아래에서는 두 가지 문제들을 순차적으로 다루되 이를 '일상성의 정치'[79]라는 보다 큰 시각 하에서

79) 주지하는 바와 같이 일상성의 개념은 근대성을 이해하는 하나의 설명 범주로 논의되어 왔다. 하르투니언에 의하면, '일상'이란 자본주의적 삶의 방식에 길들여진 근대인들의 습성이 응축되어 나타나는 최소의 시간 단위로, 이 속에는 자본주의적 근대화가 초래한 여러 부정적 측면들이 고스란히 녹아들어 있다. 조금의 변화도 허용치 않는 완고한 일상의 모습들, 자본주의적 소비 문화의 승리, 삶에 대한 성찰

조망하고자 한다.

1 다양하게 정의될 수 있는 정치의 개념을 '인간의 복수성으로 특징지워지는 삶의 현실에 정치적 질서를 부여하여 유지·재생산·재규정하고자 하는 일련의 노력'[80]으로 규정할 때, 정치란 결국 정치 주체의 사상적 기반에 강하게 긴박될 수밖에 없다. 사상적 同異에 따라 자신들의 목적에 도달하기 위한 노력의 양태들 또한 달라지게 될 것이기 때문이다. 앞 절에서 살펴본 바와 같이 사림파 문인 지식인이라는 새로운 정치 집단의 부상이 그 자신들이 견지했던 '새로운 유학'과 불가분의 관계에 있다면, 그들의 사상적 부산물인 일련의 교화 행위들 역시 이전과는 다른 방향의 정치성을 갖게 마련이다. 필자는 이를 '일상

을 마비시키는 무의미한 반복성, 더 나은 삶의 모습을 꿈꾸는 혁명의 불가능성 등이 대표적이다. 그러나 르페브르에 따르면 일상성의 공간은 경험의 광범위한 불균등으로 인해 소외가 발생하는 공간이기도 하지만, 그러한 이유로 인해 비판의 기회 또한 제공하는 혼종의 공간이다. 이는 곧 일상적 삶의 공간 속에 관성과 반동의 힘이 공존한다는 의미일 터, 따라서 더 나은 사회체제의 달성을 희망하기 위해서는 일상이야말로 혁명의 대상임을 인정하는 것이다. 본고에서 사용하는 일상의 개념 역시 이와 크게 다르지 않다. '근대 자본주의'라는 문제적 표지를 괄호에 넣은 채 이러한 일상성의 개념을 16세기 조선의 문제로 치환하면 사림파 문인들이 일상의 문제를 긴요하게 인식했던 것도 일상이 지닌 이와 같은 양가적 속성과 연관되어 있다. 그들이 주장했던 것은 일상을 조직하는 견고한 틀과 일상 속에 습윤되어 있는 무의식적인 습속들을 걷어내려 했던 것인바, 그들이 꿈꾸었던 유가적 태평성대와 우리가 꿈꾸는 더 나은 사회체제가 이상적 사회라는 보다 큰 틀 안에서 과히 다르지 않다면, 양자 모두 이를 위한 출발점을 '일상'으로 간주하고 있다는 점은 흥미롭다. 적어도 미시적인 것들의 교정을 통해 거시적 변혁을 도출해 낼 수 있다는 믿음 그 자체는 시기적 차이를 떠나 상당히 유사하다는 것이다. 일상성의 개념에 대해서는 해리 하르투니언 지음, 윤영실·서정은 옮김, 『역사의 요동』, 휴머니스트, 2006 참조.

80) 김영민, 「미시성의 정치: 논어의 경우」, 『한국정치학회보』 43, 한국정치학회, 2009, 29면.

성의 정치'라는 개념을 통해 살펴보고자 하는데, 여기서 일상성의 정치란 상기한 일련의 노력들이 "국가나 계급과 같은 공동체의 거시적이고 구조적인 조건보다는 공동체 내 개개인의 미시적 행위양태를 매개로 하여 이루어지는"[81] 정치 시스템을 의미한다. 우선 다음의 자료들에 주목해 보자.

> [1] 사물에는 본말(本末)이 있고 일에는 시종(始終)이 있는 것이니, 학문(學文)으로 말한다면 근독(謹獨)에서 비롯하여 신수(身修)에서 이루어지는 것이며, 추화(推化)로 말하면 제가(齊家)에서 시작하여 천하평(天下平)에서 완성되는 것입니다. 그러므로 교화(敎化)를 펴고자 하는 자는 아무라도 그 근본에서부터 미루어 나가지 않음이 없는 것입니다. 대개 순경(純敬)과 독공(篤恭)의 도리는 안방과 잠자리 등 지극히 미미한 것에서 시작되지만 그 공(功)은 천지(天地)가 자리 잡고 만물을 육성하는 데까지 이르게 되는 것입니다. …… 그러나 『삼강행실』에 실려 있는 것은, 거의가 변고와 위급한 일을 당한 몇몇 사람의 뛰어난 행실이지, 일상생활 가운데에서 늘상 행하는 도리는 아닙니다. 그러므로 누구에게나 그것을 요구할 수는 없습니다. 『소학』은 곧 일상 생활에 절실한 것인데도 여항의 서민과 글 모르는 부녀들은 독습(讀習)하기가 어렵습니다. 바라옵건대 여러 책 가운데에서 일용(日用)에 가장 절실한 것, 이를테면 『소학』이라든가 『열녀전(列女傳)』·『여계(女誡)』·『여측(女則)』과 같은 것을 한글로 번역하여 인반(印頒)하게 하소서.[82]

81) 김영민, 위 논문, 30면. 김영민은 이를 '미시성의 정치'라는 용어로 명명하였는데, 필자는 본 절의 주지와 관련하여 '일상성'이라는 용어로 대체하고자 한다.

82) 『중종실록』 12년(1517) 6월 27일 "物有本末, 事有終始, 在學文, 則本於謹獨而成於身修; 在推化, 則始於齊家, 終於天下平, 故欲敎化之行, 未有不自其本而推之. 蓋純敬·篤恭之道, 始於床笫·衽席之微, 而其功極於位天地·育萬物. …… 然『三綱行實』所載, 率皆遭變, 故艱危之際, 孤特激越之行, 非日用動靜常行之道, 固不可人人而責之. 『小學』之書, 廼切於日用, 而閭巷庶民及婦人之目不知書者, 難以讀

[2] 오늘날 건의하는 자들은 유독 『이륜행실(二倫行實)』만을 들어서 인심의 악함을 구할 수 있고 인심의 선함을 흥기시킬 수 있다고 하는데, 이륜은 족히 삼강(三綱)의 미비한 점을 보충할 수 있어서 愚夫로 하여금 알게 할 수 있고, 愚婦로 하여금 행하게 할 수 있으니 이 책은 진실로 도움이 없지 않으며 그 말도 또한 유익하지 않은 것은 아닙니다. 그러나 인간이 태어나 여덟 살이 되면 쇄소응대(灑掃應對)의 절차를 밝히는 것이 바로 삼대(三代)의 성법(成法)이니, 한갓 먼저 이륜에 종사하고자 한다면 이는 이미 옛사람의 학문하는 차례를 어겨서 등급을 뛰어넘고 차례를 무시하는 폐단을 면하기 어려울까 염려됩니다.[83)]

위의 자료들은 모두 『삼강행실도』를 비롯한 일련의 행실도類를 바라보던 16세기 사림파 문인들의 시각을 보여준다. [1]은 홍문관에서 『소학』의 간행을 주청했던 상소 중 일부로, 여기에는 『삼강행실도』를 '변고와 위급한 일을 당한 몇몇 사람의 뛰어난 행실 모음집' 정도로 보는 관점이 나타난다. 중요한 것은 바로 이러한 이유를 들어 『삼강행실도』보다는 『소학』을 더 우선하고자 했다는 것인데, 이는 그들이 지향했던 교화의 방향과 『삼강행실도』의 내용이 다소 괴리되어 있음을 의미한다. 이러한 괴리의 실질은 바로 다음에 제시되는 언급에서 확인되는바, "늘상 행하는 도리가 아니기 때문에 누구에게나 그것을 요구할 수는 없다."는 것, 따라서 "일상 생활에 절실한 『소학』을 모든 사람이 볼 수

習矣. 乞於群書內, 最切日用者, 如『小學』·如『列女傳』·如『女誡』·『女則』之類, 譯以諺字, 仍令印頒中外." 자료의 소재 및 해설은 조현우, 「〈오륜행실도〉 도상의 삽화적 성격과 그 함의」, 『한국고전연구』 20, 고전연구학회, 2009, 159~160면.

83) 나세찬, 〈弘文館疏〉, 『松齋遺稿』 권3, 앞의 책, 93면. "而今之獻議者, 獨擧二倫行實, 可以救人心之惡, 可以起人心之善. 二倫足以補三綱之不備, 而可使愚夫與知焉, 可使愚婦與行焉, 則此書固不爲無助, 而此言亦不可爲無益也. 然人生八歲而明灑掃應對之節, 是乃三代之成法, 則徒欲先事於二倫, 已失古人爲學之有序, 而恐不免躐等陵節之序也."

있게 언해해서 인반해야 한다.”는 것이 그 골자이다.

[2] 역시 마찬가지이다. 나세찬은 『이륜행실도』가 지닌 이점을 부정하지 않으면서도 그것에 내재된 獵等의 혐의를 들어 『소학』을 우선할 것을 주문한다. 그런데 그 역시 ‘쇄소응대’로 대변되는 일상 윤리의 준수를 강조하고 있는 것으로 보아 이러한 그의 언급은 [1]의 주장과 유사한 문제점을 지적하고 있는 것으로 보인다. 요컨대 16세기 사림파 문인들이 풍속 교화의 기본적 방법이자 궁극적 지향으로 삼았던 것은 법이나 제도와 같은 거시적 차원의 것이 아니라 밥먹고, 일하고, 잠자는 개인의 미시적 행위양태들을 개인 스스로 규율하고 검속케 함으로써 자신들이 꿈꾸었던 소학적 세계를 구현하고자 했다는 것이다. ‘안방과 잠자리 등 지극히 미미한 것들의 矯正’을, ‘天地가 자리잡고 萬物이 육성한다.’는 지극히 거대한 것의 완성과 동일시하는 그들의 독특한 사유 체계, 이로부터 일상성의 정치는 비롯되는 것이다.

여기서 이 시기 들어 일련의 사림파 문인들에게 『소학』 텍스트가 이전과는 다른 의미로 전유되었던 정황을 좀 더 상세히 살펴볼 필요가 있다. 日常의 문제와 『소학』, 나아가서는 시조 〈오륜가〉가 어떻게 연결되는가의 여부가 이와 무관하지 않기 때문이다. 주지하듯 『소학』 텍스트는 조선 건국 이후 지속적으로 중시된다. 태종, 세종 대를 거쳐 성종조에 이르기까지 세자의 교육을 위한 기본 교재로서 활용되기도 하고, 과거시험 응시자의 자격을 판별하는 기준으로 기능하기도 하는 등 조정의 공론 속에서 그것은 늘상 중요한 텍스트로 취급되었다. 특히 성종 대에 이르러서는 이 책의 광범한 전파를 위해 국가 차원에서 기울인 노력들 또한 주목되며,[84] 김굉필·남효온 등을 위시한 초기

84) 이에 대해서는 『성종실록』 2년(1471) 6월 18일; 『성종실록』 7년(1476) 7월 23일; 『성종실록』 7년(1476) 7월 25일자 기사 참조.

사림파 문인들이 '소학계'를 만들어 이를 자신들의 사상적 모태로 삼았다는 전언 역시 흥미를 끄는 부분이다.[85)]

하지만 이 책이 조선 전기 정치사·사상사에서 더욱 중요한 의미를 획득하게 되는 것은 역시 중종 대 기묘사림의 정치적 부상과 매우 밀접한 연관이 있다. 그들은 교화의 부식을 위해 이 책을 '일반 서민과 글 모르는 부녀들'에게까지 읽히고자 하였다. 필자는 바로 이 지점이 『소학』과 관련된 諸사안에 있어서 이전 시기와는 차별화된 지점이라고 생각한다.[86)] 물론 성종 대의 여러 기록들에서도 그것의 전파 범위를 '일반 백성'으로 지칭하고 있기는 하지만 언해 작업이 병행되지 않는 이상 신분을 막론한 광범한 전파에는 무리가 따를 수밖에 없다.[87)] "『소학』은 곧 일상 생활에 절실한 것인데도 여항의 서민과 글 모르는 부녀들은 독습(讀習)하기가 어렵다."[88)]고 한 중종 12년의 기사는 그러지 못했던 저간의 상황을 지적하고 이를 일반 백성들에게까지 전이시키고자 했던 16세기 사림파 문인들의 의식과 분명히 닿아 있는바, 이전 시기에는 보이지 않던 『소학』에 대한 언해 작업의 주청, 그리고 이와 연계된 여러 교화서들의 간행과 전파는 이러한 의식의 실천적 결과물이다. 이는 다시 '모든 인간은 배움을 통해 改善 가능하다'는 변화된 인간 이해의 방식을 그 기저에 깔고 있다. 그렇다면 그들이 『소학』

---

85) 이에 대해서는 윤진욱, 「조선전기 '소학계' 연구」, 『경주사학』 32, 경주사학회, 2010, 118~137면 참조.

86) 강명관, 『열녀의 탄생』, 돌베개, 2009, 208면.

87) 최초의 『小學』 언해본은 중종 13년(1518)에 출간된 『飜譯小學』이다. 이에 대해서는 윤인숙, 「16세기 『小學諺解』의 사회 정치적 의미와 대중화: 『飜譯小學』과 『小學諺解』를 중심으로」, 『한국어문학연구』 58, 한국어문학연구학회, 2012, 198~201면.

88) 『중종실록』 12년(1517) 6월 27일. "『小學』之書, 迺切於日用, 而閭巷庶民及婦人之目不知書者, 難以讀習矣."

을 통해 달성하고자 했던 日常·日用의 문제는 무엇을 의미하는가? 앞의 내용과 다소 중첩되기는 하지만 아래의 자료들을 통해 좀 더 자세히 살펴보기로 하자.

> [1] 이때 조광조의 명망이 가장 중하여 사모하고 본받는 이가 더욱 많았다. 연소한 무리들이 『소학(小學)』의 도리를 말하면서 동작(動作)과 용지(容止)를 법도에 맞게 하려고 힘썼고, 농지거리도 하지 않았다.[89)]

> [2] 청소하고 응대하며 진퇴하는 등의 일들이 비록 소소한 일이기는 하지만 처음 학문을 할 때는 이것으로 근본을 세우는 것입니다. …… 고금의 임금과 학자들이 누구인들 『소학』을 읽지 않았겠습니까? 다만 입으로 외고 귀로 듣기만 했기 때문에 진실로 배운 바가 대개 적은 것입니다. 그러므로 위에는 어진 임금이 없고, 아래에는 어진 신하가 없었으니, 만일 이것을 힘써 행한다면 날마다 달마다 점차 변화되어 성현의 경지에 이르게 될 것입니다. 성현 되기가 어렵다 하지 말고 기필코 배워야 하니, 요순도 또한 다른 사람과 같습니다.[90)]

> [3] 灑掃應對間　　쇄소응대하는 사이에
> 始見明倫儀　　비로소 인륜 밝히는 의식 있으니
> …(중략)…
> 理會如未極　　이치를 깨우치는 것이 지극하지 않다면

---

89) 『중종실록』 13년(1518) 8월 21일. "時, 光祖最名重, 慕效者益衆. 年少之輩談『小學』之道, 至於動作容止, 務欲中度, 不爲戲謔之事."

90) 『명종실록』 즉위년(1545) 8월 11일. "灑掃應對進退, 其事雖小, 在初學所以立根本者也. …… 古今人君與學者, 誰不讀『小學』? 徒爲口耳之學, 而眞學者蓋寡. 故上無賢君, 下無賢臣. 若於此力行, 則日月漸異, 可至聖賢矣, 毋以聖賢爲難, 而期必學之. 堯舜亦與人同."

口誦將何裨	입으로만 외는 것이 무슨 도움이 되리
沈潛常亹亹	힘쓰고 힘써 항상 침잠해야 하고
夙夜儼孜孜	밤낮으로 힘쓰기를 엄히 해야 하네
致大何忽小	큰 것을 이룸에 있어 어찌 작은 것을 소홀히 하리오?
登高當自卑	높은 곳을 오르기 위해서는 응당 낮은 곳부터 해야 하네.[91]

[1]에는 조광조를 慕效하는 연소배들의 특징이 나열되어 있는데, '동작(動作)과 용지(容止)를 법도에 맞게 하려고 힘쓰는 것'이나 '농지거리를 하지 않는 것' 등은 모두 『소학』과 일정한 연관을 갖는다. 전술한 바와 같이 『소학』의 내용은 밥먹고, 일하고, 잠자는 등의 일상적 행위들에서 준수해야 할 실천 사항들이 제시되어 있는바, 사림파 문인들은 『소학』의 효용이 일상의 미시적 행동들을 삼가고 규율하는 것을 통해 비로소 달성될 수 있다고 생각하였다.

[2]에서의 언급 역시 이와 다르지 않다. 홍언필·권벌·박광우 등 일련의 사림파 관료들이 『소학』의 講論을 주청하는 자리에서 나온 이 글은 『소학』에 제시된 것들이 '灑掃·應對·進退'와 같이 지극히 소소한 일들에 불과하지만 이러한 행위들의 점차적인 축적이 성현의 경지에 이를 수 있는 유일한 방법임을 역설한다. 일상적 행위의 규율과 검속을 통해 요순이 될 수 있다.[堯舜亦與人同]는 그들의 독특한 사유체계가 그것의 이론적 근거가 되고 있음은 물론이다.

[3]은 민제인이 『소학』을 읽고 남긴 시의 일부인데, 앞서와 마찬가지로 '灑掃應對'로 대변되는 소소한 일상의 행위들은 '明人倫'이라는

91) 민제인, 〈讀小學〉, 『입암집』 권5, 『한국문집총간』 25, 한국고전번역원, 1988, 450면.

오륜적 질서의 확립을 위한 기본적 행위로 제시된다. 뿐만 아니라 『소학』의 구절들을 口誦만 하는 것의 무익함을 강변함으로써 소학적 세계의 구현은 그러한 덕목들의 실천을 통해서만 달성될 수 있음을 분명히 하고 있다. 요컨대 이전 시기까지 단지 학문적인 차원에서 『대학』 공부를 위한 전단계로 인식되거나 과거시험의 자격을 획득하기 위한 일종의 통과의례로 간주되던 것에서 벗어나 성현의 경지에 다다르기 위해 반드시 체득하고 내면화해야 할 필수적인 경전으로 자리매김하게 된 것이다.

다시 본 항의 처음으로 돌아가 보자. 일련의 행실도類에 대한 사림파 문인들의 부정적 시선은 그 책들이 '변고와 위급한 일을 당한 몇몇 사람의 뛰어난 행실이기 때문에 누구에게나 그것을 요구할 수 없다.'는 것이 그 이유였다. 이는 곧 특수한 몇몇의 사례를 현시하는 것만 가지고서는 복잡다단한 현실의 諸 문제들을 포괄할 수 없다는 의미일 것이다. 여기서 중요한 것은 그들이 대안으로 제시한 『소학』의 성격이 행실도類의 그것과는 사뭇 다르다는 데에 있다. 주지하는 바와 같이 『소학』은 아침부터 저녁, 가족 내에서 조정이라는 일상적 시공 속에서 개인이 행해야 할 미시적 조목들의 실천을 주문함으로써 현실의 인간관계에서 벌어질 수 있는 모든 문제들의 원천적 차단을 企圖한다. 여기에는 물론 오륜적 관계의 당위성과 旣위반된 오륜적 질서들을 개인적 노력을 통해 회복할 수 있다는 변화된 오륜 담론이 개재되어 있다.

2 한편 일상의 통제를 목적으로 하는 교화 정책이 보다 높은 실효성을 갖기 위해서는 다른 무엇보다도 다음의 두 가지 문제가 선결되어야 한다. 하나는 새로운 교화적 도구들이 지속적으로 갱신되어야 한다는 것이며, 다른 하나는 그것에 대한 용이한 접근이 가능해야 한다는

것이다. 첫 번째 문제와 관련해서는 그것이 일상에서 반복적으로 이루어지는 것이기 때문에 동일한 목적을 갖고 있는 다양한 레파토리의 창안이 절실히 요구된다. 사림파 문인들이 유사한 내용의 서적들을 수용자의 신분, 나이, 성별, 학적 수준 등을 고려하여 다양하게 만들었던 것도 이러한 맥락과 무관하지 않다. 지루함 내지는 식상함을 차단하는 것, 이것이 바로 여러 교화정책들의 실효성을 담보하는 주요한 기준이라는 것이다.

두 번째 문제는 반복 가능성의 문제와도 상통하는데, 일반 백성의 문맹률이 대단히 높았던 당시에 이 문제는 반드시 해결해야 할 급선무였다. '일상적 내용'의 '일상적 반복'을 위해서는 시간과 공간, 혹은 그러한 것들의 자발적·반복적 숙지를 방해하는 여러 가지 이유들에 구애됨 없이 언제 어디서든 常用할 수 있어야 하기 때문이다. 두 가지 문제 중 본 항에서 살펴볼 것은 전자의 문제이다. 다시 말해 오륜시조가 창작되던 즈음에 『소학(언해)』·『여씨향약(언해)』·『정속(언해)』 등과 같은 다양한 교화 서적들이 이미 간행되어 항간에 유포되고 있었음에도 불구하고 어떠한 이유로 시조 〈오륜가〉가 다시금 지어지게 되었는가의 문제인 것이다. 이를 아래에서 살펴보도록 하자.

반드시 그러한 것은 아니지만 대개 새로운 것의 모색과 출현은 기존에 그것과 동일한 역할을 하던 것이 지니지 못한 무언가를 비판하고 극복하는 차원에서 생겨나기 마련이다. '오륜'과 '가'의 결합, 즉 〈오륜가〉는 이전의 교화 정책에서 시도되지 않았던 새로운 형식이다. 다소 추상적이지만 왜 하필 이 시기에 〈오륜'가'〉는 출현하게 된 것일까? 이에 대한 추정의 단서를 찾기 위해 필자는 〈오륜가〉가 창작되기 시작한 구체적인 시기에 주목하고자 한다.

[1] 전일 대제학에게 하문한 것은 근래 인심이 모질어 여러 책 중에 선(善)하여 법받을 만하고 악(惡)하여 경계할 만한 글을 뽑아 중외의 사람들로 하여금 알게 한다면 새로운 책이 만들어져 사람들이 다투어 익힐 것이므로 치화(治化)에 도움이 있을 것이라고 여겨서였다. …… 그러나『삼강행실도』는 중외의 사람이 모르는 자가 없으니 반드시 심상히 여길 것이다. 또한 이 책에는 단지 착한 것을 법받아야 한다는 것만 말하였지, 악한 것을 경계하는 일은 없다.『위선음즐』은 어떤 선한 일을 하면 어떤 보응이 있다고 하였으니, 이는 不正한 것에 가깝다. 그리고『명신언행록』으로 말하면 박학(博學)한 자가 아니면 이해할 수 없는 것이니, 각별히 여러 글 가운데 법받을 만한 선과 경계할 만한 악을 뽑는 것보다 훨씬 못하다. 혹은 인쇄하여 반포하기도 하고 혹은 어람(御覽)도 하는 것이 가장 절실하다.[92)]

[2] 조종조에서『삼강행실도』를 수찬하고 언문으로 번역해서는 중외에 반포하여 사람마다 쉽게 알고 쉽게 감동하도록 하였습니다. 그러나 지금 이것은 이미 진부한 자취가 되었습니다. …… 다만 근래 인심이 모질어 인륜을 해치는 자가 잇따라서 국법(國法)에 명시(明示)되어 있더라도 여전히 징계하여 그치지 않아 훌륭한 정치에 누를 끼치고 있으니, 누군들 해괴히 여겨 통탄하지 않겠습니까? 국가에서 선을 권면하고 악을 징계하는 방법은 무슨 방법이든 해야 하는데,『삼강행실도』같은 책은 모두 예전에 찬집한 것이라 중외의 사민(士民)들이 보통으로 여기고 염두에도 두지 않습니다. 지금 만약 여러 책 가운데 법받을 만하고 경계할 만한 자취들을 뽑아 모아 책을 만들어 중외에 인반한다면

92)『중종실록』31년(1536) 5월 12일. "前日問于大提學者, 以近來人心頑惡, 諸書中撮抄善可法, 惡可戒之書, 使中外之人皆知, 則新書成, 而人爭傳習, 有益於治化也. …… 然『三綱行實』, 則中外之人, 無不知之, 必以爲尋常. 且只言善可法也, 非有戒惡之事也.『爲善陰騭』, 則爲某善, 有某應, 此近於不正. 至於『名臣言行錄』, 非博學者, 不能解見. 莫如各別抄撰諸書, 善法惡戒之跡, 或印頒, 或御覽, 最切也. 其遣史官, 收議于三公."

> 아마도 처음 보는 것이기 때문에 각자 경계할 것이 무엇인가를 알게 되어 풍속을 교화시키는 데에 도움이 있을 것이니, 상의 분부가 지당하십니다. 다만 지방의 궁벽한 시골 사람들은 글을 아는 자가 적어서 새로운 책을 반포하더라도 두루 알기는 어려울 것입니다. 언서(諺書)라면 백성들도 알 수 있으니 찬집할 때에 언문으로 번역하여 두루 알리는 데 힘쓰는 것이 어떠합니까?[93)]

중종 31년의『실록』기사이다. [1]에서 보이는『삼강행실도』·『위선음즐』·『명신언행록』등의 여러 책들은 이미 이틀 전 대제학의 건의로 중외에 반포할 것을 명한 바 있다.[94)] 그런데 바로 이틀 후 중종은 위의 책들이 풍속교화에 적합하지 않음을 들어 새로운 책을 찬집할 것을 다시금 명하고 있다. 불과 이틀 만에 자신의 결정을 번복했다는 것은 약간의 무리한 추정을 더해 본다면 그만큼 중종 자신이 당시 빈번하게 발생하는 여러 강상범죄들과 이로 인해 피폐해진 풍속을 시정하는 데 상당히 기민하게 대처하고 있었음을 의미한다고 볼 수 있다.

---

93)『중종실록』31년(1536) 5월 12일. "在祖宗朝, 修撰『三綱行實』, 翻以諺文, 頒諸中外, 使人人易曉而易感也. 今者已爲陳跡. …… 但近來人心頑嚚, 傷敗彝倫者, 相續不絕. 雖明示國法, 而猶不懲戢, 以累聖治, 孰不駭痛? 國家於勸善、戒惡之道, 宜無所不至. 如『三綱行實』等書, 皆是古撰, 中外士庶, 視同尋常, 慢不起念. 今若取諸書中可法可戒之迹, 裒集成書, 印頒中外, 則庶可更新耳目, 各自知戒, 有補化俗, 上敎允當. 但外方窮村僻巷, 人鮮解文, 雖頒新書, 難遍知曉. 如諺書則愚夫愚婦, 亦能解知, 撰集時, 或飜以諺文, 務要周知何如?"

94)『중종실록』31년(1536) 5월 10일. "『위선음즐(爲善陰騭)』·『명신언행록(名臣言行錄)』등의 책은 몸소 행하기에 매우 간절한 내용이니, 중외에 인반(印頒)하여 지극한 뜻으로 유고(諭告)하시면 한편으로는 옛사람의 독실한 행적을 본받을 것이요, 또 한편으로는 성상께서 권면하시는 뜻에 감동할 것이니, 반드시 경계하고 살피는 바가 있을 것입니다."라고 하니, 논의대로 시행하라고 전교하였다."("如『爲善陰騭』·『名臣言行錄』等書, 深切於體身, 印頒中外, 諭以至意, 則一以法古人篤行之迹, 一以感聖上寓勸之意, 其必有所警省矣." 傳曰, "依議施行.")

여기서 중요한 것은 중종을 포함한 관료들이 쇠퇴해진 풍속을 염려함과 아울러 서적을 통한 기존의 교화 방식에 한계를 지적하고 있다는 것이다. 너무 잘 알려진 이야기라 모두 예사로 넘기고 만다는 것, 그리고 착한 것을 본받아야 한다는 식으로만 하니 효과가 떨어진다는 것이 원인에 대한 진단이었다.[95] 『삼강행실도』가 지녀 왔던 교화서로서의 면모들이 일반 백성들에게는 너무나 익숙하고, 따라서 식상한 것으로 다가왔던 것이다. 이에 따라 결국에는 '여러 책 가운데 법받을 만하고, 경계할 만한 자취를 뽑아 책을 만들자.'는 의견이 제시된다. '처음 보는 것'이기 때문에 사람들마다 관심을 기울일 것이라는 게 그 이유이다. 여기서 우리는 중종 후반대에 이미 기존의 교화 방식을 갱신할 새로운 레파토리가 절실해졌음을 짐작할 수 있다. 즉 기존의 것과는 다른 방식의 교화 정책, 요컨대 '처음 보는 것'에 대한 필요성의 인식이 임금과 관료들의 의식 속에 자리잡기 시작했다는 것이다.

주세붕의 〈오륜가〉가 나온 시점은 여기에서 과히 멀지 않다. 간단하게나마 그의 작품을 살펴보면, 그 속에는 '부자유친', '군신유의' 등의 관념적 언표들이 지니고 있는 추상성 대신 '~해야 한다', '~하지 말아야 한다'와 같이 일상생활에서 반드시 지켜야 하는 구체적인 실천사항들이 자리하고 있다.[96] 또한 현실에 등장하는 실제적 인간관계들

95) 정출헌(2007), 앞의 논문, 170면.

96) "사름 사름마다 이 말솜 드러스라 / 이 말솜 아니면 사름이오 사름 아니 / 이 말솜 닛디 말오 빅호고야 마로링이다(1수), 아버님 랄 나흐시고 어마님 랄 기르시니 / 父母옷 아니시면 내 몸이 업실낫다 / 이 德을 갑흐려 하니 하놀 ᄀ이 업스샷다(2수), 둉과 항것과를 뉘라셔 삼기신고 / 벌와 가여미아 이 쁘들 몬져 아니 / 혼 ᄆᆞᄋᆞ매 두 쁟 업시 소기디나 마옵생이다(3수), 지아비 받 갈나 간 ᄃᆡ 밥 고리 이고 가 / 반상을 들오ᄃᆡ 눈섭의 마초이다 / 친코도 고마오시니 손이시나 ᄃᆞᄅᆞ실가(4수), 兄님 자신 져즐 내 조쳐 머궁이다 / 어와 뎌 아ᄋᆞ야 어마님 너 ᄉᆞ랑이아 / 兄弟옷 不和ᄒᆞ면 개 도티라 ᄒᆞ리라(5수), 늘그니는 父母 갓고 얼운는 兄 ᄀᆞᄐᆞ니 / 곧튼 ᄃᆡ

이 작품 속에 그대로 삽입됨으로써 작품 속 화자는 현실의 '나'로 치환되고, 이에 따라 화자의 언술은 나의 다짐이 되는 것이다. 선한 사례들의 제시만을 통해 자발적 감화를 유도했던 『삼강행실도』 類와 분명히 구별되는 지점이다. 요컨대 딱딱하기 그지없는 경전 속의 경구들을 현실적인 언어로 대체함으로써, 그리고 나와는 다른 사람들의 특출난 행동으로 여기게끔 만드는 독서물 속의 행위들을 노래를 통해 '자기화'시킴으로써 이념과 현실 사이에 놓여 있는 거리를 최소화하고자 했던 것이다. 이와 아울러 그는 이미 백운동 서원과 관련된 일련의 시가 창작을 통해 노래가 갖는 대중적 전파력과 그것의 적지 않은 효험들을 절감하고 있던 터였다.[97] 이렇게 볼 때 주세붕이 〈오륜가〉를 창작하게 된 주된 목적은 『삼강행실도』 등의 교화서들이 노정하고 있었던 식상함을 '노래'라는 새로운 양식적 기제에 담아 극복하고자 했던 그 나름의 고민의 소산으로 평가할 수 있을 듯하다.[98] 그런데 주세붕의 이러한 시도가 당시에 얼마나 의미 있는 것으로 인식되고 있었는지 다음

不恭ᄒᆞ면 어ᄃᆡ가 다ᄅᆞᆯ고 / 랄로셔 ᄆᆞ디어시든 절ᄒᆞ고야 마로링이다(6수)"

97) 이에 대해서는 우응순, 「주세붕의 백운동서원 창설과 국문시가에 대한 방향 모색: 황준량과의 논의를 중심으로」, 『어문논집』 35, 민족어문학회, 1996; 길진숙, 「주세붕의 『죽계지』 편찬과 시가관: 황준량과의 시가편입 논쟁을 중심으로」, 『민족문학사연구』 11, 민족문학사학회, 1997 참조.

98) 이러한 관점은 16세기 소설사를 '이념적 교화와 서사적 흥미의 아슬아슬한 줄타기'로 설명한 일군의 연구자들에 의해 제시된 바 있다. 이에 대해서는 정출헌(2007), 앞의 논문, 151~176면; 조현설, 「형식과 이데올로기의 분화: 16세기 몽유록의 생성과 전개」, 『민족문학사연구』 25, 민족문학사학회, 2004, 64~86면; 정환국, 「「설공찬전」 파동과 16세기 소설인식의 추이」, 『민족문학사연구』 25, 민족문학사학회, 2004, 38~63면 참조. 그러나 16세기 오륜시조에 대한 기존의 연구성과에서는 작품이 갖는 이데올로기적인 측면에만 주목한 나머지 〈오륜'가'〉 출현의 역사적 맥락에 대한 고찰이 결여되어 있었다. 〈오륜가〉에 대한 재래의 평가가 시가연구사의 초창기에서부터 지금에 이르기까지 부정 일변도였던 것은 바로 이러한 점들의 '결여'에서 비롯되지 않았을까 한다.

의 자료를 통해 다소 우회적으로 살펴보도록 하자.

> 여러 고을의 원이 되었고 한 도의 관찰사가 되었는데, 마음 속에는 항상 백성들을 고무·격려시킬 것을 생각하여 교화를 도타이하는 데 힘쓰되, 일반적인 격식에 얽매이지 않았다. 백성들을 권면할 적에는 효제(孝悌)와 농상(農桑)으로 깨우치고, 환과고독(鰥寡孤獨)들까지도 살아갈 수 있게 해 주고자 했다. 인륜을 노래로 부르게 하고, 학교를 세우기도 했다.[99]

『명종실록』에 실린 주세붕의 졸기이다. 여기서 주목해야 할 부분은 한 인물의 생애를 평가하는 자리에서 그가 행한 주요 공적 중의 하나로 '인륜을 노래로 부르게 했다'는 사실이 선택되었다는 것이다. 이는 아마도 그가 황해도 관찰사 시절 〈오륜가〉를 지어 백성들에게 반포한 사실을 말하는 듯한데 이는 이러한 그의 행위가 그만큼 새롭고 참신한, 전에 없던 것임을 의미한다. 요컨대 서적을 통한 기존의 교화 방식이 여러 가지 이유로 인해 한계를 맞이하고 있던 즈음 이를 타개하기 위하여 '노래'라는 새로운 기제에 주목하게 되었다는 것이다.

③ 한편 사림파 문인들이 교화를 위해 내세웠던 것이 개인적 일상의 규율과 검속이었다면, 일상에서 흔하게 마주치되 개인적 수양과 노력을 방해할 수 있는 모든 것들은 그들이 원하는 일정한 방향으로 수정되어야 한다. 당시의 음악 또한 이에 해당되는데 오륜시조의 출현은 비속하다고 생각되었던 민간의 음악을 내용적·형식적으로 그들의 의

99) 『명종실록』 9년(1554) 7월 2일. "分符數郡, 杖節一道, 心存激昻, 敦尙敎化, 不規規於常式, 而勸民則諭以孝悌農桑, 以至鰥寡孤獨, 欲其有養, 歌詠彝倫, 興立學校."

도에 알맞게 윤색한 대표적인 사례이다. 주세붕의 〈오륜가〉 창작은 이와 관련하여 주요한 하나의 지침이 될 수 있을 터인데, 그는 황해도 관찰사로 부임(1549)하여 시조 〈오륜가〉를 창작하기 이전에 풍기 군수로 재직(1542)하면서 〈도동곡〉을 비롯한 일련의 경기체가 작품과 〈君子歌〉·〈學而歌〉 등을 비롯한 몇 편의 시조 작품을 창작한 경험이 있다. 이는 곧 주세붕 자신이 경기체가와 시조의 장르 문법에 어느 정도 정통해 있었다는 의미인데, 그럼에도 불구하고 그가 '시조' 〈오륜가〉를 창작했다는 사실은 '일상'의 문제와 관련하여 생각해 볼 여지를 남긴다.

그런데 이 문제를 살펴보기 위해서는 조금 돌아가야 할 필요가 있을 듯하다. 당대의 사림파 문인들이 경기체가와 시조 장르를 두고 전자를 비판하고 후자를 선택한 일련의 과정이 퇴계의 언급을 통해 생생하게 전해지기 때문이다. 친숙한 자료이지만 살펴보도록 하자.

> 한림별곡(翰林別曲)과 같은 類는 글하는 사람의 입에서 나왔으나, 교만하고 방탕할 뿐만 아니라 점잖지 못하고 장난기가 있으니 더욱 군자(君子)가 숭상할 바가 아니다. 오직 근세에 이별(李鼈)의 육가(六歌)가 세상에 성대하게 전하니 오히려 그것이 이것보다 낫기는 하지만 세상을 희롱하고 불공(不恭)한 뜻만 있지, 온유돈후(溫柔敦厚)한 실질이 적은 것을 애석하게 여긴다. …… 그러나 지금의 시는 옛날의 시와는 달라서 읊을 수는 있어도 노래하지는 못하니, 만약 노래하고자 할진댄 반드시 시속의 말로 엮어야 되니, 대개 國俗의 음절이 그렇게 하지 않을 수가 없는 것이다. 그래서 내가 일찍이 이씨의 노래를 모방하여 도산육곡을 지은 것이 둘이니, 그 하나는 뜻을 말함이요, 다른 하나는 학문을 말한 것이다. 이 노래를 아이들로 하여금 조석으로 익혀서 노래부르게 하여 안석에 기대어 듣기도 하고, 또한 아이들이 스스로 노래하고

> 춤추고 뛰게 하기도 한다면 비루한 마음을 씻어버리고, 감발되고 마음이 화락해져서 노래하는 자와 듣는 자가 서로 유익함이 있을 것으로 기대한다.[100)]

먼저 그는 노래가 갖고 있는, 혹은 가질 수 있는 교화적 효용을 분명히 인지하고 있었던 것 같다. "비루한 마음을 씻어버리고, 감발되고 마음이 화락해져서 노래하는 자와 듣는 자가 서로 유익함이 있다."라는 것은 음악이 그가 생각하는 방향으로 기능할 경우 발휘될 수 있는 긍정적 효용이다. 그는 이러한 노래를 짓기 위해 당시 유행하던 여러 노래들을 일별하고서는 〈한림별곡〉은 장르적 차원에서,[101)] 이별의 〈육가〉는 내용적 차원에서 바르지 못함을 지적한다. 결국 그는 일상의 개인을 망가뜨릴 수 있는 당시의 음악을 교정하기 위해 '시조'라는 장르에 '言志·言學'으로 대변되는 성리학적 내용을 결합시켜 '유익함이 있'는 노래를 만들어낸다. 요컨대 일상적 단위의 행위들을 검속하는 데 방해가 될 법한 당시의 음악을 변개시키면서 시조 장르를 그러한 자신의 의도에 더욱더 적합한 것으로 판단했다는 것이다.

주세붕의 〈오륜가〉 역시 이러한 맥락과 무관하지 않은 것으로 보인

---

100) 이황, 〈陶山十二曲跋〉, 『퇴계집』 권43, 『한국문집총간』 30, 한국고전번역원, 1988, 468면. "如翰林別曲之類, 出於文人之口, 而矜豪放蕩, 兼以褻慢戲狎, 尤非君子所宜尙. 惟近世有李鼈六歌者, 世所盛傳, 猶爲彼善於此, 亦惜乎其有玩世不恭之意, 而少溫柔敦厚之實也. …… 然今之詩, 異於古之詩, 可詠而不可歌也. 如欲歌之, 必綴以俚俗之語, 蓋國俗音節, 所不得不然也. 故嘗略倣李歌, 而作爲陶山六曲者二焉, 其一言志, 其二言學, 欲使兒輩朝夕習而歌之, 憑几而聽之, 亦令兒輩自歌而自舞蹈之, 庶幾可以蕩滌鄙吝, 感發融通, 而歌者與聽者, 不能無交有益焉."

101) 퇴계의 〈한림별곡〉에 대한 비판적 언급이 실제로는 경기체가의 장르적 결함을 지적한 것이라는 견해는 길진숙, 앞의 책, 222면 참조. "이황은 대표적으로 〈한림별곡〉을 내세웠지만, 실상은 경기체가 장르 자체를 문제삼았다고 할 수 있다."

다. 그는 황준량에게 보낸 편지에서, "지금의 노래들은 대부분 桑間濮上에서 나왔으니 쌍화점이나 청가와 같은 부류들은 모두 사람을 꾀어 악하게 만든다."[102]고 하여 당대에 유행하던 음악에 대해 부정적인 인식을 표한 바 있다. 그가 남긴 일련의 작품들은 모두 이러한 부정적 인식의 연장선상에서 나온 것이라 할 수 있는데, 중요한 것은 일반 백성들을 잠재적 수신자로 설정하고 있는 〈오륜가〉의 경우 선택 가능한 복수의 장르들 중에서 시조 장르를 택했다는 것이다.

작가가 작품을 모색하고 창작하는 문학 행위의 과정에서 기존의 양식 및 관습과 어떤 방식으로든 관련을 맺지 않을 수 없다[103]는 점을 감안하면, 이는 아마도 주세붕 자신이 생각하기에 일반 백성에 대한 교화를 목적으로 하는 작품의 창작에는 여타의 장르보다 시조 장르가 더 적합했던 것으로 판단되었음을 의미한다.[104] 다시 말해 당대의 음악 향유 공간에서 상용되던 경기체가, 가사 등의 장르보다는 시조 장르가 일반 백성들이 향유하기에 더 적절한 것으로 간주되었다는 것이다. 짐작컨대 '아이들이 부를 수 있'을 정도의 간이함, 시공에 구애되지 않는 일상성, 개인적 감흥을 유발할 수 있는 서정성, 이러한 자질들로부터 오는 반복 가능성 등 당시 시조 장르가 지니고 있었던 이러한 면모들이 오륜시가의 장르로 시조가 선택되게 한 주된 요인일 듯하다.

물론 장르의 기원이나 성립, 향유 등 시조를 둘러싼 諸특성들을 사대부들의 관조적 세계관이나 유가적 미의식과 연결시켜 온 그간의 통

---

102) 주세붕, 〈答黃學正仲擧〉, 『武陵雜稿』 권5, 『한국문집총간』 26, 한국고전번역원, 1988, 12면. "今之爲歌者, 多出於桑濮, 如雙花店淸歌之屬, 皆誘人爲惡."

103) 김흥규(1986), 앞의 책, 30면.

104) 김창원, 「조선전기 시조사의 시각과 경기체가」, 『한국시가연구』 9, 한국시가학회, 2001, 313~321면; 강명관, 『조선시대 문학 예술의 생성 공간』, 소명출판, 2002, 92면.

설을 감안할 때, 일반 백성들의 향유 가능성을 염두에 두고 있는 필자의 발언은 대단히 낯설게 다가올 수 있다. 또한 조선 전기 시조 향유의 통상적인 방식을 '가곡 창법의 조종이라 할 수 있는 만대엽의 곡조에 노랫말을 얹어 불렀던 것'[105]으로 단정짓는다면, 가곡과 백성 사이에 놓여 있는 적지 않은 거리[106]로 인해 필자의 입론은 성립의 여지가 더욱더 좁아진다. 그러나 이러한 가능성을 원천적으로 차단할 경우 여러 사림파 관료들의 오륜시조 창작은 실제의 효용 여부를 전혀 고려하지 않은, 지극히 관념적이고도 자족적인 행위로만 남게 될 것이다. 뿐만 아니라 이를 통해 일정한 교화의 효과가 달성될 수 있었을 것으로 믿어 의심치 않았던 그들의 의지나 그것이 실제로 구현되었던 정황을 담은 아래의 자료들 역시 현실성이 결여된 수사적 차원으로만 이해될 뿐이다.

> [1] 우연히 선묘조 상신(相臣) 정철(鄭澈)이 지은 〈훈민가(訓民歌)〉가 첨록되어 있는 것을 얻었기에, 시골의 부녀자와 아이들로 하여금 늘상 암송하고 익혀 감발(感發)되고 징계되는 바가 있게 하고자 하였습니다.[107]

---

105) 권두환, 「시조의 발생과 기원」, 국어국문학회 편, 『고시조 연구』, 태학사, 1997, 30면.

106) 후대의 자료이지만, 18세기 인물인 옥소 권섭의 문집에는 그의 가곡 경험이 상세히 전하는데 그는 장악원 악사 김석겸으로부터 '時行 중대엽'을 배우고자 하였으나 끝내 완성하지 못했다. 음악적 조예가 깊은 사대부들에게도 가곡의 자기 향유는 결코 쉽지 않았던 것이다. 이에 대해서는 신경숙, 「권섭 『가보』의 악보사적 의의」, 이창희 외, 『옥소 권섭과 18세기 조선 문화』, 다운샘, 2009, 154~159면 참조.

107) 『효종실록』 9년(1658) 12월 25일. "偶得宣祖朝相臣鄭澈所作『訓民歌』添錄者, 欲使村閭婦孺, 尋常誦習, 有所感發而懲創也."

[2] 함경도 관찰사(咸鏡道觀察使) 윤지선(尹趾善)이 장계(狀啓)를 올려 다음과 같이 청하였다. "선정신(先正臣) 김정국(金正國)이 지은 『경민편(警民編)』과 고(故) 상신(相臣) 정철(鄭澈)이 지은 〈권민가(勸民歌)〉를 다수(多數) 인출(印出)하여 각 고을에 나누어 보내어, 부유[婦孺]들로 하여금 늘상 외우고 익혀 따르고 본받아야 하는 바탕으로 삼게 하소서."[108)]

[3] 기미년(1679)에 수안군수를 제수받아 근실히 다스렸다. 〈훈민가〉를 번역하여 백성들을 가르쳤다.[109)]

[4] 옛 상신 정철이 지은 〈훈민가〉는 모두 16장으로 그 내용은 민생의 일용과 떳떳한 倫序의 사이를 벗어나지 않습니다. 시골의 아낙네와 아이들에게 늘상 읊조려 감발되는 바가 있게 하고자 하니 곡은 『경민편』에 실려 있습니다. 지금 만약 이로써 팔도에 신칙하여 백성들로 하여금 외우고 익히게 한다면, 비록 우부우부라 할지라도 모두 대의를 알게 될 것이니, 삼남과 양서 지역에서 유행하는 〈산유화리곡〉과 같이 도무지 意義가 없는 노래들이 사람의 심지를 빼앗는 것과는 비교가 안될 것입니다.[110)]

---

108) 『숙종실록』 7년(1681) 7월 21일. "咸鏡道觀察使尹趾善狀請以: "先正臣金正國所撰『警民編』及故相臣鄭澈所作『勸民歌』, 多數印出, 分送各邑, 使婦孺輩, 尋常誦習, 以爲慕倣之地. 稍有行誼者, 別爲訪問, 或給食物, 或減烟役."

109) 이덕수, 〈工曹判書兼知訓鍊院事李公墓誌銘〉, 『서당사재』 권10, 『한국문집총간』 186, 한국고전번역원, 1997, 455면. "己未, 拜遂安郡守, 勤於爲治, 譯訓民歌, 以敎民."

110) 〈畸翁所錄〉, 『松江別集』 권7, 『한국문집총간』 46, 한국고전번역원, 1988, 405면. "故相臣鄭澈作訓民歌, 凡爲十六章, 而其言不出於民生日用彝倫之間, 欲使村閭婦孺, 尋常諷誦, 有所感發, 曲在於警民編矣. 今若以此申飭八道, 使民誦習, 則雖愚夫愚婦, 庶幾皆知大義, 不猶愈於三南兩西山有花俚曲之都無意義, 蕩人心志者乎?"

> [5] 제주(濟州) 백성 40인(人)이 산릉(山陵)의 역사에 나아가기를 자원(自願)하여 올라왔으므로, 임금이 명정전(銘政殿)에 나아가 소견하고 위유(慰諭)하였다. 그 중에 표고(蔈古)를 바치는 자가 있었는데, 임금이 하문하기를, "무엇 때문에 가지고 와서 바치는가?" 하니, 대답하기를, "일찍이 〈권민가(勸民歌)〉를 보니 미나리를 바친 자가 있었는데 신 역시 이러한 뜻입니다. …… 신 등이 비록 무지하오나 어찌 은혜에 감격하는 마음마저 없겠습니까?"[111]

[1]은 효종 때 이후원이 김정국의 『경민편』 간행을 주청하는 상소 중 일부이다. 지방관 시절에 그는 아마도 정철의 〈훈민가〉가 첨록되어 있는 『경민편』을 보게 되었던 듯한데, 그는 〈훈민가〉의 윤리적 효용성을 進達하면서 그것이 지닌 '일상에서의 가능성'을 언급한다. '늘상 암송하고 익혀'가 그것인데, 비록 遞職으로 인해 실현될 수는 없었지만 그의 의식 속에서 시조 장르는 시골의 부녀자와 아이들에게도 쉽게 불려질 수 있는 것으로 생각되었다.

함경도 관찰사 윤지선의 장계 중 일부인 [2]에도 이러한 정황은 포착된다. 그는 정철의 〈훈민가〉가 '婦孺'들조차도 '誦習'할 수 있는 것으로 생각하는데, '尋常'이란 단어 속에 내포된 일상에서의 반복성·지속성 등을 감안하면 〈훈민가〉의 가창을 위해 음악적 조예나 고도의 수련이 긴요치 않은 것으로 판단하고 있었음을 확인할 수 있다. [3]은 17세기 후반 이기하(1646~1718)의 치적을 담은 기록이다. 시조창으로 명명되는 시조의 대중적 창법이 19세기에야 본격적으로 유행한 것이 확실하다면, 그리고 가곡창이 일반 백성들의 향유를 가정할 수 없을 정

---

111) 『영조실록』 33년(1757) 6월 2일. "濟州民四十人自願赴山陵役上來, 上御明政殿, 召見慰諭之. 有獻蔈古者, 上問: "何爲來獻?" 對曰: "嘗見勸民歌, 有獻芹者, 臣亦以此意也. …… 臣等雖無知, 豈無感恩之心乎?"

도로 난해한 것이라면 조선 전기 시조의 가창 방식을 가곡창으로 간주하는 종래의 견해로써는 이러한 기록들을 제대로 설명하기 어렵다.

[4]는 영조 대 한익모(1703~?)가 〈훈민가〉의 인반을 주청하면서 올린 상소 중 일부로, 그 역시 백성들이 이 작품을 자발적으로 향유할 수 있는 가능성을 전혀 부정하지 않는다. 시조의 창작·수용에 관여하는 계층이 확산되기 시작하는 18세기 이후의 자료이기에 심상하게 보일 수도 있으나 필자는 〈훈민가〉의 수용 방식과 통속적 문예물로 기능하던 여타 작품의 그것은 분명히 달랐을 것이라 생각한다. 성악가곡이 본격화되는 조선 후기에 들어서면 시조는 누구나 쉽게 부를 수 있는 그런 대상이 아니라 아래의 주석에서 보이는 바와 같이 피나는 수련 과정을 거쳐야만 하는 그런 대상으로 변모하기 때문이다.[112] 따라서 우리는 조선 전기 시조의 가창 방식에 있어 거문고 반주에 노랫말을 얹어 부르던 전아하고 고급스런 방식 이외의 경로를 또 하나 설정할 필요가 있을 것으로 보인다.

그렇다고 해서 필자가 시조의 민간 기원을 주장하는 것은 물론 아니다. 이 문제와 관련해서는 이미 많은 논의들이 제출되어 있기도 하거니와 이를 입증할 만한 충분한 자료를 갖고 있지 못한 필자로서는 아직 이에 대해 특정한 결론을 내릴 수 없다. 다만 기원의 문제를 떠나 시조의 향유 방식에 있어 일반 백성과 시조 사이의 거리가 우리의 생각만큼 과히 멀지 않았다는 것, 그리고 당대의 시조를 부르는 방식 중 일부는 다양한 악기나 심도 있는 음악적 수련 등을 요하지 않는, 누구

112) 김수장, 〈해동가요유명씨발〉, 『해동가요』, 규장문화사, 1979, 108면. 김창원, 앞의 논문, 316면에서 재인용. "憶昔古人之風儀, 觀今諸君之豪游, 浩浩大海之與潺潺細流川者也, 良可寒心. 至於三十年前, 出林幽僻之處, 瀑布長松之下, 或三或五, 盡日唱習, 終爲成家者多矣. 未知斯世如何而此類永絕, 豈不嗟乎?"

나 배워서 부를 수 있을 정도로 간편한 양식이었음을 오륜시조와 그것의 부대 기록을 통해 어느 정도 추정할 수 있다는 것이다.113)

이러한 차원에서 일련의 〈오ᄂᆞ리〉 시조를 통해 초기 시조의 형성과 전개의 과정을 탐색한 이상원의 논의는 주목된다.114) 논자는 민간의 노래였던 〈오ᄂᆞ리〉가 궁중으로 유입되어 악장과의 교호 과정을 통해 사대부 사회에 널리 퍼지게 되었음을 설득력 있게 논증한 바 있다. 필자에게 본 논의가 의미있게 다가오는 것은 시조의 초기적 향유 방식에 대해서 적어도 세 가지의 경로를 상정할 수 있는 가능성이 마련된 것으로 보이기 때문이다. 첫째, 가곡창을 통한 사대부층의 향유. 둘째, 민간의 방식을 통한 사대부층의 향유. 셋째, 민간의 방식을 통한 일반 백성의 향유. 이 중 오륜시조와 관련된 것은 세 번째로, 이러한 양상은 다음과 같은 자료를 통해서도 우회적으로 엿볼 수 있다.

> 함경도 관찰사로 나아갔는데 …… 먼저 『가례』·『소학』을 발간하여 방언으로 번역하고서는 여러 읍에 나누어 주어 강독하는 것을 시험하였다. 또한 향음주례를 행하고, 俚俗의 歌曲 중 사람을 감발시킬 수 있는 것을 뽑아 오륜으로 묶었다. 여항에 광포하여 날마다 歌詠케 하였다.115)

113) 이외에도 이러한 추정을 뒷받침하는 사례는 다음과 같다. 첫째, 『어우야담』에 전하듯 1590년대에 서울 근교인 청파의 농민들이 밭을 메면서 부른 노래가 시조라는 사실, 둘째, 임진왜란 당시 일본에 잡혀갔던 도공의 후예들이 현재까지 고향을 생각하며 부른 노래가 〈오나리〉 시조라는 사실. 이에 대해서는 김창원, 앞의 논문, 315면.

114) 이상원, 「초기시조의 형성과 전개」, 『조선시대 시가사의 구도와 시각』, 보고사, 2004, 11~34면.

115) 정경세, 〈輔國崇祿大夫領敦寧府事兼知春秋館事 五衛都摠府都摠管 西平府院君韓公行狀〉, 『우복집』 권12, 『한국문집총간』 68, 한국고전번역원, 1988, 374면. "出爲咸鏡道觀察使, …… 先刊『家禮』·『小學』, 譯以方書, 分授列邑, 課其講讀. 又行

1605년에 함경도 관찰사로 나아간 류천 한준겸(1557~1627)의 자료이다. 주목되는 바는 그가 백성들의 교화를 위해 '俚俗의 歌曲 중 사람을 감발시킬 수 있는 것을 뽑아 오륜으로 묶었다.'는 것이다. 전하지 않는 작품이라 구체적인 장르를 확인할 길은 없지만 오륜의 덕목을 민간의 곡조에 맞추어 歌詠化한 그의 사례는 오륜시조의 가창 방식에 대한 추정의 단서를 제공해 준다. 어렵고 난해한 곡조가 아니라 백성들에게 지극히 익숙한 곡조를 선택했던 것이다. 주세붕·송순·정철 등 그보다 앞선 세 명의 작자들 또한 그러한 고려를 하지 않았을까? 오륜시조 창작에 얽혀 있는 그들의 열정을 생각해 볼 때, 이러한 추정이 전혀 無根한 것으로 생각되지는 않을 듯하다.

상기한 추정들이 실제로 구현되었던 정황을 보여준다는 점에서 마지막 [5]번 자료는 비상한 관심을 요한다. 위 기록에서 '미나리를 바친 자'는 정철 〈훈민가〉 중 "님금과 빅셩과 ᄉᆞ이 하늘과 ᄯᅡ히로ᄃᆡ / 내의 셜운 이를 다 아로려 ᄒᆞ시거든 / 우린ᄃᆞᆯ ᄉᆞᆯ진 미나리를 혼자 엇디 머그리."를 가리킨다. 『승정원일기』의 동일자 기록에는 표고를 바친 자에 대해 '一民'으로 표현하고 있는데, "이 백성들의 일로 미루어 보건대 을해년의 이른바 양반이라고 하는 자들이 어찌 부끄럽지 않겠는가?"라는 영조의 언급을 통해 보더라도 이들은 일반 백성임에 틀림없다.[116] 비록 후대의 기록이긴 하지만 필자는 이 사람이 〈훈민가〉를 접

鄕飮酒. 又選俚俗歌曲之可以感發人者, 彙爲五倫, 廣布閭巷, 俾日夕歌詠之."

116) 『승정원일기』 33년(1757) 6월 2일. "其中有一民蕈古進上者, 上曰, "汝之持此來獻者, 其義何處?" 其民曰, "臣嘗見勸民歌, 古有獻芹者. 臣今來獻者, 蓋據此忱也. 且曰, '生我者父母也, 活我者吾君也', 臣屢遭荒歲, 不至餓死者, 亶由於我聖上子視移粟之德, 則臣雖無識, 豈專美於古人之獻芹耶?" 上曰, "予則無一惠及於汝等, 實無受汝進之義, 而汝誠, 莫非出於感先朝之德意而來獻, 故當用之於上殯殿矣." 命受之. 上曰, '以此民等觀之, 則乙亥所謂兩班者, 獨不愧乎?"

하고 수용하게 된 향유의 방식이 가곡창과 시조창으로 분류되는 조선 후기적 방식이 아니라 전대부터 이어져 오던 쉽고 간편한 방식이었을 것으로 생각한다. 위 기록의 발화적 정황을 감안할 때 그는 본 작품을 완전히 숙지하고 있는 것으로 보이는데, 노래에 대한 일회적 경험만으로 이것은 달성되기 어렵다. 일상에서의 반복적 향유가 밑받침되어야만 한다는 것이다.

이렇게 볼 때 오륜시조 출현의 정치적 의미는 의외로 간단치 않다. 그 속에는 개인의 '일상'을 통어함으로써 태평성대를 이룰 수 있다는 사림파 문인들의 생각과 이를 위해 노래와 같이 지극히 '일상'적인 부분까지도 교정하려 했던 그들의 노력, 여기에다 노래의 양식과 같이 미시적 차원의 문제까지도 고려해야 했던 그들의 치열한 모색들이 복잡하게 얽혀 있는 것이다.

2. 시조 〈오륜가〉의 세계상과 그 의미

본 절의 논의를 시작하기에 앞서 지금까지 우리가 거쳐 온 경로들을 되짚어보면 다음과 같다. 필자는 16세기 오륜시조의 출현을 유교에 대한 이해의 심화나 당대에 발생했던 일련의 사회경제적 변화에서 찾았던 재래의 논의들을 비판적으로 검토하고, 이것이 당시에 새로운 정치집단으로 부상했던 일군의 사림파 문인들과 그들이 견지했던 새로운 사상적 조류에 기인한 바가 클 것이라고 가정했다. 이를 위해 그들의 학문적 경향이 당대의 공론 하에서 어떻게 받아들여지고 있었는지, 그리고 그것이 현실에서 어떠한 양태로 구현되는지에 대해 살펴보았다. '非法的'인 방식을 통해 오륜적 질서가 완비된 이상사회를 구현할 수 있다는 것이 바로 그것으로, 여기에는 '인간은 앎과 앎의 실천을 통해 오염된 기질을 태초의 상태로 회복시킬 수 있다.'는 인간적 신뢰와 학문적 믿음이 내재해 있다. 결국 16세기 사림파 문인들이 추구했던 강력한 교화에의 의지들은 '이학·심학·도학'으로 지칭되는 새로운 지식의 체득과 강하게 연계되어 있었던 것이다.

한편 그들이 전파하고자 했던 '앎'의 종류는 아침부터 저녁까지, 가족 내에서 조정에 이르기까지 현실에 존재하는 대부분의 오륜적 관계 내에서 지켜야 할 구체적인 실천 사항들이었다. 이른바 '밥먹고, 일하고, 잠자는' 데에 요구되는 일종의 행동 강령으로, 필자는 이를 '일상성의 정치'라는 개념 하에 살펴보고자 하였다. 조선 전기 시조史에서 상당한 비중을 차지하고 있는 오륜시조 작품들의 족출 또한 이와 무관하지 않은데, 그것은 '文字'라는 지식 매체에 구애됨 없이 일상에서 반복적으로 이행될 수 있다는 시조 장르 특유의 효용성 때문이었다. 그런데 여기에서 필수적으로 수반되는 질문 하나는 과연 시조 장르의 어떠한 요소들이 일상에서의 반복적 향유를 가능케 했는가의 문제이다. 이에 대해서는 구체적인 작품들을 통해 살펴보도록 하자.

2.1. 다양한 형식적 실험과 시조 장르의 선택: 주세붕, 〈오륜가〉

① 논의를 시작하기에 앞서 우리는 다음과 같은 질문을 던져 볼 필요가 있다. 전술한 바 있듯이 주세붕은 황해도 관찰사로 부임(1549)하여 시조 〈오륜가〉를 창작하기 이전에 풍기 군수로 재직(1542)하면서 〈도동곡〉을 비롯한 일련의 경기체가 작품과 〈君子歌〉·〈學而歌〉 등을 비롯한 몇 편의 시조 작품을 창작한 경험이 있다. 이는 곧 주세붕 자신이 경기체가와 시조의 장르 문법에 어느 정도 정통해 있었다는 의

미일 텐데 그렇다면 그는 어떠한 이유에서 〈오륜가〉를 창작함에 있어서는 경기체가가 아닌 시조 장르를 활용한 것인가? 우선 다음의 기록을 참고해 보도록 하자.

> 문성공 묘의 일을 마치고 난 그 달 11일에 문성공의 영정을 봉안하니, 온 마을의 父老들이 단 한 사람도 오지 않은 사람이 없었습니다. 사족의 자제들과, 서민의 자제들 가운데 준수한 자들로 10세 이상 된 자들에게 모두 먼저 가 버선을 매고 정성스레 맞이하게 하였는데, 구경하는 사람들이 담장처럼 둘렀습니다. 정결한 희생으로 제사 지냄에, 먼저 小童들에게 〈죽계사〉 3장을 영송하고, 폐백을 진설하고 俎를 올리게 하였으며, 그 다음에 〈도동곡〉 9장을 노래하되 三獻에 각 3장씩 나누어 부르게 하니, 籩豆가 질서정연하고, 모든 일에 결함이 없었습니다.[117]

문성공 안향의 영정을 봉안하면서 祭享을 지내는 모습을 담은 기록으로 이미 기존 연구들에서 소개된 바 있다. 그런데 주목할 것은 제향에 쓰인 국문시가 작품의 장르가 시조가 아니라 경기체가라는 것이다. 이는 단순한 우연의 결과일 뿐인가? 필자는 이것이 경기체가의 장르적 속성을 명확히 인식하고 있던 주세붕 개인의 '선택적 결과'일 것으로 생각한다. 다시 말해서 주세붕 자신이 인지하고 있던 당대의 시가 장르들, 곧 고려속요·淸歌[118]·경기체가·시조 등의 형식들 중 제향

117) 주세붕, 〈與安挺然〉, 『武陵雜稿』 권5, 『한국문집총간』 27, 한국고전번역원, 1988, 11면. "獨文成公廟事已畢, 月十一日, 奉安影幀, 擧鄕父老無一人不隨到者, 士族子弟·庶民俊秀凡十歲以上 皆令先往, 結襪虔迎, 觀者如堵. 祀以潔牲, 先令小童, 誦竹溪詞三章, 陳幣薦俎, 次歌道東曲九章, 分歌三獻各三章, 籩豆有秩, 庶事無缺."

118) 주세붕, 〈答黃學正仲擧〉, 『武陵雜稿』 권5, 앞의 책, 12면. "今之爲歌者, 多出於桑濮, 如雙花店淸歌之屬, 皆誘人爲惡."

이라는 공식적 행사에 좀 더 적절할 듯한 장르를 선정・택일한 결과라는 것이다.[119] 그렇다면 경기체가의 어떠한 장르적 속성 때문에 주세붕은 이를 선택한 것일까?

주지하듯이 경기체가 장르는 일정한 사실을 선택적으로 제시하고 이로 말미암아 이루어진 작중 상황을 특정한 모습[景]으로 조화롭게 인식함으로써 고양된 감격의 정서로 나아가는 장르적 속성을 내부적으로 갖는다.[120] 1장에서 살펴본 바와 같이 거개의 경기체가 작품은 창작 주체가 제시하고자 하는 정경의 모습들을 가장 잘 대변해 줄 수 있는 외부적 사물들을 1~3행까지 순차적으로 나열하고, 그러한 나열이 진행되는 동안 점진적으로 증폭・응축된 감정을 '景 긔 엇더ᄒᆞ니잇고'라는 감탄적 종결형을 통해 외부로 분출하게 된다. 퇴계를 위시한 몇몇의 사림파 문인 지식인들이 〈한림별곡〉으로 대표되는 경기체가

---

119) 김윤희는 앞의 논문, 36면을 통해 〈도동곡〉이 주세붕 개인의 일상적 공간 안에서도 활발하게 향유되고 있었음을 주장한 바 있는데, 이는 엄밀히 말해 자료의 오독으로 인한 잘못된 이해인 것으로 보인다. 논자가 근거로 든 행장[주박, 〈行狀〉, 『무릉잡고』 권3, 앞의 책, 227면.]의 구절, '小婢로 하여금 밤낮으로 諷誦케 하였다.[使小婢曉夕諷誦]'은 '그가 만년에 선현의 경어들을 뽑아 훈계가사를 지었다.[晩節, 摘先賢警語, 作訓戒歌詞.]'는 바로 앞의 구절과 연결시켜 독해되어야 한다. 시간의 전환을 의미하는 '晩節'이라는 단어가 이를 증거하기도 하거니와 제시된 〈도동곡〉 역시 안향을 제사 지내는 所用 하에서만 향유된 것으로 읽힐 뿐[作竹溪辭道東曲, 使歌以祀公.], 그것이 일상생활 속에서도 향유된 것으로 볼 만한 근거가 전혀 없기 때문이다. 더구나 '作竹溪辭道東曲'과 '使小婢曉夕諷誦' 사이에는 수십 년의 시간적 거리가 개재되어 있으며, 실제 기술된 내용 역시 해당 기간 동안 주세붕이 보여준 多種한 행적들로 가득 차 있다. 자신이 창작한 〈도동곡〉이 있었는데도 불구하고 '훈계가사'를 다시금 창작했다는 사실은 〈도동곡〉이 일상에서 향유되었음을 말해주는 것이 아니라 오히려 그것이 일상에서 개인적으로 향유하기에 부적합했다는 점을 분명히 말해준다. 다시 말해 〈도동곡〉을 비롯한 일련의 경기체가 작품들은 그것이 갖고 있는 장르적 속성으로 인해 다수가 모인 공간이나 공식적 행사에서 주로 연행되었을 가능성이 보다 높다는 것이다.

120) 김흥규(1999), 「장르론의 전망과 경기체가」, 앞의 책, 125면.

장르에 대해 극도의 부정적 인식을 보였던 것[121]은 경기체가 장르가 그 속성상 '필연적으로' 가질 수밖에 없는 이와 같은 '장르적 결함' 때문이었던 것으로 짐작된다. 다시 말해서 '감정의 무절제한 流露'를 전제하는 경기체가 장르를 당시의 일부 사림들은 자신들이 갖고 있는 노래의 효용적 가치, 즉 기대지평을 충족시켜 줄 수 없는 것으로 인식했다는 것이다.[122]

그런데 주세붕은 이와 같은 경기체가 장르의 문제점을 인식하고 있었으면서도 감정의 종류 내지는 방향을 바꾸는 방식으로 이를 극복하고자 했었던 듯하다. 즉 누구에게나 귀감이 될 수 있는 대상을 찬양하고 찬미하는 데에 경기체가를 활용함으로써 〈한림별곡〉과 같이 '矜豪放蕩하고 褻慢戲狎하다'는 혐의를 피하고, 그 대상에 대한 찬양과 찬미의 감정을 보다 높은 차원으로 고양시키고자 했다는 것이다. 안축의 〈죽계별곡〉에 내재한 호협질탕한 가사들을 경계하면서도 '蕩滌消融'의 이유를 들어 行錄에 실었던 것[123] 역시 이러한 의도와 무관하지

121) 이황, 〈陶山十二曲跋〉, 『퇴계집』 권43, 앞의 책, 468면. "如翰林別曲之類, 出於文人之口, 而矜豪放蕩, 兼以褻慢戲狎, 尤非君子所宜尙."

122) 경기체가 장르에 대한 당시 사림들의 부정적 인식은 길진숙(1997), 앞의 논문, 126~131면에 자세히 정리되어 있다.

123) 주세붕, 〈小識〉, 「行錄後」, 『竹溪志』. 번역은 한국고전번역원 홈페이지(http://db.itkc.or.kr/) "우수고전번역서"를 참조하되, 原義에 좀 더 가깝게 필자가 일부 수정하였음을 밝힌다. 앞으로 한국고전번역원에서 제공하는 번역문은 모두 이와 같은 방식으로 인용할 것이다. "삼가 살피건대, 문정공(文貞公)의 〈죽계별곡(竹溪別曲)〉 9장은 시내에서 목욕하고 시를 외우며 돌아가는 餘風으로, 그 풍류와 도량이 사특한 찌꺼기를 씻어내고 융해하여 거의 사라지게 되었음을 상상할 수 있다. 이에 〈행록(行錄)〉에 아울러 수록하게 된 것이다. 다만 '천자(天子)'라는 말은 흠이 됨을 면치 못하고, 또 '주도(酒徒)'·'주리(珠履)' 등의 시어들은 호협질탕한 말들이 많이 섞여 있어 한결같이 바른 데에서 나온 것만은 아니다. 따라서 황탄한 곳으로 흐르게 될까 걱정된다.(謹按文貞公有竹溪曲九章, 浴溪詠歸之餘, 足以想像其風流雅量, 蕩滌消融, 庶乎無邪滓矣. 於是, 并載行錄. 獨以天子之說未免有疵, 而酒徒

않은 것으로 보인다. 요컨대 경기체가 장르가 지니고 있는 감정적 에너지의 방향을 '자긍과 유희'에서 '찬양과 추존'으로 변경함으로써 보존된 에너지의 질량만큼 찬양과 추존의 효과를 배가하고자 했다는 것이다. 이러한 면모는 위에서 언급된 〈도동곡〉124)에 그대로 나타나는데, 이 작품에서는 '요 · 순 · 우 · 탕 · 문 · 무 · 주공' 등으로 이어지는 유가적 道統을 안향이 이어받은 것으로 묘파하면서 그러한 정경을 '景其何如'라는 시어로 집약함으로써 듣는 이로 하여금 제향의 대상에 대한 존경과 추모의 깊이를 더하게끔 하였다.

사정이 이러하다면 경기체가는 그 장르적 속성상 긍정적이고 낙관적인, 혹은 노래의 연행을 통해서 그러한 분위기를 창출해 낼 수 있는 세계상만을 노래할 수밖에 없다.125) 요컨대 부정적 현실, 개선되어야

珠履等語, 多雜於豪俠跌宕之辭, 不得粹然一出於正, 恐其流於荒也.)"

124) "伏羲 · 神農 · 黃帝 · 堯 · 舜 再唱 偉 繼天立極 景幾何如(제1장) 人心惟危 道心惟微 惟精惟一 允執厥中 偉 주거니 받거니 聖人의 心法이 다믄 잇분니이다(제2장) 禹 · 湯 · 文 · 武 · 皐 · 伊 · 周 · 召 再唱 偉 君臣이 相得 景幾何如(제3장) 下土茫茫커늘 上帝是憂ᄒᆞ샤 圩頂大人을 洙泗 우희 ᄂᆞ리오시니 偉 萬古淵源이 그츨 뉘 업ᄉᆞ샷다(제4장) 顔生四勿 曾氏三省 仰高鑽堅 瞻前忽後 偉 學聖忘勞 景幾何如(제5장) 率ᄒᆞ리 天命之性 養ᄒᆞ리 浩然之氣 再唱 偉 至誠無息이아 本니이다(제6장) 光風霽月 瑞日祥雲 再唱 偉 그쳐딘 긴 ᄂᆞᆯ 엇뎨ᄒᆞ야 니ᄋᆞ신고(제7장) 人欲이 橫流ᄒᆞ야 浩浩滔天일ᄉᆡ 一千五百年에 晦翁이 나샷다 敬으로 本을 세여 大防을 ᄆᆡᆼᄀᆞᄅᆞ시니 偉 繼往開來아 仲尼나 다ᄅᆞ시리잇거(제8장) 三韓千萬古애 眞儒를 ᄂᆞ리오시니 小白이 廬山이오 竹溪이 濂水로다 興學衛道ᄂᆞᆫ 小分네 이리어니와 尊禮晦庵이 그 功이 크샷다 偉 吾道東來 景幾何如(제9장)" 작품의 인용 및 표점은 박경주, 앞의 책, 305~306면 참조.

125) 이 점은 주세붕이 남긴 여타의 경기체가 작품에도 그대로 해당된다. 〈엄연곡〉에서는 유자가 지향해야 할 당위적인 덕목들이 그러한 덕목들의 전범이 되는 인물들과 함께 서술되고 있으며, 〈육현가〉에서는 정이천 · 장횡거 · 소요부 · 사마공 · 범문정 등 유가적 이념의 체현자들과 그들의 대표적 업적이 집약적으로 제시되어 있다. 그리고 〈태평곡〉에서는 『家語』에 제시되어 있는 내용들을 飜出하여 요순시대의 태평한 정경들을 묘사하고 있다.

만 하는 현실, 반드시 그렇게 되어야만 하는 당위적 현실 등은 경기체가의 자장 안으로 들어올 수 없으며, 이를 노래하기 위해서는 그러한 현실에 대한 '부정·금지·명령' 등의 언술이 가능한 다른 장르를 활용해야만 하는 것이다. 주세붕이 〈오륜가〉를 창작하면서 경기체가가 아닌 시조 장르를 활용한 까닭은 바로 여기에 있었다고 짐작되는데,[126] 그렇다면 시조 〈오륜가〉에 드러나는 여러 가지 면모들은 1장에서 살펴본 경기체가 〈오륜가〉의 그것과는 상당 부분 다르게 나타날 듯하다. 이를 다음 항에서 살펴보도록 하자.

2 주세붕 〈오륜가〉의 경우 작품 전체가 우리말로 기록된 시조 장르인 까닭에 유가 경전, 그중에서도 특히 시경의 구절 구절들을 조합하여 텍스트를 구성한 경기체가 〈오륜가〉와는 달리 그것의 원천을 찾기가 용이하지 않다. 특히 『시경』 「소아」 〈요아〉편을 인용한 2수, '蟻蜂之義'와 '擧案齊眉'의 전고를 활용한 3수·4수 등을 보면 주세붕의 〈오륜가〉는 단일한 텍스트에서 기원한 것이라기보다는 자신이 그리고 있던 '오륜적 세계상'을 여기저기에 산재해 있는 사례들을 끌어다 직조한 것으로 보인다. 때문에 이 작품이 어떤 특정한 고전 텍스트를 그 모태로 한다는 식의 단정적 결론은 내리기 어려울 듯하다. 다만 작품의 전반적 분위기나 표방하고 있는 내용, 그리고 작자가 설정한 궁극

---

126) 이러한 면모는 송암 권호문(1532~1587)의 〈독락팔곡〉과 〈한거십팔곡〉에도 극명하게 드러난다. 주지하듯이 경기체가 작품인 〈독락팔곡〉에는 강호에 은거한 창작 주체의 긍정적이고도 낙관적 심사가 주를 이루는 대신 현실에서 벼슬하지 못한 화자 내면의 갈등이나 회포 등은 별반 나타나지 않는다. 반면, 〈한거십팔곡〉에는 과거에 실패한 자신에 대한 자책과 반성, 그로 인한 갈등과 울분 등이 명백히 드러난다. 과문한 탓이겠지만 두 작품 사이에 보이는 주요한 차이들을 장르가 갖는 원천적 속성의 차이로 규명한 연구는 그다지 많은 것 같지 않다. 이에 대한 추후의 과제로 남긴다.

적 의도와 그것의 수신자 등을 통해 짐작할 수 있을 뿐인데, 먼저 다음의 실록 기사들에 주목해 보도록 하자.

[1] 하루는 『논어』의 〈四勿章〉을 강하는데, 강관이 "四勿은 오직 顔子만이 할 수 있지 다른 사람은 미칠 수 없습니다."라고 말하자, 공이 그 말의 폐해를 극렬히 논박하며 다음과 같이 말했다. "사람들이 이 말씀을 따르지 못할까 근심해야 할 따름이니, 이와 같은 일을 하면 또한 이와 같게 됩니다. 사람은 모두 인을 행할 수 있습니다." …… 조정에서 물러나서는 고요히 앉아 독서하고 의리를 궁구하였으니 이러한 것들은 모두 기질을 변화시키는 데로 귀일된다.[127)]

[2] 지난 기묘 연간에 사람들이 모두 『소학』을 읽었으나 끝내 그대로 행하지 못했던 것은, 벼슬을 꾀하는 무리들이 『소학』을 빙자하여 어지럽고 간궤함을 일삼아 선왕(先王)께서 옛 치도(治道)를 회복하고자 하셨던 마음을 끝내 펴지 못하도록 하였기 때문이니, 지금까지도 큰 유감입니다. 세상 사람들이 모두 학술을, 작록(爵祿)을 도모하는 계책으로 삼고 있었기에 선왕께서 하고자 하시는 뜻을 행할 수 없었던 것입니다. 그 뒤 20년 사이에 사람들이 모두 『소학(小學)』을 알지 못하여 인정(人情)과 습속(習俗)이 다 투박하게 되었습니다. 선왕께서 이를 개탄하고 염려하시어 중외(中外)의 유사(儒士)들에게 『소학』을 읽히려 하였으나 역시 실행되지 못하였습니다. 이는 신이 외지(外地)에 있을 때 들은 것입니다."[128)]

---

127) 周博, 〈行狀〉, 『武陵雜稿』 附錄 권3, 『한국문집총간』 27, 한국고전번역원, 1988, 227면. "嘗一日, 講論語至四勿章, 講官以爲, "四勿, 唯顔子能之, 非他人所能及." 公極論其言之弊, 以爲, "人患不能請事斯語而已. 有爲者亦若是, 人皆可以爲仁矣." …… 至於公退, 靜坐閱書, 用意深思, 研窮義理, 皆歸之於變化氣質之要."

128) 『명종실록』 1년(1546) 7월 28일. "頃於己卯年間, 人皆爲『小學』, 而終不能之者, 以媒爵之徒, 藉於『小學』, 紛紜詭怪, 使先王, 欲復古治之心, 竟不得施, 至今遺恨.

[1]에는 정이의 〈사물잠〉을 놓고 주세봉과 김익수[129]가 벌인 논쟁의 내용이 담겨 있다. 주세붕은 경연 자리에서 〈사물장〉을 강하면서 "四勿은 오직 顔子만이 행할 수 있다."고 한 김익수의 언급에 대해 그것의 부당성을 지적하며 '사람은 모두 인을 행할 수 있'음을 강변한다. 그는 안연의 '舜何人也, 予何人也?'를 인용하면서 "마음을 안자와 같이 세운다면 반드시 요순에 다다를 수 있"[130]음을 강변한다. 학문의 축적을 통한 기질의 변화 가능성, 성인됨의 보편적 가능성을 그 역시 인정하고 있는 것이다. 이러한 그의 사유가 지방관으로 그가 보여준 치적의 흔적들과 연계되는 것은 타고난 신분을 막론하고 개인의 인위적 노력을 통해 至善의 경지에 오를 수 있음을 부정하지 않는다는 데에 있다.

[2]는 주세붕이 황해도 관찰사로 부임하여 시조 〈오륜가〉를 창작하기 3년 전의 기록이다. 기묘사림에 대한 통렬한 비판이 여과없이 노출되어 있는 이 기록을 근거로 그의 성향을 공신계열에 위치시키는 논의[131] 역시 없지 않으나 이에 대해서는 잠시 접어두도록 하자. 다만 그가 보인 정치적 행적만을 근거로 훈구와 사림의 귀속 여부를 가리는 것이 때로는 간명하기도 하지만 때로는 중요한 실상들을 놓치게도 한

【己卯之人, 豈是媒爵之徒? 而當時之論, 皆如此, 誰能明好惡是非乎?】世人以學術爲經營爵祿之計, 故先王旣不能行其有爲之志. 其後二十年間, 人皆不知『小學』, 人情俗習, 盡歸於偸薄. 先王慨念於斯, 欲令中外儒士, 讀『小學』而亦不行. 此臣之在外時所聞者也."

129) 『명종실록』 1년(1546) 7월 28일자 기사에 같은 내용이 보이는데, 이에 따르면 "四勿은 오직 顔子만이 할 수 있지 다른 사람은 미칠 수 없습니다."라고 말한 강관은 金益壽이다.

130) 『명종실록』 1년(1546) 7월 28일. "立心如顔子, 則可至於堯舜矣."

131) 정순우, 「주세붕의 『心圖』 편찬과 그 사상적 의미」, 『퇴계학보』 123, 퇴계학연구원, 2008, 145~147면 · 162면.

다는 점만은 분명히 기억해야 할 것이다.[132]

우선 위의 기록을 통해 그가 '인정과 습속이 투박해진 당대 사회의 현실'을 『소학』을 알지 못한 데에서 기인한 것으로 파악하고 있음을 살펴볼 수 있다.[133] 이는 곧 그가 자신이 위치한 당대를 상당히 부정적인 시각으로 바라보고 있음을 의미하며, 이와 더불어 『소학』이란 텍스트를 백성에 대한 일종의 윤리교과서 내지는 계몽교과서로 인지하고 있음을 의미한다. 허목이 지은 그의 신도비에 "신축년(1541)에 예빈시 첨정으로 풍기군수가 되어 閭巷에 榜諭하여 五倫의 방도를 보이고, 『소학』을 베풀어 가르쳤으며, 『삼강행실도』는 친히 구두를 바로잡아 諸生을 권면하고 깨우쳤다."라는 언급이 있는 것을 보면,[134] 그에게 있어 '오륜'-『소학』-『삼강행실도』는 상당히 밀접한 관계가 있음을 알 수 있다. 더구나 그는 『表章小學』이라는 『소학』 해설서를 직접 撰한 바 있는데,[135] 이러한 사실들은 곧 그가 창작한 〈오륜가〉가 소학적

132) 주세붕의 이러한 언급에 대해 "기묘 연간의 사람들이 어찌 벼슬만을 꾀하는 무리였겠는가? 그러나 당시의 의논이 다 그러하였으니, 어느 누가 그 호오(好惡)와 시비(是非)를 밝힌단 말인가?(己卯之人, 豈是媒爵之徒? 而當時之論, 皆如此, 誰能明好惡是非乎?)"라는 史評이 부기되어 있다. 과한 해석이겠으나 이러한 언급 속에는 기묘사림에 대한 긍정적 평가가 당시까지는 공식적으로 제기되기 어려운 상황이었거나, 혹은 이러한 인식이 주세붕 개인의 그것만은 아니었던 정황을 보여준다고 할 수 있다. 따라서 이러한 언급만을 근거로 그를 非사림파 문인으로 분류하기에는 일정한 한계가 있는 것으로 보인다.

133) 주세붕뿐만이 아니라 송순과 정철의 문집에서도 그들이 소학을 대단히 중요한 텍스트로 여기고 있음을 짐작하게 하는 여러 편린들을 확인할 수 있다. 송순의 경우를 예로 들면 다음과 같다. 송순, 〈次吳菊齋謙贈靈藏師韻三首〉, 『면앙집』 권2, 『한국문집총간』 26, 한국고전번역원, 1988, 231면. "錦陽起書舍 令爾強從儒 小學是明師 何難回半塗 / 俛仰亭中老 湧珍山下公 同延九十壽 人事免爲朦 / 七十亦云希 百年從此始 心中憂樂空 餘事尙如砥".

134) 허목, 〈神道碑銘〉, 『무릉잡고』 부록 권3, 앞의 책, 234면. "辛丑, 以禮賓寺僉正, 出爲豐基, 榜諭閭巷, 以示五倫之方, 布敎小學 · 三綱行實, 親正句讀, 勉諭諸生."

이념 혹은 지향과 상당한 친연성을 갖고 있음을 짐작케 한다. 이는 무엇보다도 『소학』의 〈명륜〉편이 '오륜'과 직접적으로 연결되어 있기 때문이다.

사ᄅᆞᆷ 사ᄅᆞᆷ마다 이 말ᄉᆞᆷ 드러ᄉᆞ라
이 말ᄉᆞᆷ 아니면 사ᄅᆞᆷ이오 사ᄅᆞᆷ 아니
이 말ᄉᆞᆷ 닛디 말오 ᄇᆡ호고야 마로링이다. 【1수】

아버님 랄 나ᄒᆞ시고 어마님 랄 기ᄅᆞ시니
父母옷 아니시면 내 몸이 업실낫다
이 德을 갑ᄒᆞ려 하니 하ᄂᆞᆯ ᄀᆞ이 업스샷다. 【2수】

둉과 항것과ᄅᆞᆯ 뉘라셔 삼기신고
벌와 가여미아 이 ᄠᅳ들 몬져 아니
ᄒᆞᆫ ᄆᆞᄋᆞ매 두 ᄠᅳᆮ 업시 소기디나 마옵생이다. 【3수】

지아비 받 갈나 간 ᄃᆡ 밥 고리 이고 가
반상을 들오ᄃᆡ 눈섭의 마초이다
친코도 고마오시니 손이시나 ᄃᆞᄅᆞ실가. 【4수】

兄님 자신 져즐 내 조쳐 머궁이다
어와 뎌 아ᄋᆞ야 어마님 너 ᄉᆞ랑이아
兄弟옷 不和ᄒᆞ면 개 도티라 ᄒᆞ리라. 【5수】

---

135) "『소학』이란 책이 한번 나온 뒤로 주석을 붙인 사람이 매우 많았다. …… 우리나라에서는 栗谷先生 李珥의 『集註小學』, 宣政殿의 『訓義小學』 5권과 주해 4권, 『小學集成』 5권과 주해 4권, 『訓義小學大全』 6권, 愼齋 周世鵬의 『表章小學』 등이 있으니, 평생 마음속에 간직해야 할 것이다." 이규경, 〈小學의 古今 二學에 대한 변증설〉, 『오주연문장전산고』 경사편 1, 한국고전번역원 홈페이지 참조.

늘그니ᄂᆞᆫ 父母 갓고 얼운ᄂᆞᆫ 兄 ᄀᆞᄐᆞ니
ᄀᆞᄐᆞᆫ ᄃᆡ 不恭ᄒᆞ면 어ᄃᆡ가 다ᄅᆞᆯ고
랄로셔 ᄆᆞ디어시ᄃᆞᆫ 절ᄒᆞ고야 마로링이다.【6수】

주세붕의 〈오륜가〉는 ‘서련/오륜’으로 이루어져 있다. 이는 『소학』의 전체적인 체제와 유사한데 주지하듯이 『소학』의 체제는 〈立教〉·〈明倫〉·〈敬身〉·〈稽古〉·〈嘉言〉·〈善行〉의 6편으로 이루어져 있으며, 각 편의 서두에는 앞으로 기술될 구체적인 항목들을 요약·포괄하는 序言들이 제시되어 있다.136)

이러한 형식적 유사성 이외에도 양자는 그것이 기술하는 내용적 속성에 있어서도 상당한 일치를 보인다. 먼저 서련에서는 “사ᄅᆞᆷ 사ᄅᆞᆷ마다 이 말ᄉᆞᆷ 드러ᄉᆞ라 이 말ᄉᆞᆷ 아니면 사ᄅᆞᆷ이오 사ᄅᆞᆷ 아니”라고 하여 아래에서 기술될 내용에 강한 강제력을 부여하고 있다. 즉 각 장이 표방하고 있는 윤리적 질서들은 반드시 준수해야만 하는 것이며, 그렇지 않을 경우 ‘사람’이라고 하는 인간적 테두리에서 이탈된다는 점을 주지시켜서 (자신이 바라보기에) 부정한 현실의 개선을 꾀하고 있는 것이다.

이어 2수부터는 작품 전체가 부자, 주노(군신), 부부, 형제, 장유의 항목으로 나누어져 있으며, 다섯 작품 모두 아랫사람이 윗사람에 대해 지켜야 할 마땅한 도리에 대해서 언급하고 있다. ‘父子’관계를 노래한 2수는 말할 것도 없거니와 ‘主奴’관계에 대한 3수 또한 ‘ᄒᆞᆫ ᄆᆞᄋᆞ매 두 ᄠᅳᆮ 업시 소기디나 마옵생이다’를 감안할 때 노래의 궁극적 수신자가

136) 예를 들어 〈明倫〉편의 序言은 다음과 같다. “孟子曰, 設爲庠序學校, 以教之, 皆所以明人倫也. 稽聖經, 訂賢傳, 述此篇, 以訓蒙士.” 이상, 『소학』의 체제에 대해서는 김준석, 「조선전기의 사회사상: 『소학』의 사회적 기능 분석을 중심으로」, 『동방학지』 29, 연세대학교 국학연구원, 1981, 147면.

'奴'에 있음을 확인할 수 있다. 이는 4수에서도 마찬가지이다. '夫婦'에 대한 노래임에도 그 수신자를 '婦'로 설정하여 '夫婦之別'의 1차적 책임을 '아내'에게 부가하고 있다. 요컨대 자식, 아내, 종, 幼者 등 사회적으로 낮은 지위에 처해 있는 사람이 부모, 남편, 주인, 長者 등 사회적으로 높은 지위를 점하고 있는 사람에 대해 지켜야 할 윤리의식을 일방적으로 强勸하고 있는 것이다.[137]

이러한 일방통행은 『소학』의 경우에도 매우 유사하게 나타난다. 『소학』 〈명륜〉 제2편의 소제목들은 '부자지친', '군신지의', '부부지별', '장유지서', '붕우지신'으로, 그 題名에 있어서는 어느 정도의 호혜성을 표방하는 듯하지만 실제 텍스트의 내용은 모두 子, 臣, 婦, 幼가 따라야 할 '마땅한' 사회적 규준들만을 제시하고 있다. 이렇게 볼 때 주세붕 〈오륜가〉의 내부적 질서 혹은 지향이 『소학』의 그것과 상당한 친연성을 갖고 있는 것으로 판단하더라도 크게 무리가 없을 듯하다.[138] 이 점은 다음의 인용문을 통해서도 추정할 수 있다.

---

137) '형우제공'을 노래한 5수의 경우 초장에서는 동생의 형에 대한 공경, 중장에서는 형의 동생에 대한 사랑이 기술되어 있어 여타의 사회적 관계와 다른 양상을 보인다. 그러나 '공경'이라는 말 속에는 이미 어느 정도의 상하관계가 전제되어 있으며, 따라서 후자보다는 전자에게 보다 선행되는 요구사항이었을 것으로 생각된다. 이는 동생의 형에 대한 공경이 초장에 제시된 점을 보아서도 그러하거니와 '오륜' 중 쌍방적 관계에 놓이는 '붕우'의 관계가 본 작품에서 빠져 있는 것을 통해서도 어느 정도 짐작할 수 있다. 다시 말해서 주세붕 〈오륜가〉의 전체적 방향은 在下者의 在上者에 대한 의무를 강조하고, 그것을 통해 在下者를 훈육시키는 데에 있다는 것이다.

138) 참고로 박연호는 일련의 시조 〈오륜가〉 작품 중 소학적 이념에 강하게 견인되어 있는 것을 박인로의 〈오륜가〉부터로 파악하였으나 작품의 내용이나 『소학』에 대한 그의 관심 등을 고려해 볼 때 주세붕의 〈오륜가〉에도 그러한 면모가 엿보인다고 생각한다. 이에 대해서는 박연호, 「19세기 오륜가사 연구」, 고전문학한문학연구학회 편, 『19세기 시가문학의 탐구』, 집문당, 1995, 380~381면.

> 『소학』은 옛날 아이들을 가르치는 법이었다. 그러나 성인의 도는 인륜보다 큰 것이 없고, 인륜의 실체는 이 책보다 드러난 것이 없어 선비된 자로 성현을 법받지 않으려면 그만이려니와, 만일 법받고저 할진댄 어찌 하루라도 이것을 버릴 수가 있으리오? …… 옛날 나의 선조인 文正先生이 高山郵舘에 거하실 적에 항상 이 책을 숙독하셨으니 그때 나이가 이미 33세였다. 그 伯氏인 文忠先生은 〈오륜가〉를 지어 그 後人들을 가르치는 데까지 이르셨으니 그 도는 진실로 같지 않음이 없는지라.[139]

위 기록에 나오는 '文忠先生'은 仙源 金尙容(1561~1637)이다. 이 글을 남긴 金元行(1702~1772)은 자신의 선조인 김상용이 〈오륜가〉를 창작한 주된 목적을 "그 後人들을 가르치는 것"으로 명확히 한정하고 있다. 특히 마지막 부분의 언급은 시조 〈오륜가〉의 이념적 지향이 어디에서 나온 것인가를 짐작케 한다는 점에서 주목할 필요가 있는데, 그는 이념을 직접적으로 표방하고 있는 『소학』 텍스트와 그것을 현실에 적용키 위한 문학적 실천의 하나인 〈오륜가〉의 창작을 동궤의 것으로 파악하고 있다. 다시 말해서 16세기 이후 창작된 시조 〈오륜가〉가 비록 『소학』의 면면들과 정확히 일치하는 것은 아니라 하더라도 그 내부적 체계나 지향, 목적, 질서 등에 있어서는 동일한 방향을 향하고 있다는 것이다.

그렇다면 여기서 어떠한 이유로 인해 『소학』적 내용을 시조로 부르게 되었는가라는 질문이 필수적으로 요청될 터, 이와 관련하여 흥미로

---

139) 김원행, 〈書小學後 贈族姪履大〉, 『渼湖集』 권3, 『한국문집총간』 220, 한국고전번역원, 1998, 261면. "小學者, 盖古者敎小子之法. 然聖人之道, 莫大乎人倫, 人倫之實, 莫著乎此書. 士不法聖賢則已矣, 如欲法之, 何可一日而舍此? …… 昔者, 吾先祖文正先生, 在高山郵舘, 尙讀此書, 其時年已三十三矣. 其伯氏文忠先生, 至爲之作五倫歌, 以訓其後人, 則其道固未嘗不同也."

운 것은 주세붕 〈오륜가〉에 제시된 인간관계들과 그 안에서 준수되어야 할 인륜적 준칙들이 '노래'가 아닌 '告諭文'의 형식으로 이미 그 전에 공표된 바가 있었다는 것이다. 다소 길지만 논의의 편의를 위해 전문을 인용한다.

> 사람이 금수와 다른 것은 오륜이 중하기 때문인데 지금 궁항의 소민들이 천리를 따르지 않고 오직 인욕만을 좇아서 자식된 자가 그 몸이 아비에게서 나온 것을 알지 못하여 봉양하기를 집안의 개와 말보다도 못하게 하니 하물며 공경할 수 있겠는가? 심한 자들은 그 집의 오래된 가축에게도 차마 하지 못할 짓을 그 아비에게 차마 하는데, 그러한 자들이 앞과 뒤를 서로 이을 정도로 많으니 매양 성조의 수치일 뿐이다. 오호라! 이러한 무리들에게 자신이 아비에게서 나온 것을 알게 해 주면 반드시 이와 같은 일을 하지 않을 것이니, 무릇 금수는 그 어미만 알고 아비를 알지 못하여 성인이 이를 근심하여 예법을 제정하여 아비를 높이는 것을 중하게 하였으니 이에 비로소 인간이 금수를 벗어날 수가 있었다. 아! 똑같은 사람이라도 한번 변하면 이적이 되고, 두 번 변하면 효경이 되니 슬프지 아니한가? 또한 아내들은 남편에게 擧案하여 손님과 같이 대하는 예를 알지 못하고, 鷄鴨이 친압하는 것을 서로 조화롭다 여기며, 동생들은 형을 공경하는 뜻에 어두워 집안에서 서로 싸우는 것을 무상하다 여긴다. 빨리 걸어서 어른을 앞질러 놓고도 나이 어린 자들은 자신이 무례한 행동을 범한 줄 모른다. 관에다 신발을 얹은 격으로 천한 이들 역시 대부분 귀한 이를 능멸하는 짓을 행하니 풍속의 병폐가 이보다 더함이 없도다. 병을 치료하는 일은 마땅히 가장 서둘러야 할 바이니, 이에 부임한 날을 당하여 말로써 里正들을 깨우치니 이 다섯 가지가 적절하게 되면, 아비는 자애롭고 자식은 효성스러우며, 형은 우애하고 동생은 공경하며, 부부 사이는 분별이 있고, 장유 사이엔 차례가 있어 화목하고 조화롭게 되니, 이른바 천지 사이의 기운

이 조화로워지고 상서로움이 이르게 될 근본이며, 풍년이 될 조짐이 바로 이것이다. 사람들은 모두 양지와 양능이 있으나 깨닫지 못하는 자들은 가리워진 바가 있어서이니 구름이 걷히면 밝은 해가 드러나는 것과 같이 가리워진 바가 제거되면 태초의 상태를 회복할 수 있을 것이다. (그렇게 되면), '꾀꼴꾀꼴 꾀꼬리가, 무성한 산 숲에 그치는 것'과 같이 제각각 자신의 도리에 최선을 다해 어긋남이 없게 될 것이다. 오호라! 사람이 되어 그칠 곳을 몰라서야 되겠는가? 이것이 진실로 태수가 고하는 바요, 또한 스스로 두려워해야 할 바이니, 만일 자식된 자가 어버이에게 敬養하지 않고, 아내된 자가 그 남편을 敬事하지 않으며, 아우된 자가 그 형을 敬從하지 않으며, 나이 어린 자가 어른을 敬禮하지 않으며, 천한 자가 귀한 이를 敬勝하지 않으면, 태수는 마땅히 몸소 개도할 것이로되 그런데도 만일 고치지 않으면 반드시 법을 가지고 통렬히 다스릴 뿐이다. 考翼들은 소민들에게 돈유하여 각자 스스로 새로워짐에 게으름이 없게 하라.[140]

주세붕이 황해도 관찰사로 부임하기 8년 전(1541), 풍기군수가 되어

140) 주세붕, 〈告豐基父老敦諭小民文〉, 앞의 책, 162면. "人之異於禽獸, 五倫爲重. 今者窮巷小民, 不循天理, 唯人欲是徇, 至於爲子者或不知其身之出於其父, 養之反不如犬馬, 況能敬乎? 甚者, 不忍於其家之老畜, 而忍於其父者, 前後相望, 每爲聖朝羞. 嗚呼! 使是輩, 知是身之出於是父, 則必無是事. 夫禽獸, 知有母而不知有其父, 故聖人有憂之, 制爲禮法, 尊父爲重, 於是焉人始免於禽獸矣. 噫! 均是人也, 一變爲夷狄, 再變爲梟獍, 豈不悲夫? 且爲妻者昧擧案如賓之禮, 以鷄鴨之昵爲相和, 爲弟者暗庸敬從兄之義, 以門墻之鬩爲無傷, 疾行先長, 少者不知行桀之行, 加履於冠, 賤者亦多作奸陵貴, 俗尙之病, 莫痛於此. 致醫之方, 所當先務, 玆於到任之日, 卽以話言, 曉諭里正等, 斯五者, 得其道, 則父慈子孝, 兄友弟恭, 夫婦別, 長幼序, 睦睦雍雍, 所謂天地中間和氣致祥之本, 而豐年之所由兆也. 人皆有良知良能, 其不悟者, 有所蔽也, 雲捲則日昭昭矣, 蔽去而初可復也. 綿蠻黃鳥, 止于丘隅, 嗚呼! 可以人而不知所止乎? 此固太守之所告, 而亦所以自懼也, 如有爲子而不敬養其親, 妻而不敬事其夫, 弟而不敬從其兄, 少而不敬禮其長, 賤而不敬勝其貴者, 太守當躬親開導, 其終不改, 必如法痛繩乃已. 考翼其敦諭小民, 俾各自新無怠."

도임한 바로 그 날에 백성들을 효유할 목적으로 풍기의 父老들에게 전파한 글이다. 사람과 금수의 차이가 오륜에 있다는 전통적 명제로부터 출발한 윗글에서 우리는 여러 가지 사실들을 간취해 낼 수 있는데, 당대를 바라보는 주세붕의 인식과 그가 바라는 바람직한 세계의 모형, 그리고 인간에 대해 그가 품고 있는 긍정적 시선 등이 그것이다. 누차 언급한 바와 같이 인륜적 질서의 위반이란 현실에서 늘상 존재하는 것임에도 불구하고 이념가이자 계몽가인 주세붕에게 그러한 것들은 반드시 소거되어야 하고, 또 소거될 수 있는 대상들이다. 왜냐하면 그에게 있어 인간이란 '良志와 良能이 있'는, 다시 말해서 性善의 자질이 本具되어 있는 존재이기 때문이다.

그런데 원래부터 선한 인간이 악행을 저지르는 모순적 현상들을 타개하기 위해 그와 그를 위시한 일군의 사림파 문인들이 내세우는 것이 바로 '앎'의 전파이다. 윗글에는 '알지 못한다'는 표현이 자주 눈에 띄는데 그 대부분은 사람들이 인륜적 질서를 위반하는 원인을 설명하는 맥락에서이다. 그가 보기에 사람들은 '자신이 아비에게서 나온 것을 모르기' 때문에 불효하는 것이지 '알게만 해 준다면' 모두 효성스럽게 될 것이다.

여기서 주목할 부분은 위 기록에서 제시된 오륜적 관계와 내용들이 시조 〈오륜가〉의 그것과 정확히 일치한다는 것이다. 자신의 존재적 근원이 부모임을 주지시키고 있는 2수의 경우['父母옷 아니시면 내 몸이 업실낫다'], 위 기록의 '使是輩 知是身之出於是父則必無是事'와 조응하고, '擧案齊眉'의 고사를 활용하여 남편을 손님과 같이 공경하라는 메시지를 담고 있는 4수['반상을 들오딕 눈섭의 마초이다 …… 손이시나 드르실가']는 위 기록에서 '擧案如賓之禮'로 표현되고 있다. 主奴관계를 그린 3수가 이 글에서는 '천한 이와 귀한 이[賤者亦多作奸陵

貴]'로, 형제 간에 화락할 것을 종용하고 있는 5수[兄弟옷 不和ᄒᆞ면 개 도티라 ᄒᆞ리라]는 '以門墻之鬩爲無傷'으로 표현되고 있으며, 6수의 장유 관계 역시 '疾行先長 少者不知行桀之行'이라고 하여 분명히 명시하고 있다.

결국 위 기록에서 언급하고 있는 다섯 가지의 인간적 관계[斯五者]들은 시조 〈오륜가〉가 창작되기 8년 전에 향촌사회의 질서 유지를 위해 준수해야 할 마땅한 준칙으로 이미 상정된 적이 있었던 것이다. 기존 논의에서는 시조 〈오륜가〉의 창작을 당시 황해도에서 발생한 노비들의 계급투쟁과 연계하여 이해하고자 하였으나[141] 필자가 생각하기에 그것은 황해도'만'의 문제라기보다는 향촌사회를 바라보는 주세붕의 기본적 시선과 더욱더 밀접한 관련이 있다. 다시 말해서 그러한 사건들이 다른 지역에 비해 황해도에서 훨씬 더 빈발하였기 때문이 아니라 이미 주세붕에게는 향촌사회에서 반드시 요구되는 질서들로 상기한 다섯 가지의 덕목들이 인식되고 있었다는 것이다. 그렇다면 그는 어떠한 이유에서 이러한 내용들을 시조에 담았을까? 다시 작품으로 돌아가 보자.

오륜적 질서의 준수 여부에 따라 사람과 非사람을 구획하고 있는 [1]에서 두드러지게 착목되는 지점은 '사룸'과 '말솜'의 반복이다. 초장에서 중장, 중장에서 종장으로 지속적으로 이루어지는 동일한 어휘의 반복은 50여 자 남짓 되는 이 짧은 메시지를 좀 더 많은 사람들에게 강하게 각인시키기 위한 작자 개인의 고민의 산물임에 틀림없다. 뿐만 아니라 초장에서의 명령적 어조와 중장에서의 사람과 非사람의 명확한 구분, 종장에서의 강고한 자기에의 다짐 등 서련을 이루는 요소들

141) 김용철, 앞의 논문, 30~31면; 최재남, 앞의 책, 228면.

의 에너지는 상당하다. 조금의 의심도 허용치 않는 선험적 당위와 절대적 진리, 이것이 서련의 전부인 것이다.

이러한 점들은 두 번째 작품부터 구체적인 인간관계들을 빌어 전개된다. 부자유친의 덕목을 노래한 2수에서는 '父生母育'이라는 부모의 은덕이 제시되고, 중장에서는 나의 존재적 근원이 부모에게 있음을 천명한다. 전술한 바와 같이 주세붕은 사람들이 저지르는 불효의 원인을 '내가 부모에게서 난 것을 알지 못하는 데'에서 기인한 것이라 파악하고 이러한 내용을 중장 전체를 통해 주지시키고 있다. 3수 역시 마찬가지이다. 그는 '종과 주인'의 관계가 하늘이 낸 것임을 말하면서 微物인 '벌과 개미'를 들어 이를 명확히 하는데, 이러한 의도는 주종 관계의 소종래를 '알게' 함으로써 그 사이에서 벌어질 수 있는 인륜적 질서의 위반을 차단할 수 있다는 그 자신의 믿음에 기초해 있다.

4수에서는 '擧案齊眉'의 고사를 들어 남편에 대한 아내의 공경을 이야기하고 있지만 3수의 '蟻蜂之義'와 같이 해당 고사가 지닌 이러저러한 서사의 문맥들은 모두 소거되어 있다. 대신 그 고사를 알지 못하더라도 그것이 담고 있는 잠재적 의미들이 충분히 드러날 수 있게끔 구체적이고 핵심적인 정경들만 나타날 뿐이다. 5수에서는 형과 아우의 대화가 재현됨과 동시에 '兄弟옷 不和ᄒᆞ면 개 도티라 ᄒᆞ리라'라는 강고한 서술자의 목소리가 그대로 노출된다. 장유유서의 덕목을 그리고 있는 6수에서는 '늙은이는 父母 갈고 어른은 兄 갈'기 때문에 반드시 공경해야 한다는 당위가 진술되고, 그들을 당면하게 된다면 절하고야 말겠다는 화자 개인의 굳건한 다짐으로 마무리된다.

사실 주세붕 〈오륜가〉의 전편을 관류하는 일관된 규칙을 찾는 것은 쉽지 않아 보인다. 뿐만 아니라 그것이 이룬 미적 성취라는 것도 인륜적 질서의 당위적 준수를 설파한 것에 불과하기 때문에 그다지 논할 것이 없다. 따라서 주세붕의 〈오륜가〉가 갖고 있는 미덕을 우리는 다른 지점에서 찾아야 할 것으로 보이는데, 필자가 주목하는 바는 그것이 지닌 '일상에서의 활용 가능성'이다.

주변적 정황에서부터 시작해 보자. 전술한 바와 같이 주세붕의 〈오륜가〉는 그가 8년 전에 풍기군수를 역임하면서 작성했던 告諭文의 핵심적 부분만을 뽑아 재구성한 문학적 재현물이다. 그는 어떠한 이유에서 동일한 내용을 상이한 형식에 담았을까? 〈告豐基父老敎諭小民文〉이라는 제목을 곱씹어 보면 고유문의 1차적 수신자는 마을의 父老들로, 주세붕은 그들이 고유문의 내용을 일반 백성들에게까지 주지시켜 줄 것을 의도했다. 학문적 수준과 보유한 지식의 차이를 감안한 처사였을 터이나, 기실 이것이 성취되기란 쉽지 않다.

우선 고유문이 담고 있는 내용에 대해 마을의 부로들이 동의하고 납득해야만 하는데, 오륜 혹은 오륜과 유사한 개념들의 강조는 앞 절에서 살펴본 바와 같이 조정의 관리들에게조차 전반적인 동의를 얻지 못했다. 주세붕이 백운동서원을 창건하고자 했을 때 마을의 유지들이 보인 반응이 한결같이 부정적이었음을 상기해 보면,[142] 오륜적 질서에 대한 강조 역시 이와 크게 다르지 않았으리라 짐작된다. 둘째, 고유문

142) 주세붕, 〈竹溪志序文〉, 『죽계지』. 번역은 한국고전번역원 홈페이지 "우수고전번역서" 참조. "심하도다. 그대의 우활함이여! 학궁이야 그렇다 하더라도 문성공의 사당과 서원을 세우는 일은 그만둘 수 없는가? 문성공은 이미 국학(國學)에 종사(從祀)되어 고을마다 사당이 있는데 어찌하여 굳이 사당을 세우며, 이미 학교가 있는데도 어찌하여 반드시 따로 서원을 세울 필요가 있겠는가? 흉년을 당하였으니 그럴만한 시기가 아니며, 낮은 지위에 처한 이들은 믿지 않을 것이다. 우리나라에 일찍이 없었던 사당과 서원을 자신으로부터 시작하려고 하니 너무 지나친 데에 가깝지 않겠는가?(甚矣, 子之迂也! 學宮則然矣, 至於文成公廟與書院, 獨不可以已乎? 公旣從祀國學, 達于州縣, 何必立廟, 旣有學校, 何必別立書院? 當飢饉不時, 居滓賤不信. 我國舊無祠若書院, 欲由我而始, 不亦近於汰乎?)"

의 내용이 백성들에게 전달되었다 하더라도 그것은 일회적인 行事로 그치게 될 공산이 크다. 그러한 내용들이 현실에서 일정한 효력을 발휘하기 위해서는 지속적인 반복과 학습이 절실히 요청되는데 고유문의 경우 그러한 측면에서 취약할 수밖에 없기 때문이다. 그렇다면 이러한 한계들을 극복할 수 있는 방법은 무엇인가? 전달 과정에서 특별한 매개를 필요로 하지 않으며 일상에서의 자발적인 향유가 가능한 수단의 창안, 이것이 바로 시조 〈오륜가〉 창작의 동인이지 않을까?

이러한 추정은 작품을 통해서도 어느 정도 확인할 수 있다. 앞서 언급한 바와 같이 주세붕의 〈오륜가〉는 '擧案齊眉', '蟻蜂之義' 등 특별한 원천을 갖는 시어들을 적극적으로 활용하고 있으나 수용자의 입장에서 이에 대한 상세한 지식은 요구되지 않는다. 그저 그러한 고사들이 지닌 중점적인 면모들만이 구체적인 정경을 통해 묘파되고 있을 뿐이다. 또한 1~6수 모두 생경한 文語들 대신 일상에서 흔히 쓰이는 口語들로 채워져 있다. 대상에 대한 시적 화자의 갈등, 번민, 고뇌 등은 보이지 않으며 지켜야 하는 당위적 행위들만 제시되어 있는데 이러한 요소들이 명령·청유·의지 등의 강고한 어조들과 동반됨으로써 '자발적 강제'의 정도는 한층 높아진다. 유관한 시어들의 나열을 통해 감정의 고조를 유발하는 경기체가와는 명백히 다른 점이 여기에 있으며, 또한 경기체가 장르로는 달성할 수 없는 부분이기도 하다. 요컨대 주세붕 자신이 시험했던 다양한 시가 장르들 중 일반 백성들의 일상적 향유를 위해서는 다름아닌 시조 장르가 가장 요긴할 것으로 생각했다는 것이다.

이러한 사실들은 시조 〈오륜가〉의 창작 목적이 어디에 놓여 있는가를 명백히 보여준다. 주지하듯이 16세기 중반 이후 일련의 사림파 문인 지식인들이 정권의 중심부로 자리하기 시작하면서 그들은 『소학』·『삼강행실도』 등의 교화서와 『동몽선습』·『격몽요결』 등의 계몽서 등을 통해 전체적인 사회시스템을 성리학적 질서에 합치되게끔 재편하고자 했다. 그러나 이러한 과정 속에서 일련의 교화적 도구들은 좀 더 효율적인 전파를 위해 지속적으로 갱신될 필요가 있었던바, 시조 〈오륜가〉의 창작은 바로 이러한 역사적 맥락 하에서 탄생되었다. 이러한 면모들은 주세붕의 〈오륜가〉 창작에 대해, "〈오륜가〉를 지어 무지하고 어리석은 풍속을 변화시키고자 했다."[143]라는 후대의 기록에서도 어느 정도 엿볼 수 있다. 결국 시조 〈오륜가〉의 창작은 경기체가 〈오륜가〉와는 달리 '오륜'이라는 인륜적 질서가 부재하는 현실에 대한 부정적 인식과 그러한 현실을 '노래'를 통해 교화·개선해 보고자 했던 창작 주체의 의지가 결합되어 이루어진 것이다.

2.2. 대상의 변화와 내용의 변모: 송순, 〈오륜가〉

송순의 〈오륜가〉[144]는 이 시기 산출된 오륜시조의 초기적 형태로 많은 주목을 받아 왔다. 그 결과 주세붕·정철 작품과의 영향 관계라든지, 창작 시기나 목적 등 여러 방면에서 상당한 연구가 축적되었다. 본

143) 주기덕, 「請諡再疏」, 『무릉잡고』 부록 권4, 앞의 책, 244면. "其在海西也, 作五倫歌, 以變其貿貿之俗."

144) 필자는 송순의 문학을 전반적으로 조망하는 자리를 통해 그의 〈오륜가〉가 중앙에서 파견된 관료의 입장에서 창작되었을 것이라는 종래의 견해를 비판적으로 검토하고 이 작품이 송순의 致仕 후에 재지사족들의 자기 규제 차원에서 창작되었음을 조심스레 추정한 바 있다.[하윤섭, 「俛仰 宋純의 현실대응방식과 시적 지향」, 고려대학교 석사학위논문, 2007, 52~62면.] 그러나 이를 입증할 만한 구체적인 증거가 없는 상태에서 종래와 다른 견해를 지속적으로 고집하는 것도 바람직한 일은 아닐 것이다. 이에 따라 본고에서는 중앙에서 파견된 지방관들을 통해 일련의 오륜시조 작품들이 창작되던 16세기의 거시적 구도 하에 송순의 작품을 배치하고 이러한 추정 아래 논의를 개진하고자 한다.

고에서는 이러한 성과들을 일정 정도 계승하되 그의 작품이 상정하고 있는 주된 대상과 그 의미에 초점을 맞추어 논의를 개진하고자 한다.

송순 〈오륜가〉의 창작시기는 이에 대한 구체적 자료가 남아 있지 않아 쉽사리 판단할 수 없다. 김용철은 송순이 개성유수로 있을 때 주세붕이 황해도 관찰사로 있으면서 〈오륜가〉를 지었으며, 두 사람의 교유 흔적이 상당 정도 발견되는 것으로 보아 주세붕 〈오륜가〉에 영향을 받아 그 역시 〈오륜가〉를 창작한 것이라 결론지었다. 이어 그 창작시기를 그가 선산부사로 재직하던 1549년 무렵으로 파악하고, 〈오륜가〉의 주된 수용층을 '吏'와 '民'으로 상정하였다.[145] 이러한 견해는 본 작품에 대한 추후의 논의들에 상당한 영향을 미쳐 해당 사실에 대한 문제제기는 더 이상 이루어지지 않았다. 필자 역시 그 창작 경위에는 대체로 수긍하는 바이나,[146] 작품의 잠재적 대상이나 창작 목적 등에 대해서는 좀 더 면밀한 고찰이 필요하지 않을까 한다. 그의 작품이 표방하는 덕목이나 내용이 주세붕의 그것과는 다소 상이하기 때문이다. 먼저 작품을 통해 이를 살펴보도록 하자.

---

145) 김용철, 앞의 논문, 31~32면.

146) 송순이 지방관으로 파견된 시기와 지역은 다음과 같다. 1540년 경상도 관찰사, 1542년 전라도 관찰사, 1548년 개성부 유수, 1553년 선산도호부사, 1558년 전주부윤, 1561년 나주목사 등이 그것으로, 본 작품이 주세붕의 〈오륜가〉에 영향을 받아 창작된 것이라면 구체적 창작 시기는 주세붕이 황해도 관찰사로 부임한 1549년 이후, 그러니까 개성부 유수 시절 이후일 가능성이 높다. 종래의 견해와 같이 선산부사 시절일 수도 있으나 송희규가 작성한 송순의 선정비에 이러한 사실이 나와 있지 않아 확신할 수는 없다. 이에 대해서는 송희규, 〈嘉善大夫行善山府使企村宋公遺愛碑銘〉, 『야계선생문집』 권1, 『韓國文集叢刊續』 2, 한국고전번역원, 2005, 111면 참조.

아바님 날 나흐시고 어마님 날 기르시니
두분곳 아니시면 이몸이 사라실가
ᄒᆞᄂᆞᆯ ᄀᆞᄐᆞᆫ ᄀᆞ업ᄉᆞᆫ 은덕을 어ᄃᆡ 다혀 갑ᄉᆞ오리. 【1수】147)

형아 아ᄋᆡ야 네 ᄉᆞᆯᄒᆞᆯ ᄆᆞ져보와
뉘손ᄃᆡ 타나관ᄃᆡ 양ᄌᆞ조차 ᄀᆞᄐᆞᄉᆞᆫ다
ᄒᆞᆫ졋 먹고 길러나 이셔 닷ᄆᆞᄋᆞᆷ을 먹디 마라 【4수】148)

一家라 불리나 안팎이 갓ᄒᆞ랴
부부의 사이야 엄정케 ᄒᆞ면 친ᄒᆞ리니
더욱이 ᄉᆞ랑의 뜻이야 조차 남을 알진저 【3수】149)

군왕이 백성 거ᄂᆞ리니 부모가 아니신가
뭇신하 하늘갓치 우러러 일신을 바치는도다
다만지 축수하옵기 억만년을 누리소서 【2수】150)

ᄂᆞᆷ으로 삼긴 듕의 벗ᄀᆞ티 유신ᄒᆞ랴
내의 왼일을 다 닐오려 ᄒᆞ노매라
이 몸이 벗님곳 아니면 사ᄅᆞᆷ되미 쉬울가 【5수】151)

---

147) "阿爸兮生我 阿嬷兮育我 苟非兩恩德兮 而此身兮生嬷 如天罔極恩德 于何可準兮爲報."

148) "兄兮弟兮 撫爾肌兮視之 賦自于誰兮 樣子兮從以似 喫一乳兮長 一抱異心兮無以."

149) "一家而爲號兮 亦內外兮不同 故夫婦之間兮 俾嚴正兮成之親 且可愛之意兮 須以識兮以生."

150) "君王統百姓兮 作父母兮位焉 群臣如天仰之兮 用一身兮獻之 惟祝壽兮於萬年兮."

151) "凡人有生之中兮 如友兮有信 吾之有非兮 欲盡是兮 此身苟匪此反兮 其爲人兮易乎."

각 작품을 구성하고 있는 요소들은 거의 유사하다. '나'와의 관계를 제시하고, '내'가 해야 할 당위의 원인을 언급한 후, 그러한 당위의 구체적 실천 사항들이 제시된다. 일례로 부자유친의 덕목을 서술한 1수의 경우 '生我'하신 父와 '鞠我'하신 '母'를 언급한 후, 나의 존재적 근원이 '父母'임을 제시하여 반드시 孝해야 하는 당위의 이유를 마련하였다. 각각의 내용이 배치된 초·중·종장의 순서는 다르다 하더라도 이는 나머지 작품들을 모두 관통하는 송순 〈오륜가〉의 한 특징이다.

4수에서도 이러한 설명 방식은 나타난다. 살을 만져 보라고 감각적으로 환기시킨 초장에 이어 중장과 종장에서는 모양이 닮고, 한 젖 먹은 관계임을 제시하여 형제 간에 異心을 갖는 것이 불가함을 자연스럽게 도출하고 있다. 당위적 명제의 제시와 구체적인 실천 사항의 나열, 이것이 지속적으로 반복되고 있는 것이다. 특히 종장을 '먹디 마라' 식의 직접적인 명령형으로 마무리한 것은 이유 여하를 막론하고 형제와 친족 사이의 송사를 부정적으로 바라보던 이 시기 사림파 문인들의 시선과 유사하다.

3수에서는 한 집에 살더라도 안과 밖, 즉 아내와 남편은 엄연히 다르다고 하여 '夫婦有別'의 일반적인 뜻을 진술하였다. 이어 중장과 종장에서 이에 대한 직접적인 실천의 방법을 제시하였는데, 특히 이 작품은 주세붕의 同 항목과 대비해 볼 때 주목된다. 앞서 살펴본 바와 같이 주세붕의 그것은 궁극적 수신자를 '아내'로 설정하여 남편에 대한 아내의 일방적 공경을 강조하였다. 이에 반해 송순은 그것의 수신자를 '남편'으로 상정하고 있는데, 이는 부부사이를 '嚴正'케 하는 주체가 아내보다는 아무래도 남편에 더 가깝기 때문이다. 후술하겠지만 이러한 면모는 송순 〈오륜가〉의 주된 수용층과 관련하여 주요한 지점이다.

2수에서 화자는 초장에서 군신관계를 부자관계와 동일시한 후 이를 기반으로 중장과 종장에 제시된 신하들의 자발적 헌신을 이끌어 낸다. 즉 임금이 부모와 같다고 하여 가문 내에서의 가부장적 관계가 조정에서 구현된 것을 환기시킨 후, 중장에서 뭇 신하들이 하늘을 우러르며 헌신하는 모습을 제시하여 청자로 하여금 자신도 그렇게 해야 한다고 스스로 인식하게끔 유도하고 있는 것이다. 5수에서는 가족이 아닌 남으로 생겨난 사람 중에 벗만큼 신의가 있는 사람은 없음을 제시하고, 중장에서는 벗이 있음으로 인해서 나의 잘못된 일들을 모두 고칠 수 있다는 효용성을 언급한다. 특히 종장에서는 벗이 아니면 사람다운 사람이 되기 어려움을 진술하여 벗의 중요성을 다시 한 번 강조하고 있는바, 이는 붕우의 항목이 향당의 윤리로서 장유와 함께 중시되던 당대의 실상을 반영한 것이라 할 수 있다.

이렇듯 송순 〈오륜가〉에서 뚜렷이 간취되는 사실 하나는 그것이 철저히 양반 남성을 주된 대상으로 상정하고 있다는 점이다. 다시 말해 여성과 연소자, 일반 백성들은 그 대상에서 배제되어 있다는 것이다. 형과 아우의 관계가 제시된 4수는 말할 것도 없거니와, 3수 역시 語勢로 보아 남편을 그 대상으로 하고 있다. 안과 밖의 차이를 강조하면서 전자에 우위를 부여하는 일은 여성보다는 남성적 의식일 확률이 더 높기 때문이다. 이에 더하여 성리학적 시스템이 아직까지 뿌리내리지 못했음을 감안하면, 부부 사이의 엄정함에 대한 강조는 양반 사족에게만 해당될 가능성이 농후하다. 이를 위해서는 남성과 여성의 성차에 대한 유가적 인식이 반드시 전제되어 있어야만 하기 때문이다.

이러한 추정은 2수를 보면 좀 더 명확해진다. 뭇 신하들이 모여 임금을 우러르는 모습과 임금의 만수를 축수하는 정경에서 '여성/연소자/일반 백성'의 모습을 상상하기는 어렵다. 여기에다 시적 화자의 목소리 또한 분명한 남성이다. 친구 사이의 덕목을 노래한 5수 역시 마찬가지인데, 조선 전기 사회에서 '붕우'의 관계는 남성과 여성 모두에게 해당되는 것이 아니라 틀림없이 남성에게만 해당되는 관계였다.

여기서 송순이 전하고자 하는 덕목들을 유사한 시기에 산출된 주세붕의 그것과 대교해 보자. 주세붕이 황해도 관찰사로 재직하던 1549년, 백성의 교화를 위해 〈오륜가〉를 제작했음은 이미 살펴본 바이다. 송순 또한 이 시기에 개성유수로 재직하면서 주세붕과 많은 교유를 가졌는데 양자의 문집 속에는 이를 증거하는 수많은 문학적 편린들이 남아 있다. 그런데 송순이 주세붕에게 보낸 〈次周景遊韻三首〉[152]에는 '주세붕이 황해감사로 재직하면서 古道로 부박한 풍속을 다스리고자 하여 시로써 권면한다.[景遊在黃海 欲以古道治澆俗 詩以勉之]'는 附記가 달려 있다. 물론 송순이 지적한 바가 주세붕이 황해도에서 행한 여러 교화의 행적들을 총괄하여 말하는 것이겠으나, 유가적 전통 속에서 '古道'의 일반적 의미가 '禮樂'을 통해 백성을 다스린다는 유가의 정치적 이상임을 감안할 때,[153] 주세붕이 〈오륜가〉를 통해 백성을 교화하려 했던 것 역시 이에 포함되어 있을 것으로 짐작된다. 송순 〈오륜가〉의 1장이 주세붕의 그것과 매우 유사한 면모를 보이는 것은 이러한 交互의 과정에서 나온 결과일 것으로 보인다.

그런데 주목할 것은 그러한 교호에도 불구하고 주세붕이 제시한 덕목과 송순의 그것이 엄연한 차이를 보인다는 점이다. 만약 주세붕과

152) 송순, 〈次周景遊韻三首〉, 『면앙집』 권2, 앞의책, 216면. "旌節緣長道 秋懷屬晩山 分憂身旣重 宣化念何閑 儲畜無三歲 飢寒遍一裳 不寬衣食路 淳俗賴誰還 聖軫關西念 公宜老作賓 有生皆繫望 何地不經巡 民愛同稱母 化行如轉輪 彝倫從可敍 風俗佇看新 直道行來遠 遙從三代間 聖賢久湮沒 民物多險艱 有欲身相陷 無人禮作閒 慨然思返古 公望重於山".

153) 李澤厚 지음, 권호 옮김, 『화하미학』, 동문선, 1990, 8~54면.

송순이 〈오륜가〉를 창작한 목적이 같았다면, 즉 그것의 예상 청자가 동일했다면 굳이 그 덕목을 바꿀 필요가 있었을까? 특히 주세붕의 그것은 부자, 형제, 부부, 주노, 장유에 대한 내용을 담고 있어 전통적인 오륜의 내용을 변개시키면서까지 철저히 그 교화의 대상을 백성으로 삼으려는 의지를 보이고 있다. 요컨대 주세붕 자신이 향촌사회의 여러 문제들과 조우하면서 이를 해결하기 위해 절실하다고 판단했던 요소들을 오륜의 항목으로 재구성하고자 했다는 것이다. 따라서 송순이 주세붕의 그것을 모방했으면서도 그 덕목에 있어 일정한 변화를 꾀했다는 것은 그가 설정한 잠재적 수용자가 달랐음을 의미하는 것이라 짐작할 수 있다. 그렇다면 그는 과연 누구를 대상으로 삼은 것인가?

앞서 살펴본 바와 같이 주세붕은 일반적인 오륜의 항목 중 군신 부분을 생략하였다. 이는 그가 교화의 대상으로 삼은 대상이 일반 백성이었고, 그들이 과거에 급제하여 벼슬할 가능성이 거의 없다는 판단하에 보다 필요한 나머지 항목들을 부각시키겠다는 다분히 현실적인 측면에서 기인한 결과일 것이다. 이와 유사한 현상을 중종 때 편찬된 『속삼강행실도』에서도 확인할 수 있다. 성종때 편찬된 『삼강행실도』의 경우 효자·충신·열녀의 비율이 비교적 균등했음에 비해 『속삼강행실도』에서는 충신의 비율이 현저하게 줄어들어 있음을 확인할 수 있는데,[154] 이는 '莫非王臣'이라는 추상적 개념의 설파보다는 다분히 현실적 차원에서 '신하'가 될 수 없는 일반 백성들을 교화의 대상으로 삼을 경우 '군신'과 관련된 부분을 축소/배제하더라도 굳이 상관이 없다는 지극히 현실적인 이유일 터다. 특히 '군신'에 대해 노래한 두 번째 작품의 경우, '군왕/신하'의 관계를 분명히 상정해 놓고 있어서 이

154) 김항수, 「조선전기 삼강행실도와 소학의 편찬」, 『한국사상의문화』 19, 한국사상문화학회, 2003, 201면.

작품이 목적으로 삼은 대상이 적어도 '벼슬할 가능성이 있는' 사람들임을 짐작케 한다. 이에 따라 필자는 송순 〈오륜가〉의 주된 대상을 지역의 사족들로 상정코자 하는데, 그렇다면 송순이 〈오륜가〉의 창작과 전파를 통해 기대했던 것은 무엇일까? 또한 그가 특별히 君恩에 대한 무조건적 報效를 강조했던 이유는 무엇일까?

주지하듯 16세기 조선 사회는 연산군 대부터 축적되어 온 국가재정의 만성적 적자, 국역체제의 해체, 공민·공전의 감소, '良少賤多' 현상의 발생 등 여러 요인들이 복합적으로 작용하여 국가의 운영이 매우 어려워진 시기였다. 그러나 국역체제의 해체 과정에서 경제력을 축적하고 영향력을 증대시켜 간 새로운 지배층이 등장하게 되었는데, 우리는 이들을 통상적으로 '재지사족'이라 칭한다. 이들은 이미 鮮初부터 유향소의 존폐 과정에서 지방 행정의 주도권, 곧 향권을 둘러싸고 국가와 대립하고 있었는데, 16세기 중반 이후의 향안 작성, 서원 건립, 향약 시행 등 자치 기구의 설치와 운영으로 향촌사회에서의 기반을 확대하고 있었다. 특히 다소 추상적이었던 '사족'의 개념과 범주가 중종대에 설정되면서, 그리고 그들끼리의 상호간 동류의식의 확산과 교류의 강화 그리고 새로운 상하질서의 구축과 같은 일련의 사건들이 축적되면서 그들은 16세기 중반 이후 조선 사회를 이끌어가는 주체로서 한층 강화된 위상을 갖추게 된다.[155] 그런데 문제는 이들의 위상이 높아지면서 왕권의 대행자인 지방 수령·부사 등과 잦은 마찰을 빚기 시작했다는 점이다.[156] 이러한 상황의 일단을 다음의 실록기사를 통해 확인해 보자.

---

155) 이에 대해서는 김성우, 앞의 책, 161~256면 참조.

156) 물론 이러한 사례들은 16세기 이전에도 종종 발견되지만, 이 시기의 경우 그러한 저항이 조직적이고 집단적으로 행해진다는 데에 문제의 소지가 있다.

[1] 나라일이 이러하므로 호령이 시행되지 않는 것이다. 사람에게 상처 입힌 유생을 죄주지 말라는 율이 어느 법전에 있는가? 이는 예사롭게 구타한 데 비할 것이 아니라 실상은 죽이고자 한 것인데 요행이 죽지 않은 것이다. 따라서 징속만으로 징계할 수 없다. 지금의 일이 대체로 이와 같으니 비록 (그들이) 백성을 모두 죽이더라도 위에서는 듣지 못하여 권세가 더욱 아래에 있게 되는 것이다. 윤허하지 않는다.157)

[2] 대저 토호(土豪)들이 강경한 것은 팔도(八道)가 모두 그러하지만 하삼도(下三道)가 더욱 심합니다. 수령은 왕명을 받들어 근심을 분담하는 벼슬인데, 토호들이 스스로 호활(豪猾)함을 믿어 수령을 멸시하고 제압하려 하며 조금이라도 자신들의 의사를 거스르면 바로 비방하고 나섭니다. 그래서 유약(柔弱)하고 어리석은 수령들은 몸을 움츠리고 두려워하여 감히 어떻게 하지 못하여 한 고을의 권한이 모두 품관의 손아귀에 들어갑니다. 심지어는 백성의 토지를 빼앗고, 함부로 양정(良丁)을 차지하며, 관(官)에서 대여한 곡식을 갚지 않는가 하면, 부역에도 응하지 않으며, 원장(園場)을 떼어먹고 천택(川澤)의 이익을 독차지하는 등 그 방종하고 포악한 작태의 우환이 오랑캐보다 심합니다. 이 악습(惡習)을 개혁하지 않고서는 장차 다스릴 수가 없을 것입니다.158)

[3] 권덕여가 외방(外方) 토호(土豪)들이 부세(賦稅)를 공상(供上)하지 않으며 관원을 위협하는데 수령(守令)과 감사(監司)가 모두 다스리지 못하고 있다고 하니, 유희춘이 진언하기를, "토호들의 강성을 수령

157) 『명종실록』 6년(1551) 11월 18일. "凡國事如此, 故號令不行矣. 儒生傷人者, 不罪之律, 在於何典乎? 此非尋常歐打之比, 實欲殺之, 而幸不死也. 不可以贖懲之也. 今事類如此, 雖盡殺百姓, 上不得聞而權益在下矣. 不允."

158) 『명종실록』 1년(1546) 12월 9일. "大抵土豪梗化, 八道皆然, 而下三道尤甚. 守令, 承命分憂之官也, 自恃豪猾, 輕蔑劫制, 稍拂其志, 便生謗毁. 柔懦昏弱者, 畏首畏尾, 莫敢誰何, 使一邑之權, 皆在品官之手. 至於兼并民田, 濫占良丁, 不償官糴, 不答徭賦, 呑割園場, 專利川澤, 縱肆桀驁之患, 甚於夷狄, 不革此風, 將無以爲治."

들이 견제하지 못한다는 것은 그럴 수 있거니와 감사들도 다스리지 못한다는 것은 잘못된 일입니다. 신이 일찍이 본도(本道)의 감사였을 때에, 강성한 토호로서 사람들을 침해하고 전토(田土)를 탈취하는 자들을 모두 옮기어 가두고 바로잡았습니다. 비록 크게 다스릴 수는 없었으나 또한 일찍이 다스리지 못하지는 않았습니다. 토호들이 전토의 부세 같은 것은 진실로 공상하지만 연호잡사(烟戶雜事) 같은 것들은 모면하려 들며, 세력이 약한 사람을 침모하고 관속(官屬)들을 위협하니 이는 잘못이 막심합니다." 하였다.[159]

[1]번 자료의 내용은 다음과 같다. 배천 유생 조응규가 江西寺의 중을 구타하여 杖罪를 받았다.[160] 명종은 이를 무단토호의 소행이라 생각하고 재조사하라고 지시하였는데, 사헌부에서는 조응규가 이미 죄를 받았을 뿐더러 중을 구타한 명목으로 유생을 가둔다는 것이 불가하다는 이유를 들어 成命을 거둘 것을 종용한다. '사람에게 상처 입힌 유생을 죄주지 말라는 율이 어느 법전에 있는가?'라는 명종의 언급은 사헌부의 이같은 요청에 대한 부정적 반응인데, '비록 (그들이) 백성을 모두 죽이더라도 위에서는 듣지 못하여 권세가 더욱 아래에 있게 된다.'라는 마지막 부분에 주목해 보면, 실제 이 시기를 즈음하여 향촌사

159) 『선조실록』 7년(1574) 5월 30일. "權言及於外方土豪, 以爲不供賦稅, 刦制官員, 守令, 監司皆不能治. 希春進曰: "土豪之强, 謂守令不能制, 則是矣. 謂監司不能治, 則過矣. 臣嘗爲本道監司, 凡豪强侵暴人物, 攘占田土者, 移囚改定, 雖不能大治, 亦未嘗不治也. 土豪, 若田地之賦, 則固供之矣; 烟戶雜事, 則圖免, 侵侮寡弱, 刦[奪]官屬, 此爲過甚矣."

160) 이어지는 내용으로 보아 직접 처벌을 받은 것 같지는 않고, 奴 3인이 대신 태형을 받고, 속전을 바쳐 代贖한 듯하다. "일개 중 때문에 奴子 3인이 나누어 태형을 받았고, 그 상전은 질병 때문에 징속(徵贖)하였으니 그 사정과 죄상을 살펴보면 이미 지나친 것인데도 이제 또 가두고 다시 추문하라 하셨습니다(以一胡僧之故, 奴子三人, 竝受笞決, 其主以病徵贖, 原其情罪, 亦已過矣, 今又命囚禁更推)."

회에서의 주도권을 점하게 되는 재지사족들의 위세가 상당했음을 짐작케 한다.[161]

이러한 정황은 유사한 시기의 자료인 [2]에서도 확인된다. [2]는 전주 유향소의 한 품관이 衙門에 돌입하여 吏卒들을 구타한 사건을 다루고 있는데, 위 기록에서 언급된 '토호' 역시 우리가 통상적으로 '재지사족'이라 칭하는 부류에 속함은 물론이다. 상기한 자료에서는 그들이 향촌사회에서 저지르는 각종 폐단들이 나열되고 있는데, 백성의 토지를 빼앗거나 양민을 점탈하는 등 그러한 작태의 우환은 '오랑캐보다 심한 것'으로 표현되고 있다.

[3]은 전라도 관찰사를 지낸 유희춘이 지방 토호들을 다스리기가 어렵다는 것에 대해 진술한 대목이다. 그는 이미 토호들에 대한 규제가 1읍 차원에서는 불가능한 것임을 언급하고서, 1도 차원에서도 '크게 다스리지 못했다.' 하여 그 어려움을 토로하고 있다. 물론 바로 뒤에 나오는 언급, '일찍이 다스리지 못하지는 않았습니다.'을 감안하면 그의 이와 같은 언급이 수사적 차원임을 짐작할 수 있으나 어느 쪽이든 당시 향촌사회의 질서를 어지럽히는 토호들의 문제가 조정의 주요한 사안으로 대두되고 있었음은 분명하다. 사림파가 집권하고 개혁적 지향을 보이던 선조대에도 '토호의 硬化', 바꿔 말하면 사족층의 축재행위와 지역사회에서의 무단행위는 줄어들지 않았던 것이다.[162]

---

161) 물론 그들의 이와 같은 반국가적 행위에 대해 국가가 강하게 개입하는 것을 보면 이 시기는 지방의 사족층에 대한 국가적 차원에서의 규제가 여전히 작동하고 있었음을 짐작할 수 있다. 이러한 점들은 '사족지배구조'가 확고히 정착하는 17세기(김성우, 앞의 책, 423~470면.)와 비교할 때 여전히 미미한 정도이지만, 良賤制적 구도 하에서 중앙에 의한 지방의 통제가 강력히 실시되고 있었던 15세기와 비교하면 확실히 달라진 지점이다.

162) 김성우, 앞의 책, 234면.

사실 이 시기의 향촌사회에 대한 기존 연구들을 일별해 보면, 16세기 중·후반에 이르러 이미 향촌사회는 그 지역 재지사족들의 지배적 질서 하에 놓이게 된 것으로 보인다. 이에 따라 수령의 邑政에 대한 보조적 동반자로서의 역할에 지나지 않던 그들의 권한이 향촌민에 대해 직접적인 형벌권을 행사하거나 부세운영 과정에 적극적으로 참여하는 등 이전까지 철저히 관권의 영역이었던 부분으로까지 확대되기에 이른다. 즉 재지사족이 그들 사이의 조직적·집단적 규합을 통해 수령권을 '견제'하는 것뿐만 아니라 '통제' 내지는 '침탈'하게 될 가능성이 이미 마련되어 있었던 것이다. 이 시기에 작성된 무수한 동계 자료에서 법령에의 복종과 성실한 조세 납부를 명시함으로써 관권에 대한 저항을 애초에 차단시키고자 했던 것[163]은 역으로 이러한 사례들이 빈번히 발생하고 있었음을 말해 준다.

수령을 위시한 일련의 지방관료들에 대해 '왕의 근심을 나누어 맡은 관리[承命分憂之官]'로 인식하고 있던 당대의 정황을 감안하면, 재지사족들의 이러한 작폐들은 모두 왕권에 대한 도전으로 이해되고 있었다. 그런데 그들이 범하던 이 같은 행위들은 송순이 살았던 지역에서도 보편적인 현상이었을 것이라 짐작되며,[164] 이러한 그들의 행위는

163) 정진영, 『조선시대 향촌사회사』, 한길사, 1999, 245~246면; 길진숙, 「16세기 사림의 주자의례 실천과 〈분천강호가〉: 제도에 맞는 몸과 마음은 어떻게 만들어지는가?」, 『한국문학이론과비평』 31, 한국문학이론과비평학회, 2006, 289~290면.

164) 아이러니하게도 송순의 일가인 송해안이 좌수 이량수와 공모하여 免役을 企圖하다 발각된 사건이 『미암일기』에 전하는데, 이는 역으로 재지사족들의 이와 같은 무단행위가 당시에 상당히 빈번하게 이루어지고 있었음을 의미한다 하겠다. 유희춘, 『眉巖日記草』 4권, 국학자료원, 1982, 298면. "學官李瑯, 自南方上來, 余招之, 卽來見, 聞湖南以群籍騷擾, 傭食者多流亡, 至今未耕種, 農事可慮云. 宋海安以閑遊品官, 據鄕案定軍, 陰與座首李良秀同謀, 私取其案於其家, 託稱宋四宰純令送相考, 而自以同色紙改書, 漏落其名, 爲人所告, 敬差官盧公稙大怒."

향촌사회에 주자학적 시스템을 정착시킴으로써 완정한 중세국가를 구현코자 했던 송순에게 쉽사리 용납될 수 없었을 것으로 보인다. 따라서 어떤 식으로든 그들에 대한 규제를 단행하고자 했을 것이라 생각되는데 송순 〈오륜가〉는 이러한 역사적 정황과 무관하지 않을 것이다. 특히 임금을 부모와 동일시하면서 그에 대한 무조건적 獻身을 재차 강조했던 것 역시 유사한 맥락에서 이해될 수 있을 것이다.

이렇게 볼 때 송순 〈오륜가〉가 갖는 역사적 의미는 주세붕의 그것과는 좀 다를 듯하다. 전술하였듯이 주세붕의 〈오륜가〉는 부자, 형제, 부부, 奴主, 장유의 덕목을 서술하면서 주로 아랫사람이 윗사람에 대해 지켜야 할 마땅한 도리에 대해서 언급하였다. 즉 자식, 동생, 아내, 종, 幼者 등 주로 사회적 약자가 강자에 대해 지켜야 할 윤리의식을 일방적으로 종용하고 있는 것이다. 그러나 송순의 경우는 주세붕과 창작의 목적 자체가 달랐던 듯하다. 그가 주세붕의 〈오륜가〉를 직접 접했을 만한 주변적 정황이 충분함에도 불구하고, 그의 작품에서 引採한 것이 불과 한 편에 불과하다는 것은 이를 어느 정도 방증한다고 할 수 있다. 실제 작품에서 확인한 바와 같이 그는 피지배층의 일방적인 복종보다는 사회적 권력과 위세를 공점하고 있던 재지사족들을 교화의 대상으로 설정함으로써 그들 내부에서의 자발적 각성과 철저한 자기 규제를 도모하고, 이를 통해 자신이 재직하고 있던 향촌사회에 삼강오륜으로 대변되는 주자학적 질서를 정립하고자 했던 것으로 보인다.

주지하듯이 16세기는 성리학적 질서에 의해 전체적인 사회시스템이 재편되어 가던 시기였다. 특히 사림이 정권을 장악하게 된 선조 이후에는 15세기 체제교학적이던 유학 대신 '理學', '心學', '道學'으로 지칭되던 성리학이 국가의 기조가 되다시피하였고, 이에 따라 국가의 최말단 기구였던 향리에 이르기까지 성리학적으로 체질을 개선시키려

하였다. 그러나 이 시기에 주요한 사회문제로 떠오르곤 했던 재지사족들의 무단행위는 향촌사회 하층민으로부터의 저항과 중앙권력과의 마찰을 야기시켜 국가지배체제에 균열을 가하고 있었다.[165] 송순의 〈오륜가〉는 바로 이러한 재지사족들의 자성을 촉구하여 향촌사회를 안집시킴으로써 성리학적 질서의 확립이라는 당대의 국가적 목표에 일조하려 했던, 그 자신 혹은 그가 포함된 사림파 문인들의 자성적 의도에서 나온 것이라 하겠다.

2.3. 내용의 확장과 현실에의 밀착: 정철, 〈훈민가〉

조선 전기 시가사에서 송강 정철이 차지하는 독보적 위상만큼 그의 〈훈민가〉에 대한 연구 역시 다방면으로 진행되어 왔다. 작품이 소재한 『경민편』과의 관계를 통해 그 의미를 도출한다든지,[166] 그의 작품에 보이는 독특한 말하기 방식을 추적함으로써 여타 작품과의 차이를 부각[167]시키는 등 작품 자체와 연관된 1차적 사항들을 확인하는 작업이 주종을 이루었다. 최근에는 17세기 이후 지속적으로 전개된 〈훈민가〉의 印刊 과정을 당대의 정치적 지형과 연관 지어 해명하거나,[168] 조선 후기 여러 문집들에 산견되는 〈훈민가〉 漢譯의 배경과 양상을

---

165) 정진영, 앞의 책, 125면.

166) 정익섭, 「경민편과 훈민가」, 『한국언어문학』 3, 한국언어문학회, 1965, 28~44면; 박성의, 앞의 논문, 156~172면.

167) 권두환, 「松江의 〈訓民歌〉에 대하여」, 『진단학보』 42, 진단학회, 1976, 151~166면: 「목소리 낮추어 노래하기: 송강 정철의 〈훈민가〉」, 백영 정병욱 선생 10주기추모논문집 간행위원회, 『한국고전시가작품론』 2, 집문당, 1992, 533~539면.

168) 최재남, 「〈훈민가〉 보급의 경과와 그 의미」, 『고시가연구』 21, 한국고시가문학회, 2008, 319~343면; 하윤섭, 「17세기 송강 시가의 수용 양상과 그 의미」, 『민족문학사연구』 37, 민족문학사학회, 2008, 104~133면; 윤덕진, 「송강가사 전승사실의 맥락」, 『열상고전연구』 26, 열상고전연구회, 2007, 403~479면.

수용사적 관점에서 탐색[169]하는 등 그 연구사적 편폭과 시야는 점차 확대되고 있다.

그중에서도 필자는 주세붕 〈오륜가〉와의 비교를 통해 양자의 차이를 검출하고, 그것의 원인을 고찰하고자 한 신연우의 논의[170]에 주목하고자 한다. 논자는 훈민시조의 사적 전개 과정에서 주세붕의 작품을 '규범적 理의 세계인 당위만을 제시한 것'으로, 정철의 그것을 '구체적인 생활의 예를 들어 백성의 삶에 보다 가까이 다가간 것'으로 요약하고, 양자의 차이가 각각이 담지했던 이론적 기틀[주리론/주기론]의 상이함에서 비롯된 것으로 결론지었다. 이는 작자 개인의 사상적 경향이 문학 작품의 창작과 긴밀하게 연관되어 있음을 전제한 것으로, 문학과 사상의 不離性을 감안할 때 이러한 전제 자체에 이견을 제기할 수는 없다. 그런데 문제는 주세붕과 정철 사이에 놓여 있는 사상적 거리가 작품의 전체적 면모를 상이하게 할 만큼 명확한 차이가 있었던가에 있다.

기실 주리론과 주기론을 기준으로 당대의 문학 작품들에 내재한 모종의 편차를 논증하는 작업은 그러한 구도가 가진 계선적 선명함에도 불구하고 다음과 같은 문제점을 내포한다. 우선 조선성리학에서 주기 철학의 성립이 가능한가의 문제이다. 주지하듯 퇴계는 물론이거니와 율곡 또한 '理'의 절대성을 인정하여 기가 리를 은폐하는 것을 극복하고, 리의 순수성으로 돌아가야 함을 역설하였다. 리가 올바르면 기는 저절로 따른다고 하는 것이 주자학파의 기본적인 사고이며 이러한 사고는 그들 모두의 공통적 기반으로, 결코 어느 한쪽만을 강조한 것은

169) 정한기, 「이경의 〈飜訓民歌十八章〉에 나타난 〈훈민가〉 한역의 배경과 그 양상」, 『고전문학과 교육』 11, 한국고전문학교육학회, 2006, 191~224면.

170) 신연우, 「주세붕에서 정철로 훈민시조의 변이와 그 의의」, 『온지논총』 4, 온지학회, 1998, 33~61면.

아니다. 물론 퇴계에 비해 율곡이 '氣'를 중시하기는 했지만 이것은 리의 능동성·자발성을 긍정했던 퇴계의 논리적 결함을 보완하기 위해서였을 뿐 기를 리의 우위에 두고자 했던 것은 아니다.[171] 이이가 주창한 '기발리승일도설' 역시 인간 심성에서 기에 대한 리의 가치론적 우위를 확보하고자 하는 리기이원론적 가치론의 유지가 핵심이었음[172]을 간과해서는 안 된다. 주리와 주기를 기준으로 보편적 세계와 현실적 세계에 대한 관심의 편중을 논하기 어려운 이유도 여기에 있다.

이러한 차원에서 주세붕과 정철의 사상적 경향을 주리와 주기로 재단하는 것은 신중을 기해야 할 필요가 있을 것으로 보인다. 무엇보다도 논의의 주된 증좌로 인용된 몇몇 사안들이 그들을 주리와 주기로 이분하는 것에 대해 주저하게끔 만들기 때문이다. 우선 주세붕이 기에 비해 리를 강조한 것으로 인지된 부분,[173] '네가 만약 옳다고 생각하거든 이 자 아래에 이름을 적고 너에게 욕심이 있었거든 욕 자 아래에 적으라.'에서 리는 기의 대타적 개념으로 사용되지 않는다. 필자가 생각하기에 이 때의 리는 '存天理, 去人慾'이라는 성리학의 또 다른 명제에 더욱 가까울 것으로 보인다. 정철의 경우, 그의 작품에 등장하는 '소학'·'향음주' 등의 시어와 그가 주기론자라는 추정 사이[174]에는 양자를 연결시킬 만한 논리적 가교가 좀 더 필요할 것으로 생각된다. 논자가 지적한 바와 같이 소학의 보급과 향사례의 실시는 이 시기 사림파 문인들이 경주했던 공통의 사안이었으며, 주세붕 역시 다르지 않았

171) 조남호, 「조선에서 주기철학은 가능한가」, 『논쟁으로 보는 한국철학』, 예문서원, 1995, 129~147면 참조.

172) 한국사상연구회, 『조선유학의 개념들』, 예문서원, 2003, 61면.

173) 신연우, 앞의 논문, 43~45면.

174) 신연우, 앞의 논문, 57면.

다. 또한 '랄로셔 ᄆᆞ디어시ᄃᆞᆫ 절ᄒᆞ고야 마로링이다.[주세붕 〈오륜가〉, 6수]'라는 자기 다짐의 언술을 동일 항목에 해당하는 '향음쥬 다 파ᄒᆞᆫ 후에 뫼셔 가려 ᄒᆞ노라.[정철 〈훈민가〉, 9수]'보다 덜 현실적인 것으로 단정지을 수는 없을 듯하다.

필자는 송강의 〈훈민가〉 역시 앞서 살펴본 '16세기/사림파 문인 지식인/도학/법적 인식/교화' 등과 같은 당대의 거시적 구도 하에서 살펴보아야 한다고 생각한다. 다시 말해 그의 작품 또한 송강 개인의 주체적 결단에 의해서 창작된 것이라기보다는 16세기라는 문제적 시기의 공유된 담론에 의해 촉발된 바 크며, 이러한 점에서 볼 때 주세붕·송순 등과 같이 유사한 자장 안에 속해 있는 일련의 작가들과 중첩되는 지점이 상당하다는 것이다. 이를 위해 본 항에서는 인간에 대한 그의 이해 방식이 여타의 사림파 문인들과 얼마만큼 유사한지를 진단하고, 그러한 인식이 현실에서 구현되는 양태들과 〈훈민가〉 창작에 연접되어 있는 지점 등을 중심으로 살펴보고자 한다. 결론적으로 말해서 필자는 그의 〈훈민가〉가 16세기 사림파 문인들이 지니고 있던 동일한 문제의식 하에 창작된 것이지만, 그 과정에서 구체적 현실에 좀 더 밀착되기 위한 이러저러한 노력들이 모색되었고, 그러한 결과가 작품에 보이는 諸 양상들로 나타나게 된 것이라 생각한다. 먼저 아래의 자료에 주목해 보도록 하자.

> [1] 하늘이 백성을 내실 제 물건이 있으면 떳떳한 법칙이 있게 하셨으니 사람에게는 도가 있어 본디 선한 일을 할 수 있다. 다만 교화가 밝지 못한 탓에 듣고 아는 바가 없어 비록 아름다운 자질을 가졌다 할지라도 마름질하여 이룰 수가 없다. 하물며 너희 어리석은 백성들이야 어떻게 잘못된 점을 고칠 수 있으리오.[175]

[2] 아! 성명의 세상에 어찌 이런 일이 있을 수 있겠습니까? 사람의 성정이란 본디 착한 것이므로 떳떳한 본성이 땅에 떨어지지 않았다면 모자 사이의 은혜와 형제 사이의 우애와 남녀 사이의 구별을 저들이 어찌 모르겠습니까?[176)]

[3] 신은 듣건대, 진덕수가 말하기를, "하늘은 능히 사람에게 지극히 착한 성품을 주었지만 능히 그 성품을 온전하게 하지는 못한다. 때문에 능히 그 성품을 온전하게 하는 것은 君師의 책임이다."고 하였습니다. 무릇 사람이 동일하게 부여받은 본성은 처음에는 지혜롭고 어리석은 구별이 없으나, 청수하고 탁박함에 있어서는 그 받은 것이 같지 않아 기백과 재덕은 하늘이 부여하여 이미 귀속된 것인즉 백성들은 부득불 군사의 교도에 힘입어야 하니, 군사의 교도는 또한 본래 가지고 있는 성품에 따르게 하여 그것을 열어주고 이끌어 주는 것에 지나지 않습니다.[177)]

상기한 자료들에서 정철은 사람에게 本具되어 있는 성선의 자질들을 전제한다. 앞서 언급한 바와 같이 이러한 인식은 16세기 사림파 문인들이 공유하고 있던 독특한 지점으로, 이는 현실에서의 교화를 우선시하는 그들의 이론적 근거로 다양하게 활용되었다. 이러한 입장에 설

---

175) 정철, 〈洪川館板記〉, 『송강집』 권2, 『한국문집총간』 46, 한국고전번역원, 1988, 157면. "天生蒸民, 有物有則, 人之有道, 本可爲善. 只緣敎化不明, 無所聞知, 雖抱美質, 罔由裁成, 矧爾蚩蚩, 何以革面?"

176) 정철, 〈江原監司時陳一道弊瘼疏〉, 『송강속집』 권2, 위의 책, 200면. "噫! 聖明之世, 寧有此乎? 人情本善, 秉彝罔墜, 母子之恩, 兄弟之愛, 男女之別, 彼豈不知?"

177) 정철, 〈策問〉, 『송강별집』 권1, 위의 책, 253면. "臣聞眞德秀之言曰, 天能與人以至善之性, 而不能使之全其性. 故能使之全其性者, 君師之任也. 夫人同受所賦之性, 初無智愚之別, 而淸粹濁駁, 所稟不同, 氣魂才德, 天責已屬, 則民不得不賴於君師, 而君師之作, 亦不過順有常之性而開迪之也."

때 현실에 발생하는 다양한 악행의 원인은 결국 그러한 성선의 자질들을 啓發시키지 못한 위정자[君師]의 무능으로 귀착된다. 그가 管下의 수령들에게 "고금의 백성들이 동일한 天性을 받았는데도 옛적에는 행해지고, 지금은 행해지지 않는 것은 무엇 때문인가?"[178]라고 물었던 것 역시 이러한 인식의 선상에 있다. 그렇다면 어찌해야 하는가?

> 너희들은 한 명의 종과 여덟 두락의 밭을 다투어 형제가 서로 송사하여 형제의 아름다운 情義가 변하고 原隻이라는 불미스런 악명을 칭하며, 법관이 앉은 자리와 여러 사람이 보는 앞에서 팔을 걷고 성난 눈으로 원수같이 공격을 하니, 아! 聖明하신 세상에 어찌 이런 일이 있을 수 있으랴. …… 너희는 집에 물러가 밤중에 홀로 일어나 母子와 兄弟간의 정이 天理에서 나온 것임을 스스로 그만둘 수 없을 정도로 깊이 생각해 보라. 그럼에도 오히려 깨닫지 못하고 만에 하나라도 이와 같이 항상된 것을 무너뜨리고 이치를 거스르는 일을 여전히 하고자 한다면 내일 아침에 다시 법정에 나와 송사하되 다시는 형제란 두 글자를 칭하지 말고, 처음부터 끝까지 原隻으로 칭하라.[179]

상기한 자료는 정철이 강원감사로 있을 때에 형제 간의 송사를 처리하던 일단의 정황을 담고 있다. 앞서 주세붕·김안국에서 보았던 것과 동일한 사례인바, 이와 같은 인식이 일련의 사림파 문인들에게 광범하

---

178) 정철, 〈諭邑宰文〉, 『송강별집』 권1, 위의 책, 236면. "古今之民, 同一天性, 豈有可行於昔, 而不可行於今?"

179) 정철, 〈江原監司時議送題辭〉, 『송강별집』 권1, 위의 책, 241면. "汝等爭競一口奴·八斗田, 至於兄弟相訟, 改兄弟之美義, 稱原隻之惡名, 官司所臨, 衆人所視, 攘臂怒目, 若將仇擊. 噫! 聖明之世, 安得有此事? …… 退在汝家, 中夜獨起, 深思母子兄弟之情, 原於天理, 自不容已, 而猶不能開悟, 萬一尙欲爲此敗常逆理之事, 則明朝更就訟庭, 勿復稱兄弟二字, 終始以原隻稱之乎!"

게 공유되고 있었음을 말해 준다. 우선 그는 소송의 원인을 파악하고 원고와 피고의 잘잘못을 법리적으로 해석한다기보다는 형제 간에 송사가 일어나는 정황 자체의 부당성을 피력[180)]하여 그것을 무화시키고자 한다. 글의 말미에 부기되어 있는 細註에, "평해 이순필 등이 머리를 조아리며 물러갔다.[平海李順弼等叩頭而退]"는 것으로 보아 정철의 의도는 어느 정도 달성된 것 같지만, 만일 이들의 소송이 당시의 법적 체계 하에서 정당한 것이었다면, 다시 말해 동생이 점해야 할 재산의 몫을 형이 부당하게 독차지한 것이라면 정철의 이와 같은 판결은 동생의 일방적인 희생을 전제한다는 점에서 반드시 올바른 행위로만 규정할 수는 없을 것이다. 하지만 그의 사유 체계 하에서 형제 간의 송사는 법적 판단을 통해 시비를 분별해야 할 대상이 아니라 유가적 교화가 제대로 구현되지 않은 쇠퇴한 도의 표징이기 때문에 애초에 일어나서는 안 되는 것으로 간주된다. '법이 마련되어 있지만, 그 법을 쓰지 않아도 다스려질 수 있'는 좀 더 근원적이고 발본적인 방법을 모색했던 것이다. 그들의 이와 같은 인식은 자연스레 백성들에게 직접적인 가르침을 베푸는 방식으로 이어진다.

[1] 혹 자식의 직분에 있으면서 봉양하지 않는 자, 혹 부모가 집에 계시는데도 따로 재물을 사축하는 자, 혹 지켜야 할 분수를 범하여 윗사람을 멸시하거나 장유의 차례를 돌아보지 않는 자, 혹 利害로 인해 성내고 싸워서 골육 간에 송사를 일으키는 자. 무릇 이와 같은 이들에

180) 정철, 같은 글, 같은 책, 같은 면. "兄年八十一, 弟年六十一, 假令弟勝其兄, 得其田得其奴, 而六十一年, 餘日無多, 能得幾時食之, 幾時使之乎? 況八十之兄, 因此傷心, 一朝長逝, 則汝雖不殺, 汝兄由汝而死, 是汝殺之也. 使汝兄含悲抱冤於九原之下, 而汝在人間, 獨食其田, 獨使其奴, 於汝心安乎? 以此爲安, 而終不知退, 則不有人誅, 必有天殃."

게는 모두 떳떳한 刑이 있으나, 마땅히 지극한 은덕과 큰 도의로 순순히 권면하고 효유하여 진실로 후회하고 뉘우치는 자에게는 우선 스스로 고칠 수 있는 기회를 주고, 가르쳐도 좇지 않는 자에게는 즉시 징치를 가한다.[181]

[2] 다만 교화가 밝지 못한 탓에 듣고 아는 바가 없어 비록 아름다운 자질을 가졌다 할지라도 마름질하여 이룰 수가 없다. 하물며 너희 어리석은 백성들이야 어떻게 잘못된 점을 고칠 수 있으리오. …… 너희들 백성에게 바라는 것은, 아비는 사랑하고 자식은 효도하며, 형은 우애하고 아우는 공손하며, 남편은 화락하고, 아내는 순종하며, 말은 반드시 진실하게 하고, 행동은 반드시 온공하게 하며, 족당에는 은혜가 있고, 향려에는 예가 있으며, 웃사람을 공경히 받들고, 고독하고 곤궁한 이들은 불쌍히 여겨 구휼하는 것이다. …… 오직 너희 백성들은 각각 마땅히 힘쓸지어다.[182]

[3] 우리 백성된 자들이 아비는 정의롭고 어미는 사랑스러워야 하며, 형은 우애하고 동생은 공경스러워야 하며, 아들은 효성스러우며, 부부 사이에는 은혜로워야 하고, 남녀 사이에는 분별이 있어야 하며, 자제들은 배워야 하고, 향려에는 예가 있어야 하며, 빈궁·환난에 친척들은 서로 도와야 하며, 혼인·상사에 이웃은 서로 도와 주어야 하며, 농사일에 게으르지 말고, 도적질을 일삼지 말며, 도박을 배우거나 쟁송하기를 좋아하지 말며, 악한 이가 선한 이를 능멸치 말고, 부유한 이가 가난

181) 정철, 〈諭邑宰文〉, 『송강별집』 권1, 위의 책, 236면. "或身居子職, 有闕侍養, 或父母在堂, 別畜私財, 或犯分凌忽, 不顧長幼之倫, 或因利忿爭, 遽興骨肉之訟. 凡若此者, 皆有常刑, 宜以至恩大義, 諄諄勸曉, 苟能悔過, 姑許自新, 敎之不從, 卽加懲治."

182) 정철, 〈洪川館板記〉, 『송강집』 권2, 위의 책, 157면. "只緣敎化不明, 無所聞知, 雖抱美質, 罔由裁成, 矧爾蚩蚩, 何以革面? …… 所望於爾民者, 父慈子孝, 兄友弟恭, 夫和妻順, 言必忠信, 行必溫恭, 族黨有恩, 鄕閭有禮, 敬奉公上, 矜恤孤窮. …… 惟爾有民, 各宜勉旃."

> 한 이를 집어 삼키지 말며, 길을 가다가는 양보하고, 농사 짓는 자는 경계를 양보하며, 머리가 하얗게 샌 노인들은 길에서 짐을 지지 않아야 하니, 이렇게 되면 예의 있는 풍속이 될 것이다.[183)]

주지하듯 지방관으로 부임하여 백성들을 효유하는 글을 짓고 배포하는 일단의 행위들은 16세기 사림파 문인들에게 보다 많이 나타나는 시기적이면서도 집단적인 현상이다. 남아 있는 자료의 영성함에도 그 원인이 있겠지만, 이전 시기의 경우 이러한 시도 자체가 잘 보이지 않는다. 필자는 이를 인간에게 本具되어 있는 성선적 자질에 대한 긍정, 인위적 행위를 통한 교화 가능성의 인식, 일상적인 것들의 교정을 통해 사회 전체의 安集이 구현될 수 있다는 신념 등 그들이 새로운 학문적 경험을 통해 지니게 된, 변화된 인간 이해의 방식에서 기인한다고 생각한다.

먼저 [1]에서 정철은 邑宰들에게 백성들을 죄주어야 하는 일련의 사례들을 나열하되 그들을 곧바로 치죄할 것이 아니라 '후회하고 뉘우치는 자에게 스스로 고칠 수 있는 기회를 주어야 한다.'고 말한다. 법적 처벌로 일관하는 것이 아니라 그들이 改善할 수 있는 모종의 장치들을 마련해야 한다는 것이다. [2]는 그러한 장치가 마련된 일단의 사례이다. 그는 사람에게 구비되어 있는 爲善의 단서들을 인정하면서도 그것이 제대로 구현되지 못하는 이유를 '듣고 아는 바가 없는 것[無所聞知]'으로 돌린다. 이는 곧 '듣고 아는 바가 있'게 하면 그들을 선한 상태로 되돌릴 수 있음을 의미하는바, '아비는 사랑하고 자식은 효도하

---

183) 〈古靈先生仙居勸諭文〉, 『警民編諺解』, 국립중앙도서관 청구기호 BC古朝30-6. "爲吾民者, 父義母慈, 兄友弟恭, 子孝, 夫婦有恩, 男女有別, 子弟有學, 鄉閭有禮, 貧窮患難親戚相救, 婚姻死喪隣保相助, 無惰農業, 無作盜賊, 無學賭博無好爭訟, 無以惡凌善無以富吞貧, 行者讓路耕者讓畔, 頒白者不負戴於道路, 則爲禮義之俗."

며, 형은 우애하고 아우는 공손하며, 남편은 화락하고, 아내는 순종하며' 등등의 당위적 사실들은 이와 같은 이유로 설파된다.

[3]은 정철이 〈훈민가〉를 창작하면서 그 모태로 삼은 송나라 陳襄의 〈仙居勸諭文〉이다. 주지하는 바와 같이 이 글은 16세기 후반 이후 지방관들이 참조해야 할 바람직한 사례로 인식되어 조선 후기에 이르기까지 꾸준히 준용된다. 일례로 蒼石 李埈(1560~1635)은 단양 군수 시절 이 글을 언해·반포하면서 그 직접적 이유를 '평정하고 간이하며 일상 생활에 요긴'[184]한 것으로 꼽았는데, 중요한 것은 정철이 〈훈민가〉를 창작함에 있어 이 글을 창작 기반으로 활용하면서도 이준과 같이 단순한 언해에 그치지 않고 이를 시조라는 새로운 양식으로 구현하고 있다는 것이다. 그런데 이는 노래[시조]로 달성할 수 있는 특별한 기능 및 효용 등에 대해 정철 자신이 분명히 인지하고 있었음을 의미한다. 먼저 다음의 표에 주목해 보도록 하자.

陳襄, 〈仙居勸諭文〉	정철, 〈훈민가〉(초장)	순서
父義母慈	아바님 날 나ᄒᆞ시고 어마님 날 기ᄅᆞ시니~	1수
兄友弟恭	형아 아ᄋᆡ야 네 술홀 ᄆᆞᆫ져 보와~	2수
×	님금과 ᄇᆡᆨ셩과 ᄉᆞ이 하늘과 ᄯᅡ히로ᄃᆡ~	3수
子孝	어버이 사라신 제 셤길 일란 다ᄒᆞ여라~	4수
夫婦有恩	ᄒᆞᆫ 몸 둘헤 ᄂᆞᆫ화 부부ᄅᆞᆯ 삼기실샤~	5수
男女有別	간나ᄒᆡ 가ᄂᆞᆫ 길ᄒᆞᆯ ᄉᆞ나ᄒᆡ 에도ᄃᆞ시~	6수
子弟有學	네 아ᄃᆞᆯ 효경 닑더니 어도록 ᄇᆡ환ᄂᆞ니~	7수
鄕閭有禮	ᄆᆞ을 사ᄅᆞᆷ들아 올ᄒᆞᆫ 일 ᄒᆞ쟈ᄉᆞ라~	8수

184) 이준, 〈里約告示文〉, 『창석집』 권13, 『한국문집총간』 64, 한국고전번역원, 1988, 455면. "於是欲取古人已行之成法, 以爲之敎, 則其平正簡易, 切於日用, 宜莫尙於陳古靈諭俗一文. 故遂謄其語, 竝採本註, 而患夫閭巷凡民難於曉解, 則逐條疏釋, 皆用方言, 月朝會于公門或各里, 通讀一遍, 非欲朝令而夕行也. 只要因其性之固有, 而爲之品節之."

×	풀목 쥐시거든 두 손으로 바티리라~	9수
	ᄂᆞᆷ으로 삼긴 듕의 벗ᄀᆞᆺ티 유신ᄒᆞ랴~	10수
貧窮患難親戚相救	어와 뎌 족하야 밥 업시 엇디ᄒᆞᆯ고~	11수
婚姻死喪隣保相助	네 집 상ᄉᆞ들흔 어도록 ᄎᆞᆯ호ᄉᆞᆫ다~	12수
無惰農業	오ᄂᆞᆯ도 다 새거다 호ᄆᆡ 메오 가쟈ᄉᆞ라~	13수
無作盜賊	비록 못 니버도 ᄂᆞᄆᆡ 오ᄉᆞᆯ 앗디 마라~	14수
無學賭博 無好爭訟	상뉵 쟝긔 ᄒᆞ디 마라 송ᄉᆞ 글월 ᄒᆞ디 마라~	15수
無以惡凌善 無以富呑貧	×	×
行者讓路 耕者讓畔		
頒白者不負戴於道路	이고 진 뎌 늘그니 짐 프러 나를 주오~	16수

전술한 바와 같이 정철의 〈훈민가〉는 진양의 〈선거권유문〉을 그 모태로 한다. 상기한 표에서 확인할 수 있듯 〈훈민가〉는 진양이 제시한 윤리적 준칙들을 상당 부분 따르고 있다. 그러나 중요한 것은 그러한 과정에서 정철이 생각한 나름의 기준에 의해 일정한 선택과 배제의 기제가 작동하고 있다는 것이다. 그 기준이 무엇인지는 명기되어 있지 않아 추정에 기댈 수밖에 없지만 필자는 그러한 추정을 통해 정철이 구현하고자 했던 〈훈민가〉의 목적과 효용을 어느 정도 짐작할 수 있으리라 생각한다.

우선 눈에 띄는 것은 오륜의 항목 중 진양의 〈권유문〉에는 없는 '군신'·'장유'·'붕우'의 조항이 정철의 〈훈민가〉에는 들어가 있다는 것이다. 진양이 어떠한 이유로 상기한 조항들을 배제했는지 확인할 수는 없지만 정철은 그것의 결여를 인식하고 나머지 항목들을 삽입함으로써 오륜의 조항을 완성한다. 그런데 재래의 논의에서 지적한 바와 같이 정철 〈훈민가〉의 부자·군신·붕우의 항목은 송순 〈오륜가〉의 그것과 완벽히 일치하는바 송순과 정철의 관계를 미루어 짐작하건대, 정철은 〈훈민가〉를 창작하는 과정에서 송순의 작품을 일정 정도 참조했던 것으로 보인다. 그렇다면 송순 〈오륜가〉 중 군신과 부부의 조항이 빠진 이유는 무엇인가?

[1] 군왕이 백성 거ᄂᆞ리니 부모가 아니신가
뭇신하 하늘갓치 우러러 일신을 바치는도다
다만지 축수하옵기 억만년을 누리소서. 【송순 〈오륜가〉, 2수】

[2] 님금과 ᄇᆡᆨ셩과 ᄉᆞ이 하늘과 ᄯᅡ히로ᄃᆡ
내의 셜운 이를 다 아로려 ᄒᆞ시거든
우린ᄃᆞᆯ ᄉᆞᆯ진 미나리를 혼자 엇디 머그리. 【정철 〈훈민가〉, 3수】

[3] 一家라 불리나 안팎이 갓ᄒᆞ랴
부부의 사이야 엄정케 ᄒᆞ면 친ᄒᆞ리니
더욱이 ᄉᆞ랑의 뜻이야 조차 남을 알진저. 【송순 〈오륜가〉, 3수】

[4] ᄒᆞᆫ 몸 둘헤 ᄂᆞᆫ화 부부를 삼기실샤
이신 제 ᄒᆞᆷᄭᅴ 늙고 주그면 ᄒᆞᆫᄃᆡ 간다
어ᄃᆡ셔 망녕의 ᄶᅥ시 눈 흘긔려 ᄒᆞᄂᆞ뇨. 【정철 〈훈민가〉, 5수】

[5] 간나ᄒᆡ 가ᄂᆞᆫ 길ᄒᆞᆯ ᄉᆞ나ᄒᆡ 에도ᄃᆞ시
ᄉᆞ나ᄒᆡ 녜ᄂᆞᆫ 길흘 계집이 츼도ᄃᆞ시
제 남진 제 계집 아니어든 일홈 뭇디 마오려.
【정철 〈훈민가〉, 6수】

군신 간의 관계를 노래한 [1]은 '뭇신하 하늘갓치 우러러 일신을 바치는도다'라는 중장의 구절로 인해 그 구체적 대상이 士 계층 이상으로 한정된다. 물론 '莫非王臣'이라는 유가적 개념 하에서 일반 백성 역

시 신하의 범주에 속할 수 있겠으나 '뭇신하'·'일신'·'바치다' 등의 시어들이 엮어내는 분위기는 실제의 관료들이 임금을 위해 정치의 현장에서 각고의 노력을 마다치 않는 그러한 정경이다. 반면 정철의 작품은 향유자의 개인사로 轉用 가능한 '나'라는 인칭대명사, '미나리'가 자아내는 보잘 것 없지만 친숙하고 절근한 이미지, '우리'라는 시어 속에 내포된 불특정 다수의 의미 등에 힘입어 일반 백성의 입장에 좀 더 가까이 다가가게 된다. 요컨대 상정된 대상의 불일치로 인해 송순의 작품은 〈훈민가〉의 일부로 편입되지 못했다는 것이다.

부부유별의 덕목을 그리고 있는 [3]은 정철이 상정하고 있던 〈훈민가〉의 체재와 다소 상이한 관계로 배제된 듯하다. 위 표에서 확인할 수 있듯 정철은 〈선거권유문〉의 체재에 따라 '부부유은'과 '남녀유별'의 항목을 따로 설정하여 전자[4]에서는 부부의 관계를, 후자[5]에서는 일반적인 남녀의 관계를 노래한다. 오륜의 항목에 구애되어 부부유별만을 노래하기보다는 '부부'와 '남녀'를 상정함으로써 현실에 존재하는 보다 실체적인 남녀 관계를 포괄할 수 있게 된 것이다.

그렇다면 〈권유문〉의 일부 내용이 〈훈민가〉에서 빠진 것은 어떠한 이유에서인가? 필자가 생각하기에 '無以惡凌善·無以富呑貧'의 조목은 그 대상이 부유한 자와 악한 자로 한정될 수밖에 없기 때문에 누구에게나 요구되는 일반적인 사항은 아니다. 〈훈민가〉에서 호명되는 인간관계의 대부분이 가족, 이웃, 불특정 다수임을 감안하면, 특정 부류의 특정 행동을 지칭한 상기의 조목들은 들어오기 쉽지 않았을 것으로 생각된다.

'行者讓路·耕者讓畔'은 주지하듯 『시경』「大雅」〈緜〉에 제시되어 있는 고사로,[185] 文王이 다스리던 시절에 교화가 잘 이루어졌음을 증거하는 사례로 자주 인용된다. 하지만 이와 같은 조목은 수천년 전의 사례이기 때문에 16세기 조선의 현실에는 맞지 않는 것으로 판단되었을 가능성이 높다. 정철과 비슷한 시기를 살았던 최유해(1587~1641)는 이 조목에 대해 "순후하던 옛적의 풍습이기 때문에 지금 행하기는 쉽지 않다."고 전제하고, 당시의 현실에 맞추어 제한적으로 적용할 것을 권장하고 있다.[186] 정철 역시 이러한 이유로 인해 이 조목을 배제하지 않았을까 생각된다.

이와 같이 정철의 〈훈민가〉는 진양의 〈권유문〉이나 송순의 〈오륜가〉를 단순히 차용한 것에만 그치지 않는다. 작자 나름의 기준에 의해 엄격한 선택과 배제의 원리가 작동하고 있고, 그 원리의 방향은 가급적 민생의 日用에 절실한 것으로 귀결된다. 여기서 자연스레 제기되는 질문은 다음의 두 가지이다. 첫째, 그는 어떠한 이유에서 진양의 〈권유문〉을 따라 오륜의 범위를 넘어서는 조항들을 설정하고자 했는가? 둘째, 그는 어떠한 이유에서 송순의 〈오륜가〉를 따라 개인에게 요구되는 윤리적 질서들을 시조화했는가? 필자는 이러한 질문에 대한 대답이 백성들을 직접적으로 가르칠 수 있는 장치들을 마련함으로써 그들의 改善을 도모하고자 했던 16세기 사림파 문인들의 행적에 이미 예비되어 있다고 생각한다.

---

185) "虞芮之君, 相與爭田, 久而不平. 乃相與朝周, 入其境, 則耕者讓畔, 行者讓路. 入其邑, 男女異路, 斑白者不提挈. 入其朝, 士讓爲大夫, 大夫讓爲卿, 二國之君, 感而相謂曰, '我等小人, 不可以履君子之境.' 乃相讓, 以其所爭田, 爲閒田而退, 天下聞之而歸者, 四十餘國."

186) 최유해, 〈推衍古靈諭俗文〉, 『嘿守堂集』 권12, 『韓國文集叢刊續』 23, 한국고전번역원, 2006, 280면. "所謂行者讓路耕者讓畔, 斑白者不負戴於道路者, 此乃淳古之風, 今不可以易行也. 然行路之時, 下人等見鄕中士子, 或年老者, 不爲下馬, 則約正從輕重科罪, 耕田之時, 或有越耕他人之田者, 一鄕從輕重摘發論罪."

> 신이 도내를 살펴보니 아들이 어미를 고소한 자, 노비가 주인을 간음한 자, 아내가 남편을 배반한 자, 한 이랑의 밭을 다투어 형제끼리 송사하는 자, 절개를 지키는 여자를 억지로 간통하는 자, 심지어 姑姊·叔姪과 같이 骨肉과 宗黨 간에 다투어 쟁송하는 자 등 이루 말할 수가 없을 정도입니다. 신이 처음에 깜짝 놀라 방을 뿌려 깨우쳐 보기도 하고, 말로써 타이르기도 하고, 글을 써 敎諭해 보기도 했으나 오늘도 이와 같고 내일도 이와 같아 여러 읍의 도처에 이러한 일이 즐비하니, 이런 연후에야 저는 말과 글로써 그것을 멈추는 것이 불가하다는 것을 알게 되었습니다.[187]

오륜적 질서의 준수를 당위로 여기고 있던 그가 현실과 조우하면서 당면하게 된 '이루 말할 수 없는[不可勝言]' 이변들은 실로 그를 놀라게 했을 듯하다. 그러나 사람의 개선 가능성을 신뢰하고 있던 그였기에 이러한 사태들은 인위적 행위를 통해 극복될 수 있는 것이라 생각되었다. '방을 뿌려 깨우쳐 보기도 하고, 말로써 타이르기도 하고, 글을 써 敎諭해 보기도 했으나' 라는 유사한 구절들의 나열은 그가 느꼈던 놀라움의 정도와 더불어 백성들의 본성을 회복시키고자 했던 열망의 크기 등을 간접적으로 전해 준다.

사실 현실에서 발생하는 윤리적 위반의 사례들은 오륜 개념만으로는 포괄되지 않는다. 김안국이 『이륜행실도』의 발간을 주청하면서, "붕우형제(朋友兄弟)의 윤리에 대해서 보통 사람은 알지 못하기 때문"[188]이라고 말한 것은 지식과 실천의 연계를 당연시했던 그들의 사

187) 정철, 〈江原監司時陳一道弊瘼疏〉, 『송강속집』 권2, 앞의 책, 200면. "臣伏見道內, 有子訴母者, 奴烝主者, 妻背夫者, 爭田一畝而兄弟訟者, 有女守身而強暴汚者, 至於姑姊叔姪骨肉宗黨之爭訟者, 不可勝言. 臣始焉駭之, 或散榜曉之, 或進言告之, 或作文諭之, 及其今日如此, 明日又如此, 諸邑到處, 比比有之, 然後知不可口舌爭之."

유 체계에서 나온 것인데 이 역시 기존의 삼강 개념만으로는 통어할 수 없었던 현실의 문제에 기인한다. 정철 역시 이와 다르지 않을 터, 부자·군신·부부·장유·붕우 등 다른 이들과의 관계 속에서 요구되는 오륜 개념만으로는 현실의 다종한 사례들을 포괄하기 어려웠던 것이다.

하지만 이것만으로는 부족하다. '부의모자'·'형우제공'·'부부유은' 등의 개념들은 지극히 추상적이어서 그 구체적인 실천 사항들의 마련이 강하게 요청된다. 더구나 문자에의 접근이 차단되어 있는 백성들을 대상으로 한 것이기 때문에 보다 쉽고, 간명하며, 가시적인 그림들이 그려질 필요가 있다. 여기에 더하여 '~해야 한다'는 당위적 언급만이 아니라 그러한 당위를 보여주는 구체적인 사례와 장면의 등장은 필수적이다. 여기서 '말과 글로써 그것을 멈추는 것이 불가하다는 것을 알게 되었다.'라는 마지막 언급에 주목해 보자. 물론 이 내용은 윤리적 교화만으로는 백성들을 안집시킬 수 없음을 의미할 테지만, 필자는 이 말을 통해 보다 효율적인 방법으로 그들을 계발시키고자 했던 정철 개인의 치열한 모색 역시 읽어낼 수 있다고 생각한다. 보편과 당위가 주는 거부감을 최소화하면서 그러한 것들을 일상 생활 속에서 자발적·반복적으로 수용할 수 있는 방식. 정철의 〈훈민가〉는 이러한 요건들을 충족하고 있다.

[1] 네 아ᄃᆞᆯ 효경 닑더니 어도록 ᄇᆡ환ᄂᆞ니
내 아ᄃᆞᆯ 쇼ᄒᆞᆨ은 모ᄅᆞ면 ᄆᆞ출로다
어ᄂᆡ제 이 두 글 ᄇᆡ화 어딜거든 보려뇨. 【7수】

188) 『중종실록』 13년(1518) 4월 1일. "至於朋友兄弟之倫, 凡常之人, 或有不知."

[2] 풀목 쥐시거든 두 손으로 바티리라
나갈 ᄃᆡ 겨시거든 막대 들고 조ᄎᆞ리라
향음쥬 다 파ᄒᆞᆫ 후에 뫼셔 가려 ᄒᆞ노라.【9수】

[3] 간나ᄒᆡ 가ᄂᆞᆫ 길ᄒᆞᆯ ᄉᆞ나ᄒᆡ 에도ᄃᆞ시
ᄉᆞ나희 녜ᄂᆞᆫ 길흘 계집이 ᄎᆡ도ᄃᆞ시
제 남진 제 계집 아니어든 일홈 묻디 마오려.【6수】

[4] 어와 뎌 족하야 밥 업시 엇디ᄒᆞᆯ고
어와 뎌 아자바 옷 업시 엇디ᄒᆞᆯ고
머흔 일 다 닐러ᄉᆞ라 돌보고져 ᄒᆞ노라.【11수】

[5] 네 집 상ᄉᆞ들흔 어도록 ᄎᆞᆯ호ᄉᆞᆫ다
네 ᄯᆞᆯ 셔방은 언제나 마치ᄂᆞᄉᆞᆫ다
내게도 업다커니와 돌보고져 ᄒᆞ노라.【12수】

[6] 오ᄂᆞᆯ도 다 새거다 호ᄆᆡ 메오 가쟈ᄉᆞ라
내 논 다 ᄆᆡ여든 네 논 졈 ᄆᆡ여 주마
올 길ᄒᆡ ᄲᅩᆼ ᄠᅡ다가 누에 먹켜 보쟈ᄉᆞ라.【13수】

[7] 비록 못 니버도 ᄂᆞᄆᆡ 오ᄉᆞᆯ 앗디 마라
비록 못 머거도 ᄂᆞᄆᆡ 밥을 비디 마라
ᄒᆞᆫ적곳 ᄣᅵ 시른 휘면 고텨 ᄡᅵᆺ기 어려우리.【14수】

[8] 이고 진 뎌 늘그니 짐 프러 나를 주오
나ᄂᆞᆫ 졈엇써니 돌히라 무거올가
늘거도 셜웨라커든 지믈조차 지실가.【16수】

상기한 작품들은 작품의 전개 방식, 의미의 구현에 필요한 시적 질료들, 초장과 중장을 연결하는 통사론적 구조, 작품의 수용자로 하여금 개인적 전유를 가능케 만드는 동일한 종결 장치 등 한 편의 시를 구성하는 다종한 면면들에서 주목할 만한 일치를 보여준다. 후술하겠지만 정철의 다른 시조 작품들과는 상당히 이질적인 이와 같은 지점들은 작품의 수용자인 일반 백성들에게 좀 더 쉽고, 간이하며, 효율적으로 다가가기 위한 고민의 흔적들로 보인다.

우선적으로 간취되는 것은 작품의 문면에 드러난 시적 화자들 간의 대화이다. '네 아ᄃᆞᆯ/내 아ᄃᆞᆯ', '뎌 족하야/뎌 아자바', '네 집 상ᄉᆞᄃᆞᆯ흔/네 ᄯᆞᆯ 셔방은', '내 논/네 논', '뎌 늘그니/나'와 같이 시상의 구현에 요구되는 가상적 인물들이 빠짐없이 등장한다. 뿐만 아니라 이들 간의 대화로 채워져 있는 각각의 시행들은 그로 인해 통사적으로 완전히 종결된다. 이는 '나'와 '너'의 대화에서뿐만 아니라 '나' 혼자만의 독백으로 이루어진 작품 역시 마찬가지이다. '폴목 쥐시거든 두 손으로 바티리라 / 나갈 ᄃᆡ 겨시거든 막대 들고 조ᄎᆞ리라'와 같이 동일한 화자가 유사한 구조의 시행을 두 번 반복하는 경우에도, '이고 진 뎌 늘그니 짐 프러 나를 주오 / 나는 졈엇ᄭᅥ니 돌히라 무거올가'와 같이 화자의 발언만이 제시되는 형식에서도 각각의 시행은 완전히 종결되어 있다.

여기에다 초장에서 이미 종결된 시행과 동일한 통사적 구조를 갖는 시행이 그 구체적 시어만 달리한 채 중장에서 고스란히 반복된다. '네 아ᄃᆞᆯ 효경 닑더니 어도록 ᄇᆡ환ᄂᆞ니 / 내 아ᄃᆞᆯ 쇼혹은 모ᄅᆡ면 ᄆᆞᄎᆞᆯ로다', '폴목 쥐시거든 두 손으로 바티리라 / 나갈 ᄃᆡ 겨시거든 막대 들고 조ᄎᆞ리라', '간나ᄒᆡ 가ᄂᆞᆫ 길흘 ᄉᆞ나ᄒᆡ 에도ᄃᆞ시 / ᄉᆞ나ᄒᆡ 녜ᄂᆞᆫ 길흘 계집이 츼도ᄃᆞ시', '어와 뎌 족하야 밥 업시 엇디ᄒᆞᆯ고 / 어와 뎌 아자바 옷 업시 엇디ᄒᆞᆯ고', '네 집 상ᄉᆞᄃᆞᆯ흔 어도록 ᄎᆞᆯ호ᄉᆞᆫ다 / 네 ᄯᆞᆯ 셔방은 언제나 마치ᄂᆞᄉᆞᆫ다', '비록 못 니버도 ᄂᆞᄆᆡ 오ᄉᆞᆯ 앗디 마라 / 비록 못 머거도 ᄂᆞᄆᆡ 밥을 비디 마라' 등등이 그것으로, 초장과 중장은 통사적으로 완전히 일치한다. 뿐만 아니라 '내 논 다 ᄆᆡ여든 네 논 졈 ᄆᆡ여 주마', '상뉵 쟝긔 ᄒᆞ디 마라 숑ᄉᆞ 글월 ᄒᆞ디 마라'와 같이 하나의 시행을 이분했을 때 앞과 뒤가 相似한 구조 역시 적지 않게 보인다. 반복과 병렬로 이루어진 구조적 상동성, 이것이 정철 〈훈민가〉의 독특한 지점인 것이다.

그런데 정철 〈훈민가〉에 내재한 이러한 시적 장치들은 어떠한 시적 효과를 창출하는가? 우선 각각의 시행이 통사론적으로 종결되어 있는 경우 시조 자체의 관습적 율격으로 인해 행과 행 사이의 간극은 넓어지게 되고, 이에 따라 여백과 휴지의 기능은 극대화된다. 뿐만 아니라 동일한 구조의 반복은 초장에서 중장, 중장에서 종장으로의 이행 과정에서 다음에 전개될 내용들을 어느 정도 짐작 가능하게 해 준다. 앞의 것을 '개방적 구조', 뒤의 것을 '폐쇄적 구조'라 지칭할 때, 초장과 유사한 중장, 초장·중장과 상이한 종장이 등장할 것을 어렵지 않게 예감할 수 있다는 것이다. 결국 한 편의 작품이 지닌 이와 같은 구조를 인지하게 되면 동일한 구조의 다른 작품을 수용하는 데에는 이해의 과정에 필요한 지적 공력이 반감되기 마련이다. 이를 [3]의 작품을 통해 구체적으로 살펴보면 다음과 같다.

초장에서는 '아자바'의 목소리를 빌려 '밥 업시 엇디ᄒᆞᆯ고'라는 '족하'의 사정을 묻는다. 통사적으로 완전히 종결된 형태이기 때문에 중장으로 이전되기까지의 심리적 간격은 비교적 넓은 편이다. 만일 앞선 작품을 통해 〈훈민가〉의 대부분이 유사한 구조로 이루어져 있음을 간파한 수용자라면, 중장의 내용이 통상적으로 '아자바'로 호칭하는 관계적 인물, 곧 '족하'의 발언임을 알아차리게 된다. 이것이 상기한 개방적 구조의 의미이다. 이어 중장에서는 초장과 동일한 구조의 시행이 그 구체적 시어만을 달리한 채 반복되는바, 중장의 내용이 제시됨으로써 이어지는 종장에서는 중장과는 또 다른 목소리가 등장할 것임을 짐작하게 된다. 이것이 상기한 폐쇄적 구조의 의미이다. 개방에서 폐쇄로의 이전 과정에서 시적 긴장은 유발되고, 따라서 작품의 수용자는 종장에 등장하는 제3의 목소리에 몰입하게 된다. 상기한 작품들의 종장이 중장까지의 일관된 어조들을 急轉하여 감정의 진폭을 극대화하는 개인적 영탄의 어조로 마무리하는 것도 바로 이 때문이다.

필자가 생각하기에 정철의 〈훈민가〉에 보이는 위와 같은 시적 질서들은 작품의 독자들을 고려한 치열한 모색의 결과이다. 기실 정철이 지은 다른 작품들에는 동일한 구조가 병렬적으로 반복되는 위와 같은 면모들이 잘 보이지 않는다. 고정희가 지적한 바와 같이 그의 작가적 개성이 도드라진 지점은 통사적으로 종결된 시행 대신 연속된 리듬으로 초장부터 종장까지 단숨에 달려 나가는, 역동적이면서도 비약적인 면모들이다.[189] 대표적으로 '재 너머 셩궐롱 집의 / 술 닉닷 말 어제 듯고 / 누은 쇼 발로 박차 언치 노하 지즐 ᄐᆞ고 / 아희야 네 궐롱 겨시냐 뎡좌슈 왓다 ᄒᆞ여라'가 그러한데, 이 작품은 초장부터 중장까지 하나의 문장으로 이루어져 있으며, 과거로부터 미래로 이어지는 시간의 비약과 중간 과정의 과감한 생략은 그 내포된 에너지의 크기로 말미암

189) 고정희, 『고전시가와 문체의 시학: 윤선도와 정철의 경우』, 월인, 2004, 80~81면. 본서는 윤선도와 정철의 시가 작품들을 시학적 측면에서 분석·고찰한 것으로, 필자 역시 〈훈민가〉를 읽기 위한 이해의 지점들을 포착하는 데에 상당한 영향을 받았다. 하지만 정철이 "병렬구조의 미적 본질에 무관심했다(80면)"는 언급은 적어도 〈훈민가〉만을 놓고 보았을 때 선뜻 동의하기 어렵다. 필자의 단견으로는 병렬구조가 지닌 구체적인 효용들을 그 역시 인지하고 있었으되 다만 그것을 활용하는 방식이 자기 개인의 내면적 토로와 구체화된 대상이 상정되어 있는 대타적 발화 사이에서 상이하게 나타난 것이 아닌가 한다.

아 상당히 안정적인 〈훈민가〉의 작품들과는 사뭇 다른 분위기를 자아낸다.

이러한 관점에서 볼 때 〈훈민가〉에 활용된 시어들 또한 예사롭지 않다. '효경'·'쇼혹'·'풀목'·'막대'·'향음쥬'·'간나희'·'〈나희'·'족하'·'밥'·'아자바'·'옷'·'상〈돌'·'셔방'·'호믜'·'논'·'쁑'·'누에'·'짐'·'돌' 등 이 작품들 속에는 2차적 의미를 갖지 않는 구체명사가 대부분을 차지한다. 대개의 경우 구체명사가 추상적인 의미로 전이되기 위해서는 그것이 '명제'나 '태도', '개념' 등으로 해석될 수 있도록 만드는 문화적 관록이나 문학적 관습이 함께 수반되어야 한다.[190] 이를 문학 수용의 관점에서 轉用할 때 그러한 관록이나 관습을 공유하지 못한 독자들의 경우 작품에 사용된 시어들 대부분은 시어가 가리키는 1차적 의미 그대로의 것으로 한정될 수밖에 없다. 정철의 〈훈민가〉가 여타 작가들과 달리 한자어나 고전적 경구들을 철저히 배제하고 있는 것도 이러한 맥락에서이다.

이렇게 볼 때 정철의 〈훈민가〉는 표방하고 있는 제목이나 확장된 내용 뿐만 아니라 작품 자체의 내적 질서, 사용하고 있는 시어들, 시행의 구조, 구체적인 장면의 제시, 대화체의 어법 등 철저히 백성들의 삶에 좀 더 밀착되기 위한 치열한 모색의 결과물이다. '시골의 부녀자와 아이들로 하여금 늘상 암송하고 익히게 하니 감발(感發)되고 징계되는 바가 있었다.'라는 이후원의 언급도, 표고를 바치고자 했던 제주 백성이 임금 앞에서 정철의 〈훈민가〉를 거론할 수 있었던 것도 이러한 모색에서 비롯되지 않았을까?

---

190) 고정희, 위의 책, 45면.

제4장
17세기: 오륜의 擴散과 分化

17세기 오륜시조에 대한 연구성과들은 여러 방면에서 제출되었다. 먼저 개인별 작가론·작품론 차원으로,[1] 이를 통해 우리는 작가 개인에 대한 유용한 정보들과 작품의 전반적 성격에 대해 소상히 파악할 수 있게 되었다. 다만 작가의 생애와 작품의 성격을 별다른 매개 없이 직결시키는 동일화된 패턴이 반복됨으로써 개개의 작품들에 나타나는 모종의 특성들이 17세기라는 문제적 시기와 어떻게 연결되는지에 대해서는 쉽사리 파악할 수 없었던 것으로 보인다. 물론 그러한 점들이 작가 개인의 주변적 정황들과 강하게 밀착되어 있음은 부정할 수 없지만 그들 역시 당대를 구성했던 역사적 인간들임을 감안하면, 17세기 '만'의 독립된 역사성에 견인되었을 가능성이 높기 때문이다. 다시 말해서 시조 〈오륜가〉의 창작이라는 그들의 행위를 그들 개인의 주체적

1) 이종건, 「김상용 시가문학론」, 『사림어문연구』 4, 사림어문학회, 1987; 황병익, 「박선장의 교육자적 면모와 그 문학세계 고찰」, 『한국문학논총』 23, 한국문학회, 1998; 이상보, 「朴善長의 五倫歌 硏究」, 『명대논문집』 9, 명지대학교, 1976; 임선묵, 「水西와 〈五倫歌〉」, 『국문학논집』, 단국대학교 국어국문학과, 1968; 조성래, 「朴仁老 〈五倫歌〉의 構造文體 硏究」, 『어문논총』 14, 청주대학교, 1999; 허왕욱, 「박인로의 〈오륜가〉에 나타난 미의식의 양상」, 『청람어문교육』 15, 청람어문학회, 1996.

결단으로 환원시키는 대신 그들로 하여금 그렇게 행위하도록 만든 공통의 인식적 지반에 대해 탐색할 필요가 있다는 것이다. 따라서 이러한 작업들이 보다 많은 가치를 지니기 위해서는 재지사족이라는 특수한 위치에 놓여 있던 그들에게 오륜의 문제가 어떠한 이유에서 절실하게 다가왔는지의 문제가 우선적으로 해명되어야 할 것이다.

이러한 점들은 아래에서 살펴볼 김용철·한창훈·이상원·최현재 등의 성과들에서 상당 부분 극복된 것으로 보인다. 먼저 김용철[2]은 17세기 오륜시조의 작자들 대부분이 재지사족임에 주목, 당시 진행되고 있던 향촌사회의 변동 과정 속에서 오륜시조 작품들을 조망하였다. 논자는 오륜시조의 창작 동인이 오륜이라는 지배이데올로기를 통해 재지사족을 결집시켜 향촌사회를 안정시키려는 데에 있었다고 파악하였던바, 이러한 차원에서 그들의 작품은 향촌사회에서 일정한 지위와 권세를 고수하고자 하는 문학적 대응으로 독해되었다.

한창훈[3]은 '향반'이라는 신분적 개념에 착목하여 박인로·정훈의 시가 작품들을 일별하였는데 여기서 '향반'이란 재지사족 중에서도 정치적·경제적·사회적 지위가 보잘 것 없는 한미한 일군의 사족들을 가리킨다. 이를 통해 논자는 그들의 행적이나 작품을 통해 드러나는 몇 가지 의식들을 추출하고 이러한 모습들을 "정치적·경제적·사회적 몰락이라는 현실 속에서 사족으로서의 자기 정체성을 찾으려는 노력의 과정"[4]으로 결론지었다.

2) 김용철, 앞의 논문, 53~80면.

3) 한창훈, 「朴仁老·鄭勳 詩歌의 現實認識과 志向」, 고려대학교 석사학위논문, 1993: 「박인로의 〈오륜가〉에 드러난 작가의식과 그 사회적 성격」, 『한국시가연구』 2, 한국시가학회, 1997: 「17세기 향반계층 시가의 강호 인식」, 우응순 외, 『조선중기 시가와 자연』, 태학사, 2002.

4) 한창훈(2002), 위의 책, 209면.

이상원[5]은 17세기 시조사의 구도를 탐색하는 자리에서 해당 시기의 시조 작가군을 관료문인과 향촌사족이라는 외적 조건으로 이분하고 박인로의 〈오륜가〉를 후자의 영역에서 다루었다. 논자는 박인로가 당대의 향촌사족을 대상으로 〈오륜가〉를 지을 정도로 향촌사회 내에서 영향력을 행사할 수 있는 위치에 있지 않았다고 언급하면서, 그의 〈오륜가〉가 "향촌의 구체적 대상을 상정하고 이들을 교화할 목적으로 창작되었다기보다는 오륜적 삶을 실천하며 살아가는 과정에서 스스로를 경계할 목적으로 지은 것"[6]으로 추정하였다.

한편 최현재[7]의 경우 이와는 관점을 달리하여 임진왜란의 상흔을 극복하는 과정에서 재지사족들의 정치적 위상이 높아졌다는 역사학계의 성과를 참조하여 향촌사회에서 박인로가 분점하고 있었던 역할이 결코 낮지 않았음을 주장하고, 그의 〈오륜가〉를 향촌사회에서 교화를 담당하고 있던 연장선상에서 창작된 것으로 파악하였다.

이러한 논의들은 17세기 오륜시조 작품들의 주된 목적을 대민 교화라는 단선적 구도 하에서만 파악해 오던 종래의 관점을 지양하고, 해당 시기의 구체화된 역사적·사회적 맥락 아래 실증적으로 論究해 냄으로써 작품과 작품을 둘러싼 외적 조건들이 결코 괴리되지 않았음을 주지시켜 주었다는 측면에서 多大한 의미를 갖는다. 따라서 17세기 오륜시조史의 지형 안에서 상기한 논의들이 지니고 있는 학술적 소명은 여전히 유효하다.

다만 작품을 바라보는 기본적 시각이 향촌사회라는 공간적 요소와

---

5) 이상원, 『17세기 시조사의 구도』, 보고사, 2000, 9~230면.

6) 이상원, 위의 책, 181면.

7) 최현재, 앞의 논문, 63~97면; 「박인로 시가의 현실적 기반과 문학적 지향 연구」, 서울대학교 박사학위논문, 13~23면.

재지사족의 위상 정립이라는 정치적 요소에 긴박되어 있음은 부정할 수 없을 듯하다. 각자가 지닌 다양한 결의 차이에도 불구하고 이러한 논의들 속에는 공통적으로 기반하고 있는 유사한 인식들이 발견되는데, 그것은 거개의 논의가 그들의 정치적·사회적·경제적 조건들을 작품 해석의 전제로 깔고 있다는 점이다. 박인로의 경우만 하더라도 논의의 쟁점은 그가 과연 향촌사회에서 얼마마한 지위를 점하고 있었던가의 문제에 편중되어 이에 따라 작품의 성격이나 창작 목적 등에 대한 해석이 상반된 모습으로 개진되어 왔다. '향촌사족으로서 자신의 입지를 강화하기 위한 차원'이라든가 '유력자들과의 연대를 통해 쇠미해진 가문을 회복시키기 위한 목적' 등의 결론들은 이러한 시각 하에서 나올 수밖에 없는, 어찌 보면 당연한 결론이었던 것이다.

오륜시조의 특성상 이와 같은 측면은 일견 타당하다고 할 수 있다. 흔히 '오륜'과 '교화'는 등가적인 것으로 인식되어 왔고, '교화'라는 단어 속에는 교화자와 피교화자의 상하 관계, 신분적 차등, 봉건적 예속 등의 2차적 의미들이 내장되어 있음을 부인할 수 없기 때문이다. 그런데 필자가 의문을 제기하고 싶은 부분은 바로 여기에 있다. 다시 말해 오륜 개념이 17세기에 들어와 어떠한 방향으로 활용되었는지에 대한 구체적인 검토가 결여된 채 '오륜=교화'라는 관성적인 등식만을 대입하다 보면 작품에 나타난 諸 양상들이 향촌사회에서 작자가 차지하는 정치적·경제적 조건들을 중심으로 해석될 수밖에 없다는 것이다.

이러한 맥락에서 오륜시조 창작의 주된 목적은 '영세한 가문의 일원으로 향촌사회에서 일정한 영향력을 담보하기 위한 문학적 대응' 혹은 '향촌사회에서 일정한 영향력을 점하고 있는 재지사족층의 대민 교화'와 같이 正反의 대치를 이루고 있다. 요컨대 재지사족들의 정치적 위상과 오륜시가의 창작 사이에 상당히 유의미한 상관관계가 있는 것으로 전제하고 있는 점, 오륜 개념을 그러한 정치적 맥락과의 함수 관계 하에서만 파악하고 있는 점 등이 상기한 일련의 성과들에서 공유하고 있는 이론적 기반인 것이다. 그런데 17세기 오륜시조 작품들을 이와 같은 시각 하에서만 이해할 경우 다음과 같이 다소 과도한 해석이 시도될 우려가 있다.

> 孫子 아홉 아니며는 이 모미 번듯 주거
> 애고애고ᄒᆞ며 이 근심 ᄂᆡ 아던야
> 드러타 臺山의 書堂 짓고 五倫 教訓호리라.

상기한 작품은 청계 강복중(1563~1639)이 남긴 〈淸溪慟哭六條曲〉 중 마지막 여섯 번째 작품이다. 이에 대해 이상원은 "서당을 세우고 손자들에게 오륜을 가르쳐 어떻게든 가문을 일으켜 세우고자 하는 만년의 모습을 읽을 수 있다."[8]고 분석하였다. 이는 곧 손자들에게 오륜을 가르치는 행위가 가문의 회복에 대한 작자의 希願과 밀접한 관련이 있다는 의미로 다가오는데, 강복중의 면면을 살펴보면 일견 타당한 해석이라 여겨지지만 오륜을 가르치는 행위를 가문 회복의 의지와 연결시키는 것은 다소 지나치다고 생각한다. 주지하듯 오륜 개념은 유가의 가장 기초적인 개념으로 이것의 습득과 실천이 사회적 공명의 성취로 곧바로 이어지지는 않는다는 점에서 그러하다.

작품을 좀 더 자세히 살펴보면 초장에서 언급된 '손자'들은 이미 늙어버린 자신이 생애를 연명하는 원인으로 제시되어 있다. 문제는 종장에 제시된 '五倫 教訓'의 대상을 반드시 자신의 손자들로만 한정할 수 있는가의 여부인데, 앞서 언급한 바와 같이 초장에 제시된 손자들은

8) 이상원(2000), 앞의 책, 137면.

자신이 죽지 못하는 주된 원인으로 제시되어 있을 뿐 이를 교훈의 직접적 대상으로 파악하는 것은 작품의 전개상 다소 어색하다. 9명의 손자들을 자신이 직접 거느린다는 설정도 그러하거니와 손자들을 교육하는 데 있어 서당의 건립이 반드시 요청되는 일도 아니기 때문이다.

본 작품의 제목이 〈청계통곡육조〉임을 상기하면 '臺山의 書堂 짓고 五倫 敎訓호리라'라는 종장의 의미는 세상에서 온갖 고초를 겪은 작자가 '세상이 아닌' 臺山에 들어가 오륜이라는 유가의 기본적 질서를 가르치고 전파하는 데 주력하겠다는 소박한 의지의 표명으로 읽힌다. 주지하듯 〈청계통곡육조〉는 계축옥사, 병자호란, 無媒獨子 宗孝의 죽음, 친척과의 지리한 산송 등[9] 그가 인생에서 겪었던 삶의 신산한 고초들이 주된 소재로 활용된다. 주목할 것은 상기한 일련의 사건들이 다섯 수의 작품으로 구현된 다음 본 작품이 마지막으로 제시된다는 것인데, 이를 통해 볼 때 본 작품의 의미는 자신이 겪었던 세상의 모진 풍파에서 비켜나 평안하고 안정된 노후를 맞이하고 싶다는 개인적 희망의 표백 정도로 이해해야 할 것이다. 종장 2음보에 제시된 '臺山'의 공간이 경우에 따라서는 '세상과의 絕緣'을 의미하기도 한다는 점에 착안하면 더욱 그러하다. 다음으로 정훈의 작품 한 수를 더 살펴보도록 하자.

> 人間의 사룸이 한들 五倫 알 리 긔 며티리
> 攀龍附鳳ᄒᆞ야 願卜隣ᄒᆞ건마는
> 百年이 하 쉬이 가니 될 동 말 동ᄒᆞ여라.

9) 이에 대해서는 이상원, 「강복중 시조 연구」, 『한국시가연구』 1, 한국시가학회, 1997, 440~453면; 백순철, 「청계 강복중 시조 연구」, 『한국시가연구』 12, 한국시가학회, 2002, 150~152면 참조.

이 작품에 대해 이상원은 작자 자신이 바라던 입신양명을 성취하지 못한 채 맞이하게 된 늙음에 대한 한탄으로 해석하였다.[10] 오륜의 완성 또는 실천이 입신양명에 있다는 언급으로 보아 논자는 위 작품의 전체적인 주지를 개인적 공명의 실패에서 오는 회한 내지는 자탄으로 파악한 듯하다. 그러나 이 작품은 보기에 따라 전혀 다른 식으로 독해될 수 있다.

당연하게도 한 편의 작품이 지니고 있을 긴밀한 유기성을 감안하면 '사람이 많기야 하지만 오륜을 아는 이가 별로 없다.'는 초장의 의미는 중장 및 종장과 어떤 식으로든 연결되어야 한다. 그런데 중장의 주체를 화자 자신으로 상정할 경우 초장과 중장의 의미는 매끄럽게 연결되지 않는다. 주지하듯 중장에서 제시된 '攀龍附鳳'과 '願卜隣'의 의미는 각각 '帝王 혹은 名士에게 몸을 의탁해서 이름을 이루는 것', '유명한 사람의 이웃이 되고자 하는 것'으로, 사회적 명성 내지는 개인적 능력면에서 자신보다 나은 사람에게 빌붙어 자신의 공명을 이루고자 하는 행태를 의미한다. 개인적 수기의 완성과 사회적 공명의 성취가 당연한 수순으로 간주되지 않았던 성리학적 사유 속에서 이러한 행위들이 그다지 긍정적으로 인식되지 않았을 것임은 자명하다. 요컨대 '오륜'이라는 초장의 시어와 '攀龍附鳳'·'願卜隣'을 동일한 주체의 표현으로 상정할 경우 의미의 전개상 그다지 매끄럽지 않는다는 것이다.

작자는 초장에서 세상의 많은 사람들이 오륜을 알지 못하는 것에 대해 비판적 시선을 드러낸다. 이를 고려할 때 중장의 의미를 '작자 자신이 다른 사람의 힘을 빌려 입신양명하고자 했다.'라고 파악하게 되면 초장과 중장의 진술은 서로 모순된다. 자신이 비판한 다른 이들의 행

10) 이상원, 위의 책, 139면.

태를 자신 스스로 욕망하는 것이 되기 때문이다. 따라서 중장의 의미가 초장과 자연스레 연결되기 위해서는 중장의 주체를 '오륜을 알지 못하는 대다수의 사람들'로 해석하는 편이 더 자연스럽다. 이렇게 될 경우 본 작품의 내용은 '세상에 존재하는 수많은 사람들 중 오륜을 알지 못하는 이가 대부분인데, 이는 그와 같은 사람들이 攀龍附鳳하고 願卜隣하여 공명을 세우는 데 골몰하기 때문이다. 그러나 시간이 매우 빠르게 지나가기 때문에 공명을 세우고자 하는 그들의 노력이 실현되기란 매우 어렵다.' 정도가 될 것이다. 다시 말해 작자가 본 작품을 통해 구현하고자 했던 궁극적 주지는 세속의 공명을 좇는 사람들과 달리 자신은 오륜이라는 인륜적 질서를 닦아 개인의 수기적 완성에 몰두하겠다는 견결한 심정을 노래했다는 것이다. 이 작품의 제목이 '寄友人', 곧 벗에게 보내는 노래임을 감안할 때 이러한 추정은 더욱더 설득력을 갖는다.

필자는 이러한 해석들이 작자 개인의 정치적·사회적·경제적 조건에 긴박된 채 작품에 접근한 데에서 기인한다고 생각한다. 그러나 이러한 것들을 작품 해석의 1차적 조건으로 지나치게 부각시키면 오륜에 내재한 특유의 속성으로 인해 그것이 일종의 권력의지로 비추어질 공산이 크다. 따라서 우리에게 요구되는 것은 '오륜=교화'라는 상식화된 인식에서 한 발 물러나 당시 오륜 개념이 그들에게 어떤 식으로 인지·활용되고 있었는지에 대해 천천히 조감하는 일이라 생각한다.

뿐만 아니라 이러한 성과들은 이 시기 오륜의 문제가 '중앙'과 '향촌'이라는 공간적 구별에 관계없이 모두에게 당위적이고 보편적인 것으로 일반화되어 있었음을 전제하고 있는 셈인데, 기실 어떠한 이념이 전사회적으로 공유되기 위해서는 상당한 시간적 소요가 요구된다. 물론 오륜 개념이 유가의 기초적인 덕목인 만큼 지식적 차원에서의 인지야 다들 공유하고 있었겠지만, '안다는 것'과 '실천한다는 것'은 엄격히 말해서 판이하게 다르다. 2장에서 살펴본 바 있듯 오륜 개념의 일상적 준수를 강조하고 이를 전파하고자 했던 16세기 사림파 문인들의 노력은 (그 사이에 개재된 정치적 이유 또한 감안해야 하겠지만) 조정의 신료들에게조차 '우원한 것'으로 치부될 만큼 낯설고 어색했다. 그것이 과연 가능하겠느냐는 실현 가능성에 대한 의문이 그들이 보낸 嘲笑의 가장 큰 이유였던 것이다.

이에 따라 필자는 조금은 다른 지점에서 17세기 오륜시조 작품들을 바라보고자 한다. 즉 오륜 개념의 일상적 실천이라는 16세기 사림파 문인들의 사상적 기조가 17세기에 들어와서야 지방의 재지사족들에게까지 당위적인 것으로 인식되었고, 오륜시조 역시 이러한 맥락에서 창작되었다는 것이다. 여기에는 다양한 원인이 개재되어 있을 터, 본 장에서는 이를 오륜 담론의 문제를 통해 살펴보기로 한다.

1. 17세기 오륜 담론의 양상과 오륜시조의 지속

유교를 국가이념으로 표방한 이래 조선이 본격적인 유교 사회의 면모를 띠게 된 것은 삶과 죽음, 성장과 결혼 등으로 표방되는 일상적 의례들을 주자가례로 의미화하면서 가능했다. 조선 초기 관행적으로 시행되던 주자가례가 16세기 들어 유교적 도덕 정치를 표방하며 등장한 사림에 의해 본격적으로 조명된 이후부터 가례의 형식과 내용을 체계화하는 작업과 예의 본질과 의의를 탐색하는 학문적 연구가 병행되면서 예학의 시대로 지칭되는 17세기가 시작된다.[11] 이러한 시기적

11) 정신문화연구 편집부, 「조선 중기 예학사상의 사회적 수용과 일상문화의 변화」,

국면 하에서 오륜 담론은 어떤 식으로 전개되는가?

우리는 앞서 『소학』이 표방하는 일상적 생활 윤리를 전사회적으로 보급·전파하고자 했던 16세기 사림파 문인들의 지속적인 노력을 살펴본 바 있다. 이러한 노력의 이면에는 삼강오륜이라는 인륜적 질서가 인간에게 本具되어 있는 것으로 상정하고, 개인의 일상적 행위를 통어함으로써 가려져 있던 태초의 본성을 회복할 수 있다는 그들의 학문적 신념이 내재되어 있었다. 그런데 특기할 만한 것은 조정에서의 공적 담론을 통해 줄기차게 주창되었던 이러한 언급들이 17세기의 경우에는 별반 보이지 않는다는 것이다. 여기에는 전란이라는 국가적 위기를 경과한 터라 그러한 것들에 관심을 기울일 만한 여력이 없어서이기도 하겠지만, 16세기 사림파 문인들의 사유 방식이 이 시기에 와서 異論을 제기할 수 없을 만큼 당위적이고 보편적인 것으로 주지되고 있었던 담론적 정황에 기인한 바가 클 것이다.

기실 어떠한 이데올로기가 사회의 전반적인 동의와 합의를 획득하기 위해서는 상당한 시간적 소요가 요청된다. 특히 개인적 수기의 완성과 사회적 공명의 성취를 당연한 수순으로 간주하지 않았던, 어떤 면에서는 상호 모순되는 것으로 인식하기도 했던 16세기 이후의 학문적 경향은 후자에 대한 욕망을 일정 정도 제한할 가능성이 있기 때문에 더욱더 받아들이기 힘들었을 것으로 생각된다. 사림파 문인들의 정치적 집권과 그들이 추진했던 일련의 정책들이 어느 정도 이행된 것으로 평가되는 선조 대에도 다음과 같은 언급들이 여전히 보이기 때문이다. "사자(士子)들이 어릴 때의 교양이 바르지 못하여 커서는 더욱 부미(浮靡)해지는데다가 장구(章句)를 따내 문장을 지어 명리(名利)만을

『정신문화연구』 29-2, 한국학중앙연구원, 2006, 3면.

바랄 뿐, 선비의 向上하는 공부에 대해서는 무슨 일인지 알지도 못하는 형편입니다. 그리하여 『소학(小學)』·『심경(心經)』·『근사록(近思錄)』 등의 서적을 지닌 자가 있으면 모두들 비웃고 있습니다. 사습(士習)이 이러하니, 어찌 한심하지 않겠습니까."[12] 서울과 지방을 막론하고 당대의 일반적인 士 계층을 대상으로 개진된 위의 언급은 인간의 '기질변화론'을 토대로 하여 개인적 일상의 자발적 통제를 통해 三代 시기의 이상 사회를 꿈꾸었던 사림파 문인들의 실천적 사유가 17세기 초반에도 여전히 未完에 그치고 있었음을 의미한다.

지나친 추정일 수도 있겠으나 필자는 학문적 세례의 침투 가능성이 다소 낮은 향촌사회의 경우 이러한 현상이 더욱더 심했을 것이라 생각한다. 앞서 살펴본 바와 같이 주세붕이 백운동 서원을 짓고자 했을 때 지역의 유력자 대부분이 강하게 반대했다거나 이황이 실시하고자 했던 향약이 예안 사족들의 반대로 무산된 것[13]은 성리학적 사유와 이를 실천하기 위한 각종 제도의 필요성이 일부 사림을 제외한 대다수의 사족들에게 완전히 체득되지 못한 결과로 보인다. 개인적·사회적 욕망의 강고한 통제를 요구하는 '爲己之學'의 아젠다가 대다수의 士 계층에게 공감을 얻기란 생각만큼 쉬운 일이 아닌 것이다.

이 같은 분위기는 16세기 후반 들어 점진적으로 변화하기 시작한다. 비록 예안 지역에 국한된 사례이지만, 퇴계의 문도들인 지역의 젊은 유생들은 과거를 포기하고 '爲己之學'으로 대변되는 성리학에 몰두하고자 했다.[14] 과거 준비를 위해서는 상당한 시간과 노력이 요구되었

12) 『선조실록』 36년(1603) 10월 6일. "凡爲士子者, 蒙養不端, 長益浮靡, 唯知尋摘章句, 以要名利, 而於儒者向上工夫, 未知爲何等事, 若有挾持『小學』·『心經』·『近思錄』等書者, 則群聚而嘲笑之. 士習如此, 寧不寒心?"

13) 이에 대해서는 이우성, 「退溪의 禮安鄕約과 '鄕坐' 문제」, 『實是學舍散藁』, 창작과비평사, 1995, 78~86면 참조.

을 터, 자신들이 원하는 학문적 방향과 괴리된다는 이유로 舉業을 포기하고자 했던 것이다. 그러나 이러한 동향이 마을 존장들의 우려와 걱정을 자아내고 있었음에 주목하면[15] 이 시기는 '과거'와 '성리학'을 두고 개인적 선택을 감행해야 했던 일종의 과도기로 보인다.

앞서 필자는 16세기 오륜시조의 출현이 이학·심학·도학으로 지칭되는 사림파 문인들의 학문적 경향과 불가분의 관계에 있음을 논증하였다. 필자가 생각하기에 이러한 관점은 17세기 오륜시조를 설명하는 데에도 주요한 단서가 될 듯한데, 주지하듯 17세기 오륜시조 작품들은 중앙에서 파견된 관료의 입장에서 창작된 것이 아니다.[16] 다시 말해

---

14) 이황, 〈答李宏仲〉, 『퇴계집』 권36, 앞의 책, 316면. "二者難兼之喻, 固知賢者有此意思, 此意甚好. 吾乃反以舉業勸之, 極知非宜. 然公家尊諸丈, 皆不願公如此, 屢發警責, 吾所親聞者亦多. 以公爲子弟之道, 何可一切不聽, 專用己意耶? 如此, 雖使成就得古賢事業, 猶爲失子弟之道, 況未必成就, 而將兩失之耶?"; 〈與琴聞遠〉, 『퇴계집』 속집 권6, 『한국문집총간』 31, 한국고전번역원, 1988, 177면. "人皆役心於舉業, 不知有此學, 賢則意在此學, 而欲不恤舉業, 賢之志甚嘉. 然賢居今世, 且有老親, 何可不務舉業? 二者并進, 要著百之千之之功, 可也." 자료의 소재 및 해설은 박현순, 「16~17세기 예안현 사족사회 연구」, 서울대학교 박사학위논문, 2006, 76~77면.

15) 이황, 〈答烏川諸君〉, 『퇴계집』 권27, 앞의 책, 141면. "似聞鄉中諸君, 涇渭太分, 驕傲成風, 斥蔑平流太甚, 其被斥蔑者, 咸懷忿怨, 相謂曰, '彼視我輩, 如犬豕, 彼亦何異於人而敢如此? 其源皆自某人而馴致.', 某人指老拙也. 老拙此身, 空無一物, 平生自視欿然, 不敢妄有傲物輕世之心, 夙聞鄉黨, 爲父兄宗族之所在, 不可不敬謹自處, 居鄉待人, 每守此戒, 庶幾終或免此薄德也. 豈知今者首自先犯, 至令諸君, 亦枉受此名也?" 자료의 소재 및 해설은 박현순, 위 논문, 79면.

16) 이는 물론 현전하는 오륜시조 작품들만을 대상으로 한 언급이다. 필자가 확인한 바로는 柳川 韓浚謙(1557~1627)이 함경도 관찰사로 부임했을 때, '俚俗의 노래들 중 사람을 감발시킬 만한 것들'을 뽑아 오륜과 관련된 작품을 창작한 바 있다.(정경세, 〈輔國崇祿大夫領敦寧府事兼知春秋館事 五衛都摠府都摠管 西平府院君韓公行狀〉, 『우복집』 권12, 『한국문집총간』 68, 한국고전번역원, 1988, 374면. "出爲咸鏡道觀察使, 北關僻陋, 不霑文教. 公至, 以風化爲先, 禮高年旌異行, 延接士子, 誘掖獎勵, 設爲程式, 親自提警, 先刊『家禮』·『小學』, 譯以方書, 分授列邑, 課其講讀.

향촌사회를 관장하는 관료적 의무의 하나로 창작된 것이 아니라 자신 혹은 자신을 둘러싼 일정 집단의 자발적 규제를 위해 창작되었다는 것이다. 이러한 사실들을 해석함에 있어 향촌사회에서의 정치적 위상 提高와 같은 유물론적 관점이 아니라 소학적 세계의 구현이라는 16세기 사림파 문인들의 목적과 의도가 17세기라는 특수한 시기의 여러 원인들에 의해 점차 현실화되어 간 것으로 본다면 지나친 것일까? 이에 대한 이해의 일단을 아래에서 구해 보도록 하자.

1.1. 종법 질서로의 이행과 종족 구성원의 교육

조선 사회의 유교적 전환이라는 거시적 구도 하에서 17세기는 참으로 중요하다. 혼인제도의 변화, 제사방식의 변모, 장자우대상속제의 시행, 그에 따른 가족 구조의 변동 등 조선 사회라는 국가적 차원의 유교화가 이 시기에 와서야 비로소 이행되기 때문이다.[17] 유교적 전환의 실체를 무엇으로 볼 것인가에 따라 그 대답은 달라지겠지만, 일부 지배계층의 정치적 이념이나 사상적 동향을 위주로 진행되던 조선의 유교화는 16세기 사림파 문인들의 정치적 부상과 더불어 전사회적인 시스템의 성리학적 개편을 목표로 지속적으로 전개된다. 중요한 것은 이러한 그들의 노력이 16세기라는 과도기를 지나 17세기에 접어들

又行鄕飮酒・又選俚俗歌曲之可以感發人者, 彙爲五倫, 廣布閭巷, 俾日夕歌詠之.") 따라서 위의 언급은 중앙에서 파견된 관료가 백성들의 교화를 위해 오륜 관련 작품들을 창작했던 저간의 사정이 17세기 들어와 급변했다는 것이 아니라 非관료적 입장에 있던 일군의 재지사족들이 오륜시조 창작의 주된 작가층으로 대거 부상했다는 사실 자체에 중점을 둔다. 이는 오륜시조의 창작과 관련하여 16세기 후반의 상황이 17세기에는 좀 더 부각된다는 차원으로, 오륜 개념의 자발적 향유라는 측면에서 중요한 지점이 될 것이라 생각한다.

17) 이해준, 『조선시기 촌락사회사』, 민족문화사, 1996, 271~282면.

면서 중앙과 지방, 관료와 非관료를 막론하고 '사족'으로 지칭되는 지배층의 일상적 행위들에 지대한 영향을 미친다는 것이다.

마르티나 도이힐러는 한국 사회의 유교화 과정에서 엿볼 수 있는 가장 근본적인 특징을 부계 종족 체계의 발전으로 보고, 조선 사회가 이에 다다르는 일련의 과정을 탐색하였다.[18] 논자는 건국 후 200여 년의 시간을 '宗法'이라는 성리학적 제도와 '國俗'이라는 전통적 유제 사이의 갈등 기간으로 상정하고, 17세기 들어 부계 출계 집단의 형성이 정착되면서 조선 사회의 유교적 전환이 완성된다고 주장한다. 도이힐러와 여러 부분에서 관점을 달리하지만 마크 피터슨 역시 동일한 사안에 있어 17세기가 갖는 중요성에 주목한다.[19] 그는 조선의 유교적 전환이 17세기에 완성되었다는 도이힐러의 견해에는 반대하지만 그러한 변화의 조짐들이 17세기 이후에 간단없이 포착된다는 사실에 대해서는 기본적으로 동의한다. 조선의 유교화가 17세기에 '완성'된 것이 아니라 조선 후기 사회의 변화의 방향과 모습을 제시한다는 측면에서 '시작'된 것으로 보아야 한다는 논자의 언급 역시 이러한 맥락에서 읽힌다. 여성의 제사권 박탈, 장자우대상속제의 시행, 입양제의 본격적 실시 등 일상적 차원에서 착목되는 일련의 변화들을 토대로 하여 조선 사회의 유교적 전환이라는 커다란 '사건'이 건국 후 2세기가 지난 17세기에야 비로소 마련된다는 것이 그들의 요지이다.

물론 상기한 현상들의 動因은 여러 가지일 수 있다.[20] 전란이라는

---

18) 마르티나 도이힐러 지음, 이훈상 옮김, 『한국 사회의 유교적 변환』, 아카넷, 2005, 13~415면.

19) 마크 피터슨 지음, 김혜정 옮김, 『유교사회의 창출: 조선중기 상속제와 입양제의 변화』, 일조각, 2000, 1~231면.

20) 이에 대해서는 마크 피터슨, 위의 책, 217~229면; 계승범, 「한국의 유교화와 17세기」, 『한국사학사학보』 20, 한국사학사학회, 2009, 195~201면; 김성우, 「"조선

미증유의 체험과 그에 따른 인구 변천, 이앙법의 발달로 인한 경제 성장, 한정된 자원에 따른 불가피한 선택, 왕권 강화와 관련된 정치적 요인 등 학계에 제출된 이러저러한 사항들은 앞으로도 꾸준히 검토되어야 할 부분이다. 하지만 분명한 것은 17세기 조선 사회에서 발생했던 일련의 변화들이 신유학이라는 이데올로기적 요인에 기인한 바 크다는 것이며,[21] 이는 다시 유교적으로 전환된 조선 사회의 면모들을 좀 더 공고화시키는 결과를 낳았다. 이데올로기 자체에 내장된 물질적 동력이 사람들의 사고를 규정하며, 가정·학교·국가 등에 마련된 각종 장치들을 통해 끊임없이 재생산되는 것처럼,[22] 신유학은 조선 사회를 유교적으로 탈바꿈하게 만든 원인이 되기도 했지만 그러한 상태를 유지하고 고착화시키는 동인이기도 했던 것이다.

그렇다면 17세기에 보이는 이러한 사회구조적 변화가 오륜의 문제와 연결되는 지점은 어디인가? 기실 어떠한 이념이 정착되기 위해서는 그것을 실현할 수 있는 사회적 시스템이 갖추어져 있어야 한다. 특히 주자학적 사회 구성과 조직의 원리인 종법제를 전면적으로 시행하기 위해서는 몇 가지 조건이 필요한데, 첫째, 혈연을 매개로 구성된 가부장적 종족집단의 존재, 둘째, 그러한 종족집단을 齊一的으로 통합할 수 있는 상징적 의례 체계의 존재, 셋째, 의례를 집행할 수 있는

중기"를 바라보는 두 개의 시선: 한국과 미국의 역사학계 비교」, 『한국사연구』 143, 한국사연구회, 2008, 264~284면.

21) 마르티나 도이힐러, 앞의 책, 16면. "이러한 변동을 일으키고 연출한 원동력은 정치적 또는 경제적 요소라기보다도 신유학이 제공한 것이라는 가설이다."; 마크 피터슨, 위의 책, 229면. "도이힐러가 강조한 이념적이고 의례적인 요인이 궁극적으로는 가장 중요하다는 것이 필자의 견해이다. 비록 이념적인 요인 외에도 다른 많은 요인들이 작용하였으나, 사회의 변화는 여전히 정통 주자학의 노선을 따라서만 작용하였다."

22) 데이비드 맥렐런 지음, 구승회 옮김, 『이데올로기』, 도서출판 이후, 2002, 59~60면.

聖所[家廟]의 존재, 마지막으로 종자의 지위를 어떠한 방식으로 계승할 것인가 하는 종통계승의 명시적 원칙 등이 그것이다.[23)]

그런데 16세기의 경우 상기한 조건들과 관련하여 주자학적 制度와 전통적 國俗 사이에 길항의 관계가 성립되어 있었으며, 따라서 사림파 문인들이 구현하고자 했던 주자가례의 생활화, 소학적 세계의 성립 등은 여전히 많은 한계들에 맞닥뜨리지 않을 수 없었다. 예를 들어 조선 전기의 주된 혼인 방식이었던 '男歸女家婚' 하에서 부부유별의 덕목은 제대로 준수되기가 어려웠을 것으로 보인다.[24)] 『소학』에서 요구하는 부부유별의 덕목에는 비단 부부 사이의 공경과 화합만이 아니라 여성이 媤家에서 지켜야 할 실제적 생활 윤리들이 상세히 제시되어 있기 때문이다. '사위가 친영하여 (처가의) 집에 들어간 이후에야 아내와 서로 대면하는 것은 부부유별을 밝히기 위해서이다.'[25)]라는 후대의 기록은 오륜적 질서[夫婦有別]의 준수가 이를 뒷받침할 만한 성리학적 제도[親迎]의 완비와 병행될 때 비로소 가능함을 말해준다. 오륜 개념의 완비는 비단 개인의 노력만으로 달성될 수 있는 것이 아니라

---

23) 장동우, 「조선 후기 가례 담론의 등장 배경과 지역적 특색」, 『국학연구』 13, 한국국학진흥원, 2008, 100면.

24) 『중종실록』 5년(1510) 12월 19일. "혼인 제도를 바로잡으소서. 우리 나라의 제작과 문물은 중화(中華)를 모방하였는데, 오직 이 혼례만은 아직도 이적(夷狄)의 풍속을 따르고 있습니다. …… 그런 까닭에 혼인하고 장가 보내는 집에서 바른 예법을 따르지 않아, 남자가 어두운 밤을 틈타 여자의 집에 이르러 면목(面目)도 보기 전에 정의(情意)가 이미 친압(親押)하게 되니, 예물을 갖고서야 서로를 보는 예절이 어디에 있습니까. …… 그런 까닭에 며느리가 시부모 섬기는 일을 알지 못하여 업신여기는 마음이 생기며, 남편이 집안을 다스리지 못하여 부부(夫婦)의 도(道)가 어그러지게 되며, 급기야는 존비(尊卑)가 서로를 업신여기며 음양(陰陽)이 서로 대항하여 하늘과 땅이 위치를 바꾸는 지경에 이르게 되니, 작은 일이 아닙니다."

25) 정약용, 〈立敎〉, 『여유당전서』 第二集 經集 第二卷, 『한국문집총간』 282, 한국고전번역원, 2002, 32면. "壻親迎入門而後, 與婦相見, 以明夫婦有別."

성리학에서 규정하고 있는 일정한 예치 시스템의 작동이 전제되어야만 하는 것이다. 이러한 사실은 주자가례에서 요구하는 일련의 유가적 제도들, 소위 종법적 질서의 구축이라 부를 만한 17세기적 현상들과 더불어 오륜 담론 역시 이전과는 다른 형태로 전개되었을 법한 가능성을 시사해 준다. 먼저 다음의 기록들에 주목해 보자.

[1] 격물치지라고 하는 것은 천지사물의 이치를 모두 알아 통하지 않는 바가 없게 하고자 하는 것이다. 그러나 주자께서 말씀하시길, "切近한 것으로 말하자면 마음이라는 것은 실제 몸을 주관하는 것이니 그 체는 仁義禮智의 性이요, 그 용은 惻隱羞惡辭讓是非의 情이다. 그 다음 몸에 갖추어진 바에 이르면 口鼻·耳目·四肢의 쓰임이 있고, 또 다음으로 몸이 접하는 바에 이르면 君臣·父子·夫婦·長幼·朋友의 常道가 있다."고 하셨다. 이로 미루어 보건대 사람이 이러한 이치를 알고 이러한 일을 행하되 조금도 偏廢하는 바가 없은 연후에야 사람이라고 부를 수 있다. 대개 知와 行이 서로 필요한 것 역시 그 근본은 여기에 있는 것이니 이를 도외시하면 혹시라도 천지사물의 이치를 안다고 하더라도 마땅히 급하게 힘써야 할 바는 아닐 것이다. 하물며 訓詁·詞章을 익히는 것 따위야 人道에 무슨 도움이 되겠느냐?[26]

[2] 수신과 진업은 마땅히 『효경』·『소학』·『가례』·『동몽수지』·율곡의 『격몽요결』·우계의 『위학지방』·택당의 『잡저』로 법을 삼는다.

---

26) 박세채, 〈居家要義〉, 『남계집』 권65, 『한국문집총간』 140, 한국고전번역원, 1994, 341면. "夫格物致知者, 謂欲盡知天地萬物之理, 無有所不通也. 然朱子曰以其切近者而言之, 則心之爲物, 實主於身, 其體則有仁義禮智之性, 其用則有惻隱羞惡辭讓是非之情, 次而及於身之所具, 則有口鼻耳目四肢之用, 又次而及於身之所接, 則有君臣父子夫婦長幼朋友之常, 以此推之, 人能知此之理行此之事, 無少偏廢, 然後方號爲人. 蓋其知行之相須, 其本亦在於此, 外此則雖或盡知天地萬物之理, 殆非其所當急也, 況如訓詁詞章之習, 於人道何益哉?"

…… 아! 어버이에게 효도하고 형에게 공경하며, 종족들과 친후하고, 벗에게 신의가 있으며, 현사들을 존경하고, 세상의 좋은 이들과 정성스레 사귀는 것, 사람이 행해야 할 도리가 이것 말고 무엇이 있겠는가?[27)]

[1]은 박세채가 남긴 〈居家要義〉의 일부이다. 그는 군자가 힘써 행해야 할 도리가 五倫과 四禮에 있음을 명시하고, 그러한 것들이 『소학』과 『가례』에 구비되어 있다고 언급한다. '오륜'이라는 추상적·관념적 사항이 '사례'로 대변되는 일상에서의 유가적 의식을 통해 비로소 완성될 수 있다는 의미일 터다. 그러나 그는 상기한 서적들에서 담고 있는 내용이 일상에서 지켜야 할 세세한 節目과 儀章 위주이기 때문에 그 대의와 요지를 중심으로 재론해야 할 필요를 느꼈다.[28)] 16세기 사림파 문인들이 일상에서 준수해야 할 세세한 조목들을 전파·보급하는 데 주력했다면, 17세기 문인인 박세채의 경우 그것을 지켜야만 하는 이론적 근거들을 주지시키는 데에 골몰했던 것이다. 이 글의 전편을 통해 '宇宙之梁棟'·'天地之繩準'·'天理'·'常理'와 같이 삼강오륜의 선험적 당위를 전제하는 단어들이 자주 등장하는 것은 바로 이 때문이다. 여기서 이 글의 1차적 수신자가 집안의 자제들이라는 점은 본 항에서 기술하고자 하는 방향과 관련하여 주목해야 할 부분이다. 어떠한 이유에서 그는 오륜적 질서의 준수를 당부하는 위와 같은 내용을 자제들에게 남

27) 이선, 〈訓子要語〉, 『지호집』 권6, 『한국문집총간』 143, 한국고전번역원, 1995, 424면. "修身進業, 宜以『孝經』·『小學』·『家禮』·『童蒙須知』·『栗谷擊蒙要訣』·『牛溪爲學之方』·『澤堂雜著』十四十五兩編, 爲法. …… 噫! 孝親敬兄, 敦宗信友, 尊敬賢士, 款接世好, 爲人之道, 外此何求?"

28) 박세채, 같은 글, 같은 책, 같은 면. "君子力行之道, 『小學』·『家禮』之書備矣. 五倫四禮, 無非可謂修身齊家之要者. 然其所載主意, 只管爲節目儀章之類, 故今特統論其大義要旨, 以示兒曹."

긴 것인가?

〈訓子要語〉라는 제목으로 보아 [2] 역시 집안의 자제들에게 남긴 家訓의 일종이다. 상기한 글에서 제시된 텍스트들의 면면을 살펴보면 '어버이에게 효도하고, 형에게 공경하며, 종족들과 친후하고, 벗에게 신의가 있어야 한다.'는 후자의 진술, 곧 오륜적 질서의 준수와 그에 대한 실천 사항들의 明記가 대부분이다. 『소학』과 『가례』는 말할 것도 없거니와 『동몽수지』·『격몽요결』 등 법받아야 할 텍스트로 제시된 일련의 啓蒙書들에는 오륜 개념의 당위성과 그것의 준수를 위한 일상적 행위들, 예컨대 의복·세면·언어·걸음걸이·청소·독서 등 아침부터 저녁까지, 가정 및 향촌사회에서 지켜야 할 일상의 준칙들이 세세하게 제시되어 있다. 개인적 일상의 통제가 태평성대의 구현으로 이어진다는 16세기 사림파 문인들의 사유가 17세기 들어 '가문' 내에서, 그리고 '가문'의 이름으로 구체화되고 있는 것이다.[29]

사실 오륜 개념을 집안의 자제들에게 유훈으로 남기는 일은 이전 시기에는 활발하지 않았다. 16세기 후반에 일부의 사림들에게서 그러한 흔적들이 보이지만, 그것이 관료와 非관료, 사림파 문인들과 그렇지

29) 물론 17세기 이후 중앙에서 파견된 관료들 역시 告諭文의 형식을 빌어 오륜적 질서의 준수를 지속적으로 언급한다. 당연하게도 사림파 문인들의 사유와 실천적 행위들이 더 이상 낯설게 여겨지지 않게 된 17세기에는 16세기 사림파 관료들의 治人적 방식들이 지속적으로 이행된다. 필자가 주목하고자 하는 것은 이러한 그들의 행위가 16세기의 경우 향촌의 재지사족들에게 광범한 동의를 구하지 못하다가 17세기에 이르면 당위적인 것으로 간주되어 재지사족 내부에서도 그러한 덕목과 질서들을 자발적으로 수용·창출하게 된다는 것이다. 오륜적 질서의 수용 주체가 전대에 비해 확장된다는 점, 그리고 그것의 동인이 종법적 질서의 구축이라는 사회사적 사실과 무관하지 않다는 점, 나아가 17세기 오륜시조의 창작 계층이 지방의 재지사족이라는 사실과 밀접하게 연관되어 있다는 점 등이 필자가 오륜 개념의 수용 양태를 재지사족들 중심으로 살펴보려는 중요한 이유이다.

않은 자를 막론하고 일반적인 士 계층에서 본격적으로 등장한 것은 17세기에 와서이다. 특히 전대의 기록들이 집안의 운영에 대한 이러저러한 내용들 위주로 작성되었다면 이 시기의 그것들은 오륜적 질서에 대한 강조와 관혼상제에 대한 준수의 당부들이 동시에 全載된다는 점에서 특기할 만하다.[30] (가문 차원에서의) 오륜 개념의 자발적 수용과 이를 토대로 한 유가적 의례들의 준수, 이것이 16세기와 대별되는 17세기'만'의 특징인 것이다.

> [1] 두 번째 말할 것은 제가이니 제가의 요체는 인륜을 바르게 하는 데 있다. 인륜을 바르게 한다는 것은 무엇인가? 아비는 아비답게, 자식은 자식답게, 형은 형답게, 동생은 동생답게, 남편은 남편답게, 아내는 아내답게 각각 그 도를 다하면 倫序가 정제되고 화평해져서 자연히 家道가 이루어질 것이다. 만약 부자 사이에 그 은혜를 상하게 하고 형제 사이에 화목하지 않으며 부부 사이에 반목하게 되면 彝倫이 부정해져서 家道가 날로 무너질 것이다.[31]

> [2] 이에 彝倫이 무너지고 끊어져서 세도가 붕괴되고 더러워지니 부자 사이에 親이 없고, 군신 사이에 義가 없으며 부부 사이에 別이 없고

30) 김언순은 17세기까지의 가훈서가 종법질서에 대한 이해와 정착을 위해 상제례 풍속의 변화에 초점을 두었다고 보았지만[김언순, 「18세기 종법사회 형성과 사대부의 가정교화」, 『사회와역사』 83, 한국사회사학회, 2009, 117~153면.] 이는 어디까지나 18세기와의 상대적 비교에서 그러하다는 의미로 이해된다. 16세기와 비교할 경우 17세기 가훈서들에 제시된 오륜적 질서에 대한 강조는 비교 가능한 정도로 적지 않은 편차를 지닌다.

31) 신적도, 〈家戒五條〉, 『호계선생유집』 권2. 원문의 출처는 한국국학진흥원 홈페이지(www.ugyo.net). "二曰齊家. 齊家之要, 在於正倫, 正倫者, 何謂也? 父父子子兄兄弟弟夫夫婦婦, 各盡其道, 倫序整齊而和平, 自然家道成矣. 若父子傷恩, 兄弟失和, 夫妻反目, 彝倫不正, 家道日乖."

나아가서는 장유 사이에 그 序가 없으며 붕우 사이에 그 信이 없으니 이는 금수와 더불어 다를 게 없는데도 사람들은 자신도 모르는 사이에 금수가 된다. 통탄하지 않을 수 있겠는가? 슬프지 않을 수 있겠는가?[32)]

[3] 쇄소응대하는 절목은 『소학』에 자세히 나와 있고, 格致誠正하는 공부는 『대학』에 모두 나와 있으니 옛날 성현들이 계발하고 개도하는 가르침이 이미 자세하고 극진하건만 배우는 무리들이 그 사이에 들어가지 못하여 우마가 옷을 입고 있는 것을 면하지 못하니 심히 두렵다. 이에 그 대요를 뽑고 그 절목을 간소하게 하여 배우는 자들로 하여금 쉽게 알고 어렵지 않게 따르게끔 하였다. …… 나의 후손들이 어찌 힘쓰지 않을 수 있겠는가?[33)]

상기한 세 편의 자료들은 17세기 문인인 신적도(1574~1664), 강덕준(1607~1668), 강헌지(1624~1701)가 남긴 가훈서의 일부이다.[34)] 먼저 신적도는 두 번의 胡亂 시에 의병을 일으킨 공로로 상운도 찰방·건원릉 참봉에 제수되기도 하지만 병자호란의 충격으로 이를 마다하고 고향인 학산의 미곡으로 돌아와 여생을 보냈다.[35)] 강덕준의

32) 강덕준, 〈統說〉, 『愚谷先生訓子格言』, 국립중앙도서관 청구기호 古朝 41-79. "由是而彝倫斁絕, 世道壞汚, 父子焉無親, 君臣焉無義, 夫婦焉無別, 以至長幼而失其序, 朋友而失其信, 此與禽獸無異, 而人自不覺其爲禽獸也. 可勝歎哉! 可勝哀哉!"

33) 강헌지, 〈啓蒙家訓〉, 『퇴휴선생문집』 권2, 국립중앙도서관 청구기호 BA 3648-00-32-1-2. "灑掃應對之節, 詳載於『小學』之書, 格致誠正之功, 備悉于大學之篇, 古聖賢啓發開導之訓, 旣詳且盡, 而蒙學之輩, 不能透入于其間, 幾不免爲牛馬衿裾, 甚可懼也. 玆用撮其大要, 簡其節目, 使蒙眷之流, 易知而不難從也. …… 凡我後昆, 盍勉之哉?"

34) 자료의 소재 여부는 김언순, 앞의 논문, 129~135면, 도표 1 참조.

35) 김도화, 〈行狀〉, 『호계선생유집』 권5. "公歎曰, "天地閉矣, 冠裳倒矣, 此豈白首進取之日乎?" 自是無復當世之念, 置數間茅屋於鶴山薇谷, 扁其軒曰, '採薇', 杜門端坐, 日讀春秋, 以寓悲惋之意."

경우 문집이 남아 있지 않아 그의 행적을 찾기가 용이하지 않지만, 한원진이 남긴 서문에 "林泉에 隱身하여 經籍에 潛心하고 세상에 구해지기를 바라지 않았다."[36]는 언급을 통해 볼 때 그 역시 官路와는 일정 정도 거리를 둔 것으로 보인다. 강헌지 역시 "만약 선생이 당시에 크게 현달하여 그 도를 행할 수가 있었다면 그가 시행하고 조처한 바가 어찌 다만 兩曹와 一縣에만 그쳤겠는가?"[37]라는 언급으로 보아 그다지 화려한 官歷을 보유한 것으로 생각되지 않는다. 개인별로 차이가 존재하긴 하지만 이들은 찰방·참봉·현감 등 지방을 중심으로 낮은 지위의 관력들을 보유하고 있었으며, 향촌사회에서의 명성이나 경제적 처지 면에서도 대체로 평범한, 당시 향촌사회의 어디에서나 쉽사리 볼 수 있는 전형적인 재지사족들인 것이다. 그런데 이들에게 있어 오륜의 문제가 절실하게 다가왔던 것은 무엇 때문인가?

[1]은 修身·齊家·務農·讀書·取友 다섯 가지 항목 중 두 번째에 해당된다. 그는 제가의 요체가 인륜을 바르게 하는 데 달려 있다고 하면서 오륜의 항목을 들어 그것의 준수를 강조한다. 다섯 번째 항목에 벗을 취하는 도리가 있는 것을 보면 오륜의 항목 중 군신의 조항만 빠져 있다. 다섯 가지 항목이 모두 남성들을 대상으로 하고 있다는 점도 특기할 만하다.

[2]는 강덕준이 남긴 『訓子格言』의 統說 부분이다. 이 책은 크게 '修身'과 '齊家'로 이분되어 있는데, 오륜의 항목들은 주로 후자의 영역에서 다루어진다. "유배지에 있는 큰아들에게 보내기 위해 작성했다."[38]

---

36) 한원진, 〈愚谷先生訓子格言序〉, 『愚谷先生訓子格言』, 2면. "蓋公富於文辭, 而不就公車, 行誼修潔, 而不自表見, 隱身林泉, 潛心經籍, 無所求於世, 而有以自樂乎其心, 則公之平生, 固已不負於其所學矣."

37) 강봉국, 〈跋〉, 『퇴휴선생문집』 권4, 93면. "若使先生, 大顯於時, 得行其道, 其所施措, 豈直兩曹一縣而止哉?"

는 작자의 언급도 있거니와, '事親'·'形內'·'友兄弟'·'序長幼'·'信朋友' 등 오륜의 항목을 다룬 부분 역시 집안의 남성들만을 대상으로 한다.

[3]은 강헌지가 남긴 〈啓蒙家訓〉의 서문이다. 자신의 후손들을 염두에 두고 작성한 듯한 이 글은 오륜 개념에 대한 구체적인 실천 사항에서부터 '存心之要'·'養性之要'·'善養志氣之要' 등 개인의 수신에 관한 항목들까지 상세히 나열함으로써 위에서도 언급한 바와 같이 『대학』의 편제에 『소학』의 내용을 덧붙이는 방식으로 이 글을 작성하였다. 그런데 상기한 가훈서들에서 주목되는 공통점은 군신에 대한 조항이 한결같이 빠져 있다는 것이다. 이는 어떠한 이유에서인가?

> [1] 부자유친·군신유의·부부유별·장유유서·붕우유신, 이것이 오륜이니 인도의 기강이다. 자제들은 들어가서는 어버이에게 효도하고, 나아가서는 임금에게 충성해야 하니, 효는 충의 본이요, 충은 효를 미루어 나간 것이다. 먼저 어버이를 섬기는 도를 다한 연후에야 임금을 섬기는 의로 옮겨갈 수 있으니, 때문에 임금 섬기는 것에 대한 一節은 우선 여기에 싣지 않는다. 너희들이 만약 어버이를 섬기는 데 진력할 수 있다면 나중에 저절로 임금을 섬기는 도를 알 수 있게 될 것이다.[39]

> [2] 한 집안 안에 또한 君臣之義와 治國之道가 있으니 무엇을 일러 君臣之義라 하는가? 奴主之分이 이것이다. 무엇을 일러 治國之道라 하

38) 강덕준, 〈寄謫兒〉, 앞의 책, 103·106면. "汝則塞外被謫, 今已八載了, 無生還之期. …… 玆做栗谷先生聖學輯要, 列其條目, 分其次序, 略採聖賢格言, 塡于其下, 間附以己見, 以成一軸, 書名曰訓子格言, 手自重封, 因便寄送."

39) 강헌지, 〈繫蒙家訓〉, 앞의 책. "父子有親·君臣有義·夫婦有別·長幼有序·朋友有信, 是爲五倫, 人道之紀綱也. 爲子弟者, 入則孝親, 出則事君. 孝者, 忠之本, 忠者, 孝之推也. 先盡事親之道, 然後可移於事君之義, 故事君一節, 姑不盡載, 蒙眷之流, 苟能盡力於事親, 則他日自能知事君之道矣."

> 는가? 正家之法이 이것이다. 크고 작은 데에서는 비록 다르겠지만, 그 이치로 보자면 하나이다. …… 孝라는 것은 임금을 섬기는 것이요, 悌라는 것은 어른을 섬기는 것이요, 慈라는 것은 많은 사람을 부리는 것이니, 이미 奴主之分을 알고 있다면 가히 君臣之義를 알 수 있고, 이미 正家之法을 알고 있다면 가히 治國之道를 알 수 있다. 따라서 君臣之義와 治國之道는 지금 여기에서 논하지 않는다.[40]

상기한 제시문은 강헌지의 〈啓蒙家訓〉, 강덕준의 〈訓子格言〉 중 일부인데, 모두 오륜에 대한 서술 중 군신 관계를 제외한 이유에 대해 설명하고 있다. [1]에서는 오륜의 항목을 나열하여 이것이 인도의 기강임을 명시하고 孝親과 忠君을 동일 선상에 위치시킨다. 다만 '효는 충의 근본'이기 때문에 그 선후에 있어 전자가 후자에 앞선다. 따라서 '어버이를 섬기는 도를 다한 연후에 임금을 섬기는 의로 옮겨갈 수 있다는 것'이 그가 군신 관계를 제외한 궁극적인 이유이다. [2] 역시 유사한 논리이다. 그는 한 집안 안에 君臣之義와 治國之道가 모두 존재한다고 언급하고서 奴主之分과 正家之法을 거론한다. '이미 奴主之分을 알고 있다면 가히 君臣之義를 알 수 있고, 이미 正家之法을 알고 있다면 가히 治國之道를 알 수 있다.'는 것이 바로 그 이유이다.

주목할 것은 양자 모두 『대학』의 8조목에 의거하여 가훈서들을 구성하고 있으면서도 그것의 범위가 수신과 제가 이상을 넘지 않는다는 것이다. 이는 물론 가훈서라는 서적의 목적과 효용 그 자체에 기인한 것이겠지만, 그렇다 하더라도 오륜의 항목 중 군신의 문제가 배제되고

---

40) 강덕준, 〈摠論〉, 앞의 책, 97면. "一家之內, 亦有君臣之義治國之道, 何謂君臣之義? 奴主之分, 是已. 何謂治國之道? 正家之法, 是已. 大小雖殊, 其理則一也. …… 孝者, 所以事君也, 悌者, 所以事長也, 慈者, 所以使衆, 旣知奴主之分, 則可知君臣之義, 旣知正家之法, 則可知治國之道矣. 故君臣之義治國之道, 今姑不論也."

있는 것은 다소 의외이다. 특히 한 집안 내에 君臣之義, 治國之道가 이미 내재되어 있다는 [2]의 언급은 '치국'·'평천하'의 문제를 '제가'의 그것과 등가화시키고 있다는 점에서 주목을 요한다. 다시 말해 그는 군신의 문제를 철저히 치국·평천하의 문제로 귀속시켜 제가의 영역에서는 다루지 않아도 되는 것으로 인식하고 있는 것이다. 외견상으로 볼 때 양자의 문제는 '內治/外治'와 같이 先後의 관계로 연결되어 있는 것 같지만, 또 다른 측면에서 볼 때에는 엄격히 분리되어 있다.

사실 '제가'와 '치국'은 이전 시기까지만 하더라도 긴밀한 유기성을 갖는 순차적 관계에 있었다. 강덕준이 모델로 삼고 있는 율곡의 『성학집요』만 하더라도 '正家'의 조목 뒤에 '爲政'을 배치하여 제가와 치국의 문제를 별개의 영역으로 간주하지 않았다. '正家'만 되면 '治國'의 문제는 자연스럽게 해결되는 것으로 인식하지 않았다는 것이다. 이에 반해 강덕준은 후자를 제외함으로써 철저히 제가의 항목에만 치중하고 있다. 그런데 주지하는 바와 같이, 15~16세기 『대학』에 대한 이해의 방향은 철저히 경세적인 측면으로 국한되거나[41] 군주의 성학을 위한 텍스트로 기능하고 있었기[42] 때문에 '제가'는 '치국'과 '평천하'를 위한 하나의 선행 단계로 인식되는 것이 보다 일반적이었다. 좀 더 살펴보아야 할 부분이긴 하지만 "몸을 닦는 것은 장차 다른 사람을 다스리기 위한 것이다."[43]라는 홍인우(1515~1554)의 언급은 『대학』을 공부하는

41) 이영호, 「주자학파의 『대학』 해석과 조선전기 주자학적 『대학』 해석의 특징」, 『동방한문학』 19, 동방한문학회, 2000, 81면.

42) 정재훈, 『조선전기 『대학』의 이해와 성학론』, 『진단학보』 86, 진단학회, 1998, 101~136면.

43) 홍인우, 〈日錄鈔_辛丑〉, 『치재유고』 권2, 『한국문집총간』 36, 한국고전번역원, 1988, 39면. "寡悔永叔來訪, 悔曰, "世有能自修, 而不肯做治人, 安足貴?" 余曰, "修己, 將以治人也."

주된 이유 중 하나가 '관직에 나아가 백성을 다스리는' 治人의 영역에 있었음을 짐작케 한다. 『대학』과 그것의 주석서인 『대학연의』·『대학연의보』·『성학십도』·『성학집요』 등이 군주의 경연 교재로 자주 활용되었던 것 역시 이와 무관하지 않다. 때문에 『대학』 텍스트가 私家를 단속하는 이론적 근거로 적용된 예는 16세기까지만 하더라도 그다지 보이지 않는다.

[1] 忌祀日에는 3일 동안 齋戒하고 목욕하여 정성을 다한다. 大忌가 있는 달에는 모임에 나아가지도 참여하지도 않는다. 제수는 집안의 유무에 걸맞게 준비하되 정성을 다하여 마련한다. 대개 제삿날에는 내외를 깨끗이 하여 마음을 정숙하게 하고 어린아이나 개나 고양이가 음식을 먼저 먹지 않도록 한다. 혹시 풍족하고 여유가 있더라도 번잡하고 화려하지 않게 하는 것이 가하다.[44]

[2] 군자가 집을 지을 때 먼저 사당을 세워야 하니 사당을 지음에 있어 高堂과 峻宇로 지을 수 있으면 지극히 화려하게 지어도 괜찮다. 만일 불가능하면 비록 띠풀로 지은 작은 방이라도 또한 견고하게 잘 꾸며서 바람에 무너지거나 비가 샐 걱정이 없게 해야 한다. 지금 사람들은 사우를 세울 때 재력이 부족하면 혹자는 임시로 침실에 모셨다가 시간이 오래 지나도 그냥 두고, 혹자는 자신이 화려한 집에 살면서도 사당은 협소하고 누추하니 이는 죽은 이를 모시는 도리가 아니다. 경계하지 않을 수 없다.[45]

---

44) 강헌지, 〈繫蒙家訓〉, 앞의 책. "先世忌祀, 則宿齋三日, 沐浴致誠. 大忌則當其月不出不參會, 祭需則稱家之有無, 竭誠以備. 凡祭內外齋潔洗濯, 小心精熟, 勿令童子犬猫先食, 雖或有豊足餘裕者, 亦不爲繁雜浮文, 可也."

45) 강헌지, 〈繫蒙家訓〉, 앞의 책. "君子爲宮室, 先立祠堂, 力可以爲高堂峻宇, 則極其華麗, 可也. 如不能, 則雖茅茨少室, 亦堅固精飾, 勿令有風雨之患, 可也. 今人營立祠宇, 財力不贍, 或有權安於寢室, 歲久因循者, 或者身處華堂, 而祀宇狹陋, 甚

〈繫蒙家訓〉의 일부이다. 강헌지는 '父子之恩', '事親之節', '奉親衣食之節' 바로 다음에 위의 조항들을 두었다. 먼저 [1]은 제사의 절목들을 밝혀 놓은 부분인데, 이외에도 제사에 임하는 마음가짐, 금기해야 할 행동 등에 대해 상세히 기술되어 있다. [2]는 사당의 건립에 대한 부분이다. '여유가 된다면'이라는 유보 조항을 달고 있지만, '高堂과 峻宇로 지극히 화려하게 지어도 괜찮다.'는 언급과 '화려한 집에 살면서도 사당이 협소하고 누추하다면 이는 죽은 이를 모시는 도리가 아니다.'라는 언급은 이 글이 집안의 남성들을 대상으로 지어진 것이라는 점과 연계하여 주목되는 부분이다. 제사의 敬承과 가묘의 建立, 이 두 개의 사안은 부계 종족 집단의 형성과 관련하여 매우 긴요한 부분이기 때문이다. 여기서 앞서 살펴본 바 있는 박세채·이선의 글로 다시 돌아가 보자.

> [1] 대개 祖宗과 大小의 뜻은 五宗보다 중요한 것이 없으니, 친척의 멀고 가까운 구분이 喪服보다 갖추어진 것이 없다. 또한 喪을 주관하는 뜻으로 미루어 보건대 자식이 없으면 형제가, 형제가 없으면 종형제가, 종형제가 없으면 재종·삼종형제가 주관해야 하니, 이는 진실로 성인이 만세에 드리운 世敎의 大義이다. 또한 선유가 말한 예라는 것은 天理의 節文이니, 자식된 자로 이 책[『儀禮經傳通解』]을 읽지 않으면 의리가 있는 바를 알지 못할 것이고, 의리가 있는 바를 알지 못하면 孝하고 友해야 하는 바를 알지 못할 것이고, 孝하고 友해야 하는 바를 알지 못하면 친족 사이에 화목해야 할 바로 나아가지 못할 것이다.[46]

非事亡之道, 不可不戒也."

46) 박세채, 앞의 글, 앞의 책, 같은 면. "蓋祖宗大小之義, 莫重於五宗, 親戚遠近之分, 莫備於喪服. 又以主喪之義推之, 無子則兄弟, 無兄弟則從兄弟, 無從兄弟則再從三從兄弟, 此誠聖人所以垂世立教之大義, 而亦先儒所謂禮者, 天理之節文者也.

> [2] 관혼상제는 의당『가례요결』·『상례비요』·『의례문해』·『택당가계』를 법으로 삼아야 한다. …… 집이 가난하여 예복을 마련할 수 없고, 또한 禍網에 걸려 유배지를 떠돌다 보니 미처 행할 수 없으나 자손 중에 만일 예를 좋아하는 자가 있어 이를 근거로 행할 수 있다면 또한 좋지 않겠는가? 또한 좋지 않겠는가?[47)]

상기한 글에는 집안에서 준수해야 할 의례적 절차에 대한 당부가 오륜적 질서의 강조와 함께 동일한 지면을 통해 제시되고 있다. 특히 [1]에서 언급된 五宗의 중시는 始祖와 同高祖를 종족 구성의 한계로 설정하는『주자가례』의 그것과 완벽히 일치한다. 상례에 대해 '자식이 없으면 형제가, 형제가 없으면 종형제가, 종형제가 없으면 재종·삼종 형제가 주관해야 한다.'는 위의 언급은 부계 출계 집단의 형성, 다시 말해 종법적 의식과 질서가 이 시기에 와서 서서히 정착되어 가고 있었음을 의미한다. '예를 알지 못하면 의리가 있는 바를 알지 못한다.'로 시작되는 연쇄적 언급은 예법적 질서의 준수가 孝·友로 대변되는 오륜적 질서의 완비와 밀접하게 연관되어 있음을 시사한다. [2]에서 제시된 일련의 서적들 역시 종법의 현실적 구현과 가례의 보편적 원리를 강조함으로써 조선 사회에 종법적 질서를 뿌리내리고자 했던[48)] 17세기 문인들의 企圖 아래 편찬되었다. 관질에 따라 봉사 대수를 제한한다든가, 시집간 여성이 친정의 제사를 담당하는 등 그들이 보기에

爲人子者, 不讀此書, 無以知其義理之所存, 既不知義理之所存, 則無以察其孝友之所致, 既不知孝友之所致, 無以推其親睦之所及."

47) 이선, 앞의 글, 앞의 책, 같은 면. "冠婚喪祭, 宜以『家禮』·『要訣』·『喪禮備要』·『疑禮問解』·『澤堂家誡爲法』. …… 而家貧不能備禮服, 且遭罹禍網, 流離竄謫未能行, 子孫如有好禮者, 則依此以行, 豈不善哉! 豈不善哉!"

48) 한기범, 「沙溪·愼獨齋 禮學의 성격과 위상」, 『유교사상연구』 19, 한국유교학회, 2003, 529면.

未完이었을 16세기적 상황들은 보다 견고한 종법 질서의 구축과 준수라는 17세기적 상황 아래에서 말 그대로의 '유교적' 방향으로 이행되고 있었던 것이다. 그렇다면 이러한 상황에서 오륜 개념은 무슨 이유로 다시금 호명되는 것일까?

기실 유가적 의례들을 실천하기 위해서는 이를 당연시하는 의식의 내면화가 선행되어야 하는데 오륜 개념은 이러한 차원에서 집안의 자제들에게 교육된 것으로 보인다. 오륜 개념에 내재한 종법적 질서의 면면들이 각인되어 있어야 이를 토대로 구체화된 유가적 의식들이 별다른 의심없이 실천 가능하다는 것이다. 실제 종법적 질서는 현실에 존재하는 인간적 관계들의 上下를 명백히 구분한다. 父와 母, 男과 女, 長과 次, 嫡과 庶 등 가문 내에 존재하는 여러 관계들에서 전자는 후자에 대해 확실한 우위를 점한다. 물론 이러한 사실은 이전 시기의 경우에도 유사하게 나타나지만, 그것이 17세기 종법 사회의 출현과 구별되는 중요한 지점은 이전 시기까지 '國俗'이라는 이름 하에 허용되던 부분들까지도 성리학적 시스템에 맞추어 변모되고 있었다는 것이다. 부자유친, 부부유별, 형우제공, 장유유서 등의 오륜적 덕목들이 표면적으로는 호혜성을 담지하고 있으면서도 현실에서 구현될 때에는 子·婦·弟·幼 등 사회적으로 낮은 위치에 처한 사람들 위주로 강조되는 것도 이와 무관하지 않다. 오륜적 관계 내에서 상위를 점하고 있는 이들에 대한 무조건적인 공경이 내면화되어 있어야만 한다는 것이다. 상기한 박세채의 〈거가요의〉에서 지속적으로 오륜의 문제를 거론하는 것[49]도 이 때문이다. 『소학』과 『가례』에 제시된 구체적인 행동

---

49) 예를 들면 다음과 같다. 박세채, 앞의 글, 앞의 책, 같은 면. "孟子曰, 父子有親·君臣有義·夫婦有別·長幼有序·朋友有信, 此從所親而推之也. 中庸曰, 君臣也父子也夫婦也昆弟也朋友之交也五者, 天下之達道, 此從所尊而推之也. 繫辭曰, 有

의 강령들은 그가 말한 바와 같이 그것의 이론적 근거인 '大義'와 '要旨'를 통해 행위 주체의 무의식에 깊숙이 각인될 때에야 비로소 이행될 수 있는 것이다. 여기서 그가 말한 '大義'와 '要旨'가 오륜 개념의 선험적 당위성과 절대적 보편성을 증거하는 내용들임은 물론이다.

그런데 이러한 면모들은 일상적 윤리의 준수를 강조했던 16세기 사림파 문인들의 그것과 별반 다르지 않다. 다만 이와 같은 17세기적 상황이 오륜 담론의 전개 양상과 관련하여 중요한 부분은 이에 대한 강조와 권면이 일부 소수의 문인들을 중심으로 진행되는 것이 아니라 士계층 전반의 자발적 수용과 실천을 이끌어 내고 있다는 것이다. 앞서 살펴본 신적도·강헌지·강덕준 등은 당대의 유명한 학자도, 비중 있는 정치가도 아닌 지극히 평범한 지방의 재지사족이었다.[50] 뿐만 아

夫婦然後有父子, 有父子然後有君臣, 此從所本而推之也. 故三綱之道, 各專其尊."; "小學長幼之序, 有爲昆弟而言者, 本中庸之義, 有爲師生而言者, 本曲禮之義, 蓋昆弟專一家而言, 師生通外人而言, 是猶朋友之序, 亦兼賓客而言者也. 王制曰, 七敎, 父子兄弟夫婦君臣長幼朋友賓客, 蓋亦以五倫而推廣之. 此皆所謂人倫日用之道, 所當行處也."; "程子曰, 常思天下君臣父子夫婦, 有多少不盡分處, 誠哉是言也. 且如他人雖賢而吾不得而爲父, 他人雖貴而吾不得而爲兄, 其餘推此而可見. 苟或一毫有貳則所謂不愛其親而愛他人, 不敬其親而敬他人者, 惡莫大焉. 此亦君子所以畏天命者然也."

50) 물론 그들이 보인 유가적 준칙의 體認을 두고 향촌사회에서의 일정한 지위와 권세를 점하기 위한 의도적인 행동으로 평가할 수 있다. 필자 역시 그러한 점들을 부정하는 것은 아니지만, 그것이 사실이라 하더라도 이는 그와 같은 행위들의 부수적 결과일 수는 있어도 직접적인 동기로 파악하기는 어렵다고 생각한다. 재지사족들의 그러한 면모들을 권력 관계라는 정치적 논리로 국한시켜 파악한다면 이는 17세기라는 독특한 역사적 국면에서만이 아니라 유교국가 어디에서나 통용될 수 있는 일반적인 요인일 뿐이다. 한 사회가 요구하는 구체적 덕목의 준수가 개인이 속한 공동체 내에서의 유리한 생존과 불가분의 관계를 맺는 것은 보편적 현상이지 않은가? 따라서 우리가 보다 우선적으로 파악해야 할 것은 한 사회가 요구하는 구체적 덕목들이 개인이 속한 공동체, 공동체에 속한 개인들에게 반드시 준수되어야 하는 것으로 공유되어 가는 점진적 과정' 그 자체라고 생각한다.

니라 종법적 질서 하에서 요구되는 의식들이 모두 가문 내에서 준수해야 할 사항들인 관계로 가문에 대한 의식 역시 전에 없이 강조되고 있었다. "『대학』의 팔조목 중, 격치는 지이며, 성의·정심·수신은 행이며, 제가·치국·평천하는 미루어 나아가 행하는 것이니, 성의 이하는 모두 行인 셈이다. 그렇기 때문에 성의는 정심·수신의 근본이요, 제가는 치국·평천하의 근본이니 그것[제가]의 중요함을 알 만하다."[51] 라는 박세채의 언급은 조선 사회의 유교화가 17세기에 진전되면서 가문의 비중이 이전에 비해 현저히 상승하게 된 결과의 일단으로 보인다. 오륜적 질서의 준수와 관혼상제의 設行을 당부하는 일련의 가훈서들이 17세기 족출하는 것도 이러한 역사적 맥락 아래에서 이해된다. 요컨대 종법적 질서의 구축과 오륜 개념의 가문적 확산, 여기에 17세기 오륜 담론의 한 특성이 놓여 있는 것이다.

1.2. 전란의 극복과 오륜 개념의 필요

500여 년에 달하는 조선의 장구한 시간 속에서 임진왜란이 갖고 있는 함축적 의미는 전쟁 그 자체보다 훨씬 더 多大하다. 인구의 감소, 농토의 황폐화, 각종 기반시설의 파괴 등 전쟁으로 인한 1차적 폐해는 말할 것도 없거니와 전쟁이라는 미증유의 체험이 남긴 정신적 상흔 또한 지속적인 영향을 미쳤다. 더구나 야만인 오랑캐에 의해 조선의 국토와 인민이 유린되고 짓밟혔다는 사실은 해당 시기의 다양한 이유에 의해 새로운 기억들로 갱신되면서 실기·야담·시가·소설 등 각종 문학작품들을 통해 끊임없이 추체험되기에 이른다.

---

51) 박세채, 앞의 글, 앞의 책, 같은 면. "大學八條目, 格致爲知, 誠正修爲行, 齊治平爲推行, 誠意以下, 蓋皆行之一邊也. 然則誠意爲正修之本, 齊家爲治平之本, 其重可知也."

당연하게도 인간의 역사 속에서 전쟁이 끼친 영향은 가시적 차원에만 그치지 않는다. 공격하는 자와 공격당하는 자, 승리한 자와 패배한 자, 선한 자와 악한 자 등 彼我를 구별하는 명확한 지침은 전쟁이라는 극한 상황 속에서 좀 더 첨예하게 부각되기 마련이다. 더구나 이러한 구별은 敵國만을 대상으로 발휘되는 것이 아니라 전쟁의 원인을 고찰하고 대책을 강구하는 과정을 통해 동일한 공동체의 구성원들에게도 유사하게 적용된다. 여기서 중요한 것은 상기한 지침의 모태가 기존 사회에서 통용되던 일반적 준칙일 가능성이 높다는 것인데, 오륜 담론의 문제가 임진왜란과 관련하여 중요한 의미를 갖는 것은 바로 여기에 있다.

주지하듯이 임진왜란이 낳은 윤리적 영웅들의 사례를 첨가하여 이전의 행실도類를 增補한 『동국신속삼강행실도』의 발간은 終戰과 동시에 이루어졌다. 그런데 이 책이 여타의 행실도類와 비교하여 특징적인 국면은 수록된 전범적 인물들 중 평민 내지 천민뿐만 아니라 여성의 비율 역시 두드러지게 증가했다는 점이다.[52] 이는 아마도 사회적 소수자들까지 '충'의 주체로 만들어 가장 비천한 그들조차도 '충'의 가치를 실현할 수 있는 존재로 현시함으로써 전후의 위기 상황을 유가적 이데올로기를 통해 극복하고자 했던 정치적 의도의 산물로 여겨진다.[53] 이 책에 소재한 충신의 형상이 군주에 대한 일방적 희생을 강조하는 방향으로 귀결된 것[54] 역시 이러한 맥락에서 이해된다.

---

52) 정일영, 「임진왜란 이후 '교화'의 양상: 광해군대 『동국신속삼강행실도』를 중심으로」, 『한국사상사학』 34, 한국사상사학회, 2010, 115면.

53) 정지영, 「임진왜란 이후의 여성교육과 새로운 '충'의 등장: 『동국신속삼강행실도』를 중심으로」, 『국학연구』 18, 한국국학진흥원, 2011, 165~166면.

54) 정일영, 앞의 논문, 102~105면.

그러나 국가적 차원에서의 이러한 작업들은 전후라는 혼란의 상황 속에서 그 의도에 걸맞은 적실한 효과를 거두지 못했을 것으로 판단된다. “이 책이 세상에 나오자, 사람들이 무리 지어 조소하였고, 어떤 사람은 벽에다 바르기도 하고 장독을 덮는 데에 쓰기도 했다.”[55]라는 史官의 언급을 통해서도 짐작할 수 있거니와 국가의 기본적 토대인 향촌사회에서 필요로 하는 일련의 덕목들이 孝·忠·烈로 대변되는 三綱의 조항만으로는 쉽사리 충족될 수 없었을 것이라 생각되기 때문이다. 주지하는 바와 같이 三綱을 제외한 二倫의 조항은 16세기 사림파 문인들이 향촌사회의 여러 문제들과 조우하면서 그곳에서의 유가적 질서 확립을 위해 지속적으로 전파·보급하고자 했던 준칙들이다.[56] 요컨대 국가의 말단 기구인 향촌사회를 통제하기 위해서는 삼강을 넘어 오륜 및 오륜과 유사한 층위의 조항들이 반드시 요청된다는 것이다. 따라서 임진왜란과 오륜 담론의 문제가 연접되는 지점을 좀 더 명료하게 살펴보기 위해서 우리는 당시 향촌사회에서 전후의 복구 과정을 자임하고 있었던 재지사족들의 활동에 관심을 기울여야 한다. 그들의 행적이야말로 전후의 실상과 좀 더 밀착되어 있을 터이기 때문이다.

[1] 김해·동래(東萊) 등지의 사람들은 다 왜적에 붙어서 사람을 죽

55) 『광해군일기』 5년(1613) 12월 12일. “是書書行而人群笑之, 或爲塗壁, 覆瓿之資.”

56) 김훈식, 「16세기 『이륜행실도』 보급의 사회사적 고찰」, 『역사학보』 107, 역사학회, 1985, 38~63면. 이러한 정황은 다음의 기록들을 통해서도 엿볼 수 있는 바, 아래 기록의 작자인 한극창(1600~1650)은 오륜적 질서들이 필요시되는 공간을 ‘處家·處鄕·處朝廷’으로 三分하고 있다. 한필수, 〈生徒勤學文〉, 『鰲洲遺集』 上, 원문의 출처는 한국국학진흥원 홈페이지. “小學家禮及諸儒義理之書, 雖不習誦, 而亦須勤讀一書, 不忘吾儒之向方. 處家而盡父子夫婦之倫, 處鄕而盡朋友長幼之道, 處朝廷而盡君臣之義, 則伊尹所謂一德, 孟子所謂五倫, 中庸所謂九經者, 或可以得之, 可不勉哉.”

이고 재물을 약탈하며 여인들을 더럽히곤 하였는데 왜적보다 심하였다. 김해의 경우에 도요저(都要渚) 마을은 낙동강 연변의 큰 고장인데, 왜란 초기부터 왜적에 붙어서 도적질을 하고 혹은 지난날의 원수를 갚기도 했다. 한 서원(書員)이 일본군에 들어가기 위해 전세(田稅)를 마련하다가 혹 뱀을 잡아 그 세미(稅米)를 충당하기도 했으니, 왜인이 천성으로 뱀 먹기를 좋아했기 때문이었다. 창원(昌原)의 왜적은 전라 감사를 자칭했고, 향리(鄕吏) 현호준(玄虎俊)은 전라 감사의 배리(倍吏)라 자칭하면서 선문(先文)을 발송하기도 하였다.[57]

[2] 이때에 豪悍한 노복들이 주인을 죽이고 횡포를 부리는 바가 많았는데, 혹은 칼질을 하고 혹은 간음을 하므로, 곽재우가 들을 적마다 즉시 잡아 죽였다.[58]

[3] 들으니 星山에서 성을 점령하고 있던 적이 역시 백여 명밖에 되지 않았는데, 저희 무리로 牧을 삼고 또 우리나라 중들로 判官을 삼아서 관곡을 나누어 주어 민심을 수습하자, 백성들은 모두 다투어 이것을 받으면서 엎드려 목숨을 빌고 혹은 말하기를, "새 상전이 나를 살렸다"고 했다고 한다. 길에서 하는 말이기에 비록 사실이라고는 할 수 없으나 듣고 보니 간담의 憤氣가 들끓어 올라 나도 모르게 수저를 내려놓고 밥을 먹지 못했다.[59]

---

57) 조경남, 『난중잡록』, 1592년 5월 20일자 기록. 번역은 한국고전번역원 홈페이지 "고전번역총서" 참조. "金海・東萊等地人民皆附賊, 殺掠人物, 淫穢婦人, 甚於倭賊. 金海則如都要渚一村, 沿江盛居, 自亂初, 附賊爲盜, 或報其平日恩讎, 有一書員入日本, 磨鍊田稅, 或捕蛇以當其稅米, 倭性喜喫蛇故也. 昌原之賊自稱全羅監司, 鄕吏玄虎俊自稱陪吏, 出送先文."

58) 조경남, 위의 책, 同年 7월 9일자 기록. "時豪悍奴僕, 多殺主橫肆, 或加鋒刃, 或相淫穢, 再祐聞卽捕斬之."

59) 오희문, 〈壬辰南行日錄〉, 『쇄미록』 第一, 이민수 역, 『쇄미록(상)』, 海州吳氏楸灘公派宗中, 1990, 18면. "又聞星山據城之賊, 亦不過百餘, 而以其徒爲牧. 又以我國

[4] 나머지 비복들은 한 놈도 나를 찾아 온 놈이 없었다. 종의 身分으로 이런 極甚한 亂離를 當하여 그 主人을 등지고 한 번도 와서 問安치 않으니 그 罪는 誅戮을 해도 마땅하다. 國家의 運命이 무너질 危機에 處하고 法禁이 解弛되어 强呑弱食하는 衆暴가 橫行하여 上下와 奴主의 區別이 없이 방자하다. 時世의 變化가 이 지경에 이르렀으니 어찌 살아가리오.[60]

전쟁의 참상이 고스란히 드러나 있는 기록들이다. 삶과 죽음의 경계가 희미해지는 전란 속에서 어느 것 하나 제대로일 수 없겠지만, 사회를 유지해 오던 기존의 질서들이 삽시간에 붕괴되고 있던 정황은 당시 지배층들의 입장에서 볼 때 무엇보다 문제적이었을 것이다. 특히 상기한 자료들에 보이는 바와 같이 적군에 附倭하여 背主, 竊盜, 姦淫 등과 같은 반국가적이고 반인륜적인 행위들을 서슴없이 자행하는 하층민의 존재는 가시적 상대인 일본군과 더불어 지배층에게 상당한 위협이 되었을 것이라 생각된다. 특히 "새로운 상전이 나를 살렸다."는 그들의 憤言은 '國家'와 '士族'의 존재를 원천적으로 부정하는 것이기에 위기를 모면하기 위한 단순한 수사적 표현으로 치부하기 어렵다. 사실이 아닐 거라 자위하면서도 '憤氣가 들끓어 올라 밥을 먹지 못'할 정도로 그들의 背國·背主 행위는 크나큰 충격으로 다가왔던 것이다.

물론 적군의 승리가 확실시되는 戰況과 附倭의 여부에 달려있는 生死의 문제, 여기에 일본군이 베풀었던 갖가지 관대한 시혜들[61] 앞에

僧人爲判官, 分給官穀, 以收人心, 民皆爭受, 俯伏乞命, 或稱新上典生我云. 道言雖未可實, 而聞來肝膽奮起, 不覺失匙忘@(氵+食)也." 자료의 소재는 장경남, 「임·병 양란과 17세기 소설사」, 『우리문학연구』 21, 우리문학연구회, 2007, 203면 참조.

60) 조정 지음, 〈임진왜란일기〉 선조 25년 6월 23일자, 이현종 편역, 『조정선생문집』, 조정선생문집간행위원회, 1977, 164면.

서 이에 대한 유혹을 떨쳐 버리기는 힘들었을 것이다. 그러나 지배층의 입장에서 볼 때 이러한 그들의 행위는 국가의 紀綱을 상징하는 삼강오륜적 질서가 일거에 무너진 것으로 인식되었다. 강고한 신분제 사회에서 '上下와 奴主의 區別이 없다.'는 것은 해당 사회의 존폐 자체가 걸려 있는 매우 중대한 사안이었던 것이다. 더구나 전쟁 과정에서 발생한 연이은 기근으로 부자·부부·형제가 서로를 잡아먹는 사건들이 빈발하자, 강상 질서의 붕괴를 염려하는 지배층들의 조바심은 극에 달했다.[62] 따라서 전쟁의 종식 후에 이러한 행위들은 어떤 식으로든 교정되어야만 했는데, 사실 전쟁의 1차적 피해들을 복구하는 데 급급했던 조정으로서는 여기에까지 미칠 만한 여력이 없었다.[63] 전쟁이 끝난 후 얼마 되지 않아 향촌사회의 유가적 질서를 확립하기 위한 일련의 조치들이 지역의 사족들에 의해 주도적으로 실시되는 것은 바로 이 때문이다. 그런데 본 항의 서술과 관련하여 주목할 것은 그러한 조치들의 전면에 오륜 혹은 그와 유사한 층위의 개념들이 빠짐없이 등장

61) 당시 일본군들은 점령지에서 상민들의 생업을 보장해 주고 관곡을 분급하는가 하면, 수세액을 1/3로 낮출 것을 약속하면서 농민들을 안집시키는 데 노력을 기울였다고 한다. 이에 대해서는 김성우, 앞의 책, 334면 참조.

62) 『선조실록』 26년(1593) 12월 3일; 『선조수정실록』 27년(1594) 1월 1일; 『선조실록』 27년(1594) 1월 17일; 『선조수정실록』 27년(1594) 4월 1일; 『선조수정실록』 27년(1594) 4월 6일.

63) 『선조실록』 37년(1604) 3월 19일. "더구나 지금은 금방 난리를 겪고 나서 문교(文敎)에 관심을 기울일 겨를이 없으므로 인심은 혼매해지고 풍속은 야박해지기만 하며 사기(士氣)는 날로 위축(委縮)되고 국맥은 점차 소색해지고 있습니다. 그리하여 윗사람을 친애하고 그를 위해 죽는 의리가 끊어져 임금을 버리는 자가 있게 되었는가 하면, 어버이를 섬기고 형제 간에 우애하는 도리가 사라져 어버이를 유기(遺棄)하는 자까지 있게 되었습니다."(矧今新經喪亂, 文敎未遑, 人心貿貿, 薄俗靡靡, 士氣日就於萎薾, 國脈漸歸於消索, 以至親上死長之義絕, 而後其君者有之, 事親從兄之道滅, 而遺其親者有之.)

한다는 것이다.

[1] 불행히 임진년의 난리를 만나 향당의 친구들 중 반이 죽었고, 원림과 제택들은 모두 잿덩어리가 되어 선대의 유풍과 여운이 하루 아침에 사라져 버렸다. …… 안팎으로 그 정성을 다하면 여씨가 말한 덕업상권·과실상규·예속상교·환난상구와 맹자가 말한 나가고 들어올 때에 서로 짝하며, 지키고 망볼 때에 서로 도우며, 질병이 있을 때에 서로 붙들고 잡아준다는 말을 일거에 다 해낼 수 있을 것이다. …… (그렇게 되면) 우리 洞里의 풍습이 古人의 풍습과 같아지고, 우리 洞里의 풍속이 古人의 풍속과 같아지게 될 것이니, 이로부터 미루어 나가면 一鄕과 一國 또한 古人의 풍습이 되고, 古人의 풍속이 될 것이니 어찌 아름답지 않겠는가?[64)]

[2] 불행히도 전란을 만났으니 매우 가혹하다. 강·정 양 선생께서 손수 작성하신 洞文이 모두 불에 탔으니 아! 슬프구다. 다행스럽게도 우리는 흉봉을 피해 오늘까지 몸을 보존하여 술을 부여잡고 서로 이야기할 수 있으니, 불행 중 다행한 일이다. (이에) 洞案을 차례대로 적어 옛 규약을 회복한다.[65)]

---

64) 하수일, 〈洞約序(1605)〉, 『송정선생문집』 권4, 『영남향약자료집성』, 영남대학교 출판부, 1986, 368면. "不幸壬辰之難, 鄕黨親舊, 半爲喪亡, 園林第宅, 悉爲灰燼, 先代之遺風餘韻, 一朝蕩然矣. …… 內外交致其誠, 則呂氏所謂德業相勸過失相規禮俗相交患難相救, 孟子所謂出入相友, 守望相助, 疾病相扶持者, 一擧而盡得之矣. …… 吾洞之風, 一古人風也, 吾洞之俗, 一古人俗也. 推而至於一鄕一國, 則一鄕一國, 亦古人風也, 亦古人俗也, 豈不美哉."

65) 김대명, 〈洞約序(1603)〉, 『晋陽誌』 卷上, 『영남향약자료집성』, 영남대학교 출판부, 1986, 369면. "不幸遘亂兵火, 甚酷. 姜鄭兩先生手製洞文, 盡爲灰燼, 嗚呼痛哉. 何幸吾儕, 得避凶鋒, 以保今日, 把酒相話, 此不幸中一大幸也. 列書洞案, 以復舊規焉."

[3] 辰巳 연간에 불행히도 전란을 만나 고인이 남긴 가르침을 오늘에 이르러 다시는 볼 수 없게 되었으니 애석하도다. 동네 사람들이 나에게 옛 동약을 修述할 것을 부탁하였는데, 내 이미 늙고 정신이 혼미해졌으니 그 많은 조목들 중 어떻게 한두 개라도 기억하여 성스러운 뜻에 부합할 수 있겠는가? …… 감히 사양치 못하여 여씨의 향약에 근거하여 왼편에 조목을 나열하고, 또한 시의를 더하여 그 아래에 조목들을 끼워 넣었다. 훗날 식견 있는 자의 질정을 기다리며, 또한 周制와 呂氏의 가르침이 만에 하나라도 오늘에 다시 행해지기를 바랄 뿐이다.[66)]

[4] 난리가 난 이후로 飢寒과 困頓에 핍박되어, 이 네 가지를 돌아볼 겨를이 없으니 풍속이 퇴폐해져 놀랄 만한 일들이 종종 생긴다. 어찌 두렵지 않으리오? …… ○등분이라는 것은 무엇인가? 연장자와 연소자, 귀한 이와 미천한 자, 사족과 下輩 사이에는 그 분수가 매우 엄하니 밝게 하지 않을 수 없다. 이 분수가 한번 무너지면 화가 국가에 미치게 되니 하물며 향당에 있어서랴? 만일 연소자가 연장자를 능욕하거나 미천한 자가 존귀한 자를 능욕하거나 하배가 사족을 능욕하는 자는 등급에 따라 처벌할 것. …… ○옛 성인들은 장유의 관계를 오륜의 조목에 넣었으니 안에서는 부형을, 밖에서는 장노를 공경하고 경외하지 않을 수 없으니 그들을 섬기는 도를 다해야 한다. 만일 이에 태만하거나 그들을 업신여기는 등 삼가지 않는 자에 대해서는 등급에 따라 벌할 것.[67)]

---

66) 이정, 〈元塘洞約文〉, 『모촌선생문집』 권2, 『영남향약자료집성』, 영남대학교 출판부, 1986, 376면. “不幸兵燹於龍蛇之歲, 使古人遺敎, 不得復見於後, 惜也. 洞人屬余, 修述舊約, 噫! 余老且昏矣, 其於許多條目, 何能記得一二以副盛意也? …… 不敢辭則謹依呂氏之約, 列條于左, 且加時宜, 若干目于其下, 以竢夫識者之正之, 而亦庶幾周制呂氏, 復行萬一於今日云爾.”

67) 노경임, 〈鄕中完議 丙午(1606)〉, 『경암집』 권2, 『한국문집총간』 74, 한국고전번역원, 1988, 30면. “亂生以後, 迫於飢寒困頓, 不遑此四者, 傷風敗俗, 有駭聽聞者, 比比有之, 豈不懼哉? …… ○等分者何? 少之於長, 卑之於尊, 下輩之於士族, 其分甚嚴, 不可不明. 此分一壞, 禍及家國, 況一鄕黨乎? 如或以少凌長, 以卑凌尊, 以

임란 이후에 작성된 동계·동약문들이다. [3]을 제외한 나머지 글들은 간기가 제시되어 있어 작성한 연도를 파악할 수 있는데, 각각 1605·1603·1606년으로 전쟁 종식 후에 곧바로 지어졌음을 알 수 있다. [3] 역시 작자인 이정의 몰년이 1613년임을 감안하면 임란 직후에 쓰였다고 보아도 무방하리라 생각된다. (그들의 관점에서 볼 때) 붕괴된 강상 질서를 바로잡기 위한 일련의 노력들이 얼마나 신속하게 이루어졌는지 판단할 수 있는 대목이다. 이 글을 작성한 하수일(1553~1612)·노경임(1569~1620)·이정(1541~1613) 등은 중앙의 관직을 역임한 경우도 있고 그렇지 않은 경우도 있어 관력의 유무에 있어서는 단일하지 않으나 적어도 이 글의 작성 시점에 있어 향촌에 退居하고 있던 것만큼은 동일하다. [2]의 작자인 김대명은 이 글의 작성 당시 鳳山郡守를 역임하고 있었던 것으로 파악되는데, 이 글이 누군가가 작성한 동약문의 발문임을 감안하면 이 역시 임란 직후 지방의 유력자에 의해 작성된 동약문임을 알 수 있다. 요컨대 위의 동약문들은 모두 전란 이후 향촌사회에 기거하고 있던 일군의 재지사족들에 의해 작성된 것이다.

상기한 자료들이 담고 있는 내용은 공통적이다. 임란 이후에 향촌사회를 유지해 오던 기존의 질서들이 붕괴되어 이를 회복하기 위해 동약문을 짓는다는 것이 대강의 얼개이다. 전쟁의 과정 중에, 혹은 전쟁 이후에 그들이 목도한 오륜적 질서의 위반 사례들은 신분제 사회인 조선의 기강을 무너뜨릴 만큼 강렬했다. 전술한 바와 같이 일본군에 附倭하여 적극적으로 협조한다든지, 자신의 주인을 죽이고 간음을 일삼는다든지, 기근으로 인해 가족을 잡아먹는 등 반국가적이고 반인륜적

下輩凌士族者, 隨等施罰事. ○古之聖人, 列長幼於五倫之日, 內而父兄, 外而長老, 不可不敬恭嚴畏, 盡我所以事之之道, 如或慢侮不謹者, 隨等施罰事."

인 행위들의 빈발은 강고한 명분적 질서 하에 지탱되어 오던 조선 사회의 근간을 뿌리째 뒤흔드는 것으로 인식되었다. 오륜적 질서의 준수와 그에 준하는 내용을 담은 일련의 동약문들이 전란 직후에 족출하는 현상도 바로 이 때문이다.

그런데 상기한 노경임의 자료[4] 중, 제시한 일련의 조목들을 준수하지 않는 자에 대해서 직접적으로 처벌할 것을 지시하는 내용은 이전 시기와 비교할 때 특기할 만한 지점이다. 주지하듯이 이전 시기에는 향촌사회의 구성원에 대한 재지사족들의 직접적인 처벌권이 허용되지 않거나, 허용되는 경우라 하더라도 관권과의 마찰을 일으키지 않는 범위 이내로 한정되었다. 16세기 사림파 문인들이 향촌사회에서 향약을 실시하고자 했을 때, 이를 반대했던 이들이 제시했던 주요한 이유 중 하나는 향약 내에서의 자체적인 형벌 시행으로 수령의 공권력 행사가 어렵게 된다는 것이었다.[68] 때문에 향촌사회 내에서 사족들의 자체적인 형벌권 행사는 그 정도가 아주 미미하거나 공권력의 영역을 침범하지 않는 영역으로 최대한 축소될 수밖에 없었다. 정해진 영역을 넘어설 경우 '豪强' 또는 '武斷土豪'로 지목되어 전가사변 내지는 그에 준하는 높은 수위의 처벌을 받았다.

뿐만 아니라 연소자가 연장자를 능욕한다든지, 하인이 사족을 능욕

---

68) 『중종실록』 15년(1520) 1월 4일. "향약에 대해서는 김안국(金安國)이 전라감사(全羅道監司)로 있을 때, 선적(善籍)과 악적(惡籍)을 상고하여 만약 선적에 실려 있으면 비록 천한 노비(奴婢)라 할지라도 반드시 수령에게 압박을 가하여 그 노비에게 선물을 보내게 하므로 수령이 지탱할 수 없는 지경입니다. 또 향약에 관계된 일이면 반드시 형신(刑訊)까지 하므로 인심이 어그러졌으니 만약 김안국(金安國)을 속히 체직시켜 오게 하지 않으면 화(禍)가 반드시 닥칠 것입니다(至如鄕約, 則金安國爲全羅道監司時, 考其善惡籍, 若載善籍, 則雖奴婢之賤, 必侵其守令, 使餽遺之, 守令且有不能支焉, 事出鄕約, 則必至刑訊, 故人心橫逆. 若安國不速遞來, 禍必將至.)"

하는 행위 등 [4]에 나열된 일련의 위반 사례들은 16세기 후반까지도 '告官治罪'의 항목으로 분류되어 반드시 관에 고발하여 치죄하는 것이 원칙이었다.[69] 요컨대 국가적 公認 아래 사족층이 성장하고 있던 16세기에도 그들의 자치 영역은 국가와 관권이 허용해 주는 범위를 넘지 않았던 것이다. 향촌사회에서의 행적에 따라 '사족'과 '무단토호'로 이분될 수 있는 것이 그들이 처한 현실이었다. 이에 반해 노경임의 경우 죄의 등급에 따라 곧바로 치죄할 것을 명하고 있는바, 이는 무엇을 의미하는가?

기실 전쟁의 과정과 전후의 복구를 통해 사족층은 조선 사회를 주도하는 중요한 세력으로 상승하게 된다. 그들은 전쟁 중에 수행한 의병활동[70]을 통해 戰中 혹은 戰後에 실시된 각종 포상과 시혜들을 독점함으로써 관직으로 진출할 기회를 잡게 되고,[71] 그들이 세운 戰功은 전후의 향촌사회에서 주도권을 차지할 수 있는 주된 명분으로 작용하였다. 더구나 혼돈된 사회를 정비할 수 있는 동력이 취약해진 상태에서 국가로서는 노비와 토지 등 일련의 생산수단을 보유한 재지사족들을 향촌사회의 통치 주체로 인정할 수밖에 없었다.[72] 요컨대 전란과 전후의 복구 과정은 향촌의 재지사족들이 자신들의 지위를 보다 확고

---

69) 이상 16세기 사족층의 자치적인 형벌권 행사에 대해서는 김성우, 앞의 책, 290~300면 참조.

70) 실제 상기한 동계문의 작성자 중 하수일·이정·노경임 등은 모두 전란 중에 의병을 조직하여 일본군에 대항하였다.

71) 김성우, 「연속된 두 시기로서의 16·17세기: '조선중기론'의 입장에서」, 『내일을 여는 역사』 24, 내일을 여는 역사, 2006, 177면.

72) 이에 대해서는 김성우, 앞의 책, 373~421면; 장동표, 「17세기 영남지역 재지사족의 동향과 향촌사회」, 『역사와경계』 68, 부산경남사학회, 2008, 115~119면: 「임진왜란 전후 밀양 재지사족의 동향」, 『역사와현실』 55, 한국역사연구회, 2005, 248~275면; 정진영, 앞의 책, 145~198면 참조.

히 하는 계기가 되었으며 국가의 입장에서도 전후 향촌사회의 안정을 위해 그들의 도움이 절실히 필요했던 것이다.[73)]

이와 같이 임란은 사족층의 우위가 용인되는 신분제로서 '반상제'의 성립과 이를 토대로 한 전반적인 사회구조로서 '사족지배구조'가 정착될 수 있는 분수령이 되었다. 임란 기간과 전후 복구사업을 전개하는 과정에서 사족층이 보여준 관심과 열의는 단지 국가의 공권력을 보완하는 단계를 넘어 그것의 대체세력으로 성장할 정도였다. 따라서 복구사업이 완료되는 17세기 전반 무렵 사족층은 사회주도세력으로서 확고한 자기위상을 갖추게 됨으로써[74)] 이 시기 향촌사회의 질서를 확립하는 주체로 자리매김하게 된다. 비록 예안 지역에 국한된 사례이지만, 이 지역의 사족들은 수령과 대립각을 세우는 정도를 넘어서서 부임한 수령의 賢否를 평가하거나 자신들이 원하는 수준에 미치지 못할 경우 그를 탄핵시킬 정도였다. 이에 대한 조정의 처리 방식 역시 해당 지역의 士論을 예의주시하면서 그들이 원하는 방향으로 지방관을 체직시켰다.[75)] 재지사족층의 위세가 관권을 위협할 정도로 높아졌던 것이다. 이러한 차원에서 이 시기의 동약 관련 문건들에 보이는 다음과 같은 면모들은 상당히 중요하다. 사족들이 자기 규제의 차원에서 설행하였던 동계가 향촌사회 전반을 관장하는 차원으로 확대되고 있는 정황을 보여준다는 점에서 그러하다.

> [1] 오륜 부자유친 군신유의 부부유별 장유유서 붕우유신 …… 춘추 강신례에는 대소상하가 모두 향약소에 모인다. 하인들의 경우 남녀가

73) 장동표(2008), 위 논문, 115면.

74) 김성우, 앞의 책, 425면.

75) 이에 대해서는 박현순, 앞의 논문, 112~138면 참조.

모두 모이는데 남자는 왼쪽, 여자는 오른쪽에서 각각 예를 행하고 坐定하되 따로 앉는다. 한 사람이 가운데 앉아 소리 높여 향약 일편을 읽고서 그 뜻을 풀어서 가르쳐 주어 사람마다 듣고 이해하지 못하는 사람이 없게 한다. 함께 화목한 도를 강하고 향음례를 행한 후 마친다.[76)]

[2] 부모를 섬기되 그 성효를 다할 것. 자제를 가르치되 반드시 義로써 할 것. 형제끼리 우애할 것. 마을의 어른들을 존경할 것. 이웃끼리 화목할 것. 親舊 사이의 정을 도타이 할 것. 처첩을 대하되 예로써 할 것. 붕우 사이에 신의가 있을 것. …… 하인약조. 부모를 봉양하지 않아 구걸케 하는 자, 부모에게 불순하고 패악한 일을 많이 저지르는 자, 며느리로서 시부모를 구박하는 자, 형제끼리 불화한 자, 방화한 자, 양반 능욕자, 유부녀로서 간음한 자, 이상은 극벌이다. ○춘추 강신례에는 대소상하가 모두 모여 양반이 한 廳, 서얼이 한 廳, 향리가 한 廳, 하인이 한 廳을 이룬다. 下人들은 남녀가 각각 예를 행하고 자리에 앉는다. 直月이 가운데 앉아 큰 소리로 향약 한 편을 읽어 사람마다 이해할 수 있게 한다.[77)]

[3] 전란을 겪은 이후에 흉년이 계속되니 동리의 풍속이 점차 쇠미해

---

76) 김진영, 〈洞約規〉, 『三柑齋實記』 권1, 『영남향약자료집성』, 영남대학교 출판부, 1986, 37면. "五倫, 父子有親・君臣有義・夫婦有別・長幼有序・朋友有信. …… 春秋講習之禮, 大小上下, 咸集鄕約所. 而下人則男女皆會, 男左女右, 各行禮數, 坐定別定, 一人中座, 抗聲讀鄕約一篇, 該語解釋, 使人人無不聽知通曉, 同講和睦之道, 因行鄕飮禮罷者."

77) 이숭일, 〈鄕約定規〉, 『恒齋集』 권4, 『영남향약자료집성』, 영남대학교 출판부, 1986, 378~381면. "事父母盡其誠孝, 敎子弟必以義方, 友愛兄弟, 尊敬長上, 和睦隣里, 敦厚親舊, 待妻妾以禮, 接朋友有信. …… 下人約條. 不養父母使之丐乞者, 不順父母多行悖惡者, 女人誶罵舅姑者, 兄弟不和者, 衝火作孼者, 兩班凌辱者, 有夫女潛奸者, 旁親祖叔兄弟凌辱者, 已上極罰. ○春秋講信禮, 大小上下, 咸集, 兩班爲一廳, 庶孼爲一廳, 鄕吏爲一廳, 下人爲一廳, 而下人, 則男女各行禮數坐, 直月中坐, 抗聲讀鄕約一遍, 使人人通曉事."

> 져 令이 없는 것과 같으니 통탄스럽지 아니한가? 형들이 모두 죽어 다시 의론할 곳이 없던 차에 영춘이 마침 와서 자질들과 濯淸亭에 모두 모여 옛 상자에 보관하고 있던 것을 찾아내었다. 조목을 改修하여 거듭 밝히고 그 가운데 8개의 조항을 첨입하여 아래에다 함께 기록하니 우리 동리의 上下人들이 이 규약을 봉행하여 어기는 자가 없으면 동리의 풍속에 매우 다행이겠다.[78)]

주지하듯이 16세기 동계・동약의 구성원은 대체로 사족이었고, 따라서 동계에서의 상부상조 역시 근본적으로는 사족층을 중심으로 행해지고 있었다. 사족층은 이러한 상호부조를 통하여 향촌사회에서 그들의 결속력을 다지거나, 유교적인 혼례와 상장례를 격식에 맞추어 거행함으로써 하층민과의 차별성을 강조할 수 있었다. 요컨대 16세기 동계・동약의 주요한 기능 중의 하나는 양반층의 결속과 하층민의 배제를 통해 발생하는 차별성을 담보로 하여 향촌사회를 적절히 통제하는 것이었다.[79)] 그런데 임란 후의 동약문인 상기한 자료들에서는 한결같이 上契와 下契의 합치, 곧 향촌의 하층민들까지 동계의 구성원으로 포섭하고 있어 16세기의 사례들과는 대별된다.

먼저 김진영(1635~1699)이 작성한 [1]에는 오륜과 더불어 향촌사회의 질서 유지에 필요한 여러 항목들이 순차적으로 제시된다. 이어 이러한 항목들이 강신례를 통해 동리의 구성원들에게 전파되는 과정을 상세히 기록하고 있다. '大小上下가 모두 모이되 下人들의 경우에는

---

78) 김부륜, 〈洞規後識〉, 『雪月堂集』 권4, 『한국문집총간』 41, 한국고전번역원, 1988, 73면. "一自經亂之後, 凶歉連年, 洞風漸薄, 殆無以爲令, 可不痛哉. 諸兄旣歿, 更無議處, 玆者, 永春適來, 子姪咸集于濯淸亭, 乃搜出舊函中所藏, 改立申明. 而其中添八數條, 并錄于右, 凡我洞中上下之人, 奉行此規, 無有違越者, 則洞風幸甚."

79) 정진영, 앞의 책, 214면.

남녀가 모여 일정한 예를 행하고, 규약의 의미들을 자세히 풀어 주어 사람마다 듣고 이해하지 못하는 사람이 없게 한다는 것'이 그 골자이다. 문자에의 접근이 쉽지 않았을 下人들에게 유가적 이데올로기를 주입시키기 위한 그들 나름의 처사였을 것이다. 그렇다면 상기한 '대소상하'의 범주는 구체적으로 누구를 의미하는가?

이에 대한 대답은 [2]를 통해 미루어 짐작할 수 있다. 이숭일은 향촌사회에서 요구되는 오륜적 덕목들을 '덕업상권'의 항목 아래 제시하고서, '과실상규'의 조항에서는 下人들이 지켜야 할 개별적 사항들[下人約條]을 별개로 나열한다. 이어 봄가을에 열리는 강신례의 참가자들을 명시하는데 양반 · 서얼 · 향리 · 하인 등 당시 향촌사회를 구성하는 諸신분들이 망라되어 있다. 전술한 바와 같이, 16세기의 동계가 사족만을 대상으로 했다면 17세기의 그것은 서얼 · 향리 · 하인 등 동리의 모든 구성원들을 포괄하는 방향으로 이행되고 있었던 것이다. 김부륜이 작성한 동약[3]에서도 "우리 동리의 上下人들이 이 규약을 봉행할 것"을 종용하는 언급으로 보아 귀천을 막론한 모든 동리인들이 그 대상임은 물론이다. 요컨대 전후 복구사업의 주체로 자리매김하게 된 재지사족들이 일군의 사족 집단을 넘어 동리의 모든 구성원들을 동계로 편입시킴으로써 그들에 대한 직접적인 지배력을 행사하게 되었다는 것이다.

물론 이러한 변화의 동인을 진단하는 방향은 여러 가지일 터이다. 전란이라는 참혹한 사건을 경과한 나머지 사족들 간의 결집만으로는 향촌사회의 질서 확립을 기대할 수 없었던 시대적 상황에 주목할 수도 있고,[80] 임란을 겪으면서 심화되고 있었던 하층민들의 저항에서 기인

80) 박경하, 「倭亂 直後의 鄕約에 대한 硏究: 高坪洞을 중심으로」, 『중앙사론』 5, 한국중앙사학회, 1987, 112면.

한 것으로 파악할 수도 있다.[81] 하지만 필자는 이러한 요인들의 가능성에 충분히 공감하면서도 좀 더 근원적인 부분에 주목하고자 한다. 먼저 아래의 자료들을 살펴보도록 하자.

> [1] 지난 임진년 간에 마을의 부로들이, "士品과 廝養은 명분은 비록 다르지만 함께 하늘이 부여한 성품을 받았으니 함께 지선의 경지로 돌아가지 않을 수 없다."고 하여 이에 상하의 계를 합쳐 하나로 만들었다.[82]

> [2] 또한 公私의 賤人들과 명분의 차이는 비록 현격하나 하늘을 아비로 삼고 땅을 어미로 삼아 같은 배에서 아울러 태어났으니 四海의 사람들이 모두 형이 되고 모두 동생이 된다. 하물며 一洞一里 사이에서 함께 사는 사람들임에랴? 어찌 귀천으로 나뉜다 하여 초나라와 월나라 보듯이 하여 그들과 더불어 契約을 함께 하여 근심과 즐거움을 공유하지 않으리오? 이에 귀천을 따지지 않고 계를 하나로 만들어 한 권의 책에 합록하노라.[83]

> [3] 변란 이후로 인심이 날로 투박해져 刑杖과 笞罰로도 勸懲할 수 없게 되었다. 때문에 부포동에 따로 약조를 세워 人情을 통해 그들을 開導하고자 한다. 下人과 賤隸들은 (사족들과) 명분은 비록 현격하나 함께 天命의 性品을 받았으니 (그들이) 비루하다 하여 그들을 이끌고

---

81) 정진영, 앞의 책, 222~225면.

82) 남몽뢰, 〈沙村里約重修序〉, 『伊溪先生文集』 권4. 원문의 출처는 한국국학진흥원 홈페이지. "往者, 壬辰年間, 里中父老, 以爲士品廝養, 名分雖殊, 同受天命之性, 則不可不同歸於至善之地. 於是乎, 合上下契而一之."

83) 서사원, 〈河東里社契約序〉, 『樂齋先生文集』 권7. 원문의 출처는 한국국학진흥원 홈페이지. "且與公私爲賤, 名分雖懸, 而乾父坤母, 同胞竝生, 四海之人, 皆爲兄爲弟, 則況同居於一洞一里之間者乎是? 豈可分貴賤, 視楚越, 不與之同契約而共憂樂哉? 玆敢不計貴賤, 合作一契, 合錄一册."

함께 至善의 경지로 돌아가는 것이 불가하겠는가?[84]

> [4] 하인과 사족 사이의 명분은 귀천에 있어 같지 않으나 하늘로부터 품부받은 천성은 동일하니 어찌 (그들이) 비루하다 하여 그들을 이끌고 함께 至善의 경지로 돌아가는 것이 불가하겠는가? 규약 권면하기를 그들과 함께 하고 길흉사를 공유하여 소민들로 하여금 느끼는 바가 있게 하면 날로 선한 데로 옮겨져 자신도 모르는 사이에 善敎가 이루어질 것이다. ○춘추 강신례에 대소상하가 함께 모여 유품이 한 廳, 서얼이 한 廳, 향리가 한 廳, 하인이 한 廳을 이룬다. 하인들은 남녀가 모두 모여 남자는 왼쪽에 여자는 오른쪽에서 각자 예를 행하고 좌정하되 따로 앉는다. 한 사람이 가운데 앉아 소리 높여 향약 일편을 읽되 언문으로 해석하여 사람들마다 듣고 이해하지 못함이 없게 한다.[85]

상기한 자료들에서는 공히 士族과 下人 간의 현격한 명분적 차이를 강조하면서도 하늘로부터 부여받은 天性의 동일함을 내세워 下人들의 上契로의 편입이 갖는 정당성을 역설하고 있다. 그런데 (亂前과 亂後에 놓인 정도의 차이를 무시할 수는 없겠지만) 필자는 17세기 재지사족들이 문제적 현상으로 지목하고 있는 현상들이 亂前에도 동일하

84) 금란수, 〈洞中約條小識〉, 『惺齋先生文集』 권2. 원문의 출처는 한국국학진흥원 홈페이지. "自變亂以後, 人心日益淆薄, 不可以刑杖笞罰而爲勸懲也. 故蘭秀於夫浦洞中, 別立約條, 因人情以導之, 下人賤隷, 名分雖殊, 同受天命之性, 則其可鄙夷而不爲之勸誘, 同歸於至善之地乎?"

85) 김기, 〈鄕約〉, 『北厓集』 권3, 『한국문집총간』 속집 5, 한국고전번역원, 2005, 532면. "下人名分貴賤雖不同, 而秉彝之天則一也, 豈可鄙夷不爲誘掖, 而同歸於至善之地乎? 勸規與同, 吉凶是共, 使小民有所觀感, 日遷善而不自知, 乃爲善教. …… ○春秋講信禮, 大小上下咸集, 儒品爲一廳, 庶孽爲一廳, 鄕吏爲一廳, 下人爲一廳, 而下人則男女皆會, 男左女右, 各行禮數, 坐定別定, 一人中座, 抗聲讀鄕約一遍, 諺語解釋, 使人人無不聽聞通曉."

게 발생하던 사례들이라는 점을 다시 한번 주목하고 싶다. 부모에 대한 不孝, 부부 사이의 不和, 형제 간의 反目, 연장자에 대한 不恭 등은 언제 어디서나 발생할 수 있는 일상적 사례들이다. 그런데 이러한 현상들을 교정하기 위해 마련된 자리에 下人들을 참여시킨다는 것은, 결국 동일한 사안에 대한 처리 방식이 이전과 달라졌음을 의미한다. 16세기만 하더라도 下人들은 사족층이 주도하는 동계에 참여하지 못한 채 그들이 규정하는 일체의 규약들, 대개는 惡行에 대한 징벌의 조약들에 일방적으로 종속될 수밖에 없었다. 요컨대 동계를 통한 자발적 자기 규제/개선의 주체로 사족층만이 인정되었을 뿐 下人들의 경우에는 그렇게 될 수 있는 가능성마저 차단되어 있었던 것이다.[86] 그렇다면 17세기 동계에 보이는 이러한 구조적 변화들을 어떻게 해석해야 할까?

사실 강고한 신분제 사회에서 지배층과 피지배층이 하나의 조직 안에 편제된다는 것은 생각처럼 용이한 일이 아니다. 사족들의 또 다른 결사체인 향안에의 입록이 17세기 들어 한층 더 폐쇄적으로 운영되었던 것[87]을 보면 이와 유사한 기능을 담당했던 동계에 下人들의 참여가 강제되는 현상은 어떤 면에서 상당히 이례적이다. 때문에 이를 위

86) 물론 김안국과 같은 일부 사림파 문인들은 洞里의 하층민들까지 그 대상을 확대하지만 이러한 그들의 행위가 정치적 공격의 빌미로 작용했다는 사실은 이에 대해 동조하지 않는 입장 역시 팽배해 있었음을 의미한다 하겠다. 『중종실록』 15년(1520) 1월 11일 "남곤이 아뢰기를, "무지(無知)한 사람들에게 약정(約正)의 법을 가르쳤으므로 이러한 지경에 이른 것이니 어찌 패란(悖亂)한 일이 없을 수 있겠습니까?" …… 유관이 말하기를, "사류에 속하는 사람들이야 괜찮겠지만, 무지한 사람들로 하여금 그러한 것들을 모두 하게 한다고 해서 어찌 그 본래의 의미를 알 수 있겠습니까?"("袞曰: "以無知之人, 授之約正之法, 故至於如此, 豈無悖亂之事乎?" …… 灌曰: "如士類之人, 爲之可也, 率令無知之人, 盡爲之, 豈知其本意乎?")

87) 박현순, 「17~18세기 예안현 사족사회와 향안, 원생안, 교생안」, 『고문서연구』 30, 한국고문서학회, 2007, 66면.

해서는 下人들의 참여를 당연시하는 어떠한 이론적 근거의 마련이 반드시 선행되어야 한다. 그렇지 않을 경우, 그러니까 下人들의 不參이 당연한 것으로 인식될 경우 이와 같은 合契는 성립되기 어렵다. 좀 더 면밀히 살펴보아야 하겠지만 현전하는 동계 관련 자료들의 대부분은 16세기가 그러했음을 증거하고 있다. 필자가 상기한 자료들에서 지속적으로 제기되는, '하늘이 부여한 성품을 받았으니 함께 지선의 경지로 돌아가지 않을 수 없다.'라는 유사한 언급들에 주목하는 것은 바로 이러한 맥락에서이다.

3장에서도 서술한 바와 같이 인간의 변화 가능성을 토대로 모든 인간들의 改善을 유도했던 16세기 사림파 문인들의 주장은 상당히 급진적이었기 때문에 그것이 다수의 지식인들에게 보편적 공감을 얻어내기까지 상당한 시간이 소요되었다. "예(禮)에는 존비(尊卑)와 상하(上下)의 구분이 있거늘 그 연치(年齒)만 헤아려 천례(賤隷)로 하여금 도리어 위에 거하게 하므로 아랫사람이 윗사람을 무시하고 천한 자가 귀한 자를 무시하는 폐단이 생겼다."[88]라는 진술은 비록 사림파 문인들과 정치적 견해를 달리하는 훈구 관료의 언급이지만, 향약의 시행이 (그들이 염려하는) 잘못된 방향으로 흘러갈 경우 발생할 수 있는 문제의 소지[89]를 짚어낸 것으로도 읽힌다. 요컨대 상기한 명제["인간의 기질은 개인적 노력을 통해 改善 가능하다"] 자체를 부정하는 이들도 상당수였고, 긍정한다 하더라도 그것이 현실에서 구현될 때는 철저히 양반들만이 그 직접적 대상으로 인정되었던 것이다. 그런데 위의 자료들

88) 『중종실록』 15년(1520) 1월 4일. "且禮有尊卑上下焉, 徒計其年齒, 使隷賤反居其下, 故下淩上·賤淩貴之弊, 生焉."

89) 이와 같은 실제적 사례는 김정신, 「조광조, 인간의 도덕성에 대한 믿음으로 조선의 정치를 개혁하다」, 『내일을 여는 역사』 36, 내일을 여는 역사, 2009, 177~178면.

은 이와는 정반대의 현상들이 17세기 향촌사회에서 벌어지고 있었음을 말해준다.

결론부터 말하자면, 필자는 下人들까지 동계의 구성원으로 포섭하는 17세기의 변화가 '하늘이 부여한 성품을 동일하게 받았다.'는 성리학적 사유의 확산에 기인한 것으로 생각한다. 여기서 확산이란 단순히 지식적 차원에서의 전파와 유포가 아니라 그것을 진리로 인정하고 현실의 삶 속에 적용할 수 있는 이들이 보다 많아졌다는 의미이다. 물론 전란이라는 가혹한 체험과 그로부터 파생되는 여러 현실적 이유들이 결정적 계기로 작용하였겠지만, 사실 위와 같은 사유가 전제되지 않고서는 오륜적 질서의 자발적 준수와 改善을 유도하는 동계로 下人들을 편입시키기는 어렵다. 下人들의 도덕적 自淨 능력을 신뢰하지 않는 상태에서 그것이 강하게 요구되는 조직으로의 수용은 애당초 허용될 수 없기 때문이다.

이러한 일련의 변화들을 사족층이 비사족층에게 부여한 시혜적 조치로 판단할 수는 없음은 물론이다. 그들이 의도한 것은 어디까지나 下人들까지도 도덕적 주체로 인식하게끔 만듦으로써 조선이라는 신분제 사회의 생산기반을 보다 공고히 하려는 데에 있었을 터이기 때문이다. 다만 필자가 주목하고자 하는 것은 인간의 변화 가능성을 의심하지 않았던 사림파 문인들의 사유가 전란이라는 특수한 상황을 거쳐 지방의 재지사족들에게까지, 더 나아가 그들의 인신적 예속 하에 있던 下人들에게까지 어떻게 전파되고 확산되었던가의 문제이다. 요컨대 오륜 개념의 보다 넓은 범위로의 확산과 전유, 그 자체에 있는 것이다.

1.3. 학문의 목적과 개인적 수신의 방편

주지하듯이 오륜의 문제는 지식 너머의 실천을 강하게 요구한다. 오륜 개념이 유가의 기초적인 지식임에도 그것이 16세기 사림파 문인들의 정치적 부상과 더불어서야 시기적 화두로 떠오르게 된 것은 이와 관련된다. 즉 『소학』에서 주창하는 일상적 윤리의 세목들이 마땅히 준수되어야 할 준칙으로 인식되면서 오륜 개념은 지적인 차원을 넘어 실천적인 측면에서 새로운 의미를 부여받게 되었다는 것이다. 그런데 지식을 실천으로 연계하기 위해서는 그러한 연계를 당연시하는 이념적 토대가 매개되어 있어야 한다. 이러한 측면에서 학문의 축적과 축적된 학문의 실천을 통해 성인의 경지에 오를 수 있다는 '人皆可以爲堯舜'이 해당 시기 사림파 문인들의 주된 모토가 되었음은 앞서 살펴본 바와 같다.

하지만 이러한 학문적 경향은 당시 많은 사람들에 의해 부정되고 있었는데, 그들이 부르짖은 학문의 궁극적 목적과 구체적 방법에 대한 강한 불신이 주된 이유 중 하나였다. "근년에 조광조의 무리가 『소학(小學)』의 도(道)를 가탁하여 당우(唐虞)의 정치를 하루아침에 세울 수 있다 하므로 사람들이 다 현혹되었습니다. (그러나) 신은 당우의 정치를 어떻게 하루아침에 회복할 수 있겠냐고 생각했으니, 이것은 세상을 속이는 말입니다."[90]라는 이유청의 언급은 개인적 도덕성의 회복이 사회 전체의 安集으로 이어진다는 그들의 주장에 대해 많은 이들이 강하게 회의하고 있던 정황을 보여준다. 무엇보다도 『소학』·『심경』·『근사록』 등 개인의 수기적 완성을 우선하는 학문적 경향이 사회적 공명의 성취

---

90) 『중종실록』 15년(1520) 6월 19일. "領事李惟淸曰: "近年光祖之徒, 假托『小學』之道, 謂唐虞之治, 一朝可立, 故人皆惑之. 臣之意以謂: '唐虞之治, 安能一朝可復?' 是誣世之言也."

를 곧바로 보장하지 않는다는 점에서 당시의 지식인들이 선뜻 수용하기는 어려웠을 것으로 보인다.[91] 퇴계의 문도들조차 『주자대전』에 대해 '無味之書'로 받아들이고 있었다는 사실[92]은 새로운 학문의 수용과 그에 대한 침잠이 우리의 생각보다도 훨씬 至難한 일임을 말해준다.[93] 새로운 텍스트를 읽고 해석하는 것도 만만치 않은 일이었지만, 그것의 의미들을 현실 속에서 실천하기란 더더욱 쉽지 않았을 것이다. 그러나 이러한 학문적 경향은 16세기 후반 사림파 문인들의 정치적 집권과 더불어 점차 보편적인 것으로 인식되기 시작한다. 이에 대한 공식적인 異論이 더 이상 제기되지 않을 정도로 조선의 지식인들에게 주류적인 담론으로 부상하게 되었다는 것이다. 물론 현실의 실태야 얼마든지 다를 수 있겠으나 적어도 공적인 차원에서의 언명들은 이를 벗어나지 않

---

91) 『인조실록』 11년(1639) 4월 11일. "왕정(王政)은 반드시 교화가 우선되어야 합니다. 교화를 수립하는 데에는 『소학(小學)』을 근본으로 삼아야 하는데도 연소한 무리들이 과거에만 급급하여 진부한 책이라 여기고 전혀 힘쓰지 아니하니, 진실로 조정에서 격려하고 권장하는 일이 없으면 비록 매일 종아리를 때리고 엄중하게 독려하더라도 그 형세가 어찌할 수 없을 것입니다.(王政必以敎化爲先, 立敎當以『小學』爲本, 而年少之輩急於決科, 視爲陳編, 專不着力, 苟無朝家激勸之擧, 雖日撻而嚴督, 其勢末由)"

92) 이황, 〈與李大成暨諸昆季〉, 『퇴계집』 권15, 『한국문집총간』 29, 한국고전번역원, 1988, 388면. "朱書寫至幾何? 前因大成臨語, 知僉意頗誚滉惑於語錄等無味之書, 要抄要謄, 致煩僉左右爲病云云. 滉殊爲悚汗悚汗, 滉向謂以僉資近道, 惟未曾看此書, 故不屑於此, 若今因此事, 看此書, 久久駸駸, 必皆不知不覺而得此嗜矣. 今歷數月, 而大成左右則全不顧而要討杜詩看, 公幹左右則已生厭, 而要付大用左右, 爲曹司之厄, 無乃與滉前日之所圖異乎?" 자료의 소재는 박현순, 앞의 논문, 60면 참조.

93) 이황, 〈答鄭子中〉, 『퇴계집』 권24, 앞의 책, 76면. "吾鄕, 卻多文學之士, 但皆梏於擧業, 其讀書率皆匆匆趁逐, 未有回頭住脚料理此事之意. 雖趙士敬輩, 不無有意, 亦不免移奪於此."; 〈與琴夾之〉, 『퇴계집』 권27, 앞의 책, 145면. "今更思之, 書院本意, 不爲習擧業設也. 而第一會儒生, 適當臨試之月, 諸生之心, 專力於彼, 勢不可禁彼業而專讀書, 緣此又令日習製述, 非設院倡學之意."

는다. 이에 따라 오륜 개념은 학문의 궁극적인 목적이자 기본적인 방법으로 사회의 전반적인 公認을 획득하게 된다.

[1] 독서를 하고 문학을 하는 자 중에서 성현의 글을 읽는 자는 정하고, 과업(科業)이나 사장(詞章)을 하는 자는 추하다. 성현의 글을 읽는 자 중에서 성현의 글을 귀중하게 여기고 그것을 읽는 자는 정하고, 단지 성현의 언어를 많이 알려고만 하는 자는 추하다. 성현의 언어를 읽고 성현의 취지(趣旨)가 어디에 있는지를 깊이 탐구하여 의리의 실체를 추구하는 자도 물론 정하지만 일단 성현의 취지와 의리의 실체를 파악한 뒤에 자신이 몸소 그대로 따라서 행하는 자는 더욱 정하다고 할 것이다. 그대로 따라 행하여 마침내 그가 하는 일이 은현(隱顯)과 대소(大小)를 막론하고 한결같이 성현의 취지와 합치되어 어긋나는 점이 없게 되면, 이것이 바로 성현의 지위에 오르는 것이다.[94]

[2] 부자 사이에는 부자의 이치가 있고 군신 사이에는 군신의 이치가 있으며 부부 사이에는 부부의 이치가 있고 장유 사이에는 장유의 이치가 있으며, 붕우 사이에는 붕우의 이치가 있다. …… 크게는 부자 군신, 작게는 사물의 쇄미한 것에도 이치가 있지 않음이 없으니 이 이치는 사람이 만들 수 있는 것이 아니라 곧 하늘의 이치이다. 사람이 금수와 다른 것은 이 이치를 보존하고 있을 때이며, 사람이 금수와 같은 것은 이 이치를 버렸을 때 그러하다. 군자와 중인이 나누어지는 것도 모두 여기에 있으니 사람으로서 어찌 금수와 같아질 수 있겠는가? …… 우리 당의 군자들이여. 어찌 격물과 궁리로 그것을 알려고 하지 않으며,

94) 조익, 〈道村雜錄〉, 『포저집』 권24, 『한국문집총간』 85, 한국고전번역원, 1988, 428면. "讀書爲文學之中, 讀聖賢之書者爲精, 爲科業詞章者爲粗. 讀聖賢書者, 以聖賢書爲貴而讀之者爲精, 只欲多識聖賢言語者爲粗. 讀聖賢言語, 深究聖賢旨意之所在, 以求義理之實者爲精, 旣究得聖賢旨意義理實體, 而吾身從而爲之者爲尤精, 從而爲之, 至於其所爲隱顯大小一與聖賢所指合而無違, 則乃是聖賢地位也."

어찌 전전긍긍하고 몹시 두려워하여 그것을 보존하지 않을 수 있겠는가? 그것을 알고 그것을 보존하라. 그 요체는 학문에 있으니 학문의 도는 다른 것이 없다. 금수와 더불어 다른 것을 보존할 뿐이다.[95]

[3] 주부자(朱夫子)의 〈백록동학규(白鹿洞學規)〉는 실로 만세를 두고 학문의 준칙이 될 수 있는 것으로, 성현(聖賢)을 배우려면 당연히 띠에다 쓰고 가슴에 새겨 죽도록 잊지 말고 그대로 따라야 한다. 다만 그 말과 구두, 그리고 단락들의 표현과 의미가 너무 예스럽고 요약되어 있어 초학자로서는 이해하기가 쉽지 않고 익히고 외우기에도 어려운 점이 있다. 근간에 정학(正學) 방효유(方孝孺)가 쓴 〈가범사잠(家範四箴)〉을 보았더니, 그것은 학규 가운데 윤서(倫序)의 조목을 근간으로 하되, 말과 내용이 아름답고 간략하면서도 진실하여 사람을 감발시키기에 충분했는데, 아마도 초학자들을 대상으로 한 교재가 아니었던가 싶다. 내가 이것을 읽어보고 좋다고 느껴 그 중에 하나 빠진 부분을 내 뜻대로 만들어 넣어 오잠(五箴)으로 만들었다.[96]

[1]은 16세기 후반에서 17세기 전반을 살았던 포저 조익(1579~1655)

95) 장흥효, 〈贈學者〉, 『경당집』 권1, 『한국문집총간』 69, 한국고전번역원, 1988, 159면. "有父子則有父子之理, 有君臣則有君臣之理, 有夫婦則有夫婦之理, 有長幼則有長幼之理, 有朋友則有朋友之理. …… 大而父子君臣, 小而事物細微, 莫不有理, 斯理也, 非人之所能爲也, 乃天之理也. 人之所以與禽獸異者, 存此理也, 人之所以與禽獸同者, 去此理也, 君子衆人之所以分, 實在於此, 可以人而安其與禽獸同者乎? …… 吾黨君子, 何不格物窮理以知之, 而戰兢惕厲以存之乎? 知之存之, 要在乎學問, 而學問之道無他, 存其與禽獸異者而已."

96) 윤휴, 〈白鹿洞規釋義〉, 『백호집』 32, 『한국문집총간』 123, 한국고전번역원, 1994, 523면. "朱夫子白鹿洞學規, 實萬世問學之準則也. 學聖賢者, 固當書紳著膺, 佩服終身, 而顧其語讀段落, 辭義古約, 在初學有未易遽領會而誦習也. 間得方正學孝孺氏家範四箴, 蓋因學規中倫序之目, 而綴成辭句, 端懿簡諒, 有足感發人者, 豈固以爲蒙授之資也歟? 余讀而喜之, 遂以鄙語, 補其中之缺一者爲五."

의 글이다. 그는 精과 粗의 논리를 통해 자신이 생각하는 온당한 학문의 방법을 기술한다. 그에 따르면 '과업이나 사장에만 힘을 쏟는 자', '성현의 글을 읽기는 읽었으되 단지 지식의 차원에서만 축적하고자 하는 자'들은 후자에 속한다. 그가 생각하기에 바람직한 방향은 성현의 취지와 의리의 실체를 제대로 파악하는 것, 여기에 더하여 파악된 실체를 몸소 體行하는 데에 있다. 지와 행의 완벽한 일치를 통해 '성현의 지위에 오르는 것'이 그가 생각하는 학문의 궁극적 목적인 것이다.

그렇다면 그가 말하는 성현의 취지와 의리의 실체는 구체적으로 어떠한 실천을 통해 담보될 수 있는가? 이에 대한 대답이 [2]에 제시된다. 사람은 크게는 부자·군신·부부·장유·붕우 사이에 깃들어 있는 하늘의 이치, 작게는 쇄미한 미물에도 담겨져 있는 하늘의 이치들을 보존하고 실행할 수 있을 때에 비로소 금수와 다르게 된다. '학문의 목적이 성인이 되는 것에 있고, 성인이 되는 방법이 그들이 남긴 글들을 귀중하게 여기는 데 있으며, 그들이 남긴 글들을 귀중하게 여기는 것이 그것을 몸소 이행하는 데에 있다'면, 결국 문제는 이행의 실질이 무엇인가에 달려 있을 터, 그가 말하는 실질의 정체는 다름아닌 오륜적 질서이다.

이렇게 될 때 학문의 방법은 다른 것이 없다. '금수와 더불어 다른 것', 곧 오륜적 질서의 당위를 인식하고, 그것의 준수를 위한 세칙들을 현실 속에서 실행하는 것뿐이다. 말을 아로새겨 아름답게 꾸미는 것이나 글자 하나하나에 천착하여 문장의 해석에만 치중하는 것은 실천의 문제가 전제되지 않는다는 측면에서 '人道의 실현에 무익한 것'[97]으

97) 박세채, 〈居家要義〉, 『남계집』 권65, 앞의 책, 341면. "蓋其知行之相須, 其本亦在於此, 外此則雖或盡知天地萬物之理, 殆非其所當急也. 況如訓詁詞章之習, 於人道何益哉?"

로 간주된다. 선비가 학문을 하는 진정한 목적을 문장으로 나라의 위상을 드높이는 '문장화국'에 두었던 15세기나,[98] "사장(詞章)은 국가의 중대한 일인데도 근간에 음풍영월(吟風詠月)을 모두들 그르다 하여 이단(異端)이라 지목하므로 문장이 보잘 것 없어지고 경술도 황망(荒莽)해진 것"[99]으로 인식하는 16세기적 상황과는 적지 않은 거리가 가로놓여 있다. '詞章'과 '爲己之學'이 완전히 二分化되고, 양자 가운데 후자의 영역이 보다 높은 수위를 점하게 되는 그러한 상황이 서서히 정착되고 있었던 것이다. 擧業에 매진하는 것이 더 이상 마뜩하게 여겨지지 않게 된 시대에, 擧業의 정당성을 주장하기 위해 '10일은 時文을 학습하고, 20일은 性理之書를 강론하는 데 힘써야 한다.'[100]는 知退堂 李廷馨(1549~1607)의 언급은 당대의 현실 속에서 후자의 당위성이 전자에의 치중을 얼마나 강하게 긴박하고 있는지 잘 보여준다.

이러한 사유 체계 하에서 학문의 시작은 마땅히 오륜적 질서의 당위를 인식하는 데에서부터 시작해야 한다. 윤휴가 〈백록동학규〉의 내용이 너무 예스럽고 요약되어 있기 때문에 초학자들도 이해하기 쉽도록 그것을 풀어헤치는 작업이 필요하다고 생각한 이유도 여기에 있다. 쉽

---

98) 김남이, 「세종대 과거제도에 관한 논쟁과 유교문화 국가의 이상」, 『민족문학사연구』 33, 민족문학사학회, 2007, 153~154면.

99) 『중종실록』 15년(1520) 1월 11일. "詞章, 國家重事. …… 近間吟風詠月者, 皆非之, 指爲異端. 以此文章蕭索, 經術亦爲荒莽." 물론 위의 언급은 기묘사림을 논죄하는 과정에서 제기된 훈구 관료의 발언이지만, 그렇다 하더라도 '詞章'과 '理學'을 공존할 수 없는 것으로 인식했던 사림파 문인들의 사유가 당시로서는 절대적인 공감을 획득하지 못하고 있었다는 사실 자체는 부정할 수 없을 것이다.

100) 이정형, 〈示漍潚〉, 『지퇴당집』 권4, 『한국문집총간』 58, 한국고전번역원, 1988, 56면. "然生今之世, 夫豈必廢擧業而後爲學哉? 朱夫子嘗語學者曰, 一月之內, 十日習時文, 餘日講學, 則不患妨工也. 然則大賢門下, 亦不使學者全不做科業也, 第不要奪志於彼耳. 汝輩近學性理之書, 似有知其可好者, 予甚喜焉."

고 간단해야 지식의 주입과 이를 통한 실천 역시 그만큼 용이해질 것이기 때문이다. 이에 그는 부자·부부·형제·붕우의 항목을 노래한 방효유의 〈四箴〉에 군신의 조항을 새로 지어 오륜의 형태를 완성한다.[101] 초학자들을 위한 교육의 덕목을 '오륜' 개념의 명료한 인식에서부터 시작하고 있는 것이다.

물론 이와 같은 모습은 16세기 사림파 문인들이 그리고자 했던 궁극적인 학문의 지형과 크게 다르지 않다. 그들 역시 실천을 전제로 한 지식의 추구를 주장했으며, 거꾸로 축적된 지식을 실천으로 이행하기 위한 다양한 경로들을 마련하고자 했다. 그것에 부여된 정치적 해석들을 제거한다면 개인적 수기의 정도를 기준으로 국가의 관료를 선발하고자 했던 '賢良科'는 이와 관련된 대표적 사례이다. 다만 이와 같은 16세기적 상황이 17세기와 비교하여 구별되는 지점은 이러한 사유를 평가하고 수용하는 사람들의 인식이 사뭇 달라졌다는 데에 있다. 남아 있는 문집의 양에 있어 적지 않은 차이가 존재하기에 단정짓기는 어렵겠지만, 적어도 이에 대한 긍정적 인식의 '밀도'는 17세기가 훨씬 높을 것이라 짐작된다.

앞장에서 살펴본 바와 같이 사림파 문인들의 주장이 그들의 정치적 부상과 더불어 의미 있는 비중으로 제기되었을 때 어떤 이들에게는 새롭고 참신한 것으로 인식되기도 했지만, 또 다른 어떤 이들에게는 상

101) 윤휴, 〈白鹿洞規釋義〉, 『백호집』 권29, 『한국문집총간』 123, 한국고전번역원, 1988, 523면. "朱夫子白鹿洞學規, 實萬世問學之準則也. 學聖賢者, 固當書紳著膺, 佩服終身, 而顧其語讀段落, 辭義古約, 在初學有未易遽領會而誦習也. 間得方正學孝孺氏家範四箴, 蓋因學規中倫序之目, 而綴成辭句, 端懿簡諒, 有足感發人者, 豈固以爲蒙授之資也歟? 余讀而喜之, 遂以鄙語, 補其中之缺一者爲五. 而又繼之以學規五事, 統論一道, 略倣義例, 編成韻語并疏其所出, 以授家間兒輩, 庶幾程子所謂古詩難曉, 欲以今人語, 別爲歌詩, 使兒輩朝夕歌之."

당히 위험하고 부적당한 것으로, 따라서 배척해야 할 것으로 인식되기도 했다.[102] 하지만 지성적 전환은 결국 어떤 사람이 다른 사람들에게 여러 가지 유용한 선택지들 가운데 하나의 가능성이 다른 것보다 더 좋다는 점을 설득시킴으로써 일어나게 된다.[103] 뿐만 아니라 그러한 설득에 공감하는 사람들이 그렇지 않은 사람들보다 다수가 될 때, 이는 '담론'의 형태로 많은 사람들의 사유를 규정하게 된다. 필자는 이러한 모습들이 17세기에 들어와서야 어느 정도 갖추어진다고 생각는데, 거칠게 요약하자면 '爲己之學'으로 명명되는 성리학적 학풍은 16세기의 경우 '새로운 것'이었으되, 17세기의 경우는 '당위적인 것'으로 인식되고 있었다는 것이다. 17세기에 작성된 행장 속에서 다음과 같은 전형적 인물들이 자주 보이는 것도 이와 무관하지 않다.

> [1] 외왕모 박씨가 문득 擧業을 권하면서 말씀하시기를, "원컨대 네가 입신양명하는 모습을 보고 싶구나." 이에 선생은 공부에 힘써 과거에 응시하여 합격하고서는 탄식하며 말하기를, "擧子가 머리를 조아리며 문장을 짓는 것은 과거를 담당하는 관리의 눈을 기쁘게 하여 합격하기를 구해서이니 이는 동냥하는 아이의 행태와 다를 게 없다. 내 그것

---

102) 『중종실록』 15년(1520) 1월 4일. "정언 조진이 아뢰기를, "근일의 일이 기구(崎嶇)하고 궤이(詭異)하여 인심이 올바르지 못한 듯합니다. 입사자(入仕者)로서 품계도 없는 사람이 갑자기 6품에 이르렀는데도 저들은 '사람은 모두 요순(堯舜)이 될 수 있다.'고 하니, 학자들이 한갓 이름만 숭상할 뿐 학문하지 않고 제술(製述)하지도 않으면서, '나는 『소학(小學)』의 도를 행할 수 있다.'고 합니다. 그러나 근본(根本)을 몰랐기 때문에 학교의 정사는 이로부터 폐하여졌습니다."(正言趙珍曰: "近日之事, 崎嶇詭異, 故人心不正. 入仕者, 雖無階之人, 率至六品, 以爲人皆可以爲堯舜, 故爲學者, 徒尙其名, 不學問・不製述曰: '我能爲『小學』之道', 而不知根本, 學校之政, 自此而廢.")

103) 피터 K. 볼 지음, 심의용 옮김, 『중국 지식인들과 정체성: 사문(斯文)을 통해 본 당송 시대 지성사의 대변화』, 북스토리, 2008, 28면.

이 부끄럽도다. 차라리 경서를 숙독하여 자리에 올라 장쾌하게 읊는다면 有司가 어찌 자기 마음대로 하겠는가?"라고 하고서는, 문을 닫고 힘써 읽더니 이윽고 말하기를, "이것은 과거에나 사용하는 하찮은 학문이다."라고 하고서는 즉시 그것을 버렸다.[104)]

[2] 國制에 처음으로 시험에 응시하는 자는 반드시 먼저 『소학』을 읽어야 한다는 조항이 있었다. 선생이 이 책을 읽고 깨닫는 바가 있어 말하기를, "이 책은 선비가 학문을 하는 데 있어 가장 우선해야 하는 것이니 어찌 擧業에 힘쓸 수 있겠는가?" 이후 아버지의 명으로 생원시에 합격하였으니, 이는 자신의 뜻이 아니었다.[105)]

[3] 처사는 어릴 적부터 거업에 힘쓰지 않았고, 일찍이 『소학』과 『가례』, 그리고 『사서』를 읽되 반복하여 읽으면서도 그치지 않았다. 그가 말하기를, "마음을 다잡고 스스로 행동하는 방도가 모두 여기에 있으니 다른 책들을 볼 필요가 있겠는가?"[106)]

[1]은 포옹 정양(1600~1668)에 대한 행장 가운데 일부이다. 외조모의 권유로 과거에 응시하게 된 그는 합격에도 불구하고 과거 자체에 대단히 냉소적인 태도를 보인다. 그가 생각하기에 作文 능력을 통해

104) 정해기, 〈行狀〉, 『포옹집』 권8, 『한국문집총간』 101, 한국고전번역원, 1988, 464면. "外王母朴氏, 輒勸以擧業曰, "願見汝立身揚名." 先生黽勉應擧中試, 喟然曰, "擧子俯首作文, 以苟悅有司之目而求一得, 是乞兒態也. 吾竊恥之, 寧熟讀經書, 升席快誦, 則有司何能操縱?" 遂閉門攻習, 已而曰, "此亦功令之學也." 卽去之."

105) 이익, 〈墓碣銘〉, 『우담집』 권13, 『한국문집총간』 권12, 한국고전번역원, 1994, 437면. "國制始赴試者, 必先講小學, 先生讀是書, 憬然曰, "此士學最初功程, 安用擧業爲哉?" 後因親命, 中生員試, 非其志也."

106) 윤증, 〈通德郎邊君墓表〉, 『명재유고』 권35, 『한국문집총간』 136, 한국고전번역원, 1994, 229면. "處士自少, 不肄擧業, 嘗讀『小學』·『家禮』·及『四書』, 循環不輟曰, "處心行己之方, 皆具於是, 何必博觀?""

사람을 선발하는 당대의 과거제도는 '동냥하는 아이의 행태'와 다를 게 없다. 이에 '경서를 숙독하여 자리에 올라 장쾌하게 읊는' 일종의 經術을 대안으로 생각하지만 이 역시 '과거에나 사용하는 하찮은 학문[功令之學]'이라는 이유로 폐기하고야 만다. 상기한 구절의 바로 뒷부분에 제시된 내용을 참고할 때, 결국 그가 선택한 길은 '爲己之學'으로 명명되는 성리학으로의 傾倒였다.[107)]

[2]의 대상인 정시한(1625~1707)의 사례 역시 마찬가지이다. 應擧의 자격을 취득하기 위해 『소학』을 접한 그는 이 책을 읽은 이후로 擧業에의 의지를 단념한다. 『소학』이 지닌 어떠한 면으로 인해 이러한 결정을 내렸는지에 대해서는 제시되어 있지 않지만, 짐작컨대 지식의 실천을 통해 성인의 경지에 다다를 수 있다는 타인의 사례들과 크게 다르지 않을 것이라 생각된다. 處士 邊某에 대한 묘표인 [3]에서 윤증이 주목하는 그의 特長도 어릴 적부터 거업에 힘쓰지 않았다는 것, 그리고 『소학』, 『가례』, 『사서』 등 성리학을 공부하기 위한 기본서들 이외에 다른 일체의 서적들을 보지 않았다는 것이다. 그가 말한, '마음을 다잡고 스스로 행동하는 방도'가 지식과 실천의 연계를 필수적으로 요청하는 '爲己之學'을 의미함은 물론이다.

17세기 문인들의 행장 속에서 이와 같은 사례들은 지속적으로 반복된다. 특히 과거를 통해 입신한 경우가 아닌 일반적인 사족들의 경우에는 학문에 진력하기 위해 擧業을 폐했다는 소시적의 에피소드들이 대부분 기록되어 있다. 실제의 여부야 확인할 길이 없지만, 죽은 이를 위한 기록 속에 시대가 요구하는 바람직한 인간상이 묘파되어 있음을 상기하면 이러한 면모들은 그 시대의 유자들에게 공유되고 있던 '모범

107) 정해기, 〈行狀〉, 『포옹집』 권8, 앞의 책, 같은 면. "乃請業于沙溪金先生長生之門, 盡得爲己之要."

적인' 지식인의 像이 개인의 이름을 빌어 구체화된 것이라 할 수 있다. 당연하게도 이러한 분위기 속에서 오륜 개념은 학문적 연찬의 대상이자 개인적 수신의 방편으로 조명되기에 이른다.

> [1] 도는 고원하여 행하기 어려운 것이 아니니, 그것은 일상의 평범하고 지극히 가까운 것에 있다. 사람이 내가 부여받은 이치로부터 조금이라도 끊어짐이 없고 조금이라도 부족함이 없으며 넘치거나 모자라게 하지만 않으면 도는 바로 여기에 있다. 부자의 친, 군신의 의, 부부의 별, 장유의 서, 붕우의 신은 모두 자연의 이치를 따라 그 도를 다한 것으로 큰 일이든 작은 일이든 천리로부터 말미암지 않은 것이 없으니 이것이 바로 도이다.108)

> [2] 도 밖에 물이 없고 물 밖에 도가 없으니 천지 사이에 가는 곳마다 도가 아닌 것이 없다. 부자 사이로 나아가면 부자 사이에는 친한 바가 있고, 군신 사이로 나아가면 군신 사이에는 장엄한 바가 있으며, 부부·장유·붕우 사이에 이르러서도 하는 것마다 도가 아닌 것이 없으니, 이것이 도가 잠깐이라도 떨어질 수 없는 까닭이다.109)

[3] 宇宙盈虛內　　盈虛하는 우주 속에
人生食與衣　　사람이 태어나 먹고 입으나

108) 노경임, 〈道說〉, 『경암집』 권3, 앞의 책, 43면. "道非是高遠難行底, 儘在日用尋常至近處, 人只能由吾所賦之理, 而無小間斷, 無小欠缺, 無過不及則道便在此. 如父子親, 君臣義, 夫婦別, 長幼序, 朋友信, 皆循其自然之理而盡其道者也. 以至大事小事莫不由天理, 便是道."

109) 선우협, 〈道不遠人〉, 『둔암집』 권1, 『한국문집총간』 93, 한국고전번역원, 1988, 12면. "道之外無物, 物之外無道, 是天地之間無適而非道也. 卽父子而父子在所親, 卽君臣而君臣在所嚴, 以至爲夫婦爲長幼爲朋友, 無所爲而非道, 此道所以不可須臾離也."

五倫如不盡	만일 오륜을 다하지 않는다면
禽獸是同歸	금수와 더불어 같은 데로 돌아가리라.
…(중략)…	
此外無他道	이것[필자주: 오륜] 외에는 다른 도가 없으니
丁寧念在玆	간곡히 이를 유념하라
嘗聞古人語	일찍이 고인들의 말씀 들어보니
作聖是根基	성인이 되는 데에는 이것이 기본이라네.[110]

[4] 이 책은 이미 죽은 나의 친구 민태수가 엮은 것이다. 태수가 일찍이 말하기를, "내가 일찍이 오륜의 덕목을 가지고 각각 한 편의 시를 모아 그 일을 읊고서는 그 사이에다가 후인들의 일과 말을 덧붙였다. 그리하여 장차 어린아이들로 하여금 아침저녁으로 보고 완상하며 풍영하게끔 하였으니, 그대가 나를 위해 한 통을 베껴주지 않겠나?" …… 태수가 이 책을 엮은 뜻을 생각해 보니, 사람의 大倫은 이 다섯 가지에 지나지 않을 뿐인지라 만일 그것이 밝혀지지 않아 무너지게 된다면 사람이 금수가 되고 중국이 이적이 되고 말 것이다. 반드시 시를 위주로 하는 까닭은 주자의 가르침과 같이, 시를 읊조리고 음조가 오르내리는 사이에 사람을 감동시키는 것이 쉽게 들어가게 되어 선을 좋아하고 악을 싫어하는 마음이 흥기되어서가 아니겠는가?[111]

먼저 [1]을 살펴보도록 하자. 노경임은 '道'라는 기표에 담긴 형이상

---

110) 안방준, 〈五倫歌〉, 『은봉전서』 권1, 『한국문집총간』 80, 한국고전번역원, 1988, 332면.

111) 송시열, 〈書閔台叟所編五倫詩後〉, 『송자대전』 권147, 『한국문집총간』 113, 한국고전번역원, 1988, 163면. "右亡友閔台叟所編也. 台叟嘗謂曰, "吾嘗以五倫之目, 各采一詩以詠其事, 而間附以後人事言, 將使幼稚朝夕觀玩而諷誦焉, 子盍爲我寫爲一通乎?" …… 仍念台叟編此之意, 以爲人之大倫, 不過是五者而已. 苟或不明而斁焉, 則是人類而禽獸矣, 中國而夷狄矣. 然必以詩爲主者, 豈非以諷詠抑揚之間, 其感人易以入, 而興起其好善惡惡之心, 如朱子之訓也耶?"

학적 성격들을 배격한다. 사실 '도'라는 것은 형체가 없기 때문에 비가시적이며, 따라서 지식적 차원에서 도를 정의하는 것은 상당히 난해하다. 사람들이 도에 대해 '고원하여 행하기 어렵다.'고 생각하는 것도 그 때문이다. 과연 무엇을 할 때 도는 실천되는 것인가? 도의 실체를 믿지 못하는 사람들에게 이것을 강변하기 위해서는 쉽고 간단한 이론적 근거가 마련되어야 한다. 주자학자들이 도의 비가시성을 극복하기 위해 가시적인 사물과 행위를 중시하는 이유도 여기에 있다. 요컨대 세상의 모든 만물에 깃들어 있는 도는 그들이 의도하는 적절한 방향으로 이행될 때 비로소 실천'되고 있는 것'으로 확인 가능하다는 것이다.[112]

노경임 역시 이러한 논리를 빌려온다. 그는 도의 실체가 일상의 평범하고 지극히 가까운 것에 있다고 함으로써 일상 속에서 지켜야 할 마땅한 준칙들을 준수하기만 하면 그것이 곧 도를 실현하는 것이라 간주한다. 이렇게 될 때 도에 대한 학문적 탐색은 상기한 준칙들과 그것의 이행 여부에 지나지 않는다. '부자의 親, 군신의 義, 부부의 別, 장유의 序, 붕우의 信은 自然의 이치를 따라 그 도를 다한 것'이기 때문에 이러한 덕목들의 당위성에 공감하고 이를 완성하기 위한 일련의 세칙들을 이행하는 것은 동시에 하늘로부터 품부받은 '性'을 다하는 것[率性]이며, 나아가 하늘의 명을 다하는 것[天命]으로 확장된다. 개인적 수기의 완성과 인륜적 질서의 준수가 우주적 조화에의 참여와 동일시되는 성리학적 사유가 이 시기 들어서는 보편적이고 일반적인 사항으로 주지되고 있었던 것이다. 이러한 사유 체계 하에서 보다 많은 사람들은 도의 실천을 자임하는 주체로 호명될 수 있다.

선우협(1588~1653)이 남긴 [2]번 자료가 의미하는 것도 유사한 맥

112) 오하마 아키라, 앞의 책, 368~373면.

락에서이다. '도 밖에 물이 없고 물 밖에 도가 없다.'는 것은 철학적 측면에서 여러 가지 해석이 가능하겠지만, 필자가 생각하기에는 '도'라는 것이 이론적 탐색만으로 달성될 수 있는 것이 아니라 현실의 구체적 사물과 사례들을 통해 직접적으로 적용·실천되어야만 한다는 의미로 읽힌다. 따라서 부자 사이의 親, 군신 사이의 嚴과 같이 현실의 인간관계 사이에서 있어야만 하는 마땅한 조항들을 준수하게 되면 이것이 곧 도의 완성으로 간주되는 것이다. '도는 물과 잠깐이라도 떨어질 수 없다.'라는 마지막 문장 역시 이를 의미한다. 보이지는 않지만 현실의 모든 일들에 도가 깃들어 있기 때문에, 현실에서 발생하는 제반적인 사례들에서 지켜야 할 준칙들을 준수하는 것은 도를 실현하는 것과 同格이 되는 것이다.

[3]은 안방준이 남긴 〈오륜가〉의 처음과 마지막 작품으로, 부기된 기록으로 보아 특정한 대상을 염두에 두고 지은 것 같지는 않다.[113] 시의 특성상 상세한 준칙들을 제시하는 대신 '禽獸是同歸'·'丁寧' 등과 같은 짧고 강렬한 시어들을 통해 자신의 메시지를 전달하고 있다. 여기서 '오륜 이외에 다른 도가 없다.'는 것은 오륜의 덕목들을 준수하는 것이 곧 도를 실천하는 일임을 의미한다. '도는 지극히 가까우며 구체적인 일상생활에서 구해야 한다.'[114]는 [1]·[2]의 주지와 다르지 않다. 오륜의 준수와 성인에의 도달 가능성을 논한 마지막 구절 역시 주목된다.

[4]는 민여로(1598~1671)가 남긴 『五倫詩』에 대해 송시열이 지은 발문의 일부이다. 책이 남아 있지 않아서 그 실체를 확인할 수는 없지

113) 서봉령, 〈遺事〉, 『은봉전서』 附錄 下, 앞의 책, 533면. "又於竹樹儒士家, 得自菴千字筆跡, 模出其百六十字, 作五倫詩一篇, 刊行于世."

114) 오하마 아키라, 앞의 책, 385~386면.

만 윗글을 통해 짐작해 보건대 그는 오륜의 덕목에 해당하는 시들과 기타의 사례들을 모아 한 권의 책으로 엮은 듯하다. 어린 아이들에 대한 교육의 목적으로 편찬된 이 책이 주목되는 지점은 오륜 개념의 당위성을 설파하는 기초적 서적들이 산재해 있음에도 불구하고 그것을 시의 형태로 새롭게 재구성했다는 데에 있다. 요컨대 오륜 개념의 숙지와 이를 토대로 한 일련의 실천들이 학문의 궁극적 목적이자 기초적 방법으로 인지되면서 그것을 좀 더 용이하게 주입시키기 위한 여러 장치들이 모색·강구되고 있었다는 것이다. 그렇다면 상기한 기록들에서 유사한 언명들이 지속적으로 제기되는 것은 어떠한 이유에서인가?

기실 오륜적 질서의 준수를 통해 '天·性·道·敎'와 같은 지고의 가치들을 구현할 수 있다고 믿는 것은 성리학이 구상한 하나의 상징 체계이다. 그런데 인간은 이러한 상징을 단순히 자신의 이익을 위해 도구적으로만 사용하는 존재는 아니다. 인간은 어떠한 대상에 나름의 의미가 부여되었을 때 경제적이거나 단순한 쾌락의 원칙에 맞추어 계산될 수 있는 類의 이해관계를 넘어서는 존재라는 것이다.[115] 성리학이 제시하는 사유의 편린들이 자신이 생각하기에 따라서 의미있다고 여겨질 경우, 다시 말해 그것이 추구되어야 할 가치가 있다고 판단될 경우, 상기한 성리학적 인간형들과 같이 사회적 공명의 성취를 위한 일련의 수단들을 과감히 포기할 수도 있다. "성인은 배워서 도달할 수 있다."라는 표어 아래에서 셀 수 없이 많은 성인을 향한 지원자가 배출되고 밤낮으로 이를 위해 노력했던[116] 정황은 현실에서의 경제적 득실이나 권력의 선점과 같은 객관적 요인들만으로는 온전히 설명되기 어

115) 김영민, 「철학의 역사와 의미의 역사, 성리학자와 연암 박지원」, 『한국학논집』 43, 계명대학교 한국학연구소, 2011, 153~154면.

116) 고지마 쓰요시, 앞의 책, 202면.

렵다. 요컨대 도의 구현이라는 비가시적 상징은 실제로 인간의 삶을 구성하는 힘이 있으며, 인간은 그 상징을 자신의 정체성으로 받아들인 나머지, 그 상징과 자신을 일치시키기 위해 자발적으로 노력하게 된다는 것이다.[117] 필자는 16세기 사림파 문인들에 의해 傳導된 위와 같은 상징들이 17세기 들어와 보다 많은 사람들이 공감하게 되고, 이에 대한 결과 오륜 개념이 학문의 궁극적 목적이자 개인적 수신을 위한 기본적인 방편으로 활발히 轉用되고 있었다고 생각한다. 그렇다면 본 절에서 살펴본 이와 같은 담론적 정황들은 오륜시가의 전개 양상과 어떠한 관계를 갖는가? 구체적인 작품을 통해 이를 확인해 보자.

2. 시조 〈오륜가〉의 세계상과 그 의미

2.1. 종법적 질서의 준수와 門中 자제들의 訓導: 김상용, 〈오륜가〉

김상용의 〈오륜가〉에서 쟁점이 되는 사항은 첫째, 그것이 과연 누구를 대상으로 창작되었는가의 문제와 둘째, 그러한 사실이 오륜시가의 사적 전개에서 어떠한 의미를 갖는가의 문제이다. 첫 번째 문제와 관련해서는 기존 논의를 통해 어느 정도 밝혀진 바 있지만, 구체적인 근거를 토대로 확정된 것이 아니라 김상용 개인의 내력을 통해 추정된 결과라는 점에서 좀 더 보완해야 할 측면이 있을 듯하다. 두 번째 문제의 경우 오륜시가史의 문제와 연동되어 있는 것으로, 17세기 오륜시조 작품들이 16세기의 그것과 변별되는 지점을 포착하는 것이 관건일 터다.

재래의 성과들에서 김상용의 〈오륜가〉는 그의 지방관 시절에 일반

117) 김영민(2011), 앞의 논문, 153~154면.

백성들을 대상으로 지은 것이라는 견해[118]와 향촌사회의 재지사족들을 대상으로 지은 것[119]이라는 견해로 이분되어 있다. 조태흠은 그가 임란 때 정철의 종사관을 역임했다는 사실에 주목하여 그가 당시의 기회를 통해 정철의 〈훈민가〉를 접했고, 이러한 경험이 훗날 〈오륜가〉를 창작하는 데에 상당한 영향을 미쳤을 것으로 추정하였다. 아울러 그의 한시 작품 중 〈山居幽興〉과 같은 작품들이 자신의 수양과 백성들에 대한 교화의 의지 등의 내용도 일정 정도 포함하고 있는 것으로 보아 지방관 시절에 일반 백성을 대상으로 지었을 것이라 추정하였다.[120]

이에 반해, 김용철은 그의 작품이 박인로의 〈오륜가〉와 내용이나 표현 수법이 비슷한 점을 고려하여 재지사족의 훈민시조와 동일 선상에 위치시키고, 작품의 창작 목적을 오륜이라는 지배 이데올로기를 통해 재지사족을 결집시켜 임란의 피해를 입은 향촌사회를 安集시키려는 목적이 깔려 있다고 주장하였다. 특히 그가 남긴 〈훈계자손가〉가 제목이 표방하는 바와 같이 집안의 자제들을 대상으로 지어졌기 때문에 〈오륜가〉의 경우 향촌사회의 재지사족들을 대상으로 삼았을 것이라는 논리적인 추정이 주된 논거로 활용되었다. 그러나 본 작품과 관련하여 남아 있는 자료들은 이것이 〈훈계자손가〉와 더불어 집안의 자제들을 대상으로 지어졌음을 분명히 말해주고 있다. 먼저 아래의 기록

118) 조태흠(1989), 앞의 논문, 35면.

119) 김용철, 앞의 논문, 59~71면.

120) 이러한 견해는 최근 제출된 김진영의 논의에서도 거의 그대로 반복된다. 해당 구절을 옮겨보면 다음과 같다. "하지만 이 작품의 창작 동기는 밝혀져 있지 않아 명확히 알 수는 없으나, 그가 정철의 종사관으로 일하면서 〈훈민가〉를 접했던 것으로 추정할 수 있으며, 그의 한시 중 〈山居幽興〉의 작품을 통해 자신의 수양은 물론 백성의 교화에도 의지가 있었던 것으로 추측할 수 있다." 김진영, 「17세기 사대부 시조 연구: 강호 시조와 훈민 시조를 중심으로」, 영남대학교 석사학위논문, 2009, 66면.

들에 주목해 보자.

> [1] 자녀들을 가르치되 모든 일을 정해진 법칙에 따랐으며 부화하고 사치한 풍습을 심히 경계하였다. 〈오륜가〉를 지어 詠誦케 함으로써 마음을 깨우쳐 주었다.[121)]

> [2] 세속의 풍습이 사치스럽고 법도가 없어, 선조를 제사지낼 때 화려하기만 하고 예를 갖추지 않는 것이 선왕이 예를 제정한 뜻이 아님을 근심하여 祭式을 지어 자손들을 가르쳤다. 평소에 거처할 때, 화려한 의복은 입지 않았고, 식사할 때에는 항상 盛饌을 진설하지 않았다. …… 만년에 〈오륜가〉를 언문으로 지어 婦孺들로 하여금 쉽게 깨닫게 하였으니 후인을 바른 길로 인도하는 데 자못 도움되는 바가 많았다.[122)]

> [3] 문충공은 평소 집에서 생활할 적에 자손들에게 효제(孝悌)의 도리를 가르쳤는데, 일찍이 〈오륜가(五倫歌)〉를 지어 매일 노래하게 하였다. 덕산공은 천성이 더욱 효에 독실하여 부모를 섬김에 있어 지극히 유순하였다. 부친인 참판공의 병이 깊어졌을 때에는 수개월 동안 옷을 벗지 않고 간호하며 약은 반드시 먼저 맛을 보았으며, 상을 당해서는 슬픔으로 몸이 수척해져 몸이 거의 온전하지 않았다.[123)]

---

121) 김상헌, 〈有明朝鮮國忠臣大匡輔國崇祿大夫 議政府右議政兼領經筵事監春秋館事仙源先生金公神道碑銘〉, 『선원유고』, 『한국문집총간』 65, 한국고전번역원, 1988, 112면. "教飭子女, 一循軌則, 深戒浮華奢靡之習, 作五倫歌, 常令諷誦而喻於心."

122) 신익성, 〈右議政金公諡狀〉, 『낙전당집』 권14, 『한국문집총간』 93, 한국고전번역원, 1988, 392면. "患世俗侈靡無度, 至於享先, 以美沒禮, 非先王制禮之意, 著祭式以訓子孫. 燕居不御采服, 常食不設盛饌, 取古人勢不可倚盡, 福不可享盡等語, 書諸座右以寓戒. 晚年作五倫歌以諺譯, 令婦孺易曉, 而頗有益於啓迪焉."

123) 김창협, 〈德山縣監金公墓誌銘〉, 『농암집』 권27, 『한국문집총간』 162, 한국고전번역원, 1996, 240면. "文忠公居家以孝悌訓子孫, 嘗作五倫歌, 日使歌之. 而公天

[4] 공의 증조부인 선원 문충공께서는 일찍이 〈오륜가〉를 지어 날마다 아손들에게 노래부르게 함으로써 하늘로부터 품부받은 선한 마음을 감발시켰다.[124)]

[5] 일찍이 오륜가를 지어 집안사람들로 하여금 익히게 하였다.[125)]

김상용의 〈오륜가〉와 관련하여 후대에 전해진 기록들이다. 특히 [1]의 기록은 김상용의 동생인 김상헌이 직접 작성한 것이라 상기한 내용을 그대로 준신하더라도 무방할 듯하다. 주지하듯 〈오륜가〉와 같이 목적성이 뚜렷한 작품들은 작품 수용의 구체적인 대상자들을 지정해 놓기 마련인데, 상기한 자료들이 한결같이 증언하고 있는 바는 본 작품의 주요 대상으로 상정된 이들이 모두 '집안의 자제들'이라는 사실이다. 다시 말해 그의 작품은 향촌사회의 재지사족이나 일반 백성들을 대상으로 지어진 것이 아니라 철저히 집안의 자제들만을 한정해 놓고 창작되었다는 것이다. 이러한 사실은 비단 위의 기록들뿐만 아니라 다른 사례를 통해서도 확인 가능한데, 김영한이 소장하고 있는『訓戒辭』라는 題名의 가집에는 김상용의 〈오륜가〉와 〈훈계자손가〉가 전체 작품의 한역시와 함께 고스란히 들어가 있다. 후대의 필사본이라 그것이 김상용 본인의 의도와 동일하다고 가정하는 것은 다소 위험하지만 이 가집의 말미에 '두길아 이걸 본바드라.'는 필사자의 附記가 보이는바, 이를 통해 짐작해 볼 때 본 작품은 주로 집안의 자제들을 대상으로 향

性尤篤於孝, 事父母極其婉順, 參判公疾篤, 公數月不解衣, 藥必先嘗."

124) 김진규, 〈孝子安東金公墓表〉,『죽천집』권32,『한국문집총간』174, 한국고전번역원, 1996, 497면. "公王父仙源文忠公嘗作五倫歌, 日使兒孫歌之, 感發其秉彝之良心."

125) 김매순, 〈旁傳○仙源文忠公〉,『대산집』권14,『한국문집총간』294, 한국고전번역원, 2002, 543면. "嘗作五倫歌, 令家人肄之."

유되었던 것이다. 이러한 사실을 염두에 두고 아래 작품들을 살펴보도록 하자.

[1] 어버이 子息(ᄌᆞ식) ᄉᆞ이 하늘 삼긴 至親(지친)이라
父母(부모)곳 아니면 이 몸이 이실소냐
烏鳥(오됴)도 反哺(반포)를 ᄒᆞ니 父母孝道(부모효도)ᄒᆞ여라.
【오륜가, 1수】

[2] 님군을 셤기오ᄃᆡ 正(졍)ᄒᆞᆫ 길노 引導(인도)ᄒᆞ야
鞠躬盡瘁(국궁진췌)ᄒᆞ야 죽은 後(후)의 마라ᄉᆞ라
가다가 不合(불합)곳 ᄒᆞ면 믈너간들 엇더리. 【오륜가, 2수】

[3] 夫婦(부부)라 ᄒᆡ온 거시 ᄂᆞᆷ으로 되여 이셔
如鼓瑟琴(여고슬금)ᄒᆞ면 긔 아니 즐거오냐
그러코 恭敬(공경)곳 아니면 即同禽獸(즉동금슈)ᄒᆞ리라. 【오륜가, 3수】

[4] 兄弟(형뎨) 두 몸이나 一氣(일긔)로 ᄂᆞᆫ화시니
人間(인간)의 貴(귀)ᄒᆞᆫ 거시 이 外(외)예 ᄯᅩ 잇ᄂᆞᆫ가
갑 주고 못 어들 거ᄉᆞᆫ 이ᄲᅮᆫ인가 ᄒᆞ노라. 【오륜가, 4수】

[5] 벗을 사괴오ᄃᆡ 처음의 삼가ᄒᆞ야
날도곤 나으 니로 ᄀᆞᆯᄒᆡ여 사괴여라
終始(죵시)허 信義(신의)를 ᄃᆡ희여 久而敬之(구이경지)ᄒᆞ여라.
【오륜가, 5수】

김상용의 〈오륜가〉가 집안에서 所用된 것과 관련하여 주목되는 지점은 '장유'의 항목 대신 '형제'의 항목이 들어가 있다는 것이다. 물론

'장유'와 '형제'가 부자유친·군신유의·부부유별·붕우유신 등 다른 네 개를 제외한 하나의 항목 안에서 자연스레 혼용되며, 앞서 송순·주세붕·정철의 작품에서도 형제 간의 우애를 강조한 작품들이 편입되어 있다는 점에서 이와 같은 사실은 대수롭지 않게 보일 수도 있다. 다만 장유의 항목이 절실하게 요구되는 공간이 가문과 같은 혈연 집단보다는 향촌이라는 보다 넓은 범위의 영역이라는 점에서 본 작품이 지닌 이러한 측면은 주목할 만하다. 요컨대 오륜 개념을 철저히 가문 내의 문제들로 귀속시키고 있다는 것이다. 이러한 점은 그의 또 다른 작품인 〈훈계자손가〉에 좀 더 선명하게 드러난다.

[1] 사ᄅᆞᆷ이 되여 이셔 용ᄒᆞᆫ 길로 ᄃᆞᆫ녀ᄉᆞ라
言忠信(언튱신) 行篤敬(힝독경)을 念慮(념녀)의 닛디 마라
내 몸이 용티곳 아니면 洞內(동ᄂᆡ)엔들 ᄃᆞᆫ니랴. 【훈계자손가, 3수】

[2] ᄂᆞᆷ과 ᄡᅡ홈 마라 ᄡᅡ홈이 害(해) 만흐뇨
크면 官訟(관숑)이오 젹으면 羞辱(슈욕)이라
무ᄉᆞ 일 내 몸을 그ᄅᆞᆺ ᄃᆞᆫ녀 父母羞辱(부모슈욕) 먹이리. 【훈계자손가, 5수】

[3] 慾心(욕심)난다 ᄒᆞ고 못ᄡᅳᆯ 일 ᄒᆞ디 마라
나ᄂᆞᆫ 니저셔도 ᄂᆞᆷ이 樣子(양ᄌᆞ) 보ᄂᆞ니라
ᄒᆞᆫ번을 惡名(악명)을 어드면 어ᄂᆞ 믈노 시ᄉᆞ리. 【훈계자손가, 8수】

〈훈계자손가〉의 3·5·8번째 작품이다. 언뜻 보아도 눈에 띄는 지점은 앞의 〈오륜가〉가 보이지 않는 시적 화자와 그 대상만으로 이루어져 있음에 비해, 상기한 작품에서는 가문 구성원 이외의 사람들이

등장하고 있다는 것이다. 위 작품의 시적 공간은 개인의 범위를 벗어나 '洞內'라는 향촌사회로 확장되어 있다. '내 몸이 용티곳 아니면 洞內(동ᄂᆡ)옌들 ᄃᆞᆺ니라', 'ᄂᆞᆷ과 빠홈 마라', 'ᄂᆞᆷ이 揉子(양ᄌᆞ) 보ᄂᆞ니라' 등의 구절은 나의 개인적 행위가 일정한 공간 안의 사람들과 어떤 식으로든 연계되어 있음을 전제한다. 이렇게 될 때 상기한 작품들에서 금기시하고 있는 행위들은 비단 나 개인의 문제로만 그치지 않는다. '父母羞辱'이라는 시어가 함축하듯 그것은 '가문'이라는 좀 더 넓은 범위의 문제로 이전되는 것이다.

그런데 유심히 살펴보면 두 작품의 전반적 어조가 동일한 명령형임에도 불구하고 양자는 '~해야 한다'는 것과 '~하지 말아야 한다'는 것으로 뚜렷이 이분되어 있다. 당연하게도 오륜 개념의 경우, 마땅히 지켜야 할 당위적 준칙이기 때문에 5편 모두 각 편이 표방하는 덕목들을 '준수해야 한다'고 강변한다. 그러나 〈훈계자손가〉는 상기한 작품 이외에도 'ᄂᆞᆷ의 말 니ᄅᆞ디 말고(2수)', 'ᄒᆞᆫ 번을 失言(실언)ᄒᆞ면(4수)', '뉘우처 다시 마라(6수)', '貧賤(빈쳔)을 슬허 말고 富貴(부귀)를 불워 마라(7수)' 등 작품의 대부분이 '하지 말아야 할 것들'에 집중되어 있다. 이는 아마도 오륜의 문제를 통해 마땅히 지켜야 할 바를 거시적으로 제시하고, 향촌사회에서 하지 말아야 할 구체적인 사례들에 대해서는 〈훈계자손가〉를 통해 미시적으로 제시하고자 했던 작자 개인의 의도에서 기인한 것이 아닌가 한다. 해야 할 것과 하지 말아야 할 것들을 명확히 인지하고 그대로 이행하는 것이 성리학에서 요구하는 전형적 인간형인바, 문제는 이러한 내용이 이전과 달리 가문의 차원에서 직접적으로 교육된다는 것이다. 이는 어떠한 사회적 맥락들을 그 배경으로 하고 있는가?

앞서 살펴본 바와 같이 조선 사회의 유교화라는 측면에서 17세기는 중요하다. 남성의 계보를 절대시하는 부계 친족 사회가 이 시기에 와서 정립되기 때문이다. 그런데 이러한 사회사적 사실이 김상용 개인의 문제와 연관되는 것은 안동 김씨 가문에서 보이는 그러한 작업의 일단이 김상용·김상헌 대에 와서 비로소 시작된다는 데에 있다. 이경구에 따르면, 안동 김씨의 京派가 서울의 名族으로 자리잡으면서 김상용·김상헌 등을 중심으로 본격적인 本貫 정비가 시작된다. 본관 정비는 이전과는 다른 형태로서 부계 친족 질서를 강화하는 방향으로 진행되었는데, 기실 경파가 형성될 무렵에는 김계권의 장인 권맹손이나 김극효의 장인 정유길 등 外家의 도움이 지대하였다. 부계 친족 질서가 미확립된 상태에서 모계 쪽의 지원은 당연시되었던 것이다. 하지만 16세기 후반 이후 이들 가문에서는 성리학적 종법에 입각한 친족 질서를 수립하려는 노력이 꾸준하게 전개되었는데 그러한 노력들 중 최우선적으로 전개된 것은 始祖에 대한 顯彰 사업이었다.[126] 김상헌의 주도하에 失傳된 시조 김선평의 묘를 推尋한다든지, 太師廟에서 김선평의 위상을 높이기 위해 안동 권씨의 후손들과 논쟁을 벌인 사례[127] 등이 대표적이다. 이러한 사업들에 그의 형인 김상용 역시 일조했을 것임은 물론일 터, 필자는 그가 후손들에게 남긴 〈祭式遺訓〉 역시 이러한 맥락 속에서 독해될 수 있다고 생각한다.

---

126) 이상, 김상용 가문의 종법 질서 구축에 대한 내용은 이경구, 「17~18세기 壯洞 金門 연구」, 서울대학교 박사학위논문, 2003, 17~20면 참조.

127) 김상헌, 〈與權慶州〉, 『청음집』 권40, 『한국문집총간』 77, 한국고전번역원, 1988, 598면. "竊觀麗史, 古昌之役, 旣破萱賊, 論功授職, 以城主金某爲大匡, 以權某·張某爲大相, 其時位次上下可見矣. 厥後權太師·張太師俱陞爲大匡, 則其職次先後又可見矣. 金太師直拜大匡, 而兩太師後迺追陞, 則因功之高下, 而授職有差等先後之分, 亦可想矣."

> 우리나라 사대부가에서 제례는 주문공의 가례와 국조오례의를 참작하여 행하였는데, 근년 이래로 국속이 쇠미해져 연회와 혼인 등에서는 음식과 제구들에 대해 남보다 뛰어나려고 하여 그 한량이 없다. 제사에 대해서도 기수와 찬품에 대해 풍성하고 사치스러운 것을 다투어 숭상하여 어지러워 절제함이 없다. 간혹 예에 대해 아는 집에서는 그것이 불가함을 알고 있으나 선대를 제사지내는 일에 관계되어 있기 때문에 감히 하루아침에 쉽사리 줄일 수 없다고 생각하여 폐습을 그대로 따라하여 자손들에게 전가하니 자손들이 빈천하여도 어쩔 수 없이 전례를 따르게 된다. …… 우리 집안은 대대로 예법을 지켜 선대의 제식에 있어 풍성하고 검약함이 알맞음을 얻었다. …… 이제 가례의 도식을 참고하고 또한 선조들이 전해준 규식을 모방하여 품절을 참작하여 뒤에다 붙였으니 지금 이후로 일절 정해진 격식을 따라 조금이라도 어기는 일이 없도록 하고, 이를 영구히 전하라.[128]

상기한 기록이 전하는 내용은 간단하다. 근년 이래로 선조를 제사지냄에 있어 사치하는 풍조가 만연해 있는데 자신의 가문에서만큼은 검소하게 봉행하라는 것이 전부이다. 그가 말한 바와 같이, 다음 장에서는 盞과 盤의 개수, 蜜果의 길이, 진설될 음식의 색깔과 이러한 것들의 배치 장소를 형상화한 도식이 차례대로 제시된다. 지극히 평범해 보이는 이 글에서 주목되는 부분은 그가 『주자가례』의 내용을 인지하고 중시하면서도 '우리 집안[吾家]'을 주체로 하여 선대의 전통에 따르

128) 김상용, 〈祭式遺訓〉, 『仙源遺稿』, 앞의 책, 117면. "我國士大夫家祭禮, 遵倣文公家禮及五禮儀圖式而爲之. 近年以來, 國俗奢靡, 凡干宴會・婚姻等飮食諸具, 務勝於人, 罔有限量. 至於祭祀, 器數饌品, 爭尙豐侈, 雜亂無節, 間有識禮之家, 或知其不可, 而以其係干奉先之事, 不敢一朝輕易裁減, 因循弊習, 傳至子孫, 貧殘子孫, 不得不遵用前例. …… 吾家世守禮法, 先世祭式, 豐約得中. …… 今考家禮圖式, 且倣先世流傳之規, 參酌品節, 排列于後, 自今以後, 一從定式, 毋敢違越, 傳之永世者."

는 제사의 풍속을 내세우고 있다는 점이다.[129] 물론 이를 근거로 김상용 자신이 『가례』의 규식에만 얽매이지 않은 채 선대의 유풍 역시 중시한 것으로 해석할 수도 있겠으나, 필자는 '吾家'라는 단어에 내포된 '他者와의 구별'과 '成員 간의 결속' 등의 의미들에 주안을 두고자 한다. 『주자가례』라는 보편적 禮書에 의존하면서도 여타의 집안과는 다른 '우리 집안'만의 祭式을 설정한다는 것은 이를 통해 가문의 종적 질서 및 同세대 인물 간의 횡적 질서를 정비하고, 이로 말미암아 가문 구성원들의 동질감을 보다 견고하게 하려는 의도의 산물로 보인다.[130] 자신이 속해 있는 집단 성원들의 일체감을 증진시키기 위해 다른 이들과의 상대적인 지점을 부각시키는 전형적 修辭의 일종인 것이다. '驛洞先墓會'와 같이 종족 간의 유대를 긴밀하게 다지기 위한 일련의 모임들이 김상용·김상헌 대에 와서 자주 개최되는 것도 이와 무관하지 않다. '부모를 말미암아 그 처음으로 거슬러 올라가 보면 모든 사람들이 한 기운을 타고난 것이니, 나의 어버이를 사랑하는 마음을 미루어 나가 나의 할아버지에 닿게 되면 공경하기를 함께 하게 되고, 또 이를 말미암아 미루어 나가 가까운 종족으로서 같은 할아버지에게서 나온 사람들을 보게 되면 그들 보기를 자신과 같이 하게 됩니다. 또다시 이를 말미암아 미루어 나가 먼 종족으로서 같은 할아버지에게서 나온 사람들을 보게 되면 가까운 친족과 같이 보게 됩니다.'[131]라는 김상헌의

---

129) 김남이, 「17세기 사대부의 『주자가례』에 대한인식과 일상에서의 예 실천」, 『정신문화연구』 29-2, 한국학중앙연구원, 2006, 107면.

130) 김명숙, 「『여흥민씨가승기략』을 통해 본 17~18세기 여흥 민문의 형성과 가문 정비」, 『한국사상과 문화』 46, 한국사상문화학회, 2009, 309~310면.

131) 김상헌, 〈驛洞先墓會奠立議〉, 『청음집』 권38, 『한국문집총간』 77, 한국고전번역원, 1988, 583면. "由父母而上之, 厥初生民, 俱是一氣. 推吾愛親之心, 以達吾祖而敬同之. 由是而又推之, 宗族之近而同出於祖者, 視之如己. 由是而又推之, 宗族之

언급은 부계 친족 질서의 구축을 위한 일련의 노력들이 이들 형제 대에 와서 실행되고 있던 정황을 여실히 보여준다.[132] 그렇다면 이러한 사실들과 김상용의 〈오륜가〉·〈훈계자손가〉가 연접되는 지점은 어디인가?

한 가문이 名門 巨族으로 발돋움하면서 종족 구성원의 일상적인 행동을 단속하는 家內 儀節은 형성된다. 이는 사대부로서의 정체성을 지키고, 명가로서의 家格을 유지하기 위한 노력의 산물일 터, 〈오륜가〉·〈훈계자손가〉 역시 이러한 家內 儀節의 일부이다.[133] 앞서 살펴본 바와 같이 조선 사회에서 부계 중심의 문중 조직이 강화되는 것은 17세기적 현상인바, 당시의 유가 지식인들이 가문의 자제들을 대상으로 집안 혹은 향촌사회에서 지켜야 할 일련의 조항들을 유훈으로 남기는 현상 역시 이 시기에 와서 두드러지게 나타난다. 그런데 종법 질서의 구축이라는 제도적 차원의 변화는 그러한 제도를 당연시할 수 있는 의식의 교정이 반드시 선행되어야만 한다. 현실에 존재하는 다양한 이유에 의해 사회적으로 공인된 일련의 준칙들을 폐하지 않으려면 그러한 것들의 당위성과 보편성이 개인의 신체 안에 깊숙이 각인되어야 하는 것이다. 이전 시기와 달리, 오륜의 문제가 집안의 자제들을 대상으

遠而同出於祖者, 視之如近."

132) 진성이씨 문중의 형성 과정을 고찰한 김문택에 따르면, 16세기의 경우 부계와 모계 모두를 포함한 兩側적 조직 체계였다가 17세기 들어 모계 측이 배제되고, 부계 중심의 친족 질서로 탈바꿈하게 된다. 17세기 이후에 간행된 족보에서 女系쪽이 탈락한다든지, 他姓의 참여가 허용되던 기존의 族契가 姓族, 즉 부계를 중심으로 하는 문중 체제로 재편되는 등 17세기 전반 이후로 진성이씨 家에서는 성리학적 종법 질서의 상징인 '門中'·'宗族'의 형성이 서서히 진행되고 있었던 것이다. 이에 대해서는 김문택, 「16~17世紀 安東의 眞城李氏 門中 硏究」, 한국학중앙연구원 박사학위논문, 2004, 42~143면.

133) 김명숙, 앞의 논문, 305면.

로 직접적으로 강조되는 것도 이 때문이다.

아래 가요 14편은 곧 나의 高王考께서 여러 자손들에게 남기신 것이다. 이는 평소에 스스로를 닦던 것으로 자손들이 선조의 업을 계승하지 못할까 염려되어 노래로 그것을 가르치신 것이다. 일로써 보자면 일상에서 應接하던 사이를 넘지 않고, 조목으로 보자면 효제충신과 성찰하고 힘써 다스리는 공부를 넘지 않으니, 요컨대 모두 지극히 절실하여 학자에게 도움되는 바가 분명하다. 그러나 말이나 글이 아니라 노래로 가르치신 데에는 반드시 이유가 있다. 공자께서 말씀하시기를, "착한 것을 좋아하고 나쁜 것을 싫어하는 마음을 시(詩)를 통해 흥기(興起)시킨다."고 하셨고, 주자께서도 시를 논함에 있어 또한 말씀하시기를, "감탄하며 노래를 불러 오랫동안 무젖어들면 사람의 착한 마음을 감발시킬 수 있다."고 하셨다. 옛날의 시는 곧 지금의 노래이니, 功用에 있어서 다를 게 없다. 고왕고께서 노래를 지으신 뜻 또한 아마 여기에 있으리라. 불행히도 뒤늦게 태어나 평소의 행동하시고 말씀하시는 법을 직접 배울 수는 없지만, 다행스럽게도 남겨진 가르침이 가득히 흘러넘쳐 지금까지 전송되어 반복해서 음영하니 마치 직접 대면하여 명을 내리시는 듯하다. 우리 宗黨의 성원들은 이를 명심하고 준수하며 행실을 가다듬고 뜻을 세워 누가 되는 일이 없게 하라. 그러나 이 책은 소학의 일에만 그쳐 대학의 공효까지는 나아가지 않았으니 본래 어린 아이들을 위해 지었기 때문이다. 따라서 갑자기 대인의 학문을 말할 겨를이 없었을 터이니, 만약 선조의 가르침이 이와 같다 하여 배우는 바가 여기에만 그쳐서는 안될 것이니 이는 고왕고께서 가르침을 세우신 본뜻이 아니다. 삼가 이 글을 지어 스스로의 경계로 삼고, 다시 여러 자질들에게 보이노라.[134)]

134) 김시관, 〈敬題高王考五倫歌後〉, 『절곡집』 권3, 『한국문집총간』 속집 61, 한국고전번역원, 2008, 181면. "右歌謠凡十四節, 即高王考垂訓於諸子孫者也. 是其平日所自修者, 而憂夫子孫之不克堂搆也. 故歌以訓之, 其事則不越乎日用應接之間,

김상용의 현손 김시관(金時觀, 1677~1740)[135]의 기록이다. 〈敬題高王考五倫歌後〉라는 제목 하에 〈오륜가〉 및 〈훈계자손가〉가 표방하고 있는 내용의 의미, 형식에 대한 고찰, 작품 창작의 所因 등을 상세히 전하고 있다. 그에 따르면 본 작품이 담고 있는 내용은 지극히 일상적이다.['不越乎日用應接之間'] 뿐만 아니라 '孝悌忠信'과 '省察克治'로 대변되듯 철저히 개인의 문제로 수렴된다. 요컨대 일상 속에서 준수해야 할 개인적 수기의 덕목들을 집안의 자제들에게 전파하고 있는 것이다. 이는 어떠한 이유에서인가?

김시관은 이를 '자손들이 선조의 업을 계승하지 못할까 염려'한 데에서 기인한 것으로 파악하였다. 종법적 질서의 구축을 위해 김상용·김상헌이 시도했던 여러 행적들을 감안할 때, 그가 파악한 상기의 이유는 비교적 정확할 것으로 생각된다. 부계 사회로의 이행이 마땅한 것으로 공인되고 있던 그 즈음, 그는 사회가 요구하는 바람직한 덕목들을 가문의 자제들에게 주지시킴으로써 여타 가문과의 차별성을 확보하고, 이를 통해 정립된 가문적 질서의 영원한 존속을 기도했던 것이다. 이러한 그의 의도는 소기의 성과를 달성한 것으로 보인다. 윗글에서도 제시된 바와 같이 김시관은 두 작품을 '우리 宗黨의 성원들'로 하여금 명심하고 준수케 함으로써 자신과 자신의 계보를 일치시키는

其目則孝悌忠信省察克治之功, 要皆切至而益於學者明矣. 然不以言不以文, 而訓以歌, 亦必有以. 昔孔子曰興於詩, 朱子之論詩, 亦曰, 嗟嘆詠歌, 優游厭飫, 有以感發人之善心, 古之詩, 卽今之歌, 功用無以異, 高王考作歌之意, 豈爲是耶? 不幸生晩, 未及濡染於容止言議之間, 幸此遺訓洋洋, 傳誦至今, 反覆吟詠, 不啻若面命, 則凡我宗黨, 其可不佩服遵守, 砥行立志, 求所以無忝也哉? 然此止小學之事, 不及乎大學之功, 此盖本爲幼而作, 故不暇遽語以大人之學也. 若曰先訓如此, 學可止斯云爾, 則非高王考立訓之本意也. 謹書此, 旣以自警, 而復以示諸子侄."

135) 박능서, 『韓國系行譜』 天, 보고사, 1980, 673~675면.

종법적 질서의 상징물로 자리매김하였던 것이다.

2.2. 재지사족으로의 확산과 향촌질서의 수립: 박선장, 〈오륜가〉

박선장의 〈오륜가〉에 대한 재래의 성과들에서 공통적으로 지적하고 있는 사항은 이 작품이 龜灣書堂의 蒙士들을 대상으로 하여 창작되었다는 점이다.[136] 이는 아마도 그의 연보 및 행장에 나와 있는 내용을 근거로 내려진 결론인 듯한데, 연보에는 그가 58세 되던 1613년 8월에, '구만서당을 완성하고 〈오륜가〉를 지어 蒙士들을 깨우쳤다'[137]는 기록이 보인다. 당대의 상황을 추적할 수 있는 방법이 현재의 남겨진 기록들밖에 없다는 점에서 연보의 내용 역시 소중한 자산임에 틀림없지만, 기록이란 과거의 흔적이거나 파편일 뿐 과거 그 자체는 아니며, 어떤 것을 기록하는 행위 속에는 기록자 자신의 주관적 관점이 반드시 개입될 수밖에 없기 때문에[138] 이를 올곧이 신뢰할 수만은 없을 듯하다. 이는 〈오륜가〉의 창작 동인과 관련하여 이 작품이 구만서당이 아닌 다른 공간에서도 향유되었을 법한 정황을 알려주는 기록들이 발견

---

136) 임선묵, 앞의 논문, 177~178면; 이상보, 앞의 논문, 86면; 황병익, 앞의 논문, 204~205면; 김용철, 앞의 논문, 56~57면; 김진영, 앞의 논문, 68면.

137) 〈水西先生年譜〉, 『(국역)수서선생문집』, 무안박씨영향파순흥지구종친회, 1996, 80・415면. "八月, 龜灣書堂成. 作五倫歌, 以警蒙士, 以俚語作歌, 使洞中學者歌以警策."; 〈家狀〉, "辛亥, 以洞中蒙士無講學之所, 與權陶隱虎臣, 琴松陰復古諸公, 倡建書堂於龜灣, 以爲藏修講學之地. 嚴立科條, 敎誨不倦, 作十勿箴, 以勵人心, 作五倫歌, 以警蒙士." 박선장과 관련된 한문 기록들의 번역은 이 책을 참고하되, 原意와 거리가 있다고 생각되는 부분은 임의로 수정했음을 밝힌다. 한편 이 책에 부기된 원문이 문집과 다르게 활자화된 경우가 종종 있어 이미 발간된 문집과의 對校가 반드시 요청된다. 이 작업에 필요한 문집은 박선장, 『수서선생문집』, 『한국역대문집총서』 1577, 경인문화사, 1995 참조.

138) 김기봉, 「시뮬라크르 시대에서 역사란 무엇인가」, 『한국언어문화』 25, 한국언어문화학회, 2004, 99면.

된다는 점에서 그러하다.

> 제가 저으기 세상의 인심이 말세가 되어 날로 투박해지는 것을 탄식하고, 한밤중에 천장을 바라보며 다음과 같이 생각하였습니다. "古訓을 배운 자 가운데 혹시 물욕에 가리워져 그 양심을 잃어버렸으나 고인들의 책을 펼쳐보기만 하면 즉시 惕然히 자신의 잘못을 깨닫는 자가 있을 것이다. (반면) 그 뜻을 깨닫지 못한 사람은 사물에 따라 마음이 옮겨져 종국에는 바닥으로 떨어질 뿐이니, 어찌 심히 슬프지 않겠는가?" 이에 비루한 저의 뜻을 담아 〈오륜가〉를 짓고서는 다시 3장의 亂을 지어 권징하는 뜻을 보였습니다. 지금 강신날 저녁에 좌우의 분들에게 외람되이 내놓았으니, 바라건대 여러 군자들께서 살펴보시고 채택함이 어떠하실는지?[139]

박선장 〈오륜가〉의 小序이다. 당연하게도 상기한 기록은 박선장이 직접 남긴 글이라는 점에서 후대인에 의해 재구된 연보나 행장보다 신뢰도가 더 높다. 윗글에는 그가 어떠한 이유에서 이 작품을 짓게 되었는가에 대한 과정이 소상히 제시되어 있는데, '물욕에 가리워져 그 양심을 잃어버렸으나 古人들의 책을 펼쳐보기만 하면 즉시 깨닫는 자가 있더라.'는 그의 경험이 주된 이유이다. 문제는 책을 보더라도 그 뜻을 깨닫지 못하는 사람일 터, 여기에는 읽을 수는 있되 사유가 미치지 못한 사람들과 아예 읽을 수 없는 사람들 모두가 포함될 수 있다. 그렇다면 이 작품이 향유된 구체적 공간은 어디인가? 윗글에 제시된 '講信之

139) 박선장, 〈五倫歌小序〉, 『수서선생문집』 권4, 앞의 책, 358면. "某竊歎叔季人心日偷, 中宵仰屋, 以爲學古訓者, 雖或爲物欲所蔽, 喪其良心, 而開古人書, 卽惕然覺悟者, 有之. 其不曉文義者, 因物有遷, 終於下流, 而止耳, 此非可哀之甚者耶? 因述鄙懷, 作五倫歌, 又作三章之亂, 以示勸懲之義, 今玆講信之夕, 猥進于左右, 幸願諸君子, 垂覽採之, 如何?"

夕'에 주목해 보자. 주지하듯이 강신은 동계의 구성원들이 봄가을마다 한자리에 모여 마을의 현안들을 논의하고, 동계의 규약에 대한 준수를 다짐하는 자리이다. 그런데 그가 증언한 바와 같이 그의 작품이 강신의 자리에서 불렸다면 과연 향유의 주체는 어디까지로 볼 수 있을 것인가? 아래의 기록에 주목해 보자.

> [1] 풍속이 쇠미해진 것을 안타깝게 여겼다. 옛 풍교를 추모하여 동네 사람들과 더불어 함께 도로 돌아갈 것을 생각하고 先哲들이 남긴 조목은 힘써 행하고, 彝倫의 법칙들은 노래로 불렀다.[140)]

> [2] 도유사는 나이 많고 덕이 있는 자로, 세 번 망기를 받은 사람 가운데서 뽑고, 좌우유사도 역시 識行이 있는 사람을 뽑으며, 하계의 유사·고직·사령 등은 모두 元數 가운데에서 뽑아 차정한다. …… 매번 강회하는 날에는 동약의 성원들과 같이 이른 아침에 모여 班序를 정돈하고, 높은 분이 좌석에 오르길 기다리다 각자 분수에 맞게 위에서부터 먼저 들어와 앞으로 나아가 예를 행한 후, 각각 자기 위치로 나아간다. 같은 서열일 때에는 자기 자리에서 각자가 읍을 행하고 앉으며, 하계의 서인인 경우, 상계의 여러 사람이 앉기를 기다렸다가 자리로 나아가 일제히 앉되 역시 각자의 분수대로 들어간다. …… 좌유사는 약원 중에서 有故가 있을 경우, 尊位에게 먼저 단자를 고한다. 이어 존위를 향해 꿇어앉아 독법을 청하는데, 독법이 한번 돌 때 각자 귀기울여 들어야 한다. 하계는 단지 유사만 앞에 나와 참여하여 듣는 것을 허락하니, 유사로 하여금 하계에 宣布하게 한다.[141)]

---

140) 이성간, 〈洞中儒生祭文〉, 『수서선생문집』 권4, 앞의 책, 367~368면. "傷今俗渝, 慕古風敎, 思與洞人同歸于道, 先哲遺條, 擧以勗之, 彝倫有則, 歌以諷之."

141) 박선장, 〈洞契更定約文〉, 『수서선생문집』 권4, 앞의 책, 345~349면. "都有司, 則以有齒德者, 備三望差出, 左右有司, 亦以有識行者, 擬差. 下稧有司庫直使令

앞서 살펴본 바와 같이 지방의 재지사족들은 임란 시의 의병 활동을 통해 전후 복구 사업의 주체로 부상하면서 향촌사회에서 자신들이 점하고 있던 비중을 점차 높여 가게 된다. 이러한 정황 아래 그들은 낮은 신분의 洞人들까지 동계의 구성원으로 포섭시킴으로써 향촌사회의 질서 유지를 위한 주체로 자임한다. 박선장 역시 마찬가지이다. 그 역시 임란 시에 의병을 일으켰고,[142] 임란 직후 각종 복구 사업에 주도적으로 참여하였다. 특히 그의 문집에는 서원 건립과 관련한 수편의 상량문[143]이 보이는바, 임란 후에 붕괴된 향촌질서를 재건하는 과정에서 그가 점하고 있던 비중은 상당했던 듯하다.

[1]은 유생 이성간이 남긴 박선장에 대한 제문이다. 대개의 경우 제문 속에는 죽은 이가 생전에 행했던 여러 행적들 가운데 가장 두드러진 지점을 포착하게 마련이다. '先哲들이 남긴 조목을 힘써 행하고, 彝倫의 법칙들을 노래로 불렀다.'는 것 역시 그가 생각한 박선장의 주된 공적 중 하나이다. 특히 '彝倫의 법칙들을 노래로 불렀다.'는 것은 그가 〈오륜가〉를 창작하여 쇠미해진 풍속을 진작시키고자 했던 노력을 의미한다. 그런데 그는 박선장이 행한 이와 같은 행적들의 목적을 '동네 사람들과 더불어 道로 돌아갈 것을 생각'한 데서 기인한 것으로 파악한다. 과연 재래의 연구성과에서 지적한 바와 같이 이때의 '동네

等, 皆從元數中, 擇差. …… 每於講會之日, 有與同約諸員, 早朝聚會, 班序整齊, 以俟尊位陞座, 各自分運, 自上先入進前行禮, 仍各就位. 其於同班, 則就位各自行揖而坐, 下稧庶人則待上稧諸員, 就位齊坐, 亦自分運入庭. …… 左有司, 以約員有故單子, 先告尊位, 仍向尊位而跪請讀法, 仍讀法一巡, 使各明聽. 下稧則只許下稧有司, 進前參聽, 使各宣布于下."

142) 〈水西先生年譜〉, 앞의 책, 68면. "先生與鄕中同志之人合謀, 倡義."

143) 〈丹山書院祭酒禹先生奉安文〉, 〈伊山書院移安文〉, 〈青城書院權松巖好文奉安文〉, 〈丹山書院上樑文〉, 〈龜灣書堂上樑文〉, 〈靈山鄕校五賢從祀祭文〉.

사람들'은 향촌의 사족 혹은 서당의 유생들만을 가리키는 것인가?

[2]는 박선장이 작성한 동계문의 일부로, 동계의 임원을 뽑는 방법과 강신을 행하는 구체적 과정들이 순차적으로 나열되어 있다. 제시하지는 않았지만, 상기한 글의 바로 다음에는 향촌사회에서 동계인들이 지켜야 할 일들과 하지 말아야 할 일들의 조목들이 세세히 전한다. 이러한 조목들의 중심에 오륜 개념이 있음은 물론이다. 그런데 윗글을 통해 우리는 임란 후 향촌사회에서 진행되고 있었던 동계 구조의 변화를 감지할 수 있다. 下人들의 洞契로의 포섭이 바로 그것으로, 박선장이 기존의 동계문을 '다시금[更定]' 작성한 이유도 여기에 있을 듯하다. 여기서 윗글의 마지막 부분에 주목해 보자. 일반적으로 강신의 자리를 통해 동계문은 강론되곤 하는데 '한 사람이 가운데 앉아 소리 높여 향약 일편을 읽어 사람마다 이해하지 못하는 사람이 없게 하고자 함'이 그 주된 이유이다. 박선장의 경우, 下人들의 入庭을 허용하지 않는 대신 유사로 하여금 하계에 선포케 함으로써 그들에게도 契文의 조항들을 주지시킨다. 강신날 저녁에 〈오륜가〉를 불렀다는 〈五倫歌小序〉의 내용을 상기할 때, 이 작품 역시 이와 같은 방식으로 하인들에게까지 전파되었다고 볼 수는 없을까?[144] 우선 다음의 작품들에 주목해 보자.

144) 서당이라는 제한된 향유 범위를 부정하기 위해 연보의 기록을 부정하는 것이 정당한가의 문제는 필자의 입론 하에서 직면할 수 있는 가장 큰 한계이다. 그러나 각기 다른 향유 공간을 지칭하고 있는 두 개의 자료들이 상충하고 있는 상황에서 필자는 다른 이들에 의해 기억된 기록인 연보보다는 박선장 자신이 직접 작성한 〈오륜가소서〉에 좀 더 많은 신빙성을 부여하고자 한다. 혹은 동일한 작품을 구만서당의 蒙士들에게도, 강신에 참석한 향촌민들에게도 일관되게 적용했을 가능성도 배제할 수 없다.

[1] 唐虞 머러디고 漢唐宋이 니어시니
天地 오라거니 世道 아니 變홀너냐
그려도 닐곱 구모 가자시니 五倫이야 모ᄅᆞ랴.【오륜가 亂, 1수】

[2] 이우즐 미이디 마라 이웃 미오면 갈 듸 업서
一鄕이 ᄇᆞ리고 一國이 다 ᄇᆞ리리
百年도 못 살 人生이 그러그러 엇뎨리.【오륜가 亂, 3수】

[1]에서 박선장은 시간의 흐름에 따라 쇠미해진 世道를 인정하면서도 사람이라면 누구나 품부받았을 五倫의 덕목을 강조한다. 종장의 '닐곱 구모'은 인간의 신체를 代喩한 것인 바, 이는 인간에게 본구되어 있는 性善의 자질들을 의미한다. 신분의 차등에 관계없이 인간은 누구나 양지와 양능을 부여받았으며, 따라서 개인의 노력 여하에 따라 태초의 본성을 회복할 수 있다는 16세기 사림파 문인들의 기조와 다르지 않다. 따라서 필자는 이 작품이 비단 서원의 유생만을 대상으로 창작된 것이라 한정하고 싶지 않은데, 이러한 추정은 [2]를 통해 좀 더 近似하게 확인할 수 있다. 이웃을 미워하지 말라는 것이 주된 요지인 [2]번 작품은 사실 서원의 유생들만을 대상으로 하기에는 다소 어색하다. 만약 그러했다면, 학문에의 진작이나 실천에의 강조, 사제 관계의 정립 등 '儒生'이라는 특수한 집단의 성원에게 좀 더 적합한 덕목들이 노래의 소재로 활용되었을 것이기 때문이다.

[1] ᄒᆞᆫ마도 못ᄒᆞᆫ 프리 봄 이슬 마ᄌᆞᆫ 後에
닙 넙고 줄기 기러 밤나ᄌᆞ로 부러낫다
이 恩惠 하 罔極ᄒᆞ니 가플 줄을 몰ᄂᆡ라.【오륜가, 1수】

[2] 이 님이 머기시고 이 님이 임피시니
十生九死흔들 님의 德을 니줄ᄂᆞ냐
萬一에 大義을 모ᄅᆞ면 厮養이나 다ᄅᆞ랴.【오륜가, 2수】

[3] 남으로 삼긴 거시 이ᄃᆡ도록 親厚흘샤
술 잡고 말흘 제 억게만 두드리랴
桑田이 바다물 되여도 信을 닛디 마로리라.【오륜가, 5수】

박선장의 〈오륜가〉가 여타의 작품들과 차별적인 지점은 오륜이라는 당위적 소재들을 대상으로 하고 있으면서도 그것의 무조건적인 강조보다는 구체적인 사물에의 비유, 개연적 정경의 묘사, 개인적 영탄의 어조 등을 통해 수용자의 자발적인 동의를 이끌어 내고 있다는 것이다. [1]에서 작자는 부모가 자식을 기르는 과정을 '寸마도 못흔 풀'이 생장하는 모습을 통해 비유적으로 제시한다. 사물과 인간의 상사성을 가시적으로 재현한 이와 같은 비유의 방식은 부모/자식의 관계를 天理를 통해 정당화하고, 그렇기 때문에 효도해야 한다는 다른 작품들과는 이질적이다. 주변에 常在하지만 인식하지 못했던 경험적 질료들을 사용함으로써 익숙한 일상을 낯설게 하고, 이를 통해 부모에 대한 報恩의 당위성을 재인식하게 만드는 것이다.

군신 관계를 노래한 [2]번 역시 마찬가지이다. 작품 속에는 '임금'과 '신하'라는 구체적인 位名 대신 임금의 비유적 표현인 '님'이 등장하고, 그에게 충을 다해야 하는 이유 역시 '이 님이 머기시고 이 님이 임피시니'라고 구체적으로 표현함으로써 '군신유의'가 갖는 관념성·추상성을 상당 부분 희석시킨다. 너무 익숙한 터라 인식하지 못했을 사항들을 언어와 음조를 통해 재인식시키고 있는 것이다. 붕우유신을 노래한 [3]에는 친구끼리 술잔을 부여잡고 대화를 나누면서 서로를 위로하는 일상의 모습이 묘파되어 있다. 붕우 사이에 신의가 있어야 한다는 당위적이고도 강제적인 면모들을 최대한 낮추면서도 일상의 경험을 통한 자연스런 체감과 이행을 유도하고 있는 것이다.

필자는 본 작품이 지니고 있는 이러한 양상들이 문자에의 접근이 차단되어 있는 대상, 곧 동리의 백성들을 겨냥한 차원에서 기인한 바 크다고 생각한다. 그들에게 작품의 의미를 제대로 전달하기 위해서는 좀 더 쉽고 간단하며, 더불어 공감할 수 있는 가능성이 높아야 하는데, 그가 작품을 창작하면서 일상의 소재들을 끌어 온 이유도 여기에 있을 것이다.

2.3. '爲己之學'으로의 침잠과 개인적 내면의 토로: 박인로, 〈오륜가〉

앞서 언급한 바와 같이, 박인로 〈오륜가〉에 대한 저간의 논의들은 그가 향촌사회에서 얼마마한 지위를 점하고 있었던가의 문제에 보다 집중되어 작품의 성격이나 창작 목적, 사회적 효용 등에 대한 일련의 해석들은 상반된 모습으로 개진되어 왔다. 이에 따라 그의 작품에 보이는 유가적 이념에의 강고한 경도와 침잠의 모습들은 '임란 이후 쇠미해진 가문의 역량을 회복시키기 위한 차원'이라든지, 이와는 반대로 '임란 이후 상승하게 된 사족층의 위상을 바탕으로 향촌사회에서 일정한 목소리를 낼 수 있게 된 정황의 결과' 등으로 해석되어 왔다. 한음 이덕형(1561~1613) · 한강 정구(1543~1620) · 여헌 장현광(1554~1637) 등 당대 거유들과의 활발한 교유 역시 '피폐해진 경제적 처지를 유력자들과의 연대를 통해 만회하고자 했던 개인적 시도', 혹은 '향촌사회에서 나름의 위상을 지니고 있었던 또 하나의 증거'와 같이 뚜렷한 대척의

지점에 서 있다.[145)]

물론 작가 개인의 이력과 그가 놓여 있는 사회적·경제적 조건들이 작품 자체의 의미나 지향과 離隔될 수 없다는 점을 감안하면 상기한 논의들은 여전히 중요한 의미를 갖는다. 뿐만 아니라 이러한 성과들은 士 계층 일반을 '양반'이라는 전칭어로 포괄할 수 없음을 지적하고, 전란 이후 그들 내부에서 포착되는 다양한 편차들을 미시적으로 검토함

145) 이와 같은 방식의 설명은 최근 제출된 손대현의 논의에서도 찾아볼 수 있다.[손대현, 「노계 박인로의 경제적 기반과 문학적 형상화」, 『한국시가연구』 29, 한국시가학회, 2010.] 논자는 박인로에 대한 재래의 논의들이 상기한 바와 같이 양분되어 있음을 소개하고, 그의 〈행장〉 및 도계사우의 건립 과정을 추적하여 그를 '한미한 처지와 경제적 궁핍 속에서 향촌사회에서의 입지 강화를 위해 노력을 기울인 향반으로 파악하여야 한다.(149면)'고 주장하였다. 노계와 관련하여 소개되지 않았던 자료를 제시하고, 이를 바탕으로 기존의 견해를 재점검하는 등 본 논문이 지닌 특장의 지점들은 적지 않으나 문제는 논자 역시 경제적 규모와 사회적 위치를 통해 그의 문학을 재단해 오던 기존의 관점들을 그대로 묵수하고 있다는 것이다. 물론 특정 작품을 작가 개인의 주변적 정황을 통해 해석해 오던 전통적 관점은 시효성의 측면에서 여전히 간과될 수 없는 소중한 부분이지만, 해당 작품이 지니고 있던 여러 면모들을 오로지 작가 개인의 정치적·경제적 처지에서만 기인한 것으로 환원하는 태도는 마땅히 지양되어야 할 것이다. 유가적 덕목의 준수와 그에 대한 학문적 연찬이 향촌사회에서의 권력을 유지하기 위한 의도적 산물이라는 종래의 설명들은 생산수단의 소유 여부와 그로 인해 획득할 수 있는 권력의 크기를 등가적으로 보았던 유물론적 사유방식과 무관하지 않은데, 반드시 유념해야 할 것은 이러한 설명 방식만으로는 정치·경제·사회·문화 등 제반적인 측면에서 근대와 이질적인 전근대의 문학을 온전히 해명해 낼 수가 없다는 것이다. 성리학에의 침잠이 향촌사회에서의 정치적 위상 제고를 염두에 둔 것이라면, 그는 어떠한 이유에서 40이 넘은 나이에야 학문에 전념하게 되었는가? 경제적 궁핍과 성리학에의 침잠은 반드시 어떠한 목적을 이면에 깔고 있어야 연계될 수 있는 상호 배타적인 영역들인가? 자신이 겪었던 신산한 삶의 고초를 성리학이라는 학문을 통해 위안·극복한 것으로 보면 지나친 것일까? 오히려 그토록 한미하고 보잘 것 없는 지방의 향반들에게까지 지속적인 영향을 미칠 정도로 성리학이라는 사림파 문인들의 학문적 기조가 광범하게 전파된 것으로 볼 수는 없는 것일까? 새로운 증거의 탐색 역시 필수적인 일이겠으나 필자는 이러한 질문들에 대해 나름의 답변을 마련해 보는 것 또한 필요할 것이라 생각하며, 이러한 이해의 일단을 본 절을 통해 시도하고자 한다.

으로써 우리는 17세기 이후 주요 작가 집단으로 부상하게 된 재지사족층의 작품들을 보다 微分된 시각으로 조망할 수 있게 되었다. 다만 필자가 제기하고자 하는 부분은 향촌사회에서 작자가 점하고 있는 정치적 위상과 그 자신이 놓여 있는 경제적 상황에 기대어 '오륜'의 문제를 해석하다 보면 '오륜=교화'라는 익숙한 도식에 의해 오륜시조 창작의 동인이나 목적 자체를 정치적 이유가 개입된 의도적 산물로 보게 될 여지가 다분하다는 것이다.[146)]

필자 역시 박인로가 보여준 이러저러한 학문의 여정들이 그가 점하고 있던 향촌사회에서의 입지를 보다 공고하게 만들었을 것이라는 견해에 일정 부분 동의한다. 특히 당대 유력자들과의 지속적인 연대는 향촌사회라는 그리 넓지 않은 공간 속에서 모종의 상징성을 지닌 것으로, 이러한 행적들이 그가 지니고 있던 사회적 위상을 한층 더 돋보이게 했을 것임은 자명하다. 하지만 이는 학문적 행위로 인해 추수되는 2차적 결과일 수는 있어도 그것 자체가 학문에의 몰두를 유발한 직접적 동인이 될 수는 없다고 생각한다. 지나친 비약일 수도 있겠으나, 이러한 논리 하에서 그의 작품에 보이는, '가난하되, 근엄한 유자로서의 모습'은 결국 일종의 위장된 포즈로만 남게 될 뿐이기 때문이다.

또한 학문에의 침잠이 향촌사회에서의 정치적 위상 제고를 전제로 한 것이라면 그가 40이 넘은 나이에야 학문에 진력하고자 했던 정황

---

146) 한창훈(1997), 앞의 논문, 237면. "박인로는 일반 백성들의 교화와 더불어 자신의 '五倫意識'을 재확인하는 방향으로 나아가게 되었고, 이에서 이루어진 것이 25수의 〈오륜가〉가 아닌가 생각한다." 최현재(2003), 앞의 논문, 95~96면. "그러므로 박인로의 〈오륜가〉에 나타난 개인적 경험이나 거향관 역시 전체 재지사족의 교훈시조라는 전통에서 볼 때는 작가 개인의 처지에서 비롯된 자기 고민의 발로이며 탄식이 아니라 재지사족들이 향촌사회에서 지배력을 강화하고 자신들의 입지를 더욱 탄탄하게 다지고자 한 의도에서 비롯된 결과물이라 할 수 있다."

이 쉽사리 설명되지 않는다. 만약 그러했다면, 젊은 시절부터 무반에의 길을 포기하고, 문인으로 자처할 수 있는 다양한 경로들을 탐색하는 데에 주력했을 가능성이 보다 농후하기 때문이다. 경제적 궁핍과 성리학에의 침잠은 반드시 실리적인 목적을 이면에 깔고 있을 때 비로소 연계될 수 있는 상호 배타적인 영역들인가? 반대로 오륜의 문제는 경제적 여유와 사회적 지위가 어느 정도 담보된 상태 하에서만 전유될 수 있는 것인가? 실제적인 부의 축적 정도와는 별개로, 그의 작품에 보이는 貧寒의 흔적들을 그가 지향하고자 했던 유가적 삶의 연장선상에서 이해할 수는 없는 것인가? 이러한 질문들의 타당성에 어느 정도 공감할 수 있다면, 우리에게 요구되는 것은 그의 작품에 드러나는 가난의 실체를 일단은 인정한 상태 위에서 그러한 가난이 그의 삶에 작용하는 의미와 방향들에 좀 더 주목하는 일일 것이다.

이러한 의문 하에서 박인로의 작품들에 빈번하게 출현하는 '안빈낙도'의 형상들을, "궁핍한 현실에서 벗어나 자신이 신봉하는 유가적 이념과 이상적인 유자의 삶을 동시에 실현하는 유일한 길"로 규정지은 재래의 언급은 주목된다.[147] 이는 곧 그가 현실에서 겪었던 신산한 삶의 고초들이 학문에의 침잠과 경도를 통해 일정 정도 撫摩되고 安慰되었음을 의미할 터, 이에 따라 '박인로'라는 문제적 인간에 대한 우리의 질문은 '그가 놓여 있던 현실적 기반이 실제로 얼마나 궁핍했던가?'를 증명하는 차원을 넘어 '(실제의 貧富 여부에 관계없이) '爲己之學'이라는 새로운 학문적 경험이 그에게 가져다 준 것은 무엇이었는가?'로 이전될 필요가 있다. 그렇다면 그가 새롭게 잠심하게 된 학문의 영역은 무엇인가? 아래의 자료를 통해 살펴보도록 하자.

147) 우응순, 「박인로의 "안빈낙도" 의식과 자연」, 우응순 외, 『조선중기 시가와 자연』, 태학사, 2002, 79면.

[1] 문득 깨우쳐 말하기를, "남아의 사업이 지대하니 문장도 오히려 여사이거늘 하물며 궁마이겠는가? 부자께서 말씀하시기를, '아침에 도를 들으면 저녁에 죽어도 좋다'라고 하셨으니 어찌 나이가 많다고 스스로 선을 긋겠는가?"라 하고, 날마다 鄒魯의 諸書들과 주희의 附註를 취하여 잠심하여 읽었다.[148)]

[2] 옹이 지리산 아래에 烏叟라는 도인이 있다는 말을 듣고 찾아가니, 오수가 말하기를 '구인산 가운데 한 靈藥이 있어 만고에도 오히려 향기로운데, 사람들이 이미 이 산을 모르니 또 어찌 이 영약이 있음을 알겠는가. 약을 캐는 방도는 반드시 뜻을 성실히 하고 마음을 바르게 한 뒤에 얻을 수 있다. 그러므로 우왕·탕왕, 문왕·무왕과 공자·맹자가 서로 뒤이어 캤었는데, 그 뒤에는 이 약을 캐는 자가 아무도 없다.'고 하였다. …… 노인이 말하기를, "입덕문은 성의관과 통하여 하나의 편안한 집이 되는 바, 거기에 거하고 있는 사람이 신명주인입니다. 집 앞에 있는 큰 길은 곧기가 화살과 같으니 눈이 있는 사람이면 누군들 보지 못하며, 발이 있는 사람이면 누군들 밟지 못하겠습니까? 만일 그것을 훤히 알고, 깊숙이 나아갈 수 있다면 모두 그칠 바를 알아 그치고, 편안한 곳을 얻어 편안할 터이니 고원하다고 말하지 마십시오. 다만 다리로 한 걸음 디디기만 하면 될 뿐입니다." 옹이 일어나 감사해 하며 말하기를, "궁마만을 대략 익히고 시서를 일삼지 않아 궁벽한 집안에서 십 년간 한 것이라곤 한갓 '그만이로다[已矣]'라는 탄식뿐이었는데, 지금 다행히도 오늘 저녁에 盛教를 들었으니 지금 비록 더디고 힘들겠지만 청컨대 이 말에 종사하겠습니다."[149)]

---

148) 鄭葵陽, 〈行狀〉, 『노계집』 권2, 『한국문집총간』 65, 한국고전번역원, 1988, 233면. "忽悔之曰, '男兒事業至大, 文章猶爲餘事, 矧弓馬耶? 夫子言朝聞道夕死可矣, 豈可以年老自畫?' 日取鄒魯諸書及紫陽附註, 潛心證讀."

149) 박인로, 〈無何翁傳〉, 『노계집』 권1, 앞의 책, 226면. "翁聞智異山下有烏叟, 往訪之. 叟曰 "九仞山中一靈藥, 萬古猶香, 人旣不識此山. 又安知有此藥, 採藥之道,

[3] 聖門敎有術	성문의 가르침에는 법칙이 있으니
爲己不爲人	자신을 위함이요, 남을 위함이 아니다
忠恕固在我	충과 서는 진실로 나에게 있으니
道豈自遠人	도가 어찌 사람에게서 멀리 있겠는가
反躬以踐實	자신을 돌이켜 실천하고
推己勿施人	자신을 미루어 남에게 전가하지 않으며
於斯倘盡力	여기에 온 힘을 다하면
何難做善人	선한 사람이 되는 길이 어찌 어렵겠는가?[150]

먼저 [1]에는 박인로가 생각한 '男兒事業'의 궁극적 실체가 보인다. 그에게 있어 '문장'과 '궁마'는 뚜렷한 위계를 지니면서 상하로 나뉘는 바, 활 쏘고 말 타는 무인의 길은 가장 하등에, 시나 문장을 짓는 데 골몰하는 문인의 길은 그 다음에 위치한다. 그의 한시 작품에 간혹 드러나는 武人에 대한 자조적 발언들을 참조할 때,[151] 자신이 걸었던 이전의 행적들을 부정하게끔 만든 실체가 궁금하지 않을 수 없다. 지대한 '男兒事業'은 구체적으로 무엇을 지칭하는가? 다음 부분을 참고할 때, 그것은 (성리학에서 규정하는) '道'에의 정진을 의미하는 것으로 보인다. '鄒魯諸書'와 '紫陽附註'로 대변되듯 40이 넘은 나이에 그는

必須誠意正心, 然後可採? 故禹湯文武孔孟相繼採之, 其後採者寥寥矣." …… 叟曰, "入德門通于誠意關爲一安宅, 而居之者, 神明主人也. 宅前大路, 其直如矢, 有目者孰不可見, 有足者孰不可踐? 苟能知之明而造之深, 則皆可知所止而止, 得所安而安. 勿謂高遠, 只在脚下一步地耳." 翁起謝曰, "粗習弓馬, 不事詩書, 十載窮廬, 徒切已矣之歎, 何幸今夕獲承盛敎. 今雖苦晩, 請事斯語矣."

150) 박인로, 〈次人字韻〉, 『노계집』 권2, 앞의 책, 239면.

151) 박인로, 〈天字十五韻 贈樂山亭主人〉, 『노계집』 권1, 앞의 책, 220면. "吾雖一武人 同得秉彝天 世間富與貴 得失都付天"; 〈吳山書院 敬次張旅軒韻〉, 『노계집』 권1, 앞의 책, 222면. "吳山形勝舊聞名 來訪今朝眼忽驚 休道武夫狂且濫 看他心事一般淸".

16세기 사림파 문인들이 자신들의 학문적 모태로 삼았던 성리학을 새로이 접하게 되면서 이전과는 다른 추후의 삶을 모색하게 된 것이다. 文人도, 武人도 아닌, 엄숙한 도학자의 모습이 그가 선택한 길이다.

[2]에는 이러한 상황이 '烏叟'라는 가상적 인물과의 대화를 통해 상세히 제시된다. 문면을 통해 짐작할 수 있듯 이 글에는 求道의 여정이 각종의 메타포를 통해 간명히 구현되어 있는바, '九仞'이라는 단어가 유가적 전통 속에서 통상적으로 가리키는 의미가 학문의 온축과 悟道의 획득임을 감안하면, 윗글에 등장하는 '靈藥'은 학문을 통해 구현하고자 하는 '道'를, '採藥之道'는 '求道를 위해 필요한 일정한 자기 수양'을 의미한다. 그런데 이러한 도에 이르는 길을 박인로 자신의 또 다른 자아인 烏叟는 '다리로 한 걸음 디디기만 하면 될 뿐'이라고 말한다. 지나친 해석일 수도 있겠지만, 필자는 이것이 의미하는 바가 일상에서의 도덕적 실천을 통해 성현의 경지에 이를 수 있다는 재래의 이학적 사유와 크게 다르지 않다고 생각한다.

[3]에는 이러한 면모가 좀 더 직접적으로 드러난다. '人'字의 규칙적 반복으로 구성된 이 시에는 '爲己不爲人', '忠恕', '道豈自遠人', '推己勿施人' 등 도덕적 실천의 주체로 자아의 비중을 강조하는 유가의 經句들이 가득 차 있다. 이와 같은 자기 강제, 자기 규율의 과정을 거쳐 그가 다다르고자 하는 곳은 어디인가? 어찌 보면 허무하게 느껴질 정도로 소박한 '善人'이 되는 것, 이것이 바로 박인로가 소망한 궁극적 목적지이다. 도대체 그는 왜 저토록 유가적 善人이 되는 데에 골몰했던 것인가? 또한 이와 같은 사유 체계 내에서 오륜은 어떠한 의미로 전유되는가?

이러한 문제들을 살펴보기 위해서 우리는 잠시 돌아가야 할 필요가 있을 듯하다. 17세기의 다른 작가들이 서 있는 지점과 박인로의 그것이 조금은 상이하게 보이기 때문이다. 앞서 살펴본 바와 같이 김상용·박선장의 경우, 오륜시조 창작의 명확한 의도와 목적이 담보되어 있었고, 그 대상 역시 집안의 자제들이나 洞人들로 분명히 상정되어 있었다. 무엇보다도 박인로의 문학작품에 드러나는 결핍의 형상들이 그들에게는 잘 보이지 않는다. 때문에 그들의 작품은 오륜적 질서를 이미 체현하고 있는 화자가 그렇지 못한 이들에게 윤리적 메시지를 일방적으로 종용하는 재래의 문법을 그대로 준수하고 있다. 그러나 박인로의 경우는 다르다. 후술하겠지만 그의 작품은 명확한 대상이 상정되지도 않고, 그 어조나 지향에 있어서도 상당한 차이를 내포한다. 이러한 차이를 설명하기 위해 필자는 그의 작품에 드러나는 궁핍의 형상과 오륜의 전유가 어떠한 지점에서 연접되는가를 탐색할 필요가 있다고 생각한다. 여타 작품들과의 비교 속에서 박인로의 〈오륜가〉가 갖는 도드라진 부분들이 상기한 궁핍의 문제와 무관하지 않을 것으로 보이기 때문이다.

필자는 이와 같은 의문을 윌리암 보우스마가 주창한 '의미의 역사'를 통해 이해해 보고자 한다. 의미의 역사란, 다양한 역사적 상황 속에서 의미의 창출을 위해 이루어졌던 인간의 노력 제 양상과 그 결과들을 설명하고자 하는 시도로, 이러한 '의미의 역사'의 목적과 이론적 기초는 기존의 사상사 혹은 철학사와는 자못 다르다. 철학이 진리에 접근하고자 한다면, 그리하여 경쟁하는 철학체계들을 진리에 접근한 수준에 따라 평가하고자 한다면, 의미사는 인간이 그러한 철학을 통해 어떠한 의미를 향유하였는지에, 그리하여 어떠한 삶의 체험이 이루어졌는지에 관심을 갖는다.[152] 이러한 관점에 설 때 우리는 박인로가 축

152) 윌리암 보우스마의 '의미의 역사'에 대해서는 김영민(2011), 앞의 논문, 147면.

적한 부의 크기를 놓고 치열하게 전개되었던 그간의 논의에서 한 걸음 비켜나 그 자신과 오륜 사이에 놓여 있는 주요한 의미망을 포착할 수 있게 된다.[153] 요컨대 박인로에게 '爲己之學'은 무엇이었으며, 이를 통해 창출할 수 있었던 구체적인 의미나 경험은 무엇이었는가의 문제에 보다 가까이 다가갈 수 있다는 것이다.

이러한 작업을 위해 우선은 그의 작품에 빈출하는 '가난'의 형상에 대해 필자 나름의 정의가 필요할 듯하다. 앞서 언급한 바와 같이, 박인로의 여러 작품들에서 산견되는 가난의 의미는 그것의 실체성 여부를 두고 적지 않은 논의가 진행되어 왔다. 그러나 필자는 가난함의 객관적 조건이란 규정하기 어렵다는 명제를 통해 이 문제에 대한 탐색을 일단 유보하고자 한다. 당연하게도 가난의 기준은 사람마다 다를 수밖에 없다. 그가 실제의 삶에서 수백 이랑의 밭을 소유하고 있었다 할지라도, 수십 명의 노비들을 거느리고 있었다 할지라도, 그리고 이러한 경제적 부를 바탕으로 향촌사회에서 일정한 지분을 확보하고 있었다 할지라도, 이를 두고 그가 '가난하지 않았다'고 단정할 수는 없다. 가난을 판별하는 기준의 선정은 철저히 개인의 몫이기도 하거니와 현실적 삶이 넉넉하다고 해서 '가난하지 않다'라고 느끼고 말해야 될 이유는 없다는 것이다.

물론 이것이 박인로가 상정한 부의 기준이 높았다거나 그가 지나치게 많은 부귀를 탐했음을 의미하는 것은 결코 아니다. 다만 그의 작품에 보이는 가난의 형상들이 '다른 무엇'을 감안한 문학적 수사가 아니

153) 이러한 관점에서 필자는 박인로가 안동의 도산서원을 참례한다든지(52세), 이언적의 獨樂堂을 찾아가 가사 〈獨樂堂〉을 짓는다든지(59세), 장현광에게 자문을 구하기 위해 立巖으로 찾아가는 등의 행적들이 이러저러한 2차적 이유들이 개입되지 않은, 진지한 학문적 행위의 하나였을 것이라 생각한다.

라 이 역시 작자 개인의 진솔한 내면에서 우러나온 감정의 한 양태라는 것이다. 기실 그의 작품에 드러나는 가난의 형상은 실제의 궁핍한 현실에서도, 전란 후 관직으로의 진출이 좌절된 것에서도,[154] 새로운 학문과의 연접을 통해 깨닫게 된 (이전 시기의) 정신적 피폐함에서도 얼마든지 기인할 수 있다. 따라서 어느 쪽이든 '누추한 현실 속에서 당면하게 된 모종의 결핍이 궁핍한 현실의 모습으로 형상화된 것' 정도로 다소 유연하게 접근하는 편이 나을 듯하다. 여기서 중요한 것은 상기한 몇 가지 가능성 중 적실한 어느 하나를 검출해 내는 일이 아니라 그의 작품에 드러나는 가난의 형상들이 '爲己之學'의 침잠과 지향을 당연시하는 하나의 이론적 정황으로 제시된다는 데에 있다.

[1] 世人莫笑漁樵叟　세상 사람들아 고기 잡고 나무하는 노인 비웃지 마라
家計雖貧德不貧　가계는 비록 가난하나 덕은 가난하지 않으이.
採山釣水生涯足　산에서 약초 캐고 물에서 낚시하면 (그것으로도) 생애는 족하니
彼富焉能換此貧　저 부귀함이 어찌 이 가난함을 바꿀 수 있으리오?[155]

[2] 懷中白玉千勻寶　백옥과 천균의 보배가 마음에 있으나

---

154) 실제 그의 작품들에는 관직으로의 진출 실패로 임금에 대한 보효의 기회를 갖지 못한 것에 대한 아쉬움의 흔적들이 상당수 발견된다. 대표적으로 몇 가지만 예시하면 다음과 같다. 박인로, 〈述懷〉, 『노계집』 권1, 앞의 책, 222면. "草野愚慵一箇身 念時憂國暗傷神 聖恩未報頭先白 西望長安淚濕巾 / 報國初心久未成 孤眠長夜惱愁情 夢中馳入遼陽路 射殺單于奏凱聲"; 〈贈鄭公延吉〉, 『노계집』 권1, 앞의 책, 222면. "草野常懷慷慨心 傷時憂國百年心 多病人間頭已白 可憐虛老一丹心".

155) 박인로, 〈戱贈富山鄭公〉, 『노계집』 권1, 앞의 책, 221면.

身上縕袍百結衣	몸에는 백 번 꿰맨 옷 걸치고 있네
縱使比肩狐貉立	여우 갖옷 입은 사람과 나란히 서게 된다 해도
吾何羨彼恥吾衣	내 어찌 저를 부러워하고 내 옷을 부끄러워 하겠는가?[156]

유가적 전통 내에서 '채산'과 '조수'의 행위는 단어 자체가 의미하는 구체적 행위만을 지칭하지 않는다. 다시 말해 세상과 절연되어 있는 강호 속에서 자신의 성품을 도야하고 인격을 수양한다는 보다 넓은 의미가 내장되어 있는 것이다. 따라서 [1]에 제시된 '漁樵叟'는 비록 가난하지만 덕이 있는 유가적 현인을 의미하는바, 이 작품을 통해 우리는 개인적 수양의 높이가 사회적 부귀의 성취보다 우위에 있음을 강변하고자 하는 화자 자신을 발견하게 된다.

이러한 의식은 [2]에도 보인다. 흔히 이 작품은 박인로 자신이 治人의 기회를 획득하지 못한 회한 내지 한탄을 읊은 것으로 해석되어 왔으나 필자는 조금 다른 의미로 받아들이고자 한다. 우선 이 작품의 1·2구를 '출중한 능력을 지니고 있으면서도 현실에서 인정받지 못한 초라한 자아의 모습'으로 파악하게 되면 3·4구의 의미가 제대로 드러나지 않는다. 이러한 해석 하에서 3구의 '狐貉'이 가리키는 원래의 대상은 '治人의 기회를 획득한 사람'이 될 터, 그와 함께 나란히 서게 된다는 설정도 어색하거니와 무엇보다도 '吾何羨彼恥吾衣'가 의미하는 것이 자신이 한탄한 앞서의 상황을 애써 부정하는 자조적인 형국이 되기 때문이다.

주지하듯 이 구절은 『논어』 〈자한〉편에서 절취한 것[157]으로, 주희

156) 박인로, 〈述懷〉, 『노계집』 권1, 앞의 책, 221면.

157) 『논어』 〈자한〉. "子曰, 衣弊縕袍, 與衣狐貉者, 立而不恥者, 其由也與."

는 이를 '자로는 빈부에 의해 마음이 동요되지 않아 도에 나아갈 수 있음[子路之志如此, 則能不以貧富動其心, 而可以進於道矣.]'으로 해석하였다. 求道에 대한 신념의 투철함이 세속적 부귀에 의해 흔들리지 않을 정도라는 의미일 터다. 따라서 이 문장 자체에 정치적 希願을 달성하지 못한 데서 오는 회한의 정조가 개입될 여지는 희박하다. 이렇게 볼 때, 1구의 '白玉'·'千勻寶'를 '治人하는 데 탁월한 작자 개인의 능력'으로 해석하는 것보다는 '부귀에 마음을 쏟지 않고, 개인적 수신을 달성하는 데 진력하고자 하는' 박인로 자신의 다짐을 표상한 것으로 보는 편이 나을 듯하다. 요컨대 이 작품은 관직으로의 진출이 차단된 것에 대한 회한 내지 한탄이라기보다는 부귀와 같은 외부적 유혹에 흔들리지 않고, 자신이 추구하고자 하는 바를 따라 끊임없이 정진하겠다는 개인적 의지와 신념의 표명이라는 것이다.

상기한 작품들에 제시된 가난의 형상들은 역설적으로 작자가 품고 있는 수기적 완성['德', '白玉', '千勻寶']에의 의지를 더욱더 가열차게 만드는 동력으로 작용한다. '가난'과 '수기'를 가르는 명징한 이분적 구도 하에서 일말의 주저없이 후자를 선택하는 화자의 모습을 보면 그러하다. 이는 결국 작자가 현실에서 당면한 모종의 결핍이 자신이 추구하는 학문, 좀 더 자세히는 '위기지학'의 논리 하에서 일정 정도 해소되고 있음을 의미한다. 만일 그렇지 않았다면, 놓여 있는 두 개의 선택지 가운데 하나를 철저히 부정하는 화자의 모습은 나타나기 힘들다. 그렇다면 문제는 박인로가 전유한 성리학의 어떠한 면모가 현실에서의 결핍을 충족하고 보완해 주는가로 귀결된다. 개인의 수기적 완성을 위한 일련의 행위들이 사회적 부귀의 성취보다 우위에 있음을 납득할 수 있게 해 주는 부정할 수 없는 권위가 필요한데, 박인로는 이를 성리학으로부터 제공받았다는 것이다.

주지하듯 성리학의 핵심은 개인적 도덕성의 강조에 있다. 성리학자로 자신을 규정하는 이들은 모두 자기 개인의 인격적 완성에 대한 열망을 갖고 있으며, 그것을 위한 일련의 자기 수양에 몰두한다. 그런데 지나치다 싶을 정도로 개인에게 강도 높은 도덕성을 요구하는 그들의 주장은 언뜻 보기에 개인을 둘러싼 세계에 대해서는 별반 고민하지 않는 것처럼 보인다. 개인의 도덕적 완비가 낳게 되는 궁극적 결과에 대해 그 대답이 명료하게 제시되지 않은 것처럼 보인다는 것이다. 상기한 작품들만 하더라도 궁극적인 해결의 열쇠는 결국 개인의 문제로 수렴된다. 그러나 성리학에서는 이러한 간극을 해소하고자 하는, 다시 말해 자아와 세계의 미묘한 관계를 규정하는 특유의 이론적 매개가 마련되어 있다. 필자가 생각하기에, 박인로가 느꼈던 현실에서의 결핍이 성리학을 통해 극복될 수 있었다면, 이러한 매개에 의해 비로소 가능했을 것이다.[158)]

기실 성리학적 사유 체계 하에서 자아는 우주의 일부라기보다는 우주의 이치가 고스란히 구현된 '소우주'와 같다. 유가의 경전 속에서 지속적으로 제시되는, '만물이 사람에게 갖추어져 있다[萬物皆備於我矣]'라는 표현은 바로 이것을 의미하는바, 때문에 양자의 관계는 전자의 변화가 후자의 그것을 동시에 수반하는 同延 관계에 놓이게 된다. 다시 말해 개개의 사물에 우주적 이치가 구현되어 있다고 보는 그들의 사유 체계에 따를 때, 자아의 변화는 전 세계의 변화와 직결된다는 것이다. 16세기 사림파 문인들이 밥먹고, 일하고, 잠자는 개인의 미시적 행위 양태들을 교정하고자 한 것도, 조선 중기 이후 여러 문인들의 기록에서 개인의 도덕적 수양을 향한 강렬한 열망의 자취들을 자주 만나

158) 이상, 성리학과 개인적 도덕의 관계에 대해서는 김영민(2003), 앞의 논문, 185~194면 참조.

게 되는 것도 이에 기인한다. '내'가 유가적 질서 안으로 들어가게 되면, 그 功은 '천지가 자리잡고, 만물이 화육[位天地·育萬物]'되는 우주적 차원으로 확장된다는 것이다.

그런데 중요한 것은 이러한 성리학의 이론 체계가 중앙의 관직으로부터 멀리 떨어져 있던 지방의 지식인들에게 자신들의 처지를 합리화할 수 있는 모종의 명분을 제공한다는 것이다. 즉 관직으로의 진출과 사회적 공명의 획득에 실패한 데에서 오는 열패감을 어느 정도 무마시켜 주었다는 것이다. 관직으로의 진출 여부가 상당히 희박하던 한미한 지식인들에게 개인적 도덕성을 우선시하는 성리학적 논리는 세속적 부귀[관직]를 인격적 완성보다 열등한 것으로 위치시킴으로써 士 계층으로서의 정체성을 계속해서 유지할 수 있게끔 만들어 준다.[159]

뿐만 아니라 사회적 공명의 성취가 개인적 노력만으로는 담보되지 않았던 데 비해, 수기적 완성의 경우는 그렇지 않았다는 점도 그들이 성리학에 매료되었던 이유 중의 하나일 것이다. 16세기 후반을 기점으로 지방의 유가 지식인들에게 성리학적 사유가 널리 확산될 수 있었던 데에는 이와 같은 성리학 자체의 논리 역시 중요한 몫을 차지했다. 의식적으로 과거의 응시를 거부하고자 했던 이들이 이 시기에 양산되었던 것 또한 이러한 사상적 맥락과 무관하지 않을 듯하다. 요컨대 박인로의 작품 속에서 '궁핍한 현실'이 '求道의 열정'을 추동하는 배경으로 기능한다는 것은 '위기지학'으로 명명되는 새로운 학문적 체험이 전자의 극복을 위한 다양한 의미들을 그 자신에게 제공해 주었음을 의미한다는 것이다.

이렇게 볼 때, 우리는 그의 〈오륜가〉 창작 행위에 대해 '오륜=교화'

---

159) 이에 대해서는 김영민, 「『맹자』의 「불인인지심장」 해석에 담긴 정치 사상」, 『정치사상연구』 13-2, 한국정치사상학회, 2007, 69면 참조.

라는 기존의 시야에서 벗어나 조금은 다른 각도에서 파악할 수 있는 기반을 확보하게 된다. 즉 그에게 있어 오륜이라는 기본적 질서의 준수는 자아의 수양 과정이기도 하지만 이를 통해 우주적 질서의 조화에 참여한다는 점에서 세계를 전유하는 과정이기도 하다. 다시 말해 개인적 수기의 완성을 사회 전체의 安集과 동일한 것으로 파악하는 성리학적 사유 하에서 오륜적 질서의 준수는 박인로 자신의 '쓸모 있음'을 확인하는 중요한 수단이라는 것이다.

결국 박인로에게 있어 '오륜'이란 사회적 공명의 성취 과정 없이 세계에 참여하는 통로이며, 이를 통해 그는 현실에서 당면한 여러 결핍들을 극복할 수 있었던 것으로 보인다. 더구나 오륜과 같은 일상적 윤리의 준수를 통해 성인됨의 보편적 가능성을 기본적 명제로 제시하는 성리학적 사유 방식은 그가 느꼈던 현실적 결핍을 상쇄할 정도의 드높은 목표를 부여함으로써 모종의 결핍에서 오는 박탈감을 상당 정도 무마시켜 주었을 것이다. 그런데 이러한 사실이 〈오륜가〉와 관련하여 중요한 것은 그 자신이 경험한 극복의 과정이 비단 개인적 所用에만 그치는 것이 아니라 이를 극복하지 못한 '불특정 다수의 사람들'을 대상으로 그 시야가 확대된다는 데에 있다.

人物本一理　　사람과 사물은 본디 하나의 이치이거늘
曷爲貴乎人　　어찌하여 사람은 귀한 것인가
五行旒精秀　　오행의 정수가 드리워져
萬物皆備人　　만물이 모두 사람에게 갖추어졌네
…(중략)…
惟氣有清濁　　기의 청탁으로
乃有賢愚人　　현인과 우인 갈라지지만

使狂苟克念　　미치광이도 능히 생각하면
可以希聖人　　가히 성인을 바랄 수 있네
奈何世上人　　어찌하여 세상 사람들
不求所以人　　사람 되기 구하지 않는가
愚而不能學　　어리석어 배울 수 없다 하면
甘爲暴棄人　　기꺼이 자포자기한 사람 되어
禽獸卽不遠　　금수와 멀지 않을 터이니
哀哉此輩人　　슬프도다 이러한 사람들이여[160)]

위 시에서 박인로는 모든 사람에게 本具되어 있는 성선의 자질들을 언급함으로써 '인간은 배움을 통해 성인이 될 수 있다.'라는 성리학의 기본 명제를 재확인한다. 그에 따르면 사람은 기의 청탁으로 인해 어질고 어리석음의 차이가 나타나게 마련이지만, 그럼에도 불구하고 품부받은 본성은 동일하기 때문에 후천적 노력을 통해 선천적 지점으로 되돌아갈 수 있다. '미치광이도 능히 생각하면 가히 성인을 바랄 수 있다.'라는 구절에는 이러한 그의 생각이 집약되어 있다. 하지만 그가 보기에 세상의 많은 사람들은 이를 믿어 실천하지 않는다. 때문에 '사람/성인'이 될 수 있는 아주 간단한 길, 곧 오륜적 질서의 준수를 暴棄하게 됨으로써 금수에 가까워진다. 이러한 사람들, 곧 '불특정 다수'에 대한 연민과 동정, 그리고 권유. 그가 지은 〈오륜가〉의 모습도 이와 다르지 않다.

[1] 일찍이 말하기를, "시는 뜻을 말한 것이요, 노래는 말을 길게 늘인 것이니, 사람의 선한 마음을 감발시키는 데에는 노래가 제일 낫다. 이남 역시 노래이다."라 하고 드디어 군신·부자·부부·형제·붕우 다

160) 박인로, 〈次人字韻〉, 『노계집』 권2, 앞의 책, 239면.

섯 조목에 대해 백여 편을 서술하고서는 周詩를 모방하여 이름하기를 正風이라 했다. 세상에서 보배로이 여겨 그것을 외우는데, 가끔 관현에 올려지기도 했다.[161)]

[2] 幸兹秉彝心이 古今 업시 다 이실식
爰輯舊聞ᄒᆞ야 二三篇 지어시니
嗟哉 後生들아 살펴보고 힘서 ᄒᆞ라. 【총론, 2수】

[3] 世上 사ᄅᆞᆷ들아 父母恩德 아ᄂᆞ산다
父母곳 아니면 이 몸이 이실소냐
生死葬祭예 禮로뻐 終始 갓게 셤겨서라. 【부자유친, 4수】

먼저 [1]에는 박인로가 〈오륜가〉를 짓게 된 경위가 간략히 제시되어 있다. '사람의 선한 마음을 감발시키는 데에는 노래가 제일 낫다.'는 취지에서 〈오륜가〉를 창작한다는 것이 대강의 내용이다. 그러나 제시된 '사람'이 구체적으로 누구를 지칭하는지는 명확하지 않다. 그런데 대개의 〈오륜가〉는 그 목적과 효용이 뚜렷하기 때문에 작품 외부나 내부에 상정된 대상이나 창작의 배경이 직간접적으로 제시되는 경우가 많다. 중앙에서 파견된 관료의 경우, 그것은 주요한 치적으로 간주되어 자신 혹은 타인에 의해 그러한 사실들이 기록되기 마련이다. 대표적으로 주세붕과 정철의 경우가 그러하다. 재지사족 또한 그것이 집안의 자제들을 대상으로 했든, 洞里의 사람들을 대상으로 했든 유가적 교화의 일단으로 인식되어 작품 창작의 구체적인 경위가 비교적 상

161) 정규양, 〈行狀〉, 『노계집』 권2, 앞의 책, 233면. "嘗日, "詩言志, 歌永言, 而感發人之善心, 歌爲最, 二南亦歌也." 遂敍君臣父子夫婦兄弟朋友五目凡百餘篇, 以倣周詩, 名日正風, 世皆寶誦, 往往被諸管絃."

세히 제시된다. 앞에서 살펴 본 김상용, 박선장이 그러하다. 그러나 윗글에는 이러한 표식이 전혀 보이지 않는다. 만약 박인로의 〈오륜가〉 역시 그와 유사한 상황이나 의도 아래 창작된 것이라면 이에 대한 정황이 조금이라도 기술되지 않았을까?

필자는 이것이 박인로의 〈오륜가〉가 개인적 동기의 유발 차원에서 창작된 것이며, 그 대상 역시 불특정 다수의 사람들로 개방되어 있음을 의미한다고 생각한다. 이는 '다섯 조목에 대해 백여 편을 서술하고서는 周詩를 모방하여 이름하기를 正風이라 했다.'는 구절을 통해서도 어느 정도 짐작할 수 있는바, 이것이 여타의 작품과 같이 실체적 효용을 지니기 위해서는 그것의 가용성과 전달성을 감안할 때, 가능한 짧고 평이하며 간명해야 한다. 다른 작가들의 작품이 최대한 8수를 넘지 않는 것을 생각해 보면, 그 수사적 측면을 감안하더라도 100여 편은 너무 많은 것이 사실이다. 또한 어떤 작품의 덩어리를 묶어 그것에 또 다른 題名을 부여하는 행위는 일반적 감각으로 볼 때 사회적 발화가 아닌 개인적 차원의 행위일 가능성이 보다 높다. 이렇게 볼 때, [2]・[3]에 보이는 '後生들'・'世上 사름들'은 단어가 의미하는 그대로 특정한 범주에 속한 사람들이 아닌, 세상의 모든 사람들을 가리킬 것이다.

이러한 관점에 서게 되면, 박인로의 〈오륜가〉가 다른 작가들의 그것과 분별되는 지점들이 보다 개연성 있게 설명된다. 기존 논의에서 지적한 바와 같이,[162] 그의 〈오륜가〉가 다른 작품들에 비해 도드라지는 지점은 첫째, 작품 내에서 구체적 청자가 명확히 설정되지 않은 채 혼종되어 나타난다는 것, 둘째, 박인로 자신의 체험적 진술이 상당 부

162) 한창훈(1997), 앞의 논문, 229~244면; 이상원(2000), 앞의 책, 175~184면; 박연호(2003), 앞의 책, 29~33면.

분 들어가 있다는 것 등을 들 수 있다. 먼저 전자에 해당하는 작품들을 살펴보도록 하자.

[1] 父母 셤기기를 至誠으로 셤기리라
鷄鳴에 盥漱ᄒᆞ고 燠寒을 뭇ᄌᆞ오며
날마다 侍側奉養을 沒身不衰ᄒᆞ오리라.【부자유친, 3수】

[2] 聖恩이 罔極ᄒᆞᆫ 줄 사ᄅᆞᆷ들아 아ᄂᆞᆫ다
聖恩곳 안니면 萬民이 살로소냐
이 몸은 罔極ᄒᆞᆫ 聖恩을 갑고 말려 ᄒᆞ노라.【군신유의, 1수】

[3] 夫婦 삼길 적의 하 重케 삼겨시니
夫唱婦随ᄒᆞ야 一家天地 和ᄒᆞ리라
날마다 擧顔齊眉을 孟光ᄀᆞᆺ게 ᄒᆞ여라.【부부유별, 4수】

[1]은 직접적인 대상이 문면에 드러나지 않은 채 초장부터 종장에 이르기까지 화자 자신의 의지나 다짐으로 일관되어 있다. 한창훈이 지적한 바와 같이, '셤기리라'·'뭇ᄌᆞ오며'·'沒身不衰ᄒᆞ오리라' 등의 의지적 종결은 작품 전체의 구체적 인칭을 생략시킴으로써 읽는 이로 하여금 자기 자신을 대입시킬 수 있는 여지를 남겨두게 된다.[163] [2]에는 작자가 상정한 구체적 청자와 화자 자신의 주체적 발언이 함께 등장하는바, 이러한 시적 정황 하에서 종장의 '이 몸'은 작자 자신이거나 작자의 체험·심리가 투영된 상상적 分身 내지 外化된 자아의 이미지[164]로 귀착될 뿐이다.

---

163) 한창훈(1997), 앞의 논문, 239면.
164) 김흥규(1999), 「사설시조의 詩的 視線 유형과 그 변모」, 앞의 책, 209면.

이에 반해 [3]에서는 다른 작가의 작품들에 보이는, 윤리적 질서로 무장된 강고한 시적 화자만이 등장한다. 이러한 구도 하에서 작품의 수용자들은 지극히 피동적인 입장에 설 수밖에 없다. '날마다 擧顔齊眉을 孟光ᄀᆞᆺ게 ᄒᆞ여라'는 종장의 진술을 일방적으로 받아들여야만 한다는 것이다. 전체 25수 중 [1]·[2]에 속하는 작품은 22수, [3]에 속하는 작품은 3수이다. 다른 작가들의 작품들의 경우, 두 개의 유형이 비슷한 비중으로 등장하거나 후자가 다소 높은 비중을 차지한다는 사실을 감안할 때, 이러한 편중은 박인로의 작품만이 지닌 독특한 지점이다. 이는 어디에서 기인하는 것일까?

[1] 아버님 랄 나ᄒᆞ시고 어마님 랄 기ᄅᆞ시니
父母옷 아니시면 내 몸이 업실낫다
이 德을 갑ᄒᆞ려 하니 하늘 ᄀᆞ이 업스샷다. 【주세붕 〈오륜가〉, 2수】

[2] 寸마도 못ᄒᆞᆫ 푸리 봄 이슬 마즌 後에
닙 닙고 줄기 기러 밤나ᄌᆞ로 부러낫다
이 恩惠 하 罔極ᄒᆞ니 가풀 줄을 몰ᄂᆡ라. 【박선장 〈오륜가〉, 1수】

[3] 三千罪惡中에 不孝애 더 니 업다
夫子의 이 말솜 萬古애 大法 삼아
아모려 下愚不移도 밋처 알게 ᄒᆞ렷로라. 【박인로 〈오륜가〉, 부자유친 5수】

상기한 세 편은 모두 부자유친의 덕목을 노래한 것으로 화자 개인의 자전적 진술로 이루어져 있다. 그러나 이 작품들은 독자가 작품을 수용하는 시적 체험의 과정에 있어 무시할 수 없는 차이를 갖는다. 여기서 시적 체험이란 '언어의 형태로 파편화된 시인의 체험을 독자의 상상력을 통해 재구하는 것'165)을 의미하는데 작자가 작품을 창작함에 있어 구체적인 대상을 상정할 경우, 특별한 목적성을 지닌 〈오륜가〉는 대개 작자의 목소리가 개입되지 않는 영탄·의지형과 작자의 준엄한 목소리가 직접적으로 등장하는 명령형의 어조가 유사한 비중으로 구성된다. 자신이 관장하고 있는 고을의 백성들과 자신이 거주하고 있는 洞里의 洞人들을 그 구체적 대상으로 상정하고 있는 [1]·[2]의 작품은 구체적 인칭의 생략과 영탄적 어조의 활용을 통해 상정된 대상들이 이 작품을 향유함에 있어 자신의 주체적 발언으로 전유할 가능성이 충분하다.

그러나 [3]은 그렇지 않다. '下愚不移도 밋처 알게 ᄒᆞ렷로라'는 구절은 통상적으로 변화가 불가능하다고 인정되어 온 '下愚'들까지도 변화시키겠다는 박인로 개인의 목소리이자 의지적 표현이다. 다시 말해 다른 작품들이 상정된 청자를 대상으로 그들 나름의 전유 가능성을 염두에 두고 지어진 것이라면, 박인로의 그것은 청자에 대한 일정한 고려 없이 작자 자신의 주체적 의지를 표명하는 데 집중되고 있다는 것이다. 이렇게 볼 때, 박인로 작품의 거개를 차지하는 영탄·의지의 어조들은 작자 자신의 감정과 신념을 표명한 것으로 추정 가능하다.

결국 그의 작품은 자신이 속한 공동체가 요구하는 특정한 현실적 목적에 의해 창작되었다기보다는 학문적 실천의 연장선상에서 유발된 개인적 감흥의 차원으로 지어진 듯하다. 이러한 점은 그의 작품에 박인로 자신의 체험적 진술과 구체적 사실이 농밀하게 들어가 있다는 점을 통해서도 확인 가능하다.

165) 하윤섭, 「시적 체험의 다양성과 〈노처녀가(1)〉: 규방가사 권역에서 향유된 〈노처녀가(1)〉을 중심으로」, 『국어문학』 44, 국어문학회, 2008, 290면.

[1] 稷契도 안닌 몸애 聖恩도 罔極홀샤
百번을 죽어도 갑흘 닐이 업것마는
窮達이 길이 달나 못 뫼압고 설웟로라. 【군신유의, 2수】

[2] 深山의 밤이 드니 北風이 더옥 차다
玉樓高處에도 이 ᄇᆞ름 부는 게오
긴 밤의 치우신가 北斗 비겨 바ᄅᆡ로라. 【군신유의, 4수】

[3] 同氣로 셋 몸 되야 ᄒᆞᆫ 몸가치 지ᄂᆡ다가
두 아은 어ᄃᆡ 가셔 도라올 줄 모ᄅᆞᄂᆞᆫ고
날마다 夕陽門外예 한숨 계워ᄒᆞ노라. 【형제유애, 4수】

[4] 友愛 깁흔 ᄯᅳ지 表裏 업시 ᄒᆞᆫᄯᅳᆺ 되야
이 中에 和兄弟를 우린가 너겨ᄯᅥᆫ니
지타 白首隻鴈이 혼자 울 줄 알리오. 【형제유애, 5수】

먼저 [1]에는 치인의 자리를 획득하지 못한 작자 자신의 처지가 그대로 드러난다. 그는 유가적 전통에서 현신으로 추앙받은 '稷契'을 등장시켜 자신이 입은 과분한 성은을 부각시키지만, 報效의 기회를 얻지 못한 데서 오는 서러움, 아쉬움 등의 내면['窮達이 길이 달나 못 뫼압고 설웟로라.'] 역시 여과 없이 노출한다. 한량없는 성은의 크기[정철], 事君의 구체적 방법[김상용], 임금에 대한 축수[송순], 背恩에 대한 직접적 당부[박선장] 등이 기술되었던 여타의 작품들과 비교해 보면 상당히 이질적이다.

[2] 역시 마찬가지이다. 대개의 오륜시조에서 찾아보기 힘든 현란한 메타포들[北風·玉樓高處·北斗]로 구성된 이 작품에는 작자의 내면

에 담긴 '憂君'과 '戀君'의 감정들이 고스란히 녹아들어 있다. 전통적인 연군시조 작품들과 비교해 보아도 별다른 차이를 발견할 수 없을 정도로 이 작품은 작자 자신의 감정 표출에 주력한다. 이쯤 되면 박인로의 〈오륜가〉는 상하적 인간관계에서 지켜야 할 당위적 사실들을 강변하는 통상적인 오륜시조의 문법에서 상당 정도 이탈되어 있는 셈이다.

'형제유애'를 다룬 [3]·[4]를 살펴보도록 하자. 먼저 [3]에는 박인로가 직접 겪은 실제의 체험이 고스란히 들어 있다. 그에게는 '仁叟'·'仁耆' 등 두 명의 아우들이 있었는데, 작품의 내용으로 짐작하건대 전쟁의 와중에 죽었거나, 혹은 박인로보다 먼저 돌아간 듯하다. 이는 아래의 한시 작품을 통해서도 확인할 수 있다.

宜弟宜兄睦一家	아우에게 화목하고 형에게 화목하니 일가가 화목하여
人言友愛世無加	사람들 말하기를 이런 우애 세상에 없다 하네
如今謾作孤飛雁	지금 부질없이 홀로 나는 기러기 되어
隻影虛堂只自嗟	텅 빈 방 안의 외로운 그림자, 탄식하기만 하네[166]

주지하듯이 일정한 순서 하에 하늘을 비행하는 기러기의 모습[雁行]은 유가적 전통 내에서 우애 있는 형제 간의 모습을 묘사할 때 자주 쓰인다. 때문에, 위 시에 보이는 '홀로 나는 기러기'의 이미지는 두 명의 아우를 잃고 텅 빈 방 안에서 홀로 탄식하는 화자의 상태를 의미한다. [4]에 보이는 '白首隻鴈' 역시 마찬가지이다. 요컨대 두 명의 아우들을 그리워하는 화자의 모습은 특정한 대상을 감안하고 쓰여진 가상

166) 박인로, 〈有感〉, 『노계집』 권1, 앞의 책, 222면.

의 설정이 아니라 작자가 실제로 겪고 있는 절절한 내면의 양태라는 것이다.

이러한 지점은 여타의 작품들과 비교해 볼 때 그 편차가 더욱 심하다. 앞서 살펴본 바와 같이, 다른 작품들에서 형제 간의 우애를 당부하는 표현의 방식들은 대개 동일한 부모 밑에서 나온 同氣임을 내세워 둘 사이의 화목을 종용한다. 특히 재물로 인한 불화의 문제가 쉽사리 발생할 수 있는 관계인 터라, 그 어조 역시 상당히 강경하다. '兄弟옷 不和ᄒᆞ면 개 도티라 ᄒᆞ리라(주세붕)', 'ᄒᆞᆫ젓먹고 길러나이셔 닷ᄆᆞ음을 먹디 마라(송순)', '삼름이 이 뜻들 모라면 禽獸마도 못ᄒᆞ리(박선장)' 등 형제간의 불화를 금수와 직결시킬 정도로 발언의 수위 역시 상당히 높다. 물론 박인로의 작품에도 '爭財예 失性ᄒᆞ야 同氣不睦 마라ᄉᆞ라(형제유애, 2수)'와 같은 유사한 유형이 없는 것은 아니다. 하지만 개인적 체험과 그로 인해 발생한 진솔한 내면을 여과없이 발산하는 상기한 유형의 작품들은 여타 작가들의 작품에서는 찾아볼 수 없다.

필자는 박인로 〈오륜가〉에 나타나는 이러한 特異의 지점들이 작품 수용의 구체적 대상이 설정되지 않은 데에서 기인한다고 생각한다. 다시 말해 그의 작품은 종족 구성원의 유교화나 향촌사회의 질서 확립 등 실질적이면서도 구체적인 창작의 목적을 갖지 않는다는 것이다. 만약 그러한 목적이 〈오륜가〉 창작의 동인이었다면, 여타의 작품들과 같이 그들에게 요구되는 오륜적 질서의 덕목들을 강권하거나 혹은 스스로 각인시키는 방향으로 창작되었을 가능성이 높다. 물론 그렇다고 해서 그의 작품이 개인적 수신의 방편으로만 창작되었음을 의미하는 것은 아니다. 작품의 문면에 드러나는 타자를 향한 발화들 역시 분명히 감지되기 때문이다. 이에 따라 필자는 그의 〈오륜가〉가 자신이 경험한, 그리고 자신이 믿고 있는 신념['오륜적 질서의 준수를 통해 사람

/성인이 될 수 있다.']을 불특정 다수의 사람들에게 이전시키고자 했던 학문적 행위의 하나로 생각한다.

거칠게 요약하자면, 김상용·박선장 등의 창작 행위가 가문 내지 향리와 같은 구체적 공간을 염두에 둔다는 점에서 사회적이라면, 박인로의 창작 행위는 아이러니하게도 그러한 구체적 공간의 범위를 넘어서기 때문에 개인적이다. 앞서 필자는 박인로 자신이 현실에서 당면한 다양한 결핍들을 성리학이라는 새로운 학문적 경험을 통해 일정 정도 극복했을 것이라 추정하였다. 이러한 추정이 어느 정도의 설득력을 갖고 있다면, 필자는 그의 〈오륜가〉 창작 역시 그러한 연장선상에서 이루어진 것으로 간주하고자 한다. 다시 말해 성리학적 삶을 경유하면서 획득하게 된 보편적 진리를 불특정 다수의 '世上 사룸'들과 공유하고자 했던 개인적 동기의 결과물이라는 것이다.[167]

167) 접근의 방식은 다르지만, 박인로의 〈오륜가〉에 대해, "성리학적 삶을 실천하는 과정에서 자신이 몸소 깨달은 오륜의 내용을 그때그때의 감회 형태로 적은 것"으로 파악한 이상원의 견해에 필자는 동의한다. 이상원(2000), 앞의 책, 176~177면.

제5장
18~19세기: 오륜의 통속화와 형식적 전환

조선 후기 오륜가사에 대한 종래의 연구는 교훈가사라는 보다 넓은 범위의 일환으로 진행되어 왔다. 개별 작품을 소개하면서 작자나 창작 시기를 밝힌다거나, 다양한 이본과의 비교를 통해 선본을 선정하는 등 문헌적인 차원의 작업이 주를 이루었다. 이러한 경향은 박연호에 의해 一新되는바, 논자는 조선 후기 교훈가사를 향촌사회의 변화 및 사족층의 신분 변동과 연관 지어 설명해 냄으로써 이전까지 별다른 주목을 받지 못했던 이들 작품에 뚜렷한 시가사적 의미를 부여하였다. 또한 여러 곳에 遍在해 있던 교훈가사 작품들을 발견・발굴하고 일정한 기준으로 분류하여 향후 이와 연관된 성과들의 초석을 마련하였다는 점에서 본 논의가 지닌 학술적 의의는 여전히 유효하다.[1)]

필자는 조선 후기 오륜가사 작품들을 당대 향촌사회의 동향과 연관 지어 해석한 논자의 견해에 기본적으로 동의한다. 다만 대상 작품을 가문과 향촌이라는 한정된 공간 안으로 귀속시킴으로써 실제 그보다 유통의 범위가 넓었을 듯한 작품들,[2)] 예컨대 황립의 〈오륜가〉, 『장편

---

1) 박연호, 앞의 책, 11~285면.

2) 어떤 개인을 막론하고 가문과 향촌사회로 귀속되기 마련이라는 점에서 박연호의 이와 같은 분류는 오륜시가 작품의 향유 공간 전체를 의미하는 것일지도 모른다.

가집』 소재 〈오륜가〉, 『초당문답가』 소재 〈오륜가〉 등에 내포된 중요한 지점들을 충분히 드러내지 못한 것으로 보인다. 참고로 필자가 주목하고자 하는 오륜가사 작품들은 명확한 유포 대상을 전제하고 창작된 작품들보다는 상기한 작품들과 같이 불특정 다수를 대상으로 창작되었고, 또 그들에 의해 향유된 작품들이다.

노규호는 작품 제작 의도에 교육을 목적으로 한 지은이의 의식이 강하게 투영되어 있는 일련의 작품들을 교본성 가사로 명명하고, 이를 다시 부녀윤리 교육형, 교양 교육형, 농가영농 교육형, 종교교리 교육형 등으로 나누어 내용 및 표현상의 특질을 검토하였다.[3] 육민수는 19~20세기 초반의 교훈가사 작품들을 대상으로 하여 이들 작품의 상당수가 작자성이 상실된 채 전승·유포되었으며, 서술의 유기성 측면에서 이완된 양상을 보인다는 점에 착안, 이는 바로 시정 문화권의 다수 대중이 자신의 교양을 표출할 목적으로 문화권 내에서 공유된 담론을 수용하여 향유한 결과로 파악하였다.[4]

이러한 논의들은 각자가 이룬 성과의 면면에서 다기한 양상을 보여주지만, 난맥처럼 얽혀져 있던 교훈가사 작품들을 일정한 기준에 의해 계열화하고, 그 기준을 토대로 작품을 독해해 내려 했다는 점에서 상

다만 필자가 제기하고자 하는 부분은 상기한 작품들이 가문과 향촌이라는 구체적 공간과 거기에 속해 있는 실제의 인물들을 대상으로 지어진 것이라기보다는 특정한 공간이나 예상되는 독자들을 상정하지 않은 채 무정향적으로 창작·수용되었다는 것이다. 필자는 조선후기 오륜가사의 이와 같은 양상이 오륜 개념의 대중적 전파와 확산에 기인한바 크다고 생각하는데, 이에 대해서는 후술토록 한다.

3) 노규호, 「조선 후기 교본성 가사 연구」, 홍익대학교 박사학위논문, 1998.

4) 육민수, 「조선 후기 교훈가사의 담론특성 연구: 19~20세기 초반 작자성이 상실된 텍스트를 중심으로」, 성균관대학교 박사학위논문, 2003. 이 논문은 일련의 수정·보완을 거쳐 『조선 후기 가사문학의 담론 양상』(보고사, 2009.)이라는 題名의 단행본으로 출간된 바 있다. 앞으로 이에 대한 인용은 후자를 기준으로 한다.

당한 의미를 갖는다. 다만 필자가 의문을 제기하고자 하는 부분은 위의 논의들이 공유하고 있는 유사한 전제들이다. 이 논의들은 공히, 조선 후기 사회를 중세적 질서가 무너진 중세 봉건 해체기라던가, 이미 근대화가 진행 중인 근대 이행기로 규정한다. 이에 따라 이러한 시기적 현실과 모순되는 듯한 수백 편의 교훈가사 작품들은, '무너져 가는 봉건적 질서를 수호하기 위한 문학적 수단'과 같이 비교적 예상 가능한 결론이나, 혹은 '오륜이라는 전근대적 개념이 근대적 교양의 의미로 전환된 것'이라는 다소 모호한 결론으로 귀결되고 말았다.5)

특히 육민수의 경우, 일련의 교훈가사 작품들이, "이념적 맥락으로는 성리학이 탈지배이념화했다는 점을, 사회적 맥락으로는 탈신분화,

5) 논자는 '근대적 교양'의 의미를 "지식을 쌓거나 정서를 함양하거나 도덕적 행위를 실천함으로써 고상하고 원만한 품성을 갖추게 하는 것(위의 책, 162면.)"으로 정의하였다. 논자가 사용한 '탈지배이념화'라는 용어로 짐작하건대, '에티켓'이나 '매너' 정도의 의미, 그러니까 어떤 당위성이나 강제성을 동반하지 않으며, 단순히 행위주체의 문명화 정도를 나타내는 지표로 이해하고 있는 것이 아닌가 한다. 그러나 이 시기의 오륜가사 작품들에 등장하는 상투적 표현 중 가장 빈번한 구절이 "오륜지도 능히하면 삼재중에 참예하고 오륜지도 모르며는 금수엔들 비할소냐"인 것을 감안하면, 이는 단순히 교양의 수준으로 거론할 문제는 아닌 듯하다. 동일한 표현이라 할지라도 그것이 놓인 담론적 공간에 따라 상이한 의미를 내포할 수는 있겠지만, 그렇다 하더라도 인간과 금수를 명확히 가르는 상기한 명제를 당위성이나 절대성의 뉘앙스가 결여되어 있는 '교양'이라는 어휘로 포괄할 수 있을지에 대해서는 선뜻 동의하기가 어렵기 때문이다. 뿐만 아니라 논자가 강조하고 있는 '시정 문화권'의 범주 역시 분명치 않다. 김학성의 견해에 따르면, "도시라는 사회 문화 공간 속에서 도시적 삶과 미적 취향을 갖고 살아가는 집단 전체"(김학성, 「18・19세기 예술사의 구도와 시가의 미학적 전환」, 『한국 시가의 담론과 미학』, 보고사, 2004, 17면.) 정도가 될 터인데, 그렇다면 非시정 문화권 속에서는 오륜의 문제가 중시되지 않았다는 것인지, 혹은 여전히 지배이념으로 기능하고 있었음을 의미하는 것인지 의문스럽다. 현전하는 오륜가사 작품들의 판본들로 짐작해 볼 때, 이러한 작품들이 '시정' 너머의 영역에서도 유포・향유되었던 것이 분명하다면, 이는 '시정'이라는 공간의 문제보다는 '조선 후기'라는 시기의 문제로 접근하는 편이 보다 온당하지 않을까 한다. 외람되지만, 필자가 '모호하다'라는 표현을 쓴 것은 이 때문이다.

탈계급화 경향에 따라 중세적 사회질서가 해체되고 다수 대중이 역사의 수면으로 점차 부상하게 된"[6] 사회적 배경 하에서 출현하게 되었다는 점을 논의의 전제이자 결론으로 삼고 있는데,[7] 삼강오륜의 대중적 인지와 전파가 어떠한 과정을 거쳐 脫중세·脫지배로 귀착될 수 있는지 다소 불분명하다. 짐작컨대 이는 아마도 논자 자신이 豫定해 놓은 조선 후기像['조선 후기에 근대화가 진행되고 있었다.']과 그에 어울릴 것 같지 않은 문학적 실상['오륜시가의 활발한 창작과 전파']을 논리화하는 과정에서 나온 것으로 보인다. 이 시기에 보이는 풍성한 오륜 담론의 흔적들을 전대와 다른 '교양' 차원의 의미로 해석한 것 역시 이행 중인 근대와 성행 중인 오륜을 연접시키고자 했던 고민의 소산으로 생각된다. 하지만 삼강오륜과 그것을 주지로 한 일련의 작품들이 대다수의 민중들에게 수용되고 있었다는 사실은 중세적 사회질서가 해체되고 있었음을 증거하는 것이 아니라 오히려 그 역의 경우를 상정하는 것이 보다 자연스러워 보인다.[8]

최근 제출된 이도흠의 견해 역시 이와 다르지 않다. 논자는 18~19세기 조선 사회에 자본주의의 맹아가 발생하고 상품화폐경제가 나타

6) 육민수, 위의 책, 218면.

7) 이러한 점은 서영숙의 논의에서도 보인다. 관련 부분을 그대로 옮겨보면 다음과 같다. "오륜을 비롯한 유교 이념의 경직성이 해이해지고 사고방식과 삶의 양상이 다양화된 현상의 반영으로 생각되는데, 19세기 무렵 대중의 큰 호응을 얻었다." 서영숙, 「오륜가사의 서술방식과 의미」, 『한국언어문학』 37, 한국언어문학회, 1996, 404면.

8) 뿐만 아니라 논자 자신의 의도와 무관하게, 이완된 서술의 유기성을 다수 대중의 향유 문제와 연결시키게 되면 다수 대중의 개입이 완결되어 있던 개개 작품의 유기성을 와해시킨다는 것으로 오해할 여지가 있다. 따라서 작품의 유통에 다수가 관여하게 되면 반드시 유기성이 해체되는가, 유기성이 해체된다기보다는 다른 종류의 유기성이 새로이 생성되는 것은 아닌가와 같은 질문을 반드시 던져볼 필요가 있을 듯하다.

났음을 전제로 하여 『악부』 소재 〈五倫歌〉를 해석하였다. 논자는, "18~19세기에 조선조 사회는 아직 본격적인 자본주의로 진입하지는 못했지만 자본주의의 맹아가 발생하고 상품화폐경제가 나타났다. …(중략)… 〈(草野農夫) 五倫歌〉의 시적 화자는 비합리적 도덕주의자이다. 초야농부는 당시 나타나기 시작한 상품화폐경제에 맞서서 三綱五倫과 형제의 우애를 교조적으로 수호하는 인간 유형이다. 그는 물욕에 어두워 仁義를 배반하는 세태를 비판하고 삼강오륜과 형제간의 우애를 욕망한다."[9]라고 하여 18~19세기 들어 오륜가사 작품들이 족출하는 현상을 이 시기에 나타난 물적 토대의 변동과 그로 인해 기존의 상부구조가 붕괴된 결과로 파악하였다.

그러나 재산 문제로 인한 형제간의 불목을 경계하고, 우애를 당부하는 작품들의 존재는 16세기 이후부터 줄곧 확인된다. 따라서 이러한 작품들의 출현 요인을 상품화폐경제의 발흥으로만 한정시키는 것["화폐경제가 본격화하자 물욕이 증대하여 인의를 저버리고 형제 사이에도 다투는 일이 많았던 모양이다."[10]]은 자본과 도덕의 관계를 반비례적 함수 관계로 간주한 근대적 사고의 연장선상에서 기인한 것으로 보인다. 해당 시기의 특수성을 배제하고, 모든 시기를 전체화시키는 것도 문제이겠지만, 사실 인간의 욕망은 어느 시기를 막론하고 동일하게 존재한다. 상품화폐경제의 출현 여부가 욕망의 크기를 加減시키지 않으며, 해당 시기의 구조와 조건에 따라 욕망의 형태만이 다르게 나타날 뿐인 것이다. 작품에 드러난 반인륜적 사례들을 조선 후기 사회에만 나타나는 특수한 국면으로 단정하고, 그것의 동인을 해당 시기의

9) 이도흠, 「18~19세기 가사에서 상품화폐경제에 대한 태도 유형 분석」, 『고전문학연구』 34, 한국고전문학회, 2008, 61면.

10) 이도흠, 위 논문, 81면.

증대된 욕망 탓으로 돌린다면 유사한 효용을 담보했던 오륜시조 작품들의 존재는 어떻게 설명할 수 있는가? 인간의 역사 속에서 상존하는 욕망들을 통어하는 방식들 역시 욕망의 존재와 함께 병행되어 왔던바, 필자는 그러한 방식들의 실체를 탐색하는 작업이 우선되어야 한다고 생각한다. 이러한 시각에서 볼 때, 『악부』 소재 〈오륜가〉와 십수종에 달하는 이본의 존재가 의미하는 중요한 지점은 오륜적 질서의 준수를 표방한 일련의 작품들이 일부 지배층의 계몽적 시각 하에서만 所用된 것이 아니라 불특정 다수의 민중들 사이에서 자발적인 動態를 띄면서 유통·향유되고 있었음을 보여준다는 데에 있을 것이다.

필자 역시 이 시기에 보이는 오륜가사 작품들의 대중적 확산을 이전 시기와 다른 일종의 결절점으로 파악하고자 한다. 이러한 작품들이 하나의 상품으로 취급되어 전에 없이 廣布되었던 정황은 분명히 문제적 현상이다. 관건은 이러한 정황을 해석하는 우리의 몫일 터, 필자는 이것이 의미하는 바가 조선 후기에 진행되고 있었던 근대적 도정의 반동적 징표라기보다는 오히려 삼강오륜이라는 성리학적 이념이 좀 더 많은 범위의 사람들에게까지 당위적인 것으로 수용되고 있었음을 증거하는 것이라고 생각한다.

주지하듯 어떠한 의미체계가 일정한 공동체 안에서 자연스레 소통되기 위해서는 그러한 의미체계를 둘러싼 모종의 해석 공동체[11]를 요청하기 마련이다. 그것의 의미를 읽고 이해할 수 있는, 보이지는 않는 共識의 지반이 반드시 필요하다는 것이다. 필자는 조선 후기 오륜가사 작품들에 보이는 簇出과 廣布의 정황들을 이러한 맥락 안에서 읽어 보고자 한다. 즉 조선 전기부터 꾸준히 진행되어 온 성리학적 이념

11) 이 용어는 김영민(2009), 앞의 논문, 40면에서 인용.

의 전파와 보급이 조선 후기가 갖는 시대적 특수성과 결부되어 좀 더 많은 사람들에게 주지되고 있었고, 이러한 현상의 문학적 결과물이 일련의 오륜가사 작품들이라는 것이다.

한편 유가적 질서의 공고화와 해당 사회의 역사적 발전을 반비례적인 것으로 이해해 오던 통설적 관점들을 감안하면 필자가 제기하는 이와 같은 주장은 조선 후기 사회를 상당히 정체적이고 퇴행적인 사회로 인식하고 있는 것처럼 오해될 소지가 있다. 하지만 필자는 '발전'이라는 기표에 내포된 일반적 의미들, 예컨대 '이전과 이후를 가르는 명징한 이분적 기준', '반드시 그렇게 되어야만 한다는 강고한 목적성', '통상적으로 발전의 정도를 가늠하는 사회경제적 지표들' 등을 거부함으로써 '발전'의 의미를 상대화시키고자 한다.

어떤 면에서는 유가적 질서가 공고화되었다는 것도 '발전'의 영역에서 논의될 수 있다. 일례로 베이커는 조선이 임병양란이라는 국제적 규모의 전쟁을 거쳤으면서도 500여 년 동안이나 지속된 사실을 두고 놀랄 만한 사회적 안정성과 정치적 지속성을 보여주는 것으로 해석하면서, 국가와 사회를 이념적으로 결속시킨 유교의 역할에 상당한 의의를 부여하였다.[12] 다시 말해 근대적 관점과 일정한 거리를 둔 채 장기 지속적인 측면에서 유교를 바라볼 경우, 유가적 가치의 내면화와 그것의 광범한 확산은 조선 사회를 '발전'시킨 것으로 바라볼 수 있는 여지가 충분하다는 것이다.

필자의 생각 역시 이와 다르지 않다. 기실 자연적 재해와 한정된 물산으로 인해 사회경제적 생산기반이 취약할 수밖에 없었던 전근대 사회가 안정적으로 지속·유지되기 위해서는 공동체에 귀속된 구성원들

12) 도날드 베이커 지음, 김세윤 옮김, 『朝鮮後期 儒敎와 天主敎의 대립』, 일조각, 1997, 130~137면.

의 욕망을 통어할 수 있는 적실한 방식들이 요구되기 마련이다. 뿐만 아니라 그러한 방식의 정당성이 일부 지배 계층은 물론이거니와 피지배 계층들에게도 일정 부분 공유되어야만 그들로부터의 자발적인 희생과 헌신을 기대할 수 있게 된다.

필자는 오륜적 질서의 광범한 확산과 수용 역시 이러한 과정에 다름 아닐 것으로 생각하며, 이를 통해 조선 사회는 동아시아 국가들 중에서 유례없는 안정과 지속을 획득할 수 있었다고 본다. 요컨대 사회적 안정과 유지의 측면에서 유가적 질서의 대중화는 설사 그것이 여성/민중과 같은 사회적 약자들을 유가적 인간형으로 이데올로기화시키는 부정적인 방향이었다 할지라도, 사회의 안정과 유지 차원에서는 나름의 '발전'을 유도했다는 것이다.

그런데 주지하는 바와 같이 18~19세기에 산출된 오륜가사 작품들은 한 편의 학위논문을 온전하게 구성할 수 있을 정도로 양적인 측면에서 풍부할 뿐만 아니라 그것의 산출 동인이나 미적 특질, 시기적 맥락 등 작품과 더불어 논의될 수 있는 지점들이 상당하다. 따라서 그러한 것들을 단일한 장 속에서 모두 다룬다는 것은 불가능한 일일 터, 필자가 이 작품들을 통해 살펴보고자 하는 범위나 방향에 대해 좀 더 명료하게 제시해야 할 필요가 있을 듯하다.

사실 앞서 4장에서 살펴본 오륜 담론의 諸양상들은 18~19세기에도 고스란히 지속된다. 종법적 질서의 광범한 정착과 강화된 가부장제의 분위기 하에서 가문 단위로 오륜적 덕목을 설파하는 사례가 급증하며, 향촌사회의 질서 확립을 위한 방편으로 동계나 향약 등을 통해 洞人들을 대상으로 주지시키고자 한 사례들 역시 심심치 않게 발견된다. 뿐만 아니라 성리학적 사유 방식이 지방의 재지사족들에게까지 보편적인 것으로 인식됨으로써 이를 개인적 수신과 학문적 연찬의 대상으로 간주하는 경우 또한 즐비하다. 조선 후기 교훈가사 작품들 속에서 오륜의 문제가 자주 언급되는 것도 이러한 역사적 맥락과 긴밀히 연관되어 있다.[13)]

다만 이러한 양상이 19세기에 창작·유포된 가사 〈오륜가〉 작품들과 분별되는 지점은 여전히 교화의 주체와 객체가 분명하게 정해져 있다는 것이다. 문중의 어른이든 향촌사회의 수장이든 작가와 동일시되는 실존하는 시적 화자가 집안의 자제나 洞人과 같이 윤리적·도덕적으로 자신보다 열등한 존재들을 대상으로 하여 오륜적 질서의 당위와 그에 대한 준수를 설파하는 기존의 방식이 동일하게 유지되는 것이다. 때문에 이러한 작품들의 유포 범위는 가문·동리와 같이 상당히 제한된 공간에 국한되어 있으며, 여타의 이본이 발생한 사례도 거의 없다.

반면, 주로 19세기에 창작·유포된 작품들은 한정된 향유 공간을 갖지 않고, 명확한 주체와 객체를 표방하지 않으며, 수용의 측면 역시 필사 혹은 구매의 형태로 자발적인 양태를 보인다.[14)] 이는 오륜 개념

13) 이에 대해서는 박연호, 앞의 책, 46~173면; 김창원, 「조선후기 사족창작 농부가류 가사의 작가의식 연구」, 고려대학교 석사학위논문, 1993, 50~59면: 「18~19세기 향촌사족의 가문결속과 가사의 소통」, 고려대학교 고전문학 한문학연구회 편, 『19세기 시가문학의 탐구』, 1995, 313~337면에 상세히 제시되어 있기 때문에 이와 관련된 문제들은 여기로 미루고 본고에서는 다수 대중으로의 광범한 유포 경향을 보이는 19세기 〈오륜가〉 작품들만을 대상으로 한다.

14) 이러한 측면은 이미 육민수에 의해 주목된 바 있으나(육민수, 앞의 책, 45~47면), 조선 후기 오륜 담론의 전개 양상을 파악하는 관점에서 논자와 필자는 상이한 지점에 입각해 있다. 논자는 조선 후기를 "절대적이었던 오륜의 권위가 추락하던 시기(205면)"로 파악한 반면, 필자는 오륜의 권위가 추락하는 것이 아니라 그것의 당위성이 다수 대중에게 각인되고 있던 시기로 파악한다. 다시 말해 이전까지 오륜적 질서의 주체로 자리매김하지 못했던 '여성'과 '민중'이 오륜 개념을 전유한다는 사실은 이 시기에 와서 오륜의 권위가 상실되었음을 의미한다기보다는 그들까지도 오륜적 질서의 주체로 포섭함으로써 좀 더 완정한 중세국가를 이룩하고자 했던 士계층의 의식과 그것이 사회 전체의 주도적 담론으로 부상하게 된 담론적 정황에 기인한 바가 크다는 것이다.

자체가 더 이상 지배층의 전유물이 아니라 이 시기의 보다 많은 사람들에게 당위적인 것으로 간주됨으로써 오륜적 질서의 준수를 당부하고 있는 작품들을 자발적으로 수용하게 되었음을 의미한다. 그렇다면 문제는 어떠한 매커니즘에 의해 당시의 다수 대중이 오륜 개념을 절대적이고 보편적인 것으로 인식하게 되었는가를 탐색하는 데에 있을 터, 필자는 이를 조선 후기 유교의 통속화 과정을 통해 이해의 일단을 구하고자 한다. 이에 따라 본 장에서 다루고자 하는 사항들을 간추리면 다음과 같다.

첫째, 18~19세기의 오륜 담론이 어떻게 전개되어 가는가의 문제이다. 앞서 살펴본 바와 같이 종래의 견해들은 근대적 맹아의 발생과 함께 강고한 중세적 질서가 붕괴되었고, 이를 지탱하기 위해 그러한 질서들을 다시금 강조하게 되었다는 전제에서 출발하였다. 그러나 누차 지적한 바와 같이 오륜적 질서의 위반이 조선 후기에 들어와서 두드러지게 증가한 것으로는 보기 어렵다. 이를 증빙하는 것도 만만치 않은 일이거니와 계측의 방법을 통해 증빙한다 하더라도 현전하는 자료의 시기별 편중, 붕괴의 여부를 판단하는 기준의 마련, 개별적 사례들이 지니고 있을 이질적 성격 등 고려해야 할 대상들이 상당하다. 무엇보다도 그러한 사례들의 원인을 물질에 대한 욕망의 증대로만 돌릴 수 없음은 자명하다. 이러한 가설 하에서라면 이전 시기까지 존재했던 여타 오륜시가 작품들의 존재를 설명하기가 난감해지기 때문이다. 필자가 담론의 문제에 관심을 기울이는 이유도 여기에 있다. 18~19세기를 살았던 사람들이 오륜의 문제를 어떻게 인식하고 있었는지의 여부가 보다 분명해진다면 오륜 관련 작품들이 이 시기에 족출하는 현상의 원인들 또한 종래와는 다른 각도에서 바라볼 수 있지 않을까?

둘째, 冒頭에서 언급한 바와 같이 오륜시가사의 전개 과정에서

18~19세기가 주목되는 까닭은 '오륜'을 題名으로 한 일련의 가사 작품들이 족출한다는 데에 있다. 이로써 오륜시가 작품들은 '15세기 경기체가', '16~17세기 시조', '18~19세기 가사'라는 세 개의 시기적 구획으로 뚜렷이 나누어지게 되는바,[15] 본 장에서는 이 시기에 발생한 오륜시가 작품들의 장르적 전환에 중점을 두고 서술할 예정이다. 일반적으로 볼 때 무언가가 새롭게 출현했다는 사실 이면에는 기존에 그것과 유사한 기능을 담당하던 것으로부터 모종의 결핍이 생겨나게 되었음을 전제한다. 다시 말해서 이전 시기까지 시조 장르가 부담했던 오륜 관련 효용들이 18~19세기에 들어와서는 더 이상 기대할 수 없는 것으로 판단되어 이에 대한 새로운 대안으로 가사 장르가 모색되었다는 것이다. 그렇다면 오륜가사의 작자들이 오륜시가를 통해 企圖했던 바는 무엇이었으며, 이러한 시기적 요구에 대해 가사 장르가 부응할 수 있었던 구체적인 지점은 어디인가? 이를 아래에서 살펴보도록 하자.

1. 18~19세기 오륜 담론의 전개 양상과 오륜가사의 출현

1.1. 오륜의 대중적 전파 양상과 '통속도덕'의 성립

필자는 본 항을 통해 조선 후기 유교의 대중적 전파 양상을 조망해 보고, 그것이 조선조 오륜 담론의 역사 속에서 어떠한 의미를 갖는지에 대해 진단해 보고자 한다. 흔히 '통속성'의 개념 속에서 비합리성,

15) 〈금보가〉·〈권선지로가〉·〈도덕가〉·〈낙빈가〉·〈상저가〉·〈효우가〉 등 퇴계·율곡·남명의 所作으로 전해지는 일련의 교훈가사 작품들이 있으나, 최근 박연호는 이 작품들 대부분이 19세기의 시대상을 반영하고 있다는 점을 들어 상기한 작가들의 작품이 아님을 재확인시켜 주었다. 이에 대해서는 박연호, 「퇴계가사의 퇴계 소작 여부 재검토」, 『우리어문연구』 36, 우리어문학회, 2010, 7~29면 참조.

대중의 저속한 취미, 퇴영성, 상업성과의 결부, 흥미와 재미에의 추구 등과 같은 부정적 속성들을 읽어내는 경우가 많은데, 본고에서 사용하는 통속성의 개념은 이러한 일반적인 의미와는 조금 다르다.[16] 필자가 사용하고자 하는 유가의 통속화란 이 시기 일반 민중들[17]에게 전유되었던 유가적 이념이 우주론・심성론 등과 같은 유가 본연의 고원하고 형이상학적인 이론들이 아니라 삼강오륜과 같은 일종의 생활윤리였다는 것, 그리고 그러한 기초적인 덕목들이 다수 대중을 상대로 저변화되고 있었음을 의미한다. 요컨대 이론이 아닌 실천의 측면으로, 양반들의 전유물이 아닌 일반 민중을 대상으로 개방・소통되고 있었음을 전제하는 것이다.[18]

---

16) 통속성의 개념에 대해서는 양승민, 「17세기 傳奇小說의 통속화 경향과 그 소설사적 의미」, 고려대학교 박사학위논문, 2003, 13~29면.

17) 이용기는 '민중'의 개념에 대해, "모순을 과학적으로 인식하고 옳은 노선이나 역사적 과제를 향해 달려가는 영웅이 아니라 평범하면서도 감당하기 힘든 일상에서 고통과 희망을 경험하는, 그리하여 다양한 차원과 방법으로 끊임없이 저항을 시도하면서도 지배의 그물망에서 쉽게 벗어나기 힘든, 한마디로 모순덩어리이면서도 그래서 역동적인 존재"로 규정하였다.[이용기, 「미군정기의 새로운 이해와 '사회사'적 접근의 모색」, 『역사와 현실』 35, 한국역사연구회, 2000, 20면.] 본고에서 사용하는 민중의 개념 역시 역사 발전의 주체 내지는 혁명의 진원지와 같은 종래의 정의 대신 이와 유사한 의미로 사용하고자 한다.

18) 본 장의 주된 목적이 오륜 개념의 민중적 전유 양상을 확인하는 데에 있다면, 그러한 정황을 보여주는 실제적 근거들이 상당수 제시되어야만 한다. 특히 오륜(A)과 유가적 윤리(B) 사이에는 중첩되는 지점도 상당하지만, 각자가 담아낼 수 있는 범위에 있어 그 차이 또한 분명하기 때문에 양자를 동일한 것으로 간주할 경우 본고의 전체적인 방향이 다소 희미해 질 수도 있다. A를 통해 B를 설명할 수는 있지만, B를 통해 A를 설명하게 될 경우 예기치 않은 논리적 공백이 발생하게 될 염려가 있다는 것이다. 하지만 예견되는 바와 같이 하층민에 의해 그러한 정황이 직접적으로 모사된 기록은 그다지 많지 않다. 이원화된 문자 체계의 탓일 수도 있으며, 무언가를 기록한다는 행위가 그들에게는 익숙치 않은 데에서 기인했을 수도 있다. 또한 오륜 개념이 저변화되었다면 너무나 일상적인 것이라 쉽사리 포착되지 않았을 가능성도 배제하기 어렵다. 때문에 본 장에서 활용하는 근거들 역시 양반층이나

물론 조선 사회의 장구한 역사 속에서 18~19세기가 오륜의 전성기임은 '추정 가능한' 상식적 차원의 사실이다. 따라서 지금의 현 시점에서 필자가 새삼스레 이 문제를 들추어내는 목적이 이러한 상식을 재확인하는 데에 있는 것은 아니다. 문제는 동일한 가시적 현상을 어떠한 관점을 토대로 해석해 내는가에 있을 터, 이를 살펴보기 위해 필자는 일본의 민중사상사 연구자인 야스마루 요시오가 주창한 '통속도덕'의 개념을 사용하고자 한다. 야스마루는 이 개념을 통해 (당시 일본 역사학계의 주류적 흐름이었던) '마르크스주의역사학'·'근대주의'·'근대화론'이 공유하고 있던 도그마化된 근대의 위상을 재정위함으로써 '유교와 근대'의 문제에 관한 종래의 견해들을 시정하고자 했다. 어떠한 이론을 막론하고, 이미 적용된 것과 적용하고자 하는 것 사이에 놓인 심원한 거리들을 좁히기 위해서는 일정한 원근법이 요청되는바, 필자가 조선 후기 유교의 통속화 과정을 살펴보는 자리에서 통속도덕이라는 생경한 개념틀을 원용하고자 하는 이유는 다음과 같다.

기실 조선 후기 문학작품을 통해 선취된 근대성의 편린들을 발견하고자 했던 이른바 '내재적 발전론'이 인류가 도달해야 할 보편적 목적지로 '근대'를 상정하고 있음은 枚擧할 수 없을 정도로 많은 연구성과들에서 누차 지적되어 온 바이다. 이러한 분위기 속에서 근대로의 가열찬 진입을 저해하는, 실은 저해할 것으로 豫見된 오륜 개념은 '근대/자본/시장/상품' 등 몇몇 개념들과의 연계 속에서 先이해됨으로써 그

외국인 등 당대의 민중들과 상대적 위치에 처해 있던 사람들에게서 파편적으로 산출된 기록이 대부분이다. 또한 그 범위에 있어서도 A와 직결된 자료들을 우선적으로 배치하되, 자료의 성격에 따라 B에 가까운 영역까지도 포괄하고자 한다. 이는 활용할 수 있는 자료가 희소하다는 것이 가장 큰 이유이지만 유가적 전통 내에서 오륜 개념이 기본적인 것으로 인식되었을 뿐만 아니라 그 자체가 어느 정도의 유동성을 허용하는 경우도 종종 발견되기 때문이다.

러한 것들과 길항할 수밖에 없는 존재로 인식되어 왔다. 이러한 우리의 현실은 경제적 모순에 의한 민중의 성장과 혁명을 가정했던 전후역사학, 주자학적 사유 방식의 자기 분해 과정을 통해 근대 의식의 성장을 도출하고자 했던 (마루야마 마사오를 위시한) 근대주의자들, 전후의 경이적인 경제성장을 근거로 일본의 과거[전근대]를 근대로 치환하고자 했던 근대화론자들이 共占하고 있던 야스마루 이전 일본 역사학계의 상황[19]과 어딘가 닮아 있다.[20]

피식민 국가의 자기방어적 차원이라는 내발론의 뚜렷한 목적의식조차 희석된 채 이제는 일종의 관성처럼 반복되고 있는 '근대'로의 귀결. 패전이라는 납득할 수 없는 결과를 '근대에의 先着'이라는 과거에 대한 미화로 자위하고, 그에 대한 내면화를 통해 화려했던 과거를 향수해 온 일본의 상황.[21] 우리'만'과 우리'도'의 분명한 차이가 존재하긴 하지만 근대의 완성 시기를 역사의 발전 지표로 간주하는 저간의 사정

---

19) 이에 대해서는 도베 히데아키, 「'민중사상사' 연구의 출발」, 도면회·윤해동 엮음, 『역사학의 세기: 20세기 한국과 일본의 역사학』, 휴머니스트, 2009, 397~439면 참조.

20) 마루야마 마사오의 경우를 살펴보도록 하자. 두루 알려져 있듯이 일본의 대표적 근대주의자인 그는 주자학적 사유 방식의 자기 분해 과정을 통해 근대 의식의 성장을 도출하고자 하였는데, 이러한 그에게 있어 주자학은 그 자체로 억압적이고 정체적이어서 근대로의 도정을 위해 해체되지 않을 수 없는, 해체되어야만 하는 것으로 고정되어 있다. 인류가 도달해야 할 보편적 목적지로 근대를 상정하는 순간, 전근대 시기는 근대로의 진입을 방해하는 일종의 암흑기로 설정될 수밖에 없는 것이다. 이에 대해서는 마루야마 마사오 지음, 김석근 옮김, 『일본정치사상사 연구』, 한국사상사연구소, 2005, 123~137면. 근대화론자들의 경우 역시 마찬가지이다. 그들이 주장하는 바와 같이 근대의 성취 시기를 전근대의 어디쯤으로 상한할 경우, 전근대적인 것으로 인식된 주자학과 그것의 부산물들은 이미 그 시기에 쇠퇴·희석되고 있는 것으로 간주될 수밖에 없다.

21) 야스마루 요시오 지음, 박환무 옮김, 「'역사 교과서' 문제와 현대 일본」, 『당대비평』 16, 생각의나무, 2001, 138~146면.

은 '아주 많이' 유사하지 않은가? 당연한 순차이기도 하겠으나 오륜 개념에 대한 평가 역시 유사한 궤적을 보인다. 앞서 살펴본 바와 같이, 오륜 개념은 조선 후기 사회의 여러 변화들과 더불어 '이미 붕괴되었거나', 혹은 '이전과는 다른 의미로 전환해야만 하는 존재'로 인식되었던 것이다.

필자는 위와 같은 혐의들이 명시적으로나 암묵적으로 '근대'의 문제와 일정 정도 맞닿아 있다고 생각한다. 다시 말해 조선 후기 오륜가사 작품들이 중세 해체기 혹은 근대 이행기라는 선험적 틀 안에서 독해됨으로써 근대에 대한 반동적 대응, 혹은 근대에 의한 순응적 전환이라는 익숙한 서사의 일부분으로 기능해 왔다는 것이다.[22] 오륜시가 작품들에서조차 "봉건적 질서가 붕괴되어 가던 징후들"[23]을 포착하고자 했던 저간의 사정은 그러한 선험적 틀이 작품의 독해를 얼마나 강하게 긴박하고 있는지 여실히 보여준다. 그렇다면 오륜가사 자체의 역사적 맥락에 보다 충실한 해석은 무엇일까? 필자 역시 일련의 오륜가사 작품들을 '통속도덕'이라는 일종의 거시적 담론 안에서 읽어 내고자 한다는 점에서 기존의 해석들과 별반 다르지 않다. 다만 근대성이라는 唯一의 기준과 일정한 거리를 둔 채 당대의 담론 공간 안에서 오륜과 오륜가사 작품들이 수행했던 실제의 흔적들에 좀 더 많은 主眼을 두고

---

22) 비단 오륜가사뿐만 아니라 조선 후기 문학작품을 바라보는 기본적 시각이 상기한 선택지들 가운데에 놓여 있었음은 고전문학과 근대의 문제를 논의하는 자리를 통해 몇 차례 제기된 바 있다. 이에 대해서는 정출헌, 「고전문학에서의 근대성 논의, 그 반성의 자리와 갱신의 계기」, 『국제어문』 35, 국제어문학회, 2005, 100~128면; 강명관, 『국문학과 민족 그리고 근대』, 소명출판, 2007, 108~140면; 강상순, 「한국 고전문학 연구에 수용된 탈근대, 탈민족 담론에 대한 비판적 고찰: 고미숙과 강명관의 논의를 중심으로」, 『민족문화연구』 53, 고려대학교 민족문화연구원, 2010, 108~125면 참조.

23) 박연호, 앞의 책, 13면; 육민수, 앞의 책, 205면 각주 122번.

자 한다. 어떠한 이유로 오륜의 문제는 당대의 통속적 문예물인 시가, 소설 작품들에 빈번히 등장하게 되었는가? 붕괴된 중세적 질서에 대한 수구적 대응인가, 이행 중인 근대에 의한 순응적 전환인가, 아니면 다른 무엇인가? 이를 아래에서 살펴보도록 하자.

1 주지하는 바와 같이, 조선 후기 문학작품들 속에서 오륜의 문제가 주된 소재로 활용된 사례는 어렵지 않게 발견된다. 가사의 경우, 황립의 〈오륜가〉, 『장편가집』 소재 〈오륜가〉, 『초당문답가』 소재 〈오륜가〉 등은 필사본·활자본을 포함하여 십수 종의 이본이 전해지며,[24] 조선 후기 가사집으로 알려진 『古今奇歌』에는 〈춘면곡〉·〈상사별곡〉 등 당시 항간에서 유행하던 여러 작품들과 더불어 〈오륜가〉가 제일 첫머리에 수록되어 있다. 소설 역시 마찬가지로, 〈진대방전〉은 100여 종이 넘는 이본이 남아 있으며, 〈목시룡전〉의 경우 현재까지 발견된 이본은 6종뿐이지만, 그 속에는 『장편가집』 소재 〈오륜가〉와 동일한 작품이 온전한 형태로 들어가 있다.[25] 우화소설이나 판소리계 소설[26] 속에도 오륜의 언급들은 상당수 등장한다. 이러한 작품들의 이본이 상당수 남아 있다는 사실은 작품의 향유 및 보급에 대중의 역할이 적지 않았음을 의미하는바, 창작층과 향유층을 사대부층으로만 한정시키기 어려운 여러 통속적 문예물들에서 오륜의 문제가 자주 다루어지는 것은 어떠한 이유에서인가?

---

24) 이본의 현황은 박연호, 앞의 책, 23~25면; 육민수, 앞의 책, 22~24면 참조.

25) 이 작품은 조춘호, 「목시룡전 연구」, 『어문학』 58, 한국어문학회, 1996, 160~162면에 활자화되어 있다.

26) 이에 대해서는 이정원, 「판소리 문학에서 삼강행실도의 수용 양상」, 『한국고전여성문학연구』 14, 한국고전여성문학회, 2007; 정충권, 「판소리 사설에 나타난 관용적 지식 담론의 문화적 의미」, 『판소리연구』 31, 판소리학회, 2011, 372면.

야스마루는 근세 중·후기부터 메이지 시대에 걸쳐 광범한 민중들이 확고한 자기규율을 수립하려 한 구체적인 움직임을 '통속도덕'이라는 개념 하에 조명하였다. 여기서 통속도덕이란 근면이나 검약·효행·절제 등의 유가적 덕목들로, '생활자'로서의 민중이 일상생활에서 반드시 준수해야 할 규범이나 당위로 인식되었다. 도시 상인층에서 일어난 통속도덕의 덕목들은 19세기에 걸쳐 농촌지역의 엘리트들에게 전유됨으로써 동요하던 향촌사회의 질서를 바로잡을 수 있는 하나의 방안으로 습득되었다.27) 통속이라는 말이 의미하는 바와 같이, 고원한 개념들로 무장된 유교가 이 시기 들어 구체적인 행동지침이나 일상생활에서의 마음가짐 등 기초적인 수준의 덕목들을 중심으로 당대의 민중들에게 활발히 전유되었다는 것이 바로 그 골자이다. 이러한 논자의 견해는 주자학의 자기해체 과정을 통해 근대성의 단서들을 검출하고자 했던 종래의 견고한 믿음을 정면에서 부정하는 것으로, 그렇게 보이는 현상들이 실은 이 시기에 벌어진 유학의 통속화 과정과 불가분의 관계에 있음을 논증한 것이다.

이와 유사한 견해는 근래의 중국사 연구에서도 확인된다. 미조구치 유조는 양명학의 확산과 전파라는 사상사적 사건을 통해 근대와 변혁의 가능성을 타진해 온 종래의 시각을 비판적으로 접근하여 주자학에서 양명학으로의 전개가 실은 유교의 민중화 과정에 다름 아님을 면밀히 고찰한 바 있다.28) 그는 양명학에 내포된 사상적 내용 그 자체에만

27) 이에 대해서는 야스마루 요시오 지음, 박진우 옮김, 『현대일본사상론』, 논형, 2006, 227~238면; 야스마루 요시오 지음, 남춘모 옮김, 『방법으로서 사상사』, 대왕사, 2010, 83~110면; 도베 히데야키, 앞의 논문, 422~425면; 김필동, 「「통속도덕」의 역사성에 대한 일고찰」, 『일본어문학』 34, 일본어문학회, 2006, 477~488면 참조.

28) 미조구치 유조 外 지음(2004), 「유교 도덕의 민중화 노선」, 앞의 책, 87~134면.

주목할 것이 아니라 그러한 내용이 명·청대라는 특수한 시공간 내에서 수행했던 실제의 역사적 역할에 좀 더 충실할 것을 제안한다. 이를 통해 논자는 양명학이 자임하고자 했던 역사적 역할이, "향촌사회에서 살아가는 민중 한 사람 한 사람에게 도덕적 본성을 깨닫게 하여 향촌 질서의 담당자로서 자각시키는 일", 요컨대 '주자학의 민중으로의 확산과 침투'라고 결론지었다.

역사적 맥락과 사회경제적 상황이 상이한 외국의 연구성과를 아무런 매개 없이 그대로 활용할 수 없음은 물론이다. 야스마루가 궁극적으로 주장하고자 했던 것은 중세 후기의 도시 상인층인 조닌의 세계관이 현대 일본 정신의 모태가 되었다는 사실로, 조닌에 대응할 만한 특수한 계층이 존재하지 않았던 조선 사회에 이를 곧바로 적용하기란 쉽지 않다. 미조구치의 연구 역시 양명학이 주자학의 비중을 대체할 만큼 성장했던 명대와 그렇지 않았던 조선을 동일선상에서 비교할 수 없기 때문에 이러한 성과들을 수용하기 위해서는 여러 가지 유보 조항의 마련이 필수적으로 요청된다. 다만 양자의 견해에서 필자가 주목하고자 하는 것은 오륜과 같은 낮은 수준의 유가적 개념이 지배층의 전유물이 아니라 일정한 '과정'을 거쳐 피지배 계층의 사람들도 자발적으로 수용할 수 있었다는 사실 그 자체에 있다. 이러한 성과들은 근대와 인접된 시기의 사상적 동향을 주자학적 사유 체계의 해체 혹은 붕괴로 진단해 온 그간의 견해들과 대척된 지점에 서 있다. 동일한 사안에 주목하면서도 그것의 원인은 전혀 다른 것으로 파악했던 것이다. 필자가 조선 후기 유교의 통속화 과정을 살펴보면서 이들의 견해에 주목하는 것은 이러한 측면에서이다.[29] 그런데 문제는 각국이 놓여 있는 역사

29) 배항섭은 피지배층의 의식이나 상식이 대개 당시의 지배이념에 의해 규정되기 마련이지만, 지배이념이나 그에 입각한 정치적 행위 역시 지배이념을 전유한 피지

적 조건에 따라 상기한 '과정'에 있어 적지 않은 차이를 보인다는 것인데, 이를 아래에서 살펴보도록 하자.

> [1] 조선 사회는 오륜이라고 하는 다섯 개의 튼튼한 기둥에 의해 지탱되고 있다. 오륜은 유사 이전에 누군가의 손에 의해 고대의 대리석으로 조각되어, 동방 세계의 네 귀퉁이를 장악한 채 모든 시대를 통해 높게 서 있고, 나머지의 하나는 가운데의 대들보를 떠받치고 있다. 때로는 '다섯 개의 법'이라고도 하는데 공자의 세계도 그 위에 지탱되어 있다. …… 근본적으로 이러한 법률(오륜; 필자 주)의 체계로 세워지고 뒤덮여 있는 사회는 그 자체가 고정되고 움직이지 않는 상태에 놓여 있다. 법이 지배하는 영역은 거의 없고, 환경이 너무 잡다하게 관련되어 있기 때문에 다른 사람들에게 방해가 되지 않게 하면서 어느 사회의 한 구성원이 독자적인 활동을 할 수 없다. '예전에도 그랬고, 지금도 그렇고, 앞으로도 그럴 것이다.'라는 말이 한국인의 모든 일에 대해서 쓰인다. 오행이나 오륜 또는 오상에 관한 것을 제외하고는 모든 두뇌 회전이

배층의 의식이나 상식으로부터 자유로울 수 없었음을 전제로 하여 19세기 향촌사회에서 다양하게 발생하였던 민중의 정치적 행위들을 분석한 바 있다. 논자는 조선 후기의 사회경제적 변화로 말미암아 유가적 덕목의 내용들이 평민들에게까지 교육되었고, 이러한 과정을 통해 가례나 충효 등 유교적 규범과 가치가 확산되었으며, 종국에는 그들 역시 유교적 규범과 실천 윤리가 내면화되어 갔을 것으로 결론지었다.[배항섭, 「19세기 지배질서의 변화와 정치문화 변용」, 『한국사학보』 39, 고려사학회, 2010, 119~124면.] 이용기 또한 조선후기 동계의 변화 과정을 살펴보는 자리에서 이전 시기의 사족 중심적 동계가 下村에 대한 신분적 지배력을 상실하고 分洞과 分契의 과정을 거쳐 마을의 자치조직으로 재정립된다는 점을 역설하면서, 이러한 변화의 주된 원인을 신분제의 동요와 해체, 그리고 유교문화의 전층적 확산으로 파악하였다.[이용기, 「19세기 후반~20세기 중반 洞契와 마을자치」, 서울대학교 박사학위논문, 2007, 134~157면.] 필자는 두 논의에 많은 영향을 받았는데, 오륜적 질서의 준수를 주지로 삼고 있는 일련의 가사, 소설 작품들이 조선 후기에 족출하는 현상 역시 유가적 이념의 하층으로의 확산이라는 조선 후기의 역사적 맥락과 무관하지 않다고 생각한다.

정지되어 있다.[30)]

[2] 한반도의 문학과 언어를 공부하다 보면 우리는 조선의 종교는 유교라고 말하지 않을 수 없다. 사실이 그렇다. 가장 낮은 농부에서부터 왕에 이르기까지 모든 사람들이 유교의 율법을 지킨다.[31)]

[3] 중국의 논리 체계인 유교도 단적으로 말해서 효의 근본 이념을 확대하는 것이다. 효도는 친족에 기초를 둔 의무이다. 유교에서는 인간관계를 다섯 가지로 보며, 여기에는 온갖 의무가 따르는데, 군신(君臣)·부자(父子)·부부(夫婦)·장유(長幼)·교우(朋友)를 의미한다. 정상적인 인간이 공자의 가르침에 따라서 지켜야 할 다섯 가지의 근본적인 덕행으로서, 평생 준수해야 하는 것은 인(仁)·의(義)·예(禮)·지(智)·신(信)이다. …… 조선의 불교가 일본에서와 같이 그렇게 지적 감화의 면에서 큰 영향을 미치고 있지 못한 잠재적 이유로서는 유교의 가르침이 우월하다는 점, 유교에 대해 민중들이 철저하게 몰두하고 있다는 점, …… 등을 지적할 수가 있을 것이다.[32)]

[4] 따라서 한국의 민담은 모두가 행동의 다섯 가지 원칙을 의미하는 소위 오륜행실의 이야기 책의 범위를 맴돌면서 독창력이 없이 모방한 것이다. 오륜행실이란 주로 중국으로부터 빌려 온 것이므로 거기에 포함되어 있는 이야기는 중국의 영향을 받은 그 밖의 문물과 마찬가지로 인습적이며 무미건조한 것이다. …… 이 장의 주제에 따라 서술해 본다면 한국의 민담은 어린이와 젊은이와 늙은이들이 주어진 환경 속에서 어떻게 처신해야 하는지를 보여주는 예행만을 축적시켜 놓았다. 이 오륜은 기독교의 진복팔단에 해당되는 유교의 5訓이라고 말할 수 있는

30) J.S. 게일, 앞의 책, 80~83면.

31) G.W. 길모어 지음, 신복룡 옮김, 『서울풍물지』, 집문당, 1999, 142면.

32) W.E. 그리피스 지음, 신복룡 옮김, 『은자의 나라 한국』, 집문당, 1999, 422·430면.

> 것으로서 이를 처음 가르친 사람들은 어떻게 달리 표현하고 싶었는지 모르지만 한국인들이 그들의 실제 생활에 있어서 지키는 준칙은 다음과 같다. 1. 부모를 공경하는 어린이는 복을 받을지니 장차 그의 자손들로부터 공경을 받을 것임이오 2. 왕에게 충성하는 자는 복을 받을지니 장차 그는 왕의 사랑을 받을 것임이오 3. 서로 사랑하는 부부는 복을 받을지니 그 집안은 화목할 것임이오 4. 벗을 우대하는 자는 복을 받을지니 그는 벗으로부터 우대를 받을 것임이오 5. 어른을 공경하는 자는 복을 받을지니 나이를 먹은 후에는 지혜를 얻을 것이니라.[33)]

상기한 자료들은 모두 19세기 후반에 조선을 다녀간 서양인들의 기록으로, 여기에는 당시 조선 사람들의 일상적 모습이 포착되어 있다. 근대화된 문명인으로 자처한 서양인들이 오리엔탈리즘이라는 프리즘을 통해 바라본 조선의 모습이기에 다소 거북한 면들도 없지 않지만, 일상의 모습이란 것이 워낙 익숙해 있어서 그 안에 속해 있는 사람들에게는 쉽사리 감지·기록될 수 없다는 점을 감안하면 왜곡된 내용일지언정 나름의 가치를 지닌다고 생각한다.

Gale[1]이 보기에 조선은 오륜이라는 유가적 가치에 의해 운영되는 사회이다. 父와 子, 夫와 婦, 長과 幼라는 인간과 인간 사이의 얽매임 때문에 子·婦·幼는 독자적인 활동을 할 수 없으며, 그러한 덕목들이 항시적인 준칙으로 자리매김하고 있기에 "예전과 지금과 미래"는 늘상 동일하기 마련이다.[34)] 속도와 효율, 변화와 혁신 등에 익숙해 있던 그의 눈에 인륜과 도덕을 지고의 가치로 삼았던 우리의 일상은 대단히 낯설게 다가왔던 것이다. "오행이나 오륜 또는 오상에 관한 것을 제외

33) H.B. 헐버트 지음, 신복룡 옮김, 『대한제국멸망사』, 집문당, 1999, 438면.

34) 오륜 개념에 대한 그들의 평가가 근대화된 우리의 평가와 유사하다는 것은 필자가 보기에 흥미로운 지점이다.

하고는 모든 두뇌 회전이 정지되어 있는" 것처럼 보일 정도로, 후기의 조선 사회는 오륜적 가치가 일상화되어 있었다. 물론 세상을 바라보는 가치관이 전혀 다른 타자의 시각임을 십분 고려해야 하겠지만, 그렇다 하더라도 이러한 조선의 모습은 조선 후기 봉건 질서의 해체를 단언했던 종래의 固見들과 상당히 다르다. 그가 본 조선 사회는 "날품팔이거나 정치가이거나 뛰어난 문학가도 인의예지신을 말할"[35] 정도로, 삼강오륜의 관념은 신분을 막론하고 전사회적으로 수용되고 있었던 것이다.

이와 같은 정황은 [2]·[3]에서도 확인된다. 종교가 성립되기 위한 필요조건에 유교가 얼마나 부합하는지의 문제와는 별개로, Gilmore[2]가 보기에 조선의 종교는 유교이다. '가장 낮은 농부에서부터 왕에 이르기까지 모든 사람들이 유교의 율법을 지킨다.'는 점에서 그러하다. 조선 사람들의 의식에 편만해 있는 효도와 조상 숭배 의식을 설명하면서 Griffis[3]는 그것의 이념적 근거로 오륜을 든다. 그가 파악한 오륜 개념은 '정상적인 인간이 공자의 가르침에 따라 지켜야 할 다섯 가지의 근본적인 덕행'으로, 신분을 막론한 諸인간들이 평생토록 지켜야 할 준칙이다. 아울러 '유교에 대해 민중들이 철저하게 몰두하고 있다는 점'을 불교가 조선에 미치는 미미한 영향의 원인으로 파악하고 있다는 점도 본고의 관심사와 더불어 주목되는 지점이다.

Hulbert[4]는 한국의 민담에 관해 이야기하면서, 그것이 오륜이라고 하는 행동의 다섯 가지 원칙을 모방한 것에 불과하다고 지적한다. 현재 남아 있는 민담과 얼마마한 차이가 있는지 알 수 없으나, 그가 보았던 대부분의 이야기들은 오륜적 이야기들과 매우 닮아 있었던 모

35) J.S. 게일, 앞의 책, 81면.

양인데, 그는 이러한 사실들을 매우 의아하게 생각했다. 이는 곧 오륜 개념이 (외부자의 시선에 이상하게 비추어질 정도로) 사회의 도덕 규범과 문화의 근저를 이루면서 설화나 민담, 교육 등을 통해 지속적으로 생산·유포되고 있었음을 의미한다 하겠다.[36] 실제 이 시기의 여러 기록들은 삼강오륜으로 대변되는 유가의 기초적인 덕목들이 서당과 같은 초보적 교육기관을 통해 적지 않게 유포되고 있던 정황을 보여준다. 우선 다음의 자료에 주목해 보도록 하자.

> [1] 나라에는 학(學)이 있고 주에는 서(序)가 있으며 여리(閭里)에도 모두 서당을 두어 십실잔동(十室殘洞)이라도 오히려 현송(絃誦)을 들을 수 있습니다. 일곱살배기 아이도 오히려 공맹(孔孟)을 외우니 그 애친충군(愛親忠君)의 마음은 조야를 구분할 필요가 없으며, 아울러 예에도 통달해 있습니다.[37]

> [2] 전국 방방곡곡에는 서당이 있었는데, 거기에는 많은 아동들이 배움을 위해 모여들어 그날 배운 것을 모두 함께 소리 높여 따라 했다.[38]

[1]은 19세기 거창부의 士類로 짐작되는 윤치광의 〈弊狀〉 중 일부이다. 10室에 불과한 작은 동리라 하더라도 글 읽는 소리를 들을 수 있

---

36) 김현숙, 「서양인 여행기에 표상된 '공존·공생'의 조선 사회상」, 『역사와 담론』 54, 호서사학회, 2009, 118면.

37) 조규익, 『봉건시대 민중의 저항과 고발문학: 거창가』, 월인, 2000, 191면. "國有學, 州有序, 及至閭里, 亦皆置塾, 十室殘洞, 有聞絃誦矣. 七歲孩童尙講孔孟, 而其於愛親忠君之心, 毋論朝野, 而通禮也." 자료의 소재는 배항섭, 앞의 논문, 119~120면. 배항섭은 위 기록이 현실비판가사로 분류되는 〈거창가〉의 일부인 것으로 파악하였으나, 이는 윤치광이 거창부의 弊政을 고발한 〈弊狀〉의 일부이다. 조규익의 논의를 참고하여 바로잡는다.

38) J.S. 게일, 앞의 책, 45면.

으며, 일곱 살의 아이조차 공맹을 외운다는 그의 언급은 그것이 지닌 수사적 측면들을 충분히 고려해야 하겠지만, 규모가 그리 크지 않은 동리에서조차 유가적 덕목들이 지속적으로 교육되고 있었음을 전해준다. [2] 역시 이러한 정황을 증거하고 있는바, 여기에 등장하고 있는 '아동'의 실체를 양반가의 자제들로 한정할 수도 있겠으나, 조선 후기 서당 교육의 변모 양상을 고찰한 일련의 연구성과들에서 주요한 변화 중 하나로 꼽는 것이 '서당 교육의 常民層으로의 확대'라는 점에서 상기한 '아동'들의 신분을 좀 더 유연하게 보아야 하지 않을까 한다.[39] 이 시기에는 "소규모의 자산으로도 운영이 가능한 서당계의 고안으로, 경제적인 어려움을 겪던 평민층이 대거 서당을 운영할 수 있는 轉機가 마련되"[40]었으며, 『천자문』·『동몽선습』·『통감』·『소학』 등 유학에 접근하기 위한 초보적 교재나 초급적인 계몽서들의 편찬이 이전과는 다른 규모와 방법을 동반한 채 활발히 이루어지고 있었다.[41]

> [1] 무릇 성인의 법이 어찌 사대부만 실천할 수 있는 것인가? 농·공·상도 능히 할 수 있는 것인데, 사대부와 농·공·상이 과연 같지 않다는 말인가. …… 그러므로 사·농·공·상을 막론하고 사대부의 행실을 한결같이 닦는 것이 마땅하다.[42]

---

39) 이에 대해서는 김무진, 「조선 후기 서당의 사회적 성격」, 『역사와현실』 16, 한국역사연구회, 1995, 237면; 우용제, 「조선 후기 서당교육의 양면성」, 『교육사학연구』 4, 서울대학교 교육사학회, 1992, 90면; 서원경, 「18세기 사회변화 속에서의 書堂의 역할」, 이화여자대학교 석사학위논문, 2003, 35~40면; 윤지훈, 「조선 후기 여항인의 교육활동과 그 효과」, 『한자한문교육』 21, 한국한자한문교육학회, 2008, 262면 참고.

40) 권오석, 「서당교재에 관한 서지적 연구」, 『서지학연구』 10, 서지학회, 1994, 941면.

41) 이만규, 『조선교육사』, 을유문화사, 1947, 250면. 배항섭, 앞의 논문, 120면에서 재인용.

[2] 이웃에 병들고 절름발이인 한 명이 있었는데 망건을 만드는 것으로 생업을 삼고 있었다. 그 사람됨이 매우 총민하였는데, 공이 그에게 여가를 틈타 책 읽을 것을 권하고는 『사략』 3권과 『통감』 4권, 『대학』 1부를 가르쳤다. 그 후에 그 사람이 망건 만드는 것을 그만두고 동몽들을 가르치는 것으로 생업을 삼았다.[43]

[3] 齋에 들어오는 규칙. 장유와 귀천을 가리지 않고 책을 읽어 학문하는 데에 뜻을 둔 사람은 모두 들어올 수 있다. 들어온 이후 만일 위의를 닦지 않거나 언동을 삼가지 않거나, 심한 경우 몸을 망쳐 패행을 일삼아 유자의 풍모에 티를 남긴 자들은 齋任이나 諸生들이 회의하여 경중에 따라 혹은 黜坐시키고, 혹은 黜院시킨다.[44]

[4] 모든 면에는 각각 훈장 한 명씩을 두어 約中人들을 가르치되, 장유와 귀천, 나이가 40 이상인 자는 물론이요, 자신이 들어오기를 원하는 자들은 입학을 허락한다. 가르치는 책들은 먼저 『효경』·『소학』으로부터 시작하고, 이후 『사서』·『오경』·『심경』·『근사록』·『가례』·『사기』 등의 책들로 나아간다. 이단의 잡서와 진언, 패설 같은 것은 일절 금한다.[45]

---

42) 이중환 지음, 이익성 옮김, 『택리지』, 을유문화사, 2007, 27면. "夫聖人之法, 豈有士大夫可能? 農工商, 亦可能, 其果有不同者乎? …… 毋論其爲士爲農爲工賈, 當一修士大夫之行."

43) 유의삼, 『감모록』, "隣有病跛一人, 爲網巾資生, 其人性甚聰敏, 公勸其乘暇讀書, 因教以史略三卷, 通鑑四卷, 大學一部. 其後其人廢網巾, 以教授童蒙爲生業." 김준형, 『조선 후기 단성 사족층 연구: 사회변화와 사족층의 대응양상을 중심으로』, 아세아문화사, 2000, 145~146면에서 재인용.

44) 김원행, 〈石室書院學規〉, 『미호집』 권14, 『한국문집총간』 220, 한국고전번역원, 1998, 287면. "入齋之規, 無論長幼貴賤, 有志讀書爲學者, 皆可入. 旣入後, 如有不修威儀, 不謹言動, 甚或失身敗行, 玷辱儒風者, 齋任或諸生會議, 隨其輕重, 或黜坐或黜院."

45) 송병선, 〈臨陂鄕約〉, 『연재집』 권18, 『한국문집총간』 329, 한국고전번역원, 2004,

> [5] 죄인 오명좌는 나이 55세입니다. 아래와 같이 아룁니다. 저는 시골 사람으로 문무 모두를 업으로 삼은 적이 없으며, 농사를 지어 살고 있습니다. 저는 춘천 북중면에 살고 있으며, 명우와 더불어 형제입니다. 저는 글을 모르기 때문에 계를 만들어 學長을 세우고 자식을 가르치고자 하였습니다. 저는 처음부터 계에 들어간 것이지 追入한 것이 아닙니다. 저는 농사를 지으며 살고 있다가 천만 뜻밖에 詧門에 잡혀와 이 지경에 이르렀습니다. 저는 진실로 죄가 없으니 어찌 그 곡절을 알겠습니까?[46)]

상기한 기록들을 통해 우리는 유가적 덕목의 설파 혹은 실천 범위와 관련하여 18~19세기 문인 지식인들이 지녔던 의식의 일단과 그것이 실제로 이행되고 있었던 당대의 정황을 감지하게 된다. [1]은 18세기 문인인 이중환(1690~1752)의 기록으로, 그는 '성인의 법'으로 지칭된 각종 예법적 절차들을 士는 물론이거니와 農·工·商에 속하는 일반 백성들 역시 준수해야 한다고 강변한다. 가히 '조선 사회의 전체적 유교화'라고 부를 수도 있을 이중환의 언급은 역설적이게도 '예는 서인으로 내려가지 않는다[禮不下庶人]'라는 전통적 명제가 서서히 부정되고 있었음을 말해 준다.[47)]

308면. "每面, 各置訓誨一人, 教約中人, 長幼貴賤, 年四十以上勿論, 或有自願者, 則許之. 所教書, 先自『孝經』·『小學』以及『四書』·『五經』·『心近』·『家禮』·『史記』等書, 如異端雜書及眞諺稗說, 一切嚴禁."

46) 『推案及鞫案』 193册, 〈逆賊沈鼎衍等推案〉, 1755년 5월 23일. "罪人吳命佐, 年五十五白等. 矣身是鄕人, 而文武俱無所業, 作農爲生矣. 矣身居春川北中面, 而與命佑爲兄弟矣, 矣身不能文, 欲作契, 立學長而教子矣. 矣身初入契, 非追入矣. 矣身作農以居, 而千萬意外, 被捉於詧門, 至於此境." 자료의 원문은 한국학문헌연구소, 『推案及鞫案』 21, 아세아문화사, 1980, 714면. 한편 본 자료의 소재는 서원경, 앞의 논문, 38면을 참고하였으나, 소재처가 '163册'으로 표기되어 있는 등 다소의 오류가 있어 확인을 거쳐 바로잡는다.

진주 지역의 사족인 柳沂龍(1744~1801)의 사례를 담은 [2]는 末業에 종사하던 평민이 사족의 권유로 인해 자신의 직업을 儒業으로 전환시킨 정황을 전해준다. 이 기록을 남긴 柳宜三(1776~1822)이야 자신의 부친이 지녔던 자애로움, '知人之鑑' 등을 부각시키기 위해서였을 테지만, 필자가 관심을 기울이는 부분은 이 시기의 지식인들에게 유가적 덕목의 교육은 반드시 士 계층만을 대상으로 해야 하는 것이라 인식되지 않았다는 것이다.

이러한 차원에서 [3]·[4]는 주목된다. 18·19세기를 살았던 김원행(1702~1772)·송병선(1836~1905)의 기록인 윗글들이 동일하게 전하고 있는 정황은 鄕中에서 운영되는 교육 기관의 입학자격에 '장유와 귀천을 가리지 않고 학문에 뜻을 둔 사람이라면 모두 들어올 수 있는 것'으로 범위가 확장되어 있다는 것이다. 17세기까지 서원·서당 등 향촌사회를 중심으로 운영되던 교육 기관이 철저히 사족의 자제들만을 대상으로 하고 있었던 것과는 大別되는 지점이다.[48)]

18세기 중반의 기록인 [5]는 여기에서 한발 더 나아가 글을 모르는

---

47) 실제 이 시기의 문집들 속에는 이 구절에 대해 회의·부정하거나, '서인들은 예를 지키지 않아도 된다.'와 같은 축자적 해석을 지양하고자 하는 사례가 자주 발견된다. 몇 가지만 예시하면 다음과 같다. 양득중, 〈答李端徵書〉, 『덕촌집』 권8, 『한국문집총간』 180, 한국고전번역원, 1996, 163면. "所謂禮不下庶人云者, 非禁庶人使不得爲禮也."; 성해응, 〈曲禮(下)〉, 『研經齋全集』 속집 冊6, 『한국문집총간』 279, 한국고전번역원, 2001, 19면. "禮不下庶人, 觀相鼠之詩, 雖庶人 何可無禮生乎? 特以庶人所執之役卑, 而所行之事繁, 故不能備禮, 如庶人齕瓜之禮, 特略焉爾. 是故考之禮, 無庶人之禮, 非謂庶人都無焉耳."; 홍직필, 〈答任憲晦〉, 『매산집』 권24, 『한국문집총간』 295, 한국고전번역원, 2002, 575면. "禮不下庶人云者, 或慮其尊卑之不定而嫌微之不章也. 若謂禮非爲我輩設, 而任其猖狂縱逸, 靡所忌憚, 則是豈得天下之理而成位乎其中哉? 夷而進於中國則中國之, 若有庶人之眞好禮者, 則不可待以庶人已也."

48) 정순우, 앞의 논문, 45~52면.

일반 농민들이 자신의 자식들을 가르치기 위해 동리 사람들과 계를 맺어 서당을 세우고자 했던 사례이다. 이러한 목적 하에 그들은 '敎英契'라는 계를 세우고, 각자의 곡식을 추렴하여 '鳳星'이라는 사람을 학장으로 세웠다.[49] 『소학』·『격몽요결』·『동몽선습』 등 당대의 초학서가 담고 있는 주된 내용이 오륜이었음을 상기하면, 이 사례가 보여주는 중요한 지점은 18~19세기에 보이는 오륜 개념의 확산 현상이 당대에 발생했던 중세적 질서의 붕괴에 따라 일부 지배층의 각성을 통해 이루어진 것이라기보다는 오륜 개념과 같은 유가의 기초적인 덕목들이 민중의 자발적 욕구에 의해 적극적으로 수용되고 있었음을 보여준다는 데에 있다.

여기서 [4]에 제시된 텍스트들에 주목해 보자. 주지하듯이 『효경』·『소학』·『사서』·『심경』·『근사록』·『가례』 등은 성리학 공부와 이를 현실에서 실천케 하기 위한 기본적 텍스트들로, 오륜 개념과는 불가분의 관계를 맺는다. 이항로(1792~1868)는 朴時宋에게 보낸 편지에서, "賢愚·貴賤과 成就의 有無를 논하지 말고, 『동몽수지』·『격몽요결』·『가례』·『효경』·『소학』 등의 책을 가르쳐 大同의 업을 이룬 후, 한결같이 성인의 도에 다다르게 할 것"을 주문하고 있다.[50] 그가 말한 '大同'의

49) 『推案及鞫案』 193册, 〈逆賊沈鼎衍等推案〉, 1755년 5월 23일. "敎英契, 本爲聚穀, 立學長, 敎子之地, 而學長鳳星以爲此册可置於汝家云."

50) 이항로, 〈與朴聖若〉, 『화서집』 권4, 『한국문집총간』 304, 한국고전번역원, 2003, 122면. "竊念古之閭塾敎人次第, 不問其賢愚貴賤, 不論其有無成就, 自能食能言, 只管敎之以聖人言動, 習之以聖人禮法而已. 是以賢者早立根基, 達而仁民, 愚者幼服擩染, 伏而忠上, 上下交資, 無背馳之患, 賢愚合心, 成大同之業, 其故何也? 自幼至老, 無貴無賤, 一於聖人之道, 無他岐之惑也. 且彼雖無成, 吾所以待之者, 不可預必其無成, 而姑爲此有害無益之擧也. 故今爲衆丱計, 莫如改授『童蒙須知』·『擊蒙要訣』·『家禮』·『孝經』等書, 俟其文理稍進, 一遵紫陽遺矩, 從小學立課, 次第讀經讀史, 如此則學之者耳濡目染, 漸知向方."

의미가 '幼老와 貴賤을 막론하고 성인의 도로 귀일하는 것[自幼至老無貴無賤 一於聖人之道]'임을 감안하면, 앞서 이중환에게서 보았던 '조선 사회의 전체적 유교화'를 그 역시 부르짖고 있는 것이다. 특히 상기한 텍스트들 중 『소학』은 이 시기 들어 일련의 지식인들에 의해 일반 백성에 대한 普遍敎育으로 자리매김되어야 한다는 인식이 공유되면서, 『大東嘉言善行』·『東賢學則』·『海東續小學』·『大東小學』 등 조선의 현실에 맞추어 『小學』의 내용을 개찬한 童蒙書들이 지속적으로 간행되고 있었다.[51] 뿐만 아니라 그것의 내용적 측면에 있어서도 윤리적 절차 중심의 지리한 서술에서 벗어나 野史·野談의 이야기들을 적극적으로 끌어오는 등 대중이 보다 쉽게 접근할 수 있도록 하는 데에 초점을 맞추었다.[52]

비단 교육의 측면만이 아니라 士 계층의 유교 문화 역시 常人層으로의 점진적인 이행을 보인다. 특히 부계 중심의 친족 질서는 양반층 내부에서의 정착 과정을 거쳐 여타 계급으로 파급되면서, 평민들 역시 양반들과 마찬가지로 동성촌락을 구성하거나 양반층에서 일찍부터 나타났던 특정 가계와의 선택혼·연줄혼 등이 실시되고 있었다.[53] 양반층에서 가문의 계승을 위해 시행했던 입양제 역시 18세기 후반 무렵부터는 서얼·향리·평민층으로 확대되기 시작하는데,[54] 19세기 예천 지역에 거주했던 노비 '崔有彦'은 자신의 代를 잇게 하기 위해 양자를 들인

51) 이에 대해서는 구희진, 「19세기 중반 유자들의 보편교육론과 동몽서의 편찬」, 『역사교육』 92, 역사교육연구회, 2004, 159~190면 참조.

52) 노관범, 「19세기 후반 淸道 지역 南人學者의 학문과 『小學』의 대중화」, 『한국학보』 27-3, 일지사, 2001, 111~120면.

53) 권내현, 「조선후기 평민 동성촌락의 성장」, 『민족문화연구』 52, 고려대학교 민족문화연구원, 2010, 3~19면.

54) 권내현, 「조선후기 입양의 확산 추이와 수용 양상」, 『역사와현실』 73, 한국역사연구회, 2009, 221~229면.

바 있다. 요컨대 종법질서에 기초한 친족집단의 형성과 가계계승의 원리가 하층 양인 및 노비 신분에 이르기까지 확장되고 있는 것이다.[55]

유가적 의례가 실천되기 위해서 그에 합당한 유가적 지식이 반드시 요구되는 것은 아니지만, 앞서 살펴본 바와 같이 상하적 인간관계의 당위성을 전제하고 있는 오륜 개념은 종법 질서가 구축되는 과정에서 그것을 정당화하는 이론적 근거로 중요하게 활용되고 있었다. 특히 조상에 대한 봉사와 적장자의 우선, 부부 간의 엄별을 근간으로 하는 가부장제의 정착은 이를 당연시하는 의식과 사유의 마련이 반드시 요청되기 때문에 가족 내에서의 상하적 인간관계를 당위적인 것으로 간주하는 오륜 개념의 숙지는 다른 무엇보다도 선행되어야 했을 것으로 보인다. 따라서 의식적 차원에서든 무의식적 차원에서든 부계 친족 질서의 확립을 당연한 것으로 인식하고, 이를 위한 일련의 절차들을 시행한다는 사실 이면에는 이미 오륜의 덕목이 신분을 막론하고 당위적인 것으로 자리하고 있었음을 의미한다 하겠다.

> [1] 우리 마을에는 예부터 동계가 있었는데, 기갑년 이후로 그것이 혁폐되어 마을의 기강이 해이해 졌으니 이는 실로 마을 사람들이 개탄하는 바이다. 때문에 동계를 세우고자 하였으나 재원을 마련할 길이 없었다. …… 洞老 장지찬씨가 동중에 발론하니 혹은 가하다 하고 혹은 가하지 않다고 하는 등 의론이 상이하여 끝내 성사되지 못하였다. 때문에 동네 사람 4~5인이 상의하여 약간의 곡식을 근근이 수합하여 비로소 이 계를 만들었다. …… 우리 동계의 사람들은 선진들의 본뜻을 잊지 말고 마음을 하나로 하고 힘을 합쳐 영구히 준행하면 그 또한 풍화에 조금이나마 도움이 될 것이다.[56]

---

55) 이에 대해서는 이영훈, 「18・19세기 大渚里의 身分變動과 自治秩序」, 안병직・이영훈 편, 『맛질의 농민들』, 일조각, 2001, 268면 참조.

[2] 선을 권면하는 것은 곧 교화의 본원이요, 악을 징계하는 것은 형벌의 떳떳한 이치이니, 때문에 오교를 펴는 사도의 직분이 여기서 세워졌고, 오형을 제정하는 사관의 관직이 여기서 생겨났다. 나라에서부터 지방의 관리와 이서들에 이르기까지 법을 집행하는 것이 이와 같고, 가르침을 베푸는 것이 이와 같으니 경계치 않을 수가 있겠는가? …… 아! 우리 동원들이 작은 악이라도 범하지 아니하고, 작은 선이라도 반드시 실행하여 한결같이 약속을 따라 죄를 범하지 않게 한다면 함께 도로 나아가는 것이니 어찌 아름답지 않으리오?[57]

상기한 자료들은 19세기 이래 동계가 신분적 장벽을 넘어 班村과 民村을 가리지 않고 확산되어 가던 흔적의 실례이다. 이용기에 따르면, 위 자료들의 대상 지역은 모두 민촌으로, 이들 마을은 명칭만 동계라고 칭하는 것이 아니라 동계책의 형식과 내용에 있어서도 양반층의 문화를 수용하고 있다. 강진군 성전면 영흥리의 사례를 담은 [1]은 비록 오륜 개념을 명시적으로 드러내지는 않았지만, 동일한 신분 속에서 '(연령의 순차를 기준으로) 윗사람을 범하고 아랫사람을 침학한 자'나, '이웃 간에 불화하고 풍화를 패상시킨 자'에 대해서 동계를 통해 일정

---

56) 〈강진군 성전면 永興里 大洞稧案(1831)〉. "本里古有洞稧矣, 自己甲以後, 因爲革癈, 村綱解弛, 此實居人之慨歎者也. 欲修洞稧, 而鳩財無路. …… 洞老張公之粲氏, 發論於洞中, 則或可或否, 議論相異, 竟不順成. 故乃與四五人相議, 而如干斗餘, 僅僅收合, 始設斯稧. …… 惟我洞稧之人, 不忘先進之本意, 同心合力, 而永久遵行, 則其亦風化之萬一云爾." 자료의 소재 및 해설은 이용기(2007), 앞의 논문, 370면.

57) 〈강진군 병영면 下古里 大同契案(1846)〉. "夫勸善者, 乃敎化之本源也, 懲惡者, 卽刑罰之常理也. 是故敷五敎而司徒之職, 於是乎立焉, 制五形而司冦之官, 由是而在焉, 自國而至於鄕使里胥, 執法若是, 說敎如此, 其不戒乎? …… 嗟! 余洞員, 勿以惡小而爲之, 勿以善小而不爲, 一遵約束, 俾無犯科, 則其於同并之道, 豈不美哉?" 자료의 소재 및 해설은 이용기(2007), 앞의 논문, 371면.

한 벌을 부과하는 등 반촌의 그것과 비교할 때 별다른 차이가 없다.

강진군 병영면 하고리의 동계 자료인 [2]에는 勸善·懲惡과 五教·五刑의 연원에 대한 설명과 入孝·出恭·敬長·親友 등 오륜 개념의 자장 안에 속한 것으로 간주할 수 있는 여러 유가적 덕목들이 지속적으로 제시된다. 자신들의 자치 규약을 설립해야 할 필요가 발생하게 되자 민중들은 양반층의 前例 속에서 그 해답을 마련하고 있었던 것이다.

필자는 조선 후기 문학작품들에서 오륜의 문제가 빈출하는 이유가 이러한 역사적 맥락과 무관하지 않을 것이라 생각한다. 주지하듯 각종의 소학적 윤리서들과 『동몽선습』·『격몽요결』을 위시한 일련의 동몽서들은 제일 먼저 오륜적 질서의 당위와 그에 대한 실천을 강조하고 있는바, 조선 후기 사회의 주요한 변화 중 하나인 교육 기회의 확대와 개방, 유가적 의례의 대중적 확산 등이 삼강오륜의 대중적 인지와 전파에 상당한 영향을 미쳤을 것이라 짐작된다. 요컨대 오륜 관련 문학작품들이 조선 후기 사회에 족출하는 현상 뒤에는 물적 토대의 변동에 의한 오륜적 질서의 붕괴가 자리한다기보다는 이 시기에 와서 전개된 삼강오륜 개념의 대중화·저변화라는 시대적 事情이 오롯이 개재되어 있다는 것이다.

그런데 일반적으로 볼 때, 엘리트 지식인들 중심으로 통용되던 윤리적 덕목들이 일반 민중들에게 전유되기 위해서는 그들을 설득하여 스스로 이행할 수 있게끔 만드는 일정한 매개 고리가 필요하다. 학문에의 접근과 이를 통한 사회적 공명의 성취가 애초에 차단되어 있던 그들이었기 때문에, 오륜적 질서의 준수를 통해 얻게 되는 유무형의 이점들이 반드시 제시되어야만 한다는 것이다. 그렇다면 당시의 민중들이 삼강오륜의 덕목을 자발적으로 수용할 수 있게 된 이론적 매커니즘은 무엇인가? 이를 아래에서 살펴보도록 하자.

[2] 상기한 Hulbert의 자료에서 주목되는 또 하나의 사실은 그가 기술한 오륜적 덕목의 재현 방식이 조선 전기 사대부들의 그것과는 다소 차이를 보인다는 것이다. 주지하듯이 사대부들에게 오륜적 질서는 일종의 당위적 준칙으로, 이것의 전파를 위한 저간의 노력들은 대부분이 오륜의 천부성과 준수에 대한 당부 등을 주지시키는 방향으로 진행되었다. 때문에 오륜적 질서의 준수에 대한 막연한 보상을 가정하는 위와 같은 논법들은 이전 시기의 그것과 비교해 볼 때 상당히 낯설다. 동떨어진 시기의 사례이긴 하지만 중종 대 『위선음즐』이라는 교화서는 그것이 보응의 논리를 담지하고 있다는 이유로 출간되지 못했는데,[58] 그들에게 삼강오륜의 개념은 선험적 진리이자 보편적 준거로서 마땅히 지켜야 할 바이었기에 이에 대한 內定을 상정한다는 것은 용납되지 않았던 것이다.

> [1] 화복과 길흉에 있어서는 그것이 반드시 하늘에 달려 있다고 할 수 없다. 생각건대 사람의 화복은 선악에 달려 있지 않고, 오로지 집안의 운수와 자신의 신수에 달려 있다. 그런데 알지 못할 것이 운수이니 (그렇게 된다면) 선한 것을 권면할 수 없고, 악한 것을 징계할 수 없다. 이것이 고인들이 어쩔 수 없이 그것을 일러 '憒憒'하다고 말한 까닭이

58) 『중종실록』 31년(1536) 5월 12일. "『위선음즐』이란 것은 문자(文字)인지 책 이름인지를 모르겠다. 만일 책 이름이라고 하더라도 오로지 보응(報應)만 주장한 책이라면 부정(不正)한 데 가까운 책인데 『삼강행실도』 등의 책과 동시에 인쇄하여 반포해도 괜찮겠는가?" 하니, 정원이 논의하여 아뢰었다. "『위성음즐』은 책 이름인데 신들도 지금까지 보지 못했습니다. 그러나 그 책이 착한 일을 하면 반드시 보응이 있다는 것을 주장한 듯하니, 『삼강행실도』·『명신언행록』과 동시에 인쇄하여 반포하는 것은 옳지 않을 듯합니다."("未知『爲善陰騭』, 此是文字耶, 册名耶? 若册名, 而專以報應爲主之書, 則近於不正. 其與『三綱行實』等册, 同時[印]頒何如?" 政院議啓曰: "『爲善陰騭』, 此是册名, 臣等時未見之. 然其書主於爲善, 則必有報應, 似未可與『三綱行實』·『名臣言行錄』, 同時印頒也.")

다. 그러나 세상에서 사람들을 상주고 벌주는 것이 모두 그 '憒憒'함을 이기지 못하면 어찌 되겠는가? 하늘이 사람들에게 내리는 화복의 '憒憒'함은 또한 누가 그것을 책망할 수 있겠는가? 따라서 다만 복선화음은 있는 것도 아니고, 없는 것도 아닌 그 사이에 둘 뿐이다.[59)]

[2] 천도와 인도는 같지 않아서 사람이 좋아하고 싫어하는 바를 잡고서 하늘이 주고 빼앗는 것과 부합시키고자 한다면, 이는 마치 뱃전에다 표시를 해 놓고 바다에 빠진 칼을 찾는 격이니, 혹시라도 합치하는 것이 있다면 이는 요행일 뿐이다. 복선화음의 설은 곧 사람들을 가르치기 위해 만든 것이다. 하늘의 뜻은 항상 아득히 멀어 측정할 수 없으니 하늘이 주고 빼앗는 자취를 망령되이 말할 수 없다.[60)]

상기한 자료들은 모두 복선화음에 대한 조선 후기 지식인들의 기록으로, 이를 통해 우리는 주자학적 사유 체계 내에서 복선화음의 논리가 어떻게 수용되고 있었는지의 여부를 살펴볼 수 있다. 먼저 윤기(1741~1826)는 화복과 길흉이 하늘에 달려 있다는 복선화음의 전제를 정면에서 부정한다.[1] 그는 인간이 현세에서 받는 화복의 종류가 그가 행하는 선악의 유무가 아니라 오로지 '집안의 運數와 자신의 身數'에 의해 결정된다고 단언한다. 사람이 선한 행위를 한다고 해서 하늘

---

59) 윤기, 〈峽裏閒話〉, 『무명자집』 册13, 『한국문집총간』 256, 한국고전번역원, 2000, 521면. "至於禍福吉凶, 不可必於天也. 意者人之禍福, 不在於善惡, 而專由於其家運與身數, 所不可知者運數也, 則善者無所勸, 而惡者無所懲矣. 此古人所以不得已謂之憒憒也. 然世之賞罰人, 皆不勝憒憒而無柰之何, 則天公之憒憒, 又誰得而責之耶? 只可置之有無之間矣."

60) 성해응, 〈偶書〉, 『연경재전집』 권18, 『한국문집총간』 273, 한국고전번역원, 2001, 450면. "天道與人道不同, 執人之所好惡, 欲以符乎天之與奪者, 殆若刻舟而求劒, 其符者特幸耳. 福善禍淫之說, 卽爲敎人而設, 天意常玄遠莫測, 其與奪之跡, 不可妄言也."

의 복을 받는 것은 아니라는 의미이다. 그럼에도 이것을 폐기하지 못하는 이유는 이것을 부정할 경우, 사람들에게 '선한 것을 권면할 수 없고, 악한 것을 징계할 수 있'는 방법이 묘연해지기 때문이다. 그가 생각하기에 옛 사람들이 복선화음에 대해 '혼란스럽다', '어지럽다', '분명하지 않다', '호도하다' 등을 의미하는, '憒憒'라는 부정적 표현을 쓴 것도 이러한 맥락에서이다. 현실에서 발생하는 부조리한 현상들을 보면 복선화음은 미덥지 못한 警句에 불과하지만 그렇다고 해서 이것을 부정하게 되면 사람들을 상주고 벌주는 것에 일정한 원칙이 없어지기 때문에 그럴 수도 없다. 이러한 딜레마 속에서 윤기가 내린 결론은 복선화음의 원칙이 현실에서 구현될 것이라 강하게 믿는 것도, 그렇지 않다고 부정하는 것도 아닌, '그 사이'일 뿐이다.[61]

---

61) 흥미로운 것은 복선화음 개념에 대한 조선 후기 지식인들의 이러한 사유에도 불구하고, 여성과 민중 등 권선과 징악의 대상이 분명히 정해져 있는 문건이나 일련의 문예물들 속에서 복선화음의 논리가 지속적으로 반복된다는 점이다. 특히 집안의 자제들이나 여성, 노비들에게 오륜적 질서의 준수를 당부하는 가훈서類의 글들에는 이와 같은 논리가 빈번하게 등장하는데, 이와 같은 사정은 복선화음 개념에 대해 당대 지식인들이 지니고 있었던 양가적 측면들을 고스란히 보여준다는 점에서 흥미롭다. 다시 말해 성리학적 사유 체계 하에서는 그것이 진리가 아님을 인정하면서도 현실에서 발휘하는 일정한 효용성에 대해서는 불가피하게 인정하고 있다는 것이다. 주지하듯 조선 후기 소설 작품들 속에서 복선화음의 논리는 작품을 전개하는 주된 플롯으로 기능하는데, 주목되는 것은 일련의 오륜가사 작품들 속에도 이러한 논리가 심심치 않게 등장한다는 것이다. 후술하겠지만 이는 아마도 오륜과 같은 낮은 차원의 유가적 질서를 불특정 다수의 민중들에게로 전파하기 위한 엘리트 지식인들의 문화적 책략이 아닐까 한다. 이러한 일례를 우리는 조선 후기 장편소설의 전변 과정을 통해 살펴볼 수 있는데 지연숙은 장편소설의 분량이 대폭 확대되고, 작품이 담지한 유교적 윤리성의 강도가 높아지는 諸현상과 관련하여, 이는 가부장적 이데올로기의 확산과 맞물려 장편소설의 향유층이 상층 여성으로 고정되면서 소설적 흥미 외에 교양서 또는 수신서로서의 기능을 겸하게 된 데에서 기인한 것으로 해석하였다. 중요한 점은 이러한 변화의 중심에 장편소설 작자로서의 사대부 남성이 개입되어 있다는 것인데, 그들은 이전 시기의 작품을 토대로 새로운 작

성해응(1760~1839)의 기록인 [2] 역시 유사한 내용을 담고 있다. 그는 천도와 인도가 같지 않음을 들어 복선화음이 지닌 불합리성을 주장한다. 인간은 누구나 복을 좋아하고, 화를 싫어하지만 그렇다고 해서 하늘이 그에 맞추어 적절히 조응하는 것은 아니다. 이를 믿는 인간의 마음은 '뱃전에다 표시를 해놓고 바다에 빠진 칼을 찾는 것[刻舟而求劍]'과 같이 우매한 짓이며, 혹시라도 인간이 바라는 것과 하늘이 내려준 것이 합치되는 경우가 있다면 그것은 요행일 뿐이지 복선화음의 논리가 현실에서 구현된 실제적 증좌는 아닌 것이다. 그가 보기에 복선화음의 설은 '사람들을 가르치기 위해 만든 것'일 뿐 자신의 신념으로 삼고 맹목적으로 추수해야 할 진리는 아니다. 선을 행하면 복을 주고, 악을 행하면 화를 내려 준다고 말하는 것은 하늘이 인간에게 '주고 빼앗는 자취[與奪之跡]'를 함부로 논하는 망령된 짓에 불과하다.

물론 상기한 자료들은 복선화음에 대한 조선조 유학자들의 여러 자료들 중에서 일부를 취택한 것이기 때문에 이러한 면모들을 전체적인 것으로 일반화시키기는 어렵다. 다만 어떠한 측면으로든 복선화음의 논리가 전제하고 있는 것이 현세에서의 막연한 보응을 상정하고 있기 때문에 그것을 원천적으로 금기하고 있는 성리학적 사유 체계 하에서 쉽사리 용납될 수 없었음은 분명하다.[62]

품을 창작하는 과정에서 자신들이 기대하는 이데올로기를 교묘한 소설적 장치들을 통해 효율적으로 삽입시켰던 것이다.[지연숙, 「〈여와전〉 연작의 소설 비평 연구」, 고려대학교 박사학위논문, 2001, 180~199면.] 필자는 오륜가사 작품들에 등장하는 '복선화음' 역시 양반/남성들이 위와 유사한 의도 아래 시도한 문학적 장치들 중 하나라고 생각한다.

62) 복선화음의 문제를 두고 안정복(1712~1791)이 던진 다음과 같은 고민 역시 상기한 기록들과 유사한 맥락에 놓여 있다. 안정복, 〈題塔谷李上舍丈行狀後〉, 『순암집』 권19, 『한국문집총간』 230, 한국고전번역원, 2000, 180면. "天道福善禍淫, 而天之難定久矣. 夷跖以後, 人益疑之, 若謂之信然, 則如彼其不應, 謂之不然, 則人將怠於

그런데 헐버트가 이 개념을 기독교의 진복팔단과 유사한 것으로 이해하고 있었다는 사실은 당시 민간에서 오륜의 덕목을 수용하는 이와 같은 방식이 상당히 일반적["이를 처음 가르친 사람들은 어떻게 달리 표현하고 싶었는지 모르지만 한국인들이 그들의 실제 생활에 있어서 지키는 준칙은 다음과 같다."]이었음을 짐작케 한다. 여기서 '진복팔단'이란 예수가 성도들에게 설파한 여덟 가지 삶의 규범으로, '眞福'이라는 말에서도 짐작할 수 있듯이 현실에서 지켜야 할 마땅한 준칙과 그에 따라 추수되는 일정한 보상의 내역들이 반복적으로 제시되어 있다.[63] 현재의 고난을 감내하다 보면 언젠가는 복을 받게 된다는 복선화음의 논리와 상당히 유사한 것이다. 그렇다면 조선 후기의 유가 지식인들이 부정적으로 인식하고 있던 복선화음의 논리가 민간의 영역에서 활발히 전유되고 있던 정황은 무엇을 의미하는가?

최근 김문용은 19세기 商人 출신의 유학자인 심대윤(1806~1872)의 『복리전서』를 조망하는 자리에서 이 속에 내재된 '복선화음'의 논리를 조선 후기 유교의 통속화/세속화 과정과 연관 지어 살펴본 바 있다.

善矣."

63) 〈마태복음 5장 3절~12절〉 '심령이 가난한 자는 복이 있나니 천국이 저희 것임이요(3절)', '애통하는 자는 복이 있나니 저희가 위로를 받을 것임이요(4절)', '온유한 자는 복이 있나니 저희가 땅을 기업을 받을 것임이요(5절)', '의에 주리고 목마른 자는 복이 있나니 저희가 배부를 것임이요(6절)', '긍휼히 여기는 자는 복이 있나니 저희가 긍휼이 여김을 받을 것임이요(7절)', '마음이 청결한 자는 복이 있나니 저희가 하나님을 볼 것임이요(8절)', '화평케 하는 자는 복이 있나니 저희가 하나님의 아들이라 일컬음을 받을 것임이요(9절)', '의를 위하여 핍박을 받는 자는 복이 있나니 천국이 저희 것임이라(10절)', '나를 인하여 너희를 욕하고 핍박하고 거짓으로 너희를 거스려 모든 악한 말을 할 때에는 너희에게 복이 있나니(11절)', '기뻐하고 즐거워하라 하늘에서 너희의 상이 큼이라 너희 전에 있던 선지자들을 이같이 핍박하였느니라(12절)'. 이상, 진복팔단의 해설과 내용은 제자원, 『그랜드 종합 주석』 12, 성서교재간행사, 1995, 211~218면 참조.

논자에 따르면, 심대윤의 복리사상은 유가적 윤리와 도덕을 화복·이해의 관점에서 설명해 내고, 이를 준수하면 '福'하고 '利'하게 된다고 주장한다는 점에서 세속적이다.[64] '福利'에 대한 기존의 견해와 상당 정도로 배치되는 그의 사상은 유학이 지식 엘리트의 영역에서 벗어나 서민적 생활공간과 좀 더 긴밀히 결합되는 과정에서 형성된 것으로 보이는데,[65] 이는 『복리전서』의 이본 중 언해본이 발견된다는 서지적 사실을 통해서도 어느 정도 짐작된다.[66] 언해본의 필사자가 누구인가의 문제와는 별개로, 언해본의 존재 자체는 그것이 비단 사대부 사회에서만 유통되지는 않았음을 의미한다.[67] 외려 그의 학문적 경향은 "정주의 학설과 서로 상치된다."는 이유로 당시 지식인 사회에서는 별다른 주목을 받지 못했다.[68] 『복리전서』는 철저히 일반 백성들을 대상으로 한, 유가적 윤리의 실천서였던 것이다. 우선 이 책의 서문에 등장하는 다음의 구절에 주목해 보도록 하자.

> 아! 이 백성은 가르침이 없어서는 안 된다. 이제 경전의 중요한 뜻을 취하여 그 내용을 간략하고 알기 쉽게 해서 후세 어리석은 백성의 참된

---

64) 김문용, 「심대윤의 복리사상과 유학의 세속화」, 『시대와 철학』 21-3, 한국철학사상연구회, 2010, 20~27면.

65) 김문용, 위 논문, 29면.

66) 『복리전서』, 국립중앙도서관, 청구기호 BA3636-175.

67) 다음과 같은 언해본의 특징들은 이러한 추정을 더욱 近似하게 뒷받침한다. 첫째, 언해본에는 한문 원문이 병기되어 있지 않으며 언해 내에서 한자 표기가 전혀 보이지 않는다. 둘째, 원문에는 실려 있지 않은 단어 풀이나 내용 설명의 주석이 167개의 夾註를 통해 풍부하게 제시된다. 셋째, 원문에 없는 보충 설명이 經書의 章下註와 같이 항목 끝부분에 夾註로 달려 있다. 이에 대해서는 김성애, 「沈大允의 (福利全書)校註 飜譯」, 고려대학교 석사학위논문, 2010, 25~27면.

68) 정인보, 〈識文〉, 『福利全書』. 번역은 김성애, 위 논문, 36면.

> 경전으로 만들어 혼미한 방향을 바로잡아 주고자 한다. 그리하여 천하 만세의 백성이 모두 그 복리를 누리고 앙화를 면할 수 있게 하고자 『복리전서』라고 이름하였다. …… 진실로 성심으로 강독하고 정신을 집중해서 생각하여 잊지 않고 마음에 새겨 잃지 않는다면, 한없는 복리를 이룰 수 있을 것이다. 한 번 읽으면 한 번의 복리를 얻을 것이요, 열 번 읽으면 열 번의 복리를 얻을 것이니 많이 읽을수록 복리가 더욱 많아질 것이다. 1할만큼 실행하면 1할의 복리를 얻고 10할만큼 실행하면 10할의 복리를 얻을 것이니, 부지런히 실행할수록 복리가 더욱 쌓일 것이다. 익숙히 많이 읽고 부지런히 실행하여 일심으로 다른 마음이 없으면 천만가지 재앙이 모두 소멸되고 수많은 복과 상서가 저절로 이를 것이다.[69)]

심대윤은 유가적 질서와 오륜적 덕목을 준수하면 할수록 얻게 되는 복리가 많을 것이라는 점을 주지로 삼는다. "사람의 도는 복을 구하고 화를 피하여 명분과 이익을 둘 다 이루는 데 있으니 그 법도는 충서와 중용이요, 그 행실은 삼강과 오륜이다."[70)]라는 그의 또 다른 언급은 삼강오륜의 준수를 복리의 漸增에 대한 전제로 가늠하는, 완연한 '복선화음'의 논리이다. 그런데 이러한 복선화음의 논리는 이전 시기 지식인들 사이에서 유통되던 것과는 상당히 이질적이다. 앞서 살펴본 바와 같이, 대다수의 儒者들은 복선화음을 불교적인 것이라 치부하여 부정하거나 인간들을 권면하기 위해 불가피하게 주창된 '假說' 정도로 생각하였다. 요컨대 착한 일을 하면 복을 받는다는, 역으로 복을 받기 위해 착한 일을 해야 한다는 上記한 의미들과는 일정한 거리를 갖는다는 것이다. 그런데 당시 항간에서 유행하던 '복선화음'에 대해 최한기

69) 심대윤, 〈序文〉, 『福利全書』. 번역은 김성애, 위 논문, 35~36면.

70) 심대윤, 〈明人道三綱五倫〉, 『福利全書』. 번역은 김성애, 위 논문, 77면.

(1803~1879)가 언급한 아래의 기록은 그다지 우호적이지 않다. 다음의 기록을 살펴보도록 하자.

> 공과(功過)의 학문이 근일에 성행(盛行)하여 복선화음(福善禍淫)으로 어리석은 자를 권징(勸懲)하는데, 이것이 비록 도움이 있을 것 같지만 실지는 해가 되는 것이다. 어리석은 자가 부귀를 흠모(欽慕)하고 죄악을 외피(畏避)하는데, 여기에는 자연 왕정(王政)의 상벌(賞罰)과 운화의 순역(順逆)이 있는 것이다. 이것으로 교도(敎導)하면 화복이 밝게 나타나고 선악이 표준이 있게 되는데, 이 광명(光明)한 태도를 버리고 억지로 외도의 명보(冥報)와 방술의 알 수 없는 것을 인용하여 공과를 입증(立證)하려고 하니, 이것은 허무를 이끌어 실행(實行)을 권면하고 망탄(妄誕)을 말하여 일용(日用)을 징계하는 것이다. 그 본원(本源)이 이미 허무 망탄에 빠져서 마침내 일용과 실행으로 하여금 허무 망탄으로 돌아가게 하니, 공과의 의리는 과연 어디에 있다는 말인가.[71]

위 자료는 오륜적 덕목의 준수를 자신 혹은 가문의 경제적·사회적 이익과 유관한 것으로 인식하던 복선화음의 논리가 이 시기 민간의 영역에서 적지 않게 유통되고 있었음을 말해 준다. 상기한 글에서 최한기는 복선화음의 논리에 대해 '외도의 명보(冥報)와 방술의 알 수 없는 것'으로 표현하고 있는바, '왕정(王政)의 상벌(賞罰)과 운화의 순역(順逆)'을 가르침[敎導]의 우선으로 간주하는 그에게, 福과 禍라는 막

71) 최한기, 〈功過學〉, 「敎人門」 5, 『인정』 12권. 번역은 한국고전번역원 홈페이지 "고전번역총서" 페이지 참조. "功過之學, 從近熾行, 以福善禍淫, 勸懲愚迷, 雖若有補, 其實有害. 愚迷之人, 歆慕富貴, 畏避罪惡, 自有王政之賞罰, 運化之順逆, 擧此敎導, 禍福昭著, 善惡有準, 捨此光明大道, 强引外道之冥報, 方術之晦昧, 以證功過之意, 是乃引虛無而勸實行 說妄誕而懲日用. 其所本源, 已陷虛無妄誕, 竟使日用實行, 歸于虛無妄誕, 功過之義安在."

연한 보응을 상정하는 복선화음의 논리는 허무하고 망탄한 것으로 여겨졌던 것이다. 요컨대 복선화음에 대한 당시 지식인들의 인식과는 달리 오륜적 질서의 준수와 그에 대한 적정한 보응은 뚜렷한 인과 관계를 형성하면서 민간에 확산되고 있었던 것이다.

그런데 원래의 소종래가 유학에 있는 복선화음의 논리는 어떻게 이 시기에 민간에서 성행하게 된 것인가? 필자는 복선화음이 성행한 이 현상 자체를 유교적 질서가 민간에 침투하고 확산되기 위한 일련의 과정이라 생각한다. 기실 심오한 개념과 논리적 절차를 담보하고 있는 유가적 질서가 다수의 민중들에게 수용되기 위해서는 그들을 납득시킬 만한, 혹은 그들 스스로 납득될 만한 일련의 매커니즘이 반드시 요청된다. 유가적 지식의 습득과 관련된 의례의 실천을 통해 사회적 공명의 성취가 담보되지 않았던 그들이었음을 감안하면 더욱더 그러하다.

일반적인 사례로 볼 때, 어떠한 종교를 막론하고 그것이 민간의 영역으로 전파되기 위해서는 복선화음과 유사한 형태의 敎理들이 중점적으로 제시되기 마련이다. 그들을 설득하고, 그들의 자발적 복종을 이끌어낼 수 있는 일정한 이론적 기틀이 반드시 예비되어야 하는 것이다. 유교 역시 예외는 아닐 터, 필자는 오륜적 질서의 준수를 직간접적으로 종용하는 조선 후기 통속적 문예물들에서 복선화음의 논리가 지속적으로 반복되는 것이 유교의 민간화 과정이라는 상기한 역사적 맥락과 무관하지 않을 것으로 본다. 요컨대 이 시기에 성행한 낮은 수준의 일상 도덕, 즉 오륜에 대한 강조와 그에 결부된 '복선화음'의 논리는 조선 후기 유교의 민간화 과정을 보여주는 하나의 사례라는 것이다. 주목할 만한 것은 이러한 복선화음의 논리가 18~19세기 오륜가사 작품들에도 빠짐없이 등장한다는 것인데, 필자는 이러한 면모가 잠재적 수신자와 향유층의 확대라는 시가史적 사실과 긴밀히 연관되어 있다고 생각한다. 이에 대해서는 2절을 통해 살펴보기로 한다.

1.2. 오륜시조의 성격 변화와 오륜가사의 출현

본 항에서는 조선 후기 여러 가집들에 산재되어 있는 오륜 관련 시조 작품들을 일별하고, 전대의 오륜시조 작품들과 비교·검토해 봄으로써 오륜가사 출현 동인의 일단을 탐색해 보고자 한다. 주지하듯 조선 후기에는 특정 작가가 오륜의 덕목을 시조화하여 한편의 연시조로 구성한 사례가 거의 발견되지 않는다. 대신 가집에 소재되어 있는 작품들의 경우 오륜 개념 자체를 작품의 주된 소재로 활용한 경우가 심심치 않게 발견되는데, 중요한 것은 이러한 작품들이 지닌 미적 질감 내지는 미학적 자질들이 이전 시기 사대부들의 작품과는 여러 면에서 상이하다는 것이다. 후술할 터이지만, 필자는 이와 같은 면모들이 조선 후기 오륜가사의 출현 동인과 일정한 연관이 있을 것이라 생각한다. 요컨대 시조史 내부의 커다란 변동으로 인해 시조 장르가 이전과는 다른 방식으로 향유·유통되면서 기존에 오륜시조가 담당했던 사회적 효용의 부분들이 가사 장르로 이전되었다는 것이다.

기실 필자가 논의의 주된 소재로 삼고자 하는 오륜시가의 장르 전환 문제는 종래의 논의에서도 일정 정도 다루어진 바 있다. 교화적 효용의 측면에서 가사 장르가 지니고 있던 여러 이점들이나 조선 후기에 발생한 사회경제적 동인으로 인해 교훈의 대상이 확장되었던 점 등 여러 가지 개연적 요인들이 제시되었지만, 윤리적 덕목의 설파와 관련하여 시조 장르 자체에 내장된 장르적 한계 역시 주된 요인으로 지목되었다.[72] 요컨대 시조와 교훈의 결합을 (애초에) 어울리지 않는 것, 부

72) 박연호, 앞의 책, 275면. “시조는 대표적인 1인칭 서정장르이기 때문에 애초부터

조화스러운 것으로 인식하여 오륜가사의 창작을 '보다 적합한 장르로의 이동' 정도로 해석하고 있는 것이다. 그런데 필자는 시조에서 가사로의 장르 전환 문제를 시조가 지닌 장르적 결핍의 문제로 돌리는 것은 좀 더 신중해야 할 필요가 있다고 생각한다. 무엇보다도 이러한 견해 하에서는 2세기라는 기나긴 시간 동안 오륜시조 작품들이 담당했던 詩歌的 효용의 측면들을 설명하기가 용이하지 않기 때문이다.

주지하듯이 가사 장르는 조선 전기부터 사대부들의 연행 공간에서 꾸준히 향유되었던바, 그럼에도 불구하고 오륜시가 작품들이 시조 장르를 중심으로 창작되었다는 사실은 시조가 윤리적 덕목들을 담아내기에 적합하지 않았던 것이 아니라 오히려 작자들이 오륜시가를 통해 달성하고자 했던 일정한 효용들에 가장 적합한 장르로 인식되었음을 의미한다. 따라서 장르적 전환의 문제를 시조 장르 자체에 不在한 무언가로 치환하는 것은 후대의 오륜가사를 기준으로 전대의 오륜시조를 재단한다는 점에서 다분히 事後的이다. 따라서 이러한 단정보다는 각각의 시기가 당면한 조건과 필요에 따라 보다 적합한 장르가 선택된 것으로 보는 편이 실상에 좀 더 부합할 듯하다. 그렇다면 조선 후기 오륜시가 작품들의 주된 장르가 시조에서 가사로 이전된 까닭은 어디에 있는가? 필자는 이를 위해 18~19세기 시조와 가사 장르에 나타났던 일련의 변화들에 주목하면서, 이것이 오륜 담론의 문제와 어떠한 지점에서 연접되는가를 탐색하고자 한다.

조선 후기에 산재되어 있는 수백 종의 가집들은 조선 후기 시조사에

주제적 성격이 강한 교훈류의 작품을 담기에는 부적당한 장르였다."; 육민수, 앞의 책, 103면. "시조는 서술의 억제를 통해 서정성을 발현하는 것을 목적으로 하는 장르이기 때문에 교훈 대상에게 성리학적 이념을 조목조목 설명하거나 그를 통해 해실의 변화를 유발시키기에는 적당하지 않은 성격을 지녔다."

서 매우 중요한 위치를 점하고 있다. 전문가객의 출현, 가곡창과 시조창의 성립, 악곡과 악조의 세분화, 그리고 이를 통한 활발한 연행 등 조선 후기 시조사에 보이는 이러한 면면들은 분명 이전과는 달라진 지점들이다. 이러한 현상들은 시조 장르가 다수의 대중을 대상으로 하는 통속적 문예물로 변모했음을 의미하는바, 강고한 이념적 질서의 준수를 담고 있을 듯한 오륜 관련 작품들이 이 속의 한 켠을 차지하고 있다는 것은 문제적이다. 愛慾과 성적 모티프가 짙게 배어 있는, 그래서 퇴영적이고 퇴폐적인 작품들로 해석되어 온[73] 일군의 작품들이 적지 않은 비중으로 산적해 있음을 떠올리면 더욱 그러하다. 시조가 취할 수 있는 다양한 스펙트럼 가운데 양 끝을 점하고 있는 작품들이 하나의 가집 안에 同棲하고 있는 현상을 어떻게 이해해야 하는가? 물론 작품의 양이 소수임을 들어 예외적인 현상으로 치부할 수도 있겠지만, "가곡이라는 것이 이에 동의하는 사회 향유층의 기호의 성장과 확산으로 완성될 수 있는 연행예술물"[74]임을 감안하면, 이러한 현상 속에도 주의를 기울일 만한 긴요한 곡절이 숨어 있으리라 생각된다. 우선 다음의 작품들에 주목해 보자.

[1] 옛부터 이르기를 天地之間 萬物之中에
　唯人이 最貴라 하엿스니 멀로 하야 最貴인고 三綱五倫을 알음이라 父爲子綱 君爲臣綱 夫爲婦綱이 三綱이요 父子有親 君臣有義 夫婦有別 長幼有序 朋友有信이 五倫이라 人性은 天性之品이요 仁義禮智는 人性之綱이니

73) 김흥규, 「사설시조의 애욕과 성적 모티프에 대한 재조명」, 『한국시가연구』 13, 한국시가학회, 2003, 181~185면.

74) 신경숙, 「19세기 연행예술의 유통구조: 가곡(시조문학)을 중심으로」, 『어문논집』 43, 민족어문학회, 2001, 344면.

五常之道 모를진대 有毛之獸를 면할손가.75)

[2] 忠信은 滿朝廷이요 孝子 烈女 家家在라
경전이식하고 착정이음하니 堯之日月 舜之乾坤 太平聖代 이 아니야 仁義禮智 배을 모아 五倫으로 돗을 달고 三綱으로 키을 언고 道德으로 닷을 달어 言忠信 行篤[敬] 禮義廉恥 노을 즈어 만년강여 쓰여 노코
敎化 바람 불거들랑 선남선녀 만이 실코 강구연월 노라 보세.76)

[3] 天地는 父母ㅣ여다 萬物은 妻子로다
江山은 兄弟여늘 風月은 朋友ㅣ로다
이 중에 君臣 大義야 니즌 적이 잇시랴.77)

[4] 三綱五倫 ᄇᆡ을 모와 仁義禮智 돗을 달어
孝子 忠臣 가득 실코 堯舜禹湯 ᄎᆞ저갈 제
아모리 걸쥬 風波인덜 伏船ᄒᆞᆯ가.78)

미세한 차이는 있을 수 있겠으나 상기한 작품들은 대개 18세기 후반~19세기 후반에 편찬된 가집들에 소재되어 있으며, 작자의 대부분은 미상이다. [1]에서 화자는 삼강과 오상의 항목들을 사설시조의 형식을 빌려 담담히 엮어낸다. 초장에서는 '天地之間 萬物之中에 唯人이 最貴라'는 전통적 명제에 대해 자문한 뒤, 중장에서는 삼강오륜의

75) 『잡지 평주본』 #424. 본 항에서 인용하는 작품과 가집의 출처는 김흥규 외, 『고시조 대전』, 고려대학교 민족문화연구원, 2012.

76) 『잡지 평주본』 #431.

77) 『해동가요 주씨본』 #469.

78) 『시조 하씨본』 #46.

항목들을 나열함으로써 자답하는 형식을 취한다. 이어 종장에서는 '人性→仁義禮智'로 이어지는 연쇄적 논리와, 그것이 '天性'이라는 부정할 수 없는 권위에 의해 뒷받침되어 있음을 지적함으로써, '오상을 지키지 않으면 금수와 같다.'라는 자신의 생각을 증거한다. 『童蒙先習』의 初入 무렵을 상기시키는 위의 작품은, 비록 딱딱하기 그지없는 경전의 경구들을 나열하고 있지만, 그것이 사설시조의 악곡에 얹어져 불렸을 것임을 감안하면 내용과 형식의 어긋남에서 오는 묘한 긴장감이 이채롭다.

[2]번 작품은 인의예지·삼강오륜·도덕·예의염치 등 유가에서 주창하는 각종 덕목들로 배를 만든다는 착상이 놀랍기도 하거니와 詩語의 짜임과 배치 역시 나름의 필연적 질서들을 갖추고 있다는 점에서 예사롭지 않다. 우선 인의예지는 하늘에서 품부받은 천성이기에 가장 기본적인 배에 해당되며, 그 천성을 지키기 위해서는 오륜·삼강·도덕이라는 구체적인 실천 사항들이 요청된다. 때문에 이것들은 배의 전진을 위해 필요한 돛·키·닻으로 비유된 것이다. 또한 그러한 덕목들을 실천하기 위해서는 일정한 자기 수양이 필요할 터, 언충신·행독경·예의염치 등을 실제의 동력체인 노에 비유한 것으로 보인다. 마지막으로 교화의 경우 중장까지의 행위들이 준수되었을 때 행해지는 결과이기도 하지만, 작품 전체에서 구현하고 있는 태평성세의 원인이기도 하다는 점에서 배를 움직일 수 있는 바람으로 표현된 듯하다. 이와 유사한 유형의 작품 22수가 여타의 가집에 전하는 것으로 보아 이 작품이 적지 않게 유포·향유되었음을 짐작할 수 있다.

[3]번 작품은 오륜에 해당하는 諸인간관계들을 자연물에 비기고 있다는 점에서 흥미롭다. 앞서와 마찬가지로 이 작품 역시 비유의 실제 대상과 재현될 사물들을 배치하는 솜씨가 녹록치 않다. 부모를 천지에

비기던 문화적 관습은 그대로 반복되는데, 소생하는 만물의 터전으로, 세상에 존재하는 모든 인간관계의 근원이라는 뜻에서 천지는 부모의 대타적 사물이 된다. 오륜적 질서 속에서 처자는 부부에 해당할 터, 부부 사이에서야 천지를 가득 채울 만물이 생성된다는 점에서 처자는 만물에 비유된다. '人道之始, 萬福之源'이라는 부부관계에 대한 고전적 정의가 '萬物=妻子'라는 도식 속에 간명하게 구현되어 있는 것이다. 주목되는 것은 형제와 붕우의 경우인데, 하나의 근원 속에서 생성되었기에 아주 유사한 모양새이긴 하지만 그렇다고 꼭 같지는 않다는 점에서 형제는 강산에 배치시킨 듯하다. 강산의 모양이야 겉으로 보기엔 모두 유사하지만 각자가 담고 있는 모형의 양태들은 각기 다를 수밖에 없기 때문이다. 또한 풍월은 강산과 같이 상시적으로 존재하는 것은 아니지만 그것이 강산에 더해졌을 때 강산의 眞面이 완성된다는 차원에서 붕우에 비유된다. 여기에다 '군신대의'를 언급함으로써 본 작품에서 노래하고자 한 오륜의 덕목들은 화자 자신에게 완비되어 있는 것으로 나타난다. [4]번은 나라의 成俗과 그것의 이행 과정을 배의 조립과 운행에 비기어 전한다. 나라가 지속될 수 있는 기본적 조건을 오륜적 준칙들의 확립 여부에 두고 있는 본 작품은 22개의 가집에 전하며, 시조창으로도 불린 것으로 보아 상당한 유포 범위를 지니고 있었음을 확인할 수 있다.

[1] 나라은 太平聖代 부모는 千秋萬歲
和兄弟 樂妻子와 朋友有信ᄒᆞ온 後에
그 남은 富貴功名은 浮雲인가 ᄒᆞ노라.[79]

---

79)『청구영언 장서각본』#433.

[2] 泰山이 平地토록 父子有親 君臣有義
五嶽이 崩盡토록 夫婦有別 長幼有序
四海가 變ᄒᆞ야 桑田토록 朋友有信 ᄒᆞ리라.[80)]

[3] 人心은 터히 되고 孝悌忠信 기棟이 되야
禮義 廉恥로 ᄀᆞ즉이 녜여시니
千萬年 風雨를 만난들 기울 줄이 이시랴.[81)]

[4] 하ᄂᆞᆯ이 ᄉᆞᄅᆞᆷ ᄂᆡ실 졔 五倫을 다 주시니
ᄂᆞᆷ은 가지고 ᄂᆞᆷ은 일란 말고
眞實노 어드려 ᄒᆞ면 어ᄃᆡ 가고 업스리.[82)]

위 작품들 역시 18세기 후반~19세기 후반에 편찬된 가집들에 소재되어 있으며, 작가 역시 미상이다. 먼저 [1]과 [2]번 작품에는 화자의 소망이 오륜의 항목들과 더불어 나타난다. [1]의 화자는 나라의 태평과 부모의 장수, 형제간의 우애와 처자에 대한 사랑, 붕우 사이의 신의, 이 다섯 가지 오륜의 항목들을 부귀와 공명이라는 세속적 욕망의 상위에 둔다. 유사한 작품 19수가 여타 이본에 전한다. [2]번 작품에는 오륜적 질서의 준수에 대한 화자의 다짐이 나타나 있는데, '泰山이 平地토록', '五嶽이 崩盡토록', '四海가 變ᄒᆞ야 桑田토록'과 같이 도저히 일어날 수 없는 상황을 가정하여 자신의 의지를 표명하고 있다는 점이 흥미롭다. 14종의 가집에 실려 있는 것으로 보아 이 작품의 향유 역시 꽤나 이루어진 것으로 생각된다.

80) 『청구영언 가람본』 #438.
81) 『해동가요 박씨본』 #230.
82) 『시가 박씨본』 #361.

[3]은 앞서의 [4]번 작품이 '집'으로 치환된 형태로, 인심은 땅으로, 인의예지는 기둥으로, 예의염치는 양자를 이어주는 것으로 표현된다. 이 작품의 경우 77수의 이본이 확인되며, 가곡창과 시조창 가집에 모두 수록되어 있다. 뿐만 아니라 '효제로 갓을 겯고 충신으로 옷을 지어 / 예의 염치로 신 삼아 신었으니 / 아무리 천백세 지난들 해어질 줄 있으랴'[83]라는 동일한 패턴의 작품도 보인다. [4]에서는 귀천에 관계없는 오륜의 本具性이 불특정 다수를 대상으로 묘파되고 있다는 점에서 주목된다. 타고난 본성으로서의 오륜적 질서를 상정하는 이와 같은 작품들이 개방된 연행의 공간에서 불렸다는 점은 본 논의와 관련하여 시사하는 바가 크다고 할 수 있는데, 어떠한 의미가 공적인 공간에서 다수를 대상으로 전달되기 위해서는 해당 의미에 대해 수용자들이 어느 정도 인지하고 있음을 전제하기 때문이다. 다시 말해 본 작품이 대중을 대상으로 연행되기 위해서는 이러한 지식에 대해 가창자와 수용자 사이의 일정한 공유가 반드시 요청된다는 것이다.

여기서 중요한 점은 조선 후기 가집들에 보이는 이러한 작품들이 이전 시기 사대부 작가들의 오륜시조 작품들과 상당한 차이를 보인다는 것이다. 앞서 살펴본 바와 같이 주세붕·송순·정철·김상용·박선장·박인로 등의 작품에는 각자가 지닌 정도의 차이에도 불구하고, 강고한 명령형의 어조, 생경한 이념적 진술, 지리한 교술적 언사, 강경한 자기에의 다짐 등이 주를 이룬다. 그리고 각종 윤리적 준칙들로 무장된 화자가 그렇지 못한 청자들에게 强勸하는 형태를 띠기 때문에 시적 정경은 상당 부분 고압적일 수밖에 없다. 지방으로 파견된 중앙 관료와 향촌사회를 지배하던 재지사족이라는 작자들의 신분 또한 그러

83) 『해동가요 주씨본』 #467.

하다. 때문에 계몽의 주체는 대상보다 항상 상위에 있기 마련이다. 뿐만 아니라 화자의 목소리가 직접 노출됨으로써, 백성·자제·洞人 등 상정된 수용자들에게 요구하는 윤리적 수준과 강도 역시 상당하다.

반면 앞서 살펴본 작품들은 거의 대부분이 1인칭 시점으로, 작자의 목소리는 노출되지 않은 채 화자 자신의 다짐이나 의지, 신념, 희원 등이 담담하게 자술되고 있다. 때문에 "~해야 한다", "~하지 마라"와 같은 당위와 금기의 어조는 찾아보기 힘들다. 작품의 문면에는 뚜렷한 교화의 목적 역시 소거되어 있으며, 극한적인 과장의 기법을 동원하거나 특정 사물에 우의함으로써 오륜 개념 자체에 내장된 강제성의 수위는 한층 낮아지고 있다. 주지하듯 (상기한 작품들에 사용된) 은유나 직유 등의 비유언어는 고의적으로 문자 상의 용법체계를 저해하는바, 이때의 저해는 轉移 혹은 移越의 형식을 취함으로써 원래의 의미를 새롭게 하거나 더욱더 확장시킨다.[84]

뿐만 아니라 이러한 문학적 장치들은 수용자들로 하여금 언어를 극적으로 인식케 함으로써 습관적인 반응들을 새롭게 하고 사물들을 더욱 '인식가능하도록' 만든다.[85] 이전 시기의 오륜시조 작품들에 보이는 시적 언어들이 해당 언어의 일반적 사용자들이 공통적으로 사용하는 표준적 의미에만 국한되어 있던 것과는 대조적이다. 무엇보다도 오륜의 모티프가 사설시조로 창작되고 향유되었으며, 그 미감 또한 大別된다는 점이 주목된다. 그런데 이러한 변화를 비단 (위와 같은) 질적인 측면에서만 확인할 수 있는 것은 아니다. 18~19세기에 편찬된 가집들의 주제소들을 분석해 보면 오륜 관련 소재들의 지속적인 감소 추이를 어렵지 않게 확인할 수 있다. 먼저 아래의 표를 살펴보도록 하자.[86]

---

84) T. Hawkes 지음, 심명호 옮김, 『은유』, 서울대학교 출판부, 1986, 2면.

85) 테리 이글턴 지음, 김현수 옮김, 『문학이론입문』, 인간사랑, 2001, 20면.

가집명 / 주제소	『청진』 (작품수 / %)	『해일』 (작품수 / %)	『원국』 (작품수 / %)	『남태』 (작품수 / %)
강호 · 한정	154 / 27	178 / 28	158 / 20	21 / 9
송축	20 / 3	22 / 3	48 / 6	2 / 1
윤리 · 도덕	82 / 15	60 / 9	25 / 3	3 / 1
탄로	25 / 4	19 / 3	29 / 4	5 / 2
연군	19 / 3	21 / 3	20 / 3	1 / 0
남녀애정	110 / 19	134 / 21	282 / 36	92 / 41
무상 · 취락 · 회고	84 / 14	95 / 15	133 / 17	39 / 17
세태비판	57 / 10	60 / 9	43 / 5	10 / 4
생활묘사	12 / 2	19 / 3	20 / 3	11 / 5
기타	17 / 3	30 / 5	30 / 4	40 / 18
계	580 / 100	638 / ≒100	788 / ≒100	224 / ≒100

주관적 판단에 의거한 분류이기에 사실과 반드시 부합된다고는 말하기 어렵겠지만, 오륜 혹은 오륜과 유사한 자장 내의 주제소들은 여타의 그것들과 주제별 편폭이 상당하다는 점에서 어느 정도의 신빙성은 보유하고 있는 것으로 보인다. 표에서 확인할 수 있듯이 오륜과 유관한 윤리 · 도덕의 항목들은 18세기 『청진』 · 『해일』에서부터 19세기

86) 18~19세기 가집들의 주제소 분포는 고미숙, 「19세기 시조의 전개 양상과 그 작품세계 연구: 예술사적 흐름과 관련하여」, 고려대학교 박사학위논문, 1993, 34 · 36 · 124 · 130면; 신경숙, 「朝鮮後期 女唱歌曲의 硏究」, 고려대학교 박사학위논문, 1994, 113면을 참고하되, 『청구영언 진본』과 『해동가요 일석본』의 사설시조의 부분은 필자가 보충하였으며, 『남훈태평가』는 제시된 주제소에 맞추어 재분류한 것이다. 또한 『가곡원류 국악원본』의 경우 두 논문의 주제소 분류에 다소 차이가 있어 몇몇 항목을 필자가 조정하였으나, 이로 인해 윤리 및 도덕에 해당하는 주제소의 비중에 가감이 생기는 정도는 아니다. 『가곡원류 국악원본』은 전체 856수이나 여창 부분의 중출 작품 58수와 남창 부분의 중출 작품(#62, #215, #236, #370, #408, #453, #502, #531, #543, #562) 10수를 제외한 788수를 대상으로 하였다. 끝으로 각 시기의 가곡 향유 실태를 가장 잘 보여준다고 생각되는 18세기 『청구영언 진본』 · 『해동가요 일석본』, 19세기 『가곡원류 국악원본』 · 『남훈태평가 고대본』을 대상 가집으로 하였다.

『원국』·『남태』에 이르기까지 지속적인 감소의 추세를 보인다. 심지어 방각본 가집인 『남훈태평가』의 경우 전체 224편 중 단 3수에 불과할 정도로 그 비중이 현저히 줄어들었다. 대신 남녀애정이나 무상·취락·회고 등의 주제소들은 꾸준히 증가하여 『남훈태평가』에 이르러서는 60%가 넘는 자리를 차지하고 있다. 이는 곧 조선 후기 시조의 연행 현장에서 오륜적 질서의 준수를 강하게 종용하던 재래의 관습이 가집 편찬자나 가창자, 나아가 수용자들에게 더 이상 흥미로운 것으로 받아들여지지 못했음을 의미하는 것은 아닐까?

앞서 살펴본 가집 소재 오륜시조 작품들이 다양한 시적 장치와 비유적 언어들을 사용하여 발랄하고 경쾌한 분위기를 연출하고자 했던 것 역시 이러한 시조사적 변동과 연관되어 있는 것으로 보인다. 다시 말해 조선 후기 시조사의 지형이 여항과 관아의 전문적 藝人들에 의해 주도되면서 이를 하나의 藝技로 간주하는 인식이 중앙은 물론 지방까지로도 확산되는데,[87] 상하적 인간관계에서 준수해야 할 당위적 준칙들을 내포하고 있는 이전과 같은 類의 작품들은 이러한 분위기 하에서 창작·연행되기가 쉽지 않게 되었다는 것이다.

물론 이것이 의미하는 바가 오륜 개념이 조선 후기 사회에서 더 이상 중요한 가치로 인식되지 않았다는 것은 아니다. 단지, 이전 시기까지 시조 장르에 기대했던 모종의 사회적 효용들이 시조사 자체의 변동에 의해 다른 방향으로 이전되면서 그것을 대체할 만한 새로운 장르들이 모색되기 시작했고 그러한 과정에서 가사 장르가 오륜시가의 주된 형식으로 부상하게 되었다는 것이다. 이와 관련하여 가사의 장르적 효용 역시 조선 후기 들어 일정한 변화를 겪게 되는데, 주지하는 바와

87) 신경숙, 「조선후기 가곡 향유 범위와 그 의미」, 『시조학논총』 34, 한국시조학회, 2011, 142~162면.

같이 조선 전기 가사 작품들의 거개가 사대부의 관조적 세계관을 담은 서정적 작품 위주였다면, 후기의 그것은 체험적 구체성을 중시하거나 일상의 모습들이 진솔하게 자술되는 등 그것이 표현할 수 있는 영역의 범위는 대단히 넓어지게 된다. 이와 더불어 그 향유층 역시 사대부들 위주에서 여성과 다수 대중을 포함하는 쪽으로 옮겨가게 된다.[88] 조선 후기 가사 장르에 나타난 다양한 면모들 가운데 이러한 방향은 조금 거칠게 요약하자면, 시조 장르가 걸었던 좀 더 완성된 예술물로의 지향과는 다소 이질적이다. 구체적 현실과 좀 더 밀착된 형태로 진행된다는 것이다.

이렇듯 시조와 가사 장르가 담지하고 있던 시가적 효용의 측면들이 조선 후기 들어 일정하게 변모하게 되면서 개개의 장르에 기대하던 관습적 차원의 지평들 역시 모종의 변화를 동반하게 되는데, 이와 같은 장르史적 국면이 오륜시가의 장르 전환에 주요한 영향을 미친 것은 아닐까? 그러나 이것만으로는 시조에서 가사로의 장르적 전환을 온전하게 설명할 수 없다. 무엇보다도 오륜가사의 작자들이 기대하고 있었던 시가적 효용들을 가사 장르 자체가 어떻게 감당할 수 있었던가의 문제가 우선적으로 조명되어야 할 것이다. 즉 주제의 구현 방식이나 진술 양태, 미적 질감 등 오륜가사가 지닌 오륜시조와의 변별점에 대해 보다 밀도 있는 탐색이 요구된다는 것이다. 이에 대해서는 절을 달리하여 살펴보도록 하자.

88) 조선 후기 가사의 장르적 효용이 이전과 달라진 구체적 면모들에 대해서는 박연호, 「조선후기 가사의 장르적 특성」, 『가사문학 장르론』, 다운샘, 2003, 239~268·300~302면 참조.

2. 가사 〈오륜가〉의 세계상과 그 의미

본격적인 논의를 시작하기에 앞서, 대상 작품의 선정 기준 및 서술 방향에 대해 약간의 설명이 필요할 듯하다. 우선 본 절의 목적은 오륜가사 작품들 간의 세미한 차이들을 토대로 하여 그것의 의미들을 조명하는 데에 있다기보다는 그러한 작품들이 신분과 성별, 공간을 막론하고 조선 후기 사회에 전방위적으로 확산·전파되었던 정황을 포착하는 데에 있다. 따라서 『(개인본)역대가사문학전집』(임기중 편, 여강출판사, 1992)에 소재한 작품과 이본만을 대상으로 하더라도 오륜가사 작품들의 거시적 동향을 추출하는 데에는 별다른 무리가 없을 것으로 보인다. 다만 필요할 경우, 『한국가사자료집성』(단국대학교 율곡도서관, 태학사, 1997)이나 『역대가사문학전집』(임기중 편, 동서문화원, 1997)을 비롯한 여타의 가사 자료집들도 보조자료로 참고할 예정이다.

이렇게 해서 본 절의 대상 작품은 모두 다섯 편으로, 곽시징 〈오륜가〉·황립 〈오륜가〉·『장편가집』 소재 〈오륜가〉·『초당문답가』 소재 〈오륜가〉·고대본 〈오륜가〉 등이다. 물론 이외에도 〈오륜가〉라는 題名의 가사 작품들이 더러 남아 있으나 창작이나 필사의 연대를 고증할 수 있는 경우가 드물고, 대부분이 20세기 이후의 것으로 추정되어 그러한 작품들이 조선 후기의 사회상을 적실하게 반영하고 있는 것으로 간주하기 어렵다.[89] 따라서 본 절에서는 박연호·육민수의 견해를 참조하여, 18~19세기 作으로 비정된 다섯 작품만을 대상으로 삼고자 한다.

그런데 위의 작품들 대부분이 19세기에 창작·유통된 작품이기 때문에 19세기의 현상들을 18세기의 그것까지로 소급하는 것이 얼마만

89) 이에 대해서는 박요순, 「20세기 가사 考: 오륜가를 중심으로」, 『한남어문학』 4, 한남대학교 국어국문학과, 1988, 5~29면.

큼의 타당성을 확보할 수 있을지 미지수이다. 어느 시기나 마찬가지이겠지만, 필자는 18세기와 19세기는 등질적인 시기로 竝括할 수 없을 정도로 현격한 차이를 보유한다고 생각한다. 주지하듯 그간의 통설은 양 시기를 묶어 '조선후기'로 통칭하곤 했으나, 18세기 조선 사회가 보유하고 있던 활성적 동력들이 어떠한 이유에서 19세기로 이어지지 못했는가에 대한 질문이 지속적으로 제기되면서 19세기는 새롭게 조명되어 왔다. 특히 식민화되기 직전의 시기라는 점에서 더욱더 주목되었던바, 이 시기를 바라보는 시각들은 연구자 개인의 근대를 바라보는 시선, 식민화의 원인에 대한 고찰, 자생적 근대의 성취 가능성에 대한 인식 등에 따라 첨예하게 갈라진다. 하지만 19세기가 18세기와 상당히 이질적이라는 사실만큼은 개인적 견해를 넘어 학계 공통의 차원에서 어느 정도 합일된 듯하다. 그럼에도 불구하고 필자가 양 시기를 동일한 장 속에서 다루고자 하는 이유는 다음과 같다.

첫째, 현전하는 18세기 오륜가사 작품으로는 곽시징의 〈오륜가〉 한 편만이 전해지는데, 그것 역시 추정에 불과할 뿐 확정된 사항은 아니다.[90] 그런데 강전섭이 소장한 필사본 〈오륜가〉의 제목이 '곽사부오륜가'인 점을 감안하면, 원래의 〈오륜가〉를 누군가 필사하면서 '곽사부'라는 인명을 부기한 것으로 보인다. 작품의 원제가 〈곽사부오륜가〉는 아니었다는 것이다. 또한 그것의 이본인 조종업 소장의 〈五倫歌 卷之單〉이나 류제한 가전본 〈八一堂 五倫歌〉가 모두 19세기에 들어와 필사된 것으로 알려져 있는바,[91] 이는 곧 본 작품의 본격적인 유포 시기가 19세기에 해당됨을 의미한다. 이러한 점들을 놓고 판단하건대,

90) 이에 대해서는 강전섭, 「전곽사부의 오륜가에 대하여」, 『동양학』 13, 단국대학교 동양학연구소, 1983.

91) 육민수, 앞의 책, 22면.

본 절의 구도 하에서 18세기를 독립적으로 구성할 만한 작품이 충분하지 않은 실정이다.

물론 오륜의 덕목을 일정 정도 포함하고 있는 작품들까지 대상작으로 간주한다면 보다 폭넓은 작품들을 확보할 수 있겠으나 이럴 경우 과연 어디까지를 하한선으로 설정할 것인지의 여부가 분명치 않다. 뿐만 아니라 그러한 작품들은 상정된 대상이나 유포의 범위가 가문이나 향촌사회로 한정되어 있다는 점에서 본 절의 구도와는 다소 괴리되는 측면이 있다. '오륜'과 '교훈' 사이에 중첩되는 부분이 상당한 것은 분명한 사실이지만, 본고의 목적이 오륜 개념의 가사로의 轉用과 민중들의 자발적 전유 양상을 확인하는 데에 있기 때문에 재래의 연구들에서 대상으로 삼았던 작품들을 모두 수용하기는 어려울 듯하다. 이에 따라 본 절에서는 작품의 제목에 '오륜'이라는 표제가 명시되어 있고, 그것의 향유 범위 또한 명확하게 상정되지 않은 일군의 작품들을 주요 대상으로 선정하고자 한다.

둘째, 종법적 질서의 확산과 그에 대한 준수라는 측면에서 양 시기는 일정한 접점을 공유한다. 앞서 살펴본 바와 같이 사대부 가문을 중심으로 이루어지던 이러한 현상들은 18세기를 거치면서 보다 확고해지며, 교육 기회의 확대와 개방, 상층 지향의 신분사적 변동[92] 등과 같은 일련의 사회사적 현상들을 토대로 하여 19세기 들어 일반 민중으

92) 이에 대해서는 최진덕, 「주자학적 예치의 이념과 그 현실」, 김상준 外, 『유교의 예치 이념과 조선』, 청계, 2007, 313면. "19세기 조선 사회가 보여주는 신분의 상향 평준화를 신분제도의 문란으로 해석하면서 그것이 결국 민중의 각성이나 근대사회의 태동이라 보는 것은 진보사관이라는 선입견에 따른 과잉 해석에 불과할지 모른다. 누구나 민중도 아니고 부르조아도 아닌 양반이 되기를 원했다는 것은 민중주의나 근대주의가 의식되기 시작했음을 뜻하는 것이 아니라, 조선 사회의 유교화 내지 주자학화가 거의 완성되어 유교적 가치가 모든 사람들의 의식을 지배하기에 이르렀음을 뜻할 뿐이다."

로 확산·전파되기 시작한다.[93] 오륜 개념의 하층으로의 확산과 전유 역시 조선 사회의 유교적 전환이라는 위와 같은 사실들과 불가분의 관계를 맺고 있을 터, 이에 따라 필자는 18세기에 형성된 오륜 담론이 19세기로 이양되어 가던 저간의 사정을 탐색함으로써 양자 사이에 놓인 단절의 지점들을 좁혀 나가고자 한다. 요컨대 본 절에서 살펴볼 작품들의 대부분은 19세기에 창작·유포된 것이지만, 그것을 추동한 底面의 사안들은 18세기를 거치면서 점진적으로 마련되어 가고 있었다는 것이다.

한편, 육민수에 따르면 상기한 작품들의 이본은 20세기 초에 근대적 출판문화의 과정 속에서 인간되거나 필사된 것들이 많다.[94] 현재 남아 있는 이본들 역시 그 시기 어름에 필사된 것들이 상당수인데, 이러한 현상들을 전근대적 자장의 여진으로 파악할 것인지, 아니면 근대라는 특수한 국면을 맞아 새롭게 나타난 현상으로 파악할 것인지의 문제가 자연스레 뒤따르게 된다. 필자는 양자 모두 가능한 대답이라고 생각하지만 조선 후기 오륜 개념의 대중적 확산이라는 앞서의 논의를 감안하면, 아무래도 전자 쪽에 무게를 두어야 하지 않을까 한다. 요컨대 20세기 초에 오륜가사 작품들을 수용하고자 했던 수많은 독서 대중의 존재는 조선 후기에 지속적으로 전개된 오륜 개념의 확산이 대량생산과 낮은 가격을 담보할 수 있었던 근대적 출판 환경과 맞물려 이루어진 것이지, 근대라는 문제적 시기에 의해 독자적으로 형성된 것은 아니라는 의미이다. 따라서 20세기 초에 목도되는 오륜가사 작품들의 활발한 간행 및 수용 역시 조선 후기부터 진행되어 온 오륜 개념의 대

93) 이에 대해서는 배항섭, 앞의 논문, 119~124면 참조.

94) 육민수, 「『片片奇談警世歌』와 『萬古奇談處世歌』의 출판 배경과 텍스트 지향」, 『한민족어문학』 50, 한민족어문학회, 2007, 130~140면.

중적 확산과 강하게 연계되어 있는 것으로 간주하고자 한다.

이어 본 절의 서술 방향을 간략하게나마 제시하면 다음과 같다. 필자는 앞서 조선 후기 유교의 대중화 양상이 오륜가사 작품들의 簇出 및 廣布의 정황과 긴밀히 연관되어 있음을 가정하고, 이를 위한 선행 작업의 일환으로 삼강오륜과 같은 낮은 수준의 인륜적 덕목들이 당대의 하층민들에게 전유되던 정황의 일단을 탐색하였다. 남은 문제는 그러한 면모들을 작품을 통해 적실히 확인하는 일일 터, 본 절에서는 아래와 같은 세 개의 소항목을 별도로 구성하여 이를 탐색하고자 한다.

첫째, 오륜적 질서의 주체가 확장된다는 것이다. 이는 곧 윤리적 교화의 대상이 '양반/남성'에서 '민중/여성'으로 확장된다는 의미인데, 오륜 담론의 역사 속에서 조선 후기가 갖는 두드러진 지점은 오륜적 질서의 주체로 민중과 여성들을 포섭함으로써 중세 국가의 생산관계를 좀 더 완정한 방향으로 반복·재생산하고자 했다는 것이다. 필자가 생각하기에 현전하는 오륜가사 작품들의 존재는 그러한 과정을 보여주는 하나의 증거로, 본 절에서는 그와 같은 면모들을 집중적으로 부각시킬 예정이다.

둘째, 시가와 소학의 결합이다. 앞선 시기의 작품들에서 확인할 수 있듯이, 오륜시조에는 구체적인 생활윤리들이 직접적으로 제시되지 않는다. 길지 않은 분량 탓이기도 하겠지만, 단편적 사실들을 응축하여 강렬한 정서적 감응을 유도하는 시조 장르 특유의 문법 안에서는 시도되기 어려운 부분이리라 짐작된다. 오륜시조의 대부분이 '孝誠'·'盡忠'·'恭敬'·'友愛' 등과 같이 추상적이고 관념적인 시어들 위주로 구성된 이유 또한 여기에 있을 것이다. 그런데 오륜가사 작품들에서는 각각의 항목 아래 이를 준수케 하기 위한 일상의 세칙들이 상세히 제시되어 있는바, 이는 아마도 문자에의 접근이 쉽지 않았던 다수의 독자들을 상정한 데에서 기인한 듯하다.

셋째, 조선 후기 가사의 주요한 부면 중 하나로 지적되는 것이 부정적 인물 군상의 등장인데 이는 오륜가사 작품들에도 해당되는 바이다. 재래의 논의에서는 이러한 인물들의 등장을 중세적 질서의 붕괴를 보여주는 하나의 표징으로 해석하였는데, 기실 이들 작품에서 보이는 사회적 규준의 이탈 사례들은 (그 형태의 상이함에도 불구하고) 동서고금을 막론하고 도처에 상존하기 마련이다. 따라서 이러한 사례들을 통해 중세적 질서의 붕괴 여부를 단정짓는 것은 보편적인 것을 특수한 것으로 국한시켰다는 점에서 재고의 여지를 갖는다. 중요한 것은 어떠한 이유로 이러한 인물들이 조선 후기 오륜가사 작품들에 빈번히 등장하게 되었는가의 문제와 이를 통해 달성하고자 했던 궁극적 효과는 무엇인가의 문제를 보다 면밀히 탐색하는 데에 있다. 필자는 이러한 부분을 작품에 수시로 드러나는 복선화음의 논리와 연관 지어 조명하고자 한다.

2.1. 士 계층의 인식 변화와 오륜적 질서의 주체 확장 : 여성과 민중의 전유

자료적 접근이 비교적 용이한 다량의 가훈서들부터 살펴보기로 한다. 주지하듯 18세기 이후의 가훈서에 나타난 두드러진 특징 중 하나는 가훈서가 상정하고 있는 '가르침'의 대상이 전대의 그것에 비해 매우 다양해졌다는 사실이다. 주로 양반/남성들이 아들과 여러 자손들을 대상으로 설파했던 가훈서는 이 시기에 이르면 여성, 노비, 서자, 측실 등 다양한 종족 구성원들을 그 대상에 포함시킨다.[95] 관련된 사

95) 김언순, 앞의 논문, 142~143면.

례들 몇 가지를 살펴보면 다음과 같다.

> [1] 人家의 노복은 어려서부터 늙어서까지 상전을 섬기니, 은혜로 치면 부자요, 의리로 치면 군신이다. 만약 무상한 마음을 품어 방자하게 주인을 기망한다면 이는 곧 아들이 아비를 속이고 신하가 임금을 속이는 것과 같으니 이렇게 하고도 복을 받는 이치가 어디 있겠는가? …… 지난날 이 글을 써서 집안의 노비들을 깨우치려 했으나, 차일피일 미루다 실행하지 못했다. 지금에야 비로소 暗草 가운데에서 이를 얻어 대략 添刪을 가하고서는 아들 사근에게 언문으로 바꾸어 노비들끼리 돌려보게 한다.[96]

> [2] 여자들을 경계하다. 여자의 善惡에 夫家의 흥망이 매여 있으며, 本家의 영욕이 달려 있다. 하나의 몸으로 양 집안의 성쇠에 관계되어 있으니 삼가지 않을 수 있겠는가? …… 여자는 집에 있을 때 부모에게 효도하고 출가해서는 시부모에게 자신을 다하며, 집에 있을 때 형제에게 우애를 다하고, 출가해서는 동서끼리 화목해야 하니 이것이 미루어 행동하는 방법이다. 남편은 하늘이니 남편에게 불경한다면 이는 하늘에게 불경하는 것과 같다. …… 노비들을 경계하는 글. 언문으로 말하노니, 상전은 부모이니 노비된 자가 그 주인을 잘 섬기지 못하면 이는 자식된 이가 그 부모를 잘 섬기지 못하는 것과 같다. 경계하지 않을 수 있겠는가? 언문으로 말하노니, 노복의 일이란 것은, 노복은 본디 수고스러운 일들에 복역하는 자이니, 이미 다른 사람의 노복이 되어 놓고도 수고스러움을 감당하기 싫어하고 꺼려 한다면 이는 분수를 모

96) 박필주, 〈戒諭家衆〉, 『여호집』 권32, 『한국문집총간』 197, 한국고전번역원, 1997, 173면. "人家奴僕, 自幼至老, 服事上典, 恩則父子, 義則君臣. 若懷無狀之心而肆爲欺罔, 則是如子之欺父 臣之欺君, 如此而其有致福之理乎? …… 昔年嘗草此文, 擬以曉諭家衆而因循未果, 今始得之於暗草之中, 略加添刪, 仍使兒子師近諺翻, 遞相傳示奴僕."

르는 것이다. …… 충성스러운 노비는 반드시 복을 받고 완악한 노비들은 반드시 재앙을 받는다. 일찍이 다른 집의 노비 중 면천되어 잘 살아가고 있는 자를 보았더니 반드시 충성스럽고 근면한 자였으며, 유리하고 패망한 자들을 보았더니 반드시 완악하고 패악스런 자들이었다.97)

[3] 오륜은 부자유친 군신유의 부부유별 장유유서 붕우유신이니, 무릇 倫序는 분수를 이른 것이다. 만약 부자가 서로 사랑하지 않고, 군신이 서로 마음이 맞지 않으며, 부부끼리 서로 공경하지 않고, 장유끼리 서로 업신여기며, 붕우끼리 서로를 나쁜 길로 이끈다면, 비록 혹시라도 이 중 하나에만 해당된다 하더라도 다섯 가지는 서로 따르게 되어 멸절될 것이다. 때문에 이를 합쳐서 말하기를 오륜이라고 한 것이다. 오륜의 중함은 삼강과 동일한데, 만약 오륜이 밝지 못하면, 사람이 사람이 될 수 없으니, 그것을 밝히는 방법은 오직 각자의 마음을 바르게 하여 거기에 따르는 것뿐이다. …… 부인의 행실. 부인의 행실은 『소학』에 나와 있으니 마땅히 언문으로 번역하여 보고 살필 것. 부인은 치우친 성품을 마음으로 삼는 것이 가장 큰 병통이니, 그 병을 제거하려면 오직 스스로를 다스릴 뿐이다. 다른 사람이 만약 이 병통을 가지고 말해주면, 반드시 기쁘게 듣고 고칠 것이요, 혹 다른 사람의 과실을 들으면 자신도 역시 이러한 과실이 있음을 깨달아 그것을 고칠 마음을 잊지 말아야 한다. 혹 다른 사람의 선행을 보면 자신에게는 이러한 선함이 없음을 부끄러워하면서 매양 선한 데로 옮겨 가려는 마음을 보존해야

97) 박윤원, 〈家訓〉, 『근재집』 23, 『한국문집총간』 250, 한국고전번역원, 2000, 451면. "女誡. 女子之善惡, 夫家之興亡繫焉, 本家之榮辱由焉, 一身而兩家所關係, 可不愼乎? …… 女子在家, 孝于父母, 則出嫁忠于舅姑, 在家友于兄弟, 則出嫁和于娣姒, 此推行之道也. 夫則天也, 或不敬其夫, 則是不敬天者也. …… 戒奴婢文. 諺曰, 上典父母, 爲奴婢而不善事其主者, 是爲人子而不善事其父母也, 可不戒哉? 諺曰, 爲人奴僕之事, 奴僕本是服役勞苦者, 旣爲人奴僕而厭憚勞苦, 則不知分者也. …… 忠奴必受其福, 頑奴必受其殃, 曾見人家奴免賤而好活者, 必其忠勤者也, 流離敗亡者, 必其頑悖者也."

> 한다. …… 노비의 직분. 위에서 아래를 보는 것은 부모가 자녀를 보는 것과 같고, 아래에서 위를 보는 것은 자식이 부모를 보는 것과 같으니 귀천은 비록 다르지만 情義에 있어서는 같다. 저 犬馬도 주인을 사랑할 줄 아니 하물며 사람임에랴. 생각할 때마다 공경할 것을 머리에 새기고, 일할 때마다 성실히 하며, 난을 만나면 피하지 말고, 이익을 보더라도 속이지 말라. ○노복들은 각자 장유로 차례를 삼아 형이라 부르고 숙부라 불러 마땅히 서로 선을 권하고, 서로 악을 경계하여 화목해지는 데에 힘써야 한다.[98]

먼저 [1]은 박필주(1665~1748)가 집안의 노비들에게 남긴 계훈서의 일부이다. 그가 노비들에게 제시한 조목은 '畏上典', '知長少', '勿欺罔', '戒貪心', '勿多言', '不飮酒', '勿怙勢', '和隣比' 등으로, 그 내용의 대강은 주인과 노비의 선천적 차이에서부터 현실에서 지켜야 할 생활 윤리들에 이르기까지 다방면에 걸쳐 있다. 비록 오륜의 덕목과 정확히 일치하지는 않지만, 노비를 윤리적 질서의 주체로 호명하고 그들에게 이러한 덕목의 준수를 당부하고 있는 정황은 전대와 구별되는 독특한 지점이다.

---

98) 성근묵, 〈家訓〉, 『과재집』 권5, 『한국문집총간』 299, 한국고전번역원, 2002, 520면. "五倫者, 父子有親, 君臣有義, 夫婦有別, 長幼有序, 朋友有信. 夫倫者等分之謂, 若父子不相愛, 君臣不相得, 夫婦不相敬, 長幼相慢侮, 朋友相導惡, 則雖或有一於此, 五者相隨而斁絕. 是故合而論之曰五倫者也. 五倫之重, 與三綱並稱, 若五倫不明, 則人不可以爲人矣. 其明之之道, 亦惟各正其心以順之而已. …… 婦人之行, 婦人之行在小學者, 當諺翻觀省. ○婦人最以偏性爲心之病, 去其病, 惟在自治而已. 人若有以病痛爲言, 則必喜聞而改之, 或聞人過失, 而悟其己亦有是過而勿忘改過之心. 或見人善行, 而愧其己則無是善而每存遷善之心. …… 婢僕之職, 上之視下, 猶父母之於子女, 則下之視上, 亦猶子女之於父母, 貴賤雖殊, 情義則一, 彼犬馬亦知愛主, 況人乎? 當念念必敬, 事事必勤, 遇難而不避, 見利而不欺. ○婢僕各以長幼爲序, 呼兄呼叔, 宜相勸以善, 相戒以惡, 務相雍睦."

이러한 점은 [2]에서도 확인된다. [2]는 박윤원(1734~1799)이 남긴 〈가훈〉의 일부로, 이 글에 명시된 수신자는 從子·從子婦·側室·女·童·奴婢 등 집안의 모든 구성원들을 대상으로 한다. 제시된 부분에는 가내의 여성과 노비들에게 집안의 안정과 번영을 위해 삼가야 할 점들이 나열되어 있는바, 부모에 대한 효·형제 간의 우애·종족끼리의 화합·주인에 대한 충성 등 오륜과 유사한 덕목들의 준수를 종용하고 있는 것이다.

[3]은 성근묵(1784~1852)이 남긴 〈가훈〉 중 일부이다. 앞 부분에 나열된 오륜 개념의 서술은 총론 격에 해당되는 것으로, 그 아래 제시된 子弟·婦人·嫡妾·婢僕 등에게 '每月朔望獻壽之節'이라는 공식적 자리를 통해 일괄적으로 주지된다.[99] 제시된 부분은 부인의 행실과 노비의 직분을 상세히 밝힌 것으로, 부인의 경우 한글로 번역된 『소학』을 보고 행실을 닦을 것을 주문한다. 노비들에게는 앞서 박윤원의 경우와 마찬가지로, 主奴의 관계를 父子 관계로 치환시켜 부모에게 효를 다하듯 주인에게도 충을 다할 것을 주문하고 있다. 노비들까지도 오륜적 질서의 주체로 끌어들임으로써 현실에서 발생할 수 있는 사회적 규준의 위반 사례들을 애초에 근절시키고자 한 것이다.[100]

상기한 기록들에서 보이는 교화 대상의 확대 문제는 분명 이전과는 분변되는 지점이다. 앞서 4장[17세기]에서 살펴본 여러 가훈서들의 경우에도 그 대상은 아들과 자제들로 한정되어 있었던바, 특히 노비들에게까지도 윤리적 질서의 준수를 당부하는 사례는 이전 시기의 경우 찾

99) 성근묵, 〈家訓_每月朔望獻壽之節〉, 위의 책, 같은 면. "乃讀法 法卽家訓 子弟一人抗聲讀 家訓未可盡讀 撮其要讀之 或每次輪回讀 讀必具釋 ○讀法時 婢僕列立參聽".

100) 성근묵, 〈家訓〉, 위의 책, 같은 면. "盖禁之於已然, 不如禁之於未然也. 其欺罔偷竊, 弄權作弊, 及放蕩不謹, 行淫雜技者, 亦嚴治之, 而爲此先敎者, 欲令其一不犯罪也. 其各銘念."

아보기 힘들다.[101] 그렇다면 이러한 현상들을 어떻게 해석해야 하는가? 물론 조선 후기에 나타난 일련의 사회경제적 변화로 인해 노비들의 도망이나 저항이 거세지고, 이를 제어하기 위한 하나의 방편으로 이러한 현상이 발생하게 된 것이라 볼 수도 있다.

하지만 필자로서는 여성과 노비들을 오륜적 질서의 주체로 자임케 함으로써 좀 더 완정한 예치시스템을 구축하고자 했다는 정반대의 평가[102]가 당대의 실상에 좀 더 부합하리라 생각된다. 노비들의 도망이나 태만은 노비제 사회에서 언제든지 있어 왔던 문제이기도 하거니와, 그들에 대한 勸善이 하나의 독립된 테마로 다루어진 것이 아니라 자제·아내·며느리·첩·서자 등 종법 질서의 구축을 위해 유교적 내면화가 필요시되는 인간관계의 하나로 제시된 것이기 때문이다. 다시 말해 조선 후기에 발생했던 국부적 사례들에 대해 士 계층이 내어놓은 임시적 방편이라기보다는 이전 시기부터 항시적으로 존재해 왔던 통상의 문제들을 바라보는 시선과 그것들을 통어하는 방식 그 자체에 이전과 다른 모종의 변동이 생겨나게 되었다는 것이다. 이렇게 볼 때, 조선 후기 가훈서들에 보이는 교화 대상의 확대 현상은 무너진 봉건적 질서를 회복하기 위한 일부 지배층의 수구적 목적이라기보다는 조선 사회의 전체적 유교화를 위해 이전까지 오륜적 질서의 주체로 부적합하다고 생각했던 이들까지도 포섭하게 된 결과로 보인다.

기실 사상·교육·가정·문화 등 조선 사회의 제반적인 이데올로기

101) 조금 다른 사례이긴 하지만 16세기 인물들인 이황과 오희문의 경우, 노비들의 태업을 문제 삼으면서 철저한 감독과 체벌을 지시한다. 이는 그들이 노비들에 대해 특별히 인색했다기보다는 노비들을 통어하는 당대인들의 그러한 방식이 상당히 일반적이었던 데에서 기인한 것으로 보인다. 이에 대해서는 김건태, 앞의 책, 90~92면 참조.

102) 김언순, 앞의 논문, 146면.

적 국가장치들을 장악하고 있던 士 계층의 이와 같은 의식 변화는 대단히 중요하다. 주지하듯 이러한 장치들은 사회의 기본적인 생산관계를 재생산하여 대다수의 사람들을 이데올로기의 주체로 상상케 함으로써 재래의 이데올로기를 공고화시킨다.[103] 가정과 향촌의 교육적 인프라를 관장하고 있었고, 시가와 소설 등 각종 통속적 문예물들의 적극적 생산자였으며, 이를 통해 당대의 문화적 담론을 주도하고 있던 그들이었기에, 오륜적 질서의 준수 범위를 사회의 저층에까지 확대시키고자 했던 그들의 인식은 사회 전체에 실질적 규정력을 가지면서 곧바로 구현될 수 있었다. 상기한 가훈서들의 사례는 말할 것도 없거니와 앞서 살펴본 교육 기회의 확대와 개방 역시 변화된 의식의 흔적들이라 말할 수 있다. 필자는 조선 후기 오륜가사 작품들의 족출과 광포의 정황이 이러한 역사적 맥락과 무관하지 않을 거라 생각하는데, 이러한 정황을 아래에서 살펴보도록 하자.

> [1] 월젼에 장경쥬 광쥬 쟝셔방 가 草堂歌라 ᄒᆞᄂᆞᆫ 은문칙 ᄒᆞᆫ 권을 뵈며 가로ᄃᆡ 이거시 권슌 포쳔 권셔방 가 으더 등츌ᄒᆞ엿시되 유젼ᄒᆞᄂᆞᆫ 말이 벽게은집이라 ᄒᆞ니 果然 그러ᄒᆞ오신가 ᄒᆞ야날 ᄂᆡ ᄒᆞᆫ두 번 일거보니 事理 통창ᄒᆞ고 경계이 핍진ᄒᆞ야 물논 男女老少ᄒᆞ고 이얼 인ᄒᆞ야 정신을 ᄭᆡ쳐 본심을 다잡으면 인도가 발나 풍화에 크게 유죠ᄒᆞ올진이 진졍 화셔션ᄉᆡᆼ계셔 지신 글인지 안인지 그ᄂᆞᆫ 아지 못ᄒᆞ건이와 즉금 야슈쳔지 풍교퇴ᄑᆡᆨᄒᆞᆫ 즁에 더욱 긴급히 가효인유 집집이 가라치고 ᄉᆞᄅᆞᆷᄉᆞᄅᆞᆷ이 이러탄 말ᄉᆞᆷ ᄒᆞ야 다만 ᄒᆞᆫ 두 ᄉᆞᄅᆞᆷ이라도 구완ᄒᆞ야 읏기를 바라지 안알슈 읍ᄂᆞᆫ 고로 모든 동지도 증ᄒᆞ계 젼ᄉᆞᄒᆞ고 가다감 문자 모을 마ᄃᆡᄂᆞᆫ ᄯᅩ 나 황ᄌᆡᆨ으로 ᄒᆞ여금 쥬ᄒᆡ라 ᄒᆞ야 널이 젼파ᄒᆞ계 ᄒᆞ노니 이도 ᄯᅩᄒᆞᆫ 화셔션生임 본 ᄯᅳᆺ지 안이미 안이라. 쵸당가죵 大明永曆五戊戌(1898)四月丁未日

103) 루이 알뛰세르 지음, 김동수 옮김, 『아미엥에서의 주장』, 솔, 2000, 88~94면.

香山居士書[104)]

[2] ᄂᆡ 이곳 안찰ᄉᆞ 되연 지 삼년이 되ᄃᆡ 도학이 박지 못허여 민망이 녀기고 션ᄇᆡ예 술업이 쟁치 못ᄒᆞ물 ᄀᆡ연이 여겨 일즉 덕힝교범 ᄒᆞᆫ ᄎᆡᆨ을 ᄆᆡᆼ기러 도ᄂᆡ에 반표ᄒᆞ고 ᄯᅩ 여간 물녁으로 각읍에셔 ᄌᆡ를 승셜ᄒᆞ니 모든 션ᄇᆡ ᄌᆞ맛 빈빈ᄒᆞ여 가히 보암즉 홈이 잇는지 그러나 이는 다 근원은[글닑은][105)] ᄉᆞ람에 효측ᄒᆞᆯ ᄇᆡᄅᆞ 여염 쇼인니여 엇지 ᄋᆞ모런 줄를 알니오 슬추다 잡앗는 덧덧ᄒᆞᆫ 셩품은 ᄉᆞ람마다 두엇나니 가르쳐 알게 홈이 시러곰 감ᄉᆞ에 ᄎᆡᆨ임이 ᄋᆞ니냐 …… 민ᄉᆡᆼ의 날마다 힝헐 닐을 언문으로 ᄀᆡ록허여 집마다 효유코져 헐 즈음에 혹이 니르되 황정포에 오륜가 일편이 족히 ᄇᆡᆨ셩을 권ᄒᆞ여즉 ᄒᆞ다 ᄒᆞᆯ서 취허애 살펴보니 소학에 오긴헌 법이 ᄃᆡ강 ᄀᆞᆺ추엇기로 즉시 ᄀᆡ간ᄒᆞ여 향곡에 반포ᄒᆞ여 노ᄅᆡ를 ᄉᆞ문니 혀엿시되 …… 쇼학에 요긴헌 ᄯᅳᆺ을 ᄲᆡᄂᆡ여 두어 곡죠 노ᄅᆡ을 ᄆᆡᆫ그러 오륜가라 층허여 향촌 져근 아희을 쥬워 죠셕으로 외게 ᄒᆞ노라.[106)]

[1]은 『초당문답가』 계열의 하나인 『벽계언집』의 後記이다. 경기도 양주에 거주하는 香山居士가 누구인지 분명치는 않으나 글의 정황으로 볼 때 향촌의 사족인 것으로 짐작된다. 포천에 사는 '권슌'이 처음으로 이 책을 등사했고, 광주의 장경주가 향산거사에게 전달하였으며, 향산거사가 이 책의 필요성을 인정하여 주해한 후 널리 전파하고자 한다는 내용이 전부이다. 주목되는 점은 그가 이 책의 잠재적 대상자를

104) 『蘗溪諺集』 〈後記〉. 이황진, 「초당문답가 연구」, 단국대학교 석사학위논문, 1999, 142면 참조.

105) 해당 부분은 박연호, 앞의 책, 106면을 참조하여 '글닑은'으로 수정하였다. 앞뒤 맥락을 고려해 볼 때 '근원은'보다는 '글닑은'이 원의에 좀 더 가까울 듯하다.

106) 민병석, 〈오륜가서문〉. 임기중 편, 『(개인본)역대가사문학전집』 14권, 여강출판사, 1998, 507면.

'男女老少'라는 불특정 다수의 사람들로 상정하고 있다는 것인데, '문자 모을 마듸'를 주해하는 행위 역시 이러한 의식에서 나온 것으로 보인다.

[2]는 황립의 〈오륜가〉를 민병석이 印刊하면서 붙인 발문의 일부이다. 1889~1894년까지 평안도 관찰사로 재직했던 그는 선비들의 '술업이 쟁치 못ᄒᆞ물 ᄀᆡ연이 여겨' 『덕행교범』이라는 책을 만들어 전파했다. 그러나 한문 텍스트라는 문자 상의 문제로, 이는 '글닑은 ᄉᆞ람'만이 보고 따를 수 있었다. 이에 글을 읽지 못하는 '여염 쇼인'들을 위해 민생의 일상적 행위들을 언문으로 기록하여 집집마다 효유코자 하였는데, 이때 선택된 것이 황립의 〈오륜가〉이다. 요컨대 이 작품의 印刊 배경에는 '글을 알지 못하는 사람들에게', '날마다 행해야 할 일들을 언문으로 전하는 것', 바로 여기에 있었던 것이다.

물론 이러한 면모들은 16~17세기 사림파 문인들이 오륜시조 작품을 창작한 목적과 크게 다르지 않다. 문자에의 접근이 차단되어 있던 이들에게 글이 아닌 노래를 통해 교화를 시행하고자 했던 저간의 정황은 오륜가사의 창작 목적과 상당 부분 중첩된다. 하지만 16~17세기의 경우 『소학』이 담고 있는 일상 생활의 세칙들을 일반 백성들에게까지 요구하지는 않았던 것으로 보인다. 이 시기에는 사대부 계층 내부에서도 소학의 내용들이 완전하게 실천되지 않고 있었으며, 주자학적 질서의 철저한 수립과 이행은 재래적 관습의 관성에 의해 여전히 난항을 겪고 있었다. 하지만 양자 사이의 길항에서 전자가 지배적 담론을 차지하게 되는 18~19세기에 이르면 앞서 살펴본 바와 같이 그러한 질서의 준수를 좀 더 많은 범위의 사람들에게까지 요구하게 된다. 일련의 오륜가사 작품들이 여성/민중으로 그 대상을 확대한 것도 이러한 시대적 분위기와 연관되어 있다.

[1] 남자는 공부하면 제가지법 알써시니
밧긔일은 고사하고 부인힝실 의논하자
…(중략)…
규중에 녀자들은 질삼방적 하는틈의
이노릐를 알아싸가 여진부인 되여보소[107)]

[2] 이노ᄅᆡ 불인ᄒᆞ나 오륜힝실 다드럿다
보ᄂᆞᆫᄉᆞ람 듯ᄂᆞᆫᄉᆞ람 각심불마 ᄒᆞ여셰라
가문힝실 빗도나고 남도아니 뭐여ᄒᆞ리
글뭇ᄒᆞ여 슬혀마소 이안이 학문인가
슬푸다 셰상사ᄅᆞᆷ 오륜힝실 불명ᄒᆞ며
ᄋᆡ친경장 불문ᄒᆞ면 검수와 다를손가[108)]

[3] 부귀ᄒᆞᆫ ᄌᆡᄉᆞᆼ가ᄂᆞᆫ 유모나 잇거니와
ᄉᆞ셔인 여염가의 쥬졔ᄒᆞ신 우리모친
방젹이며 음식범졀 쥬야분쥬 ᄒᆞ신몸이
편ᄒᆞᆯ날리 젼혀 업시 어린ᄌᆞ식 귀ᄒᆞᆫ마음[109)]

상기한 작품들에서 민중과 여성은 직접적 수신자로 등장한다. 먼저 [1]에서 화자는 '남자는 공부하면 제가지법 알써시니 / 밧긔일은 고사하고 부인힝실 의논하자'고 하면서 부부유별에 해당하는 덕목의 80% 이상을 여성에 할애하고 있다. 내용의 대부분은 여성이 시댁에서 취해야 할 일상의 준칙들인바, 가부장제의 유지를 위해 여성들에게 요구되는 婦德들 중심으로 구성되어 있다.[110)] 여타의 오륜가사 작품들에서

107) 황립, 〈오륜가〉. 임기중, 위의 책, 4권, 27~34면.
108) 『장편가집』, 〈오륜가〉. 임기중, 위의 책, 14권, 561면.
109) 고대본 〈오륜가〉.

도 이러한 현상은 뚜렷이 감지된다. '녀자로 삼계나셔 부모훈계 바든 후의 / 군ᄌᆞ의 ᄇᆡᆨ필 되야 ᄒᆡᆼ실를 ᄉᆞᆷ가셔라(곽시징, 〈오륜가〉)', '여보시요 부인너야 여자ᄒᆡᆼ실 엇써한고 / 삼종지의 마련ᄒᆞ니 가군을 조ᄎᆞ셔라(『초당문답가』, 〈오륜가〉)'에서 단적으로 드러나듯 당대의 여성들은 가부장제의 원활한 유지를 위해 필수적으로 요청되는 유가적 질서의 주체로 호명된다.

기실 여성들의 시집살이가 보편적인 것으로 정착되지 않았던 조선 전기의 경우, 여성들에게 이러한 덕목들은 주지될 필요가 없었다. 전대의 오륜시조 작품들에서 남편에 대한 공경과 부부 사이의 구별이라는 추상적이고 관념적인 사항만이 반복적으로 제시되었던 것도 이러한 맥락에서이다.[111] 하지만 가부장제의 논리 하에서 남성과 여성에게 기대하는 역할이 엄격히 분변되면서 여성들은 그러한 덕목들의 체

---

110) "의복음식 하는법과 제사범절 알아짜가 / 열다스세 빈혀ᄭᅩᆺ고 이십젼에 시집가셔 이ᄂᆡ몸을 조심하미 살얼음을 듸딘드시 / 동동촉촉 한마음이 밤에자고 일즉ᄭᆡ여 아는일도 물어하고 잘한일도 못한드시 / 불평한일 당하거든 열번참고 ᄇᆡᆨ번참아 싀부모께 효도ᄒᆞ고 지아비긔 공순하여 / 시동ᄉᆡᆼ을 화목하니 일가친척 칭찬한다 칠거지죄 범치말고 삼종지도 일을삼아 / 본가사리 하지마라 시집가면 외인이라 셩젹단장 부질업다 근검절용 안할소냐"

111) 강명관은 조선 전기에 편찬된 가훈서들이 양적 측면에서 영성하기도 하거니와 여성에 대한 규정 역시 남녀의 분리와 양자 사이의 공경과 같이 포괄적인 수준에 머물고 있는 것을 부계 친족으로 구성되는 친족 제도가 완벽하게 성립되지 않은 데서 기인한 것으로 파악한다.[강명관(2009), 앞의 책, 371~379면.] 필자는 대부분의 오륜시조 작품들이 남성들을 대상으로 창작되었던 점, 그렇지 않은 경우라 할지라도 남편에 대한 공경과 부부 사이의 구별이라는 추상적이고 관념적인 사항만이 제시되었던 점 등도 이와 무관하지 않다고 생각한다. 다시 말해 부계 친족 제도의 성립과 정착으로 인해 가문 내에서 여성에게 기대되는 역할이 많아지면서 그들을 유가적 질서의 주체로 포섭해야 할 필요가 커지게 되었고, 이에 따라 가훈서나 계녀서 등의 서적뿐만 아니라 소설, 가사 등의 통속적 문예물들 또한 여성을 대상으로 하여 그들에게 요구되는 유가적 덕목들을 강하게 담지하게 되었다는 것이다.

화를 강하게 요구받게 되었다. 가정 경제를 일으켜 세우고, 가정의 살림과 가정 내의 인간관계도 전적으로 책임져야 하는 등 여성이 부담해야 할 생활의 무게들은 점점 더 커져 갔던 것이다.[112] 그러한 무게들의 무의식적 자임. 상기한 작품에 등장하는 근엄한 '양반/남성'의 목소리는 바로 이것을 기도하고 있는 것이다.

한편 [2]에는 오륜가사 작품들의 수신자로 상정된 이들이 다수의 민중들이었음을 짐작케 해주는 구절이 보인다. '글뭇ᄒᆞ여 슬혀마소 이안이 학문인가'라는 구절이 그것으로, 이는 곧 작자가 작품을 창작하면서 주된 대상으로 삼은 이들이 학문적 소양이 없는, 일반 민중들이었음을 의미한다. 그런데 유가적 지식의 축적과는 별개로 오륜적 행위의 준수 여부를 학문의 영역과 동일시하게 될 때, 다수의 민중들이 그러한 질서들을 수용할 수 있는 여지는 더욱 넓어지게 된다. 다시 말해 오륜적 질서의 준수를 '학문'과 동일한 것으로 간주함으로써 학문에의 접근이 차단되어 있던 그들로 하여금 양반/남성의 영역에 자신들이 동참하고 있는 것으로 상상하게끔 만든다는 것이다.

[3]의 등장인물은 '사서인 여염가'의 '우리 모친'이다. 가사 작품이 기본적으로 작자의 자전적 진술임을 감안하면, '우리'라는 표현의 구체적 대상은 작자의 실제 모친일 가능성이 높다. 하지만 이러한 작품들을 수용하는 독자의 입장에서는 작품 속의 내용들을 자신의 체험으로 이전하기 마련인바, 이로써 본 작품의 수용 범위는 '사서인 여염가'라는 좀 더 넓은 범위로 확장될 수 있다. 오륜가사 작품들에 보이는 공통적 현상이기도 하지만, 어미가 자식을 기를 적에 기울이게 되는

112) 길진숙, 「뺑덕어미와 괴똥어미의 일탈과 그 성격: 〈용부가〉, 〈복선화음가〉, 〈심청가〉의 일탈형 여성인물에 대한 고찰」, 『한국고전연구』 19, 한국고전연구학회, 2009, 115면.

보편적인 정성들을 지리할 정도로 나열[113]하는 것도 광범위한 독자들의 공감을 유도하기 위한 일종의 장치일 것으로 생각된다. 과한 추정일 수도 있겠으나, '부귀ᄒᆞᆫ 직승가ᄂᆞᆫ 유모나 잇거니와'라는 표현 역시 그러한 맥락에서 읽힌다.

실제의 신분과 성별을 떠나 상기한 작품들 속에 등장하는 화자의 목소리는 분명 '양반/남성'이다. 그들은 이러한 작품들을 창작·유포함으로써 잠재적 수용자인 민중/여성들을 오륜적 질서의 주체로 편입시키고자 했다. 그런데 중요한 것은 이러한 의도가 교육적 제도나 통속적 문예물과 같이 일정한 문화적 매커니즘에 의해 사회 저변에 확산될 때, 민중/여성들이 이를 어떻게 전유하는가의 문제이다.

[1] 時向華燈下　　밝은 호롱불 아래 앉아
朗吟謝氏傳　　사씨전을 낭랑히 읽으면
微風送逸響　　선들바람에 귀여운 목소리 실려
琮琤破玉片　　쨍그렁 구슬 깨지는 소리로다
…(중략)…
莫以地貴賤　　지체의 귀하고 천함으로
看取人賢憂　　어질고 어리석음 단정치 말아라
菡萏發泥淖　　연꽃은 진흙 구렁에서 피어나고
虬螭産溝渠　　용은 개천에서 나오느니
食魚何必魴　　고기를 먹음에 하필 방어여야 하며
齊姜亦不如　　양반집 여자도 같잖은 것 있으니
靈芝旣無根　　영지는 당초에 뿌리가 없고

113) "쟝상의 구슬갓치 얼너만져 길너ᄂᆡ여 / ᄋᆡ지즁지 삼년만의 비로소 품의나셔 / 말ᄇᆡ우고 거름ᄇᆡ와 쥭마로 단일젹의 / 사랑계운 모친마음 ᄒᆡ여나 단명ᄒᆞᆯᄭᆞ / 염여무궁 간졀ᄒᆞ여 오ᄉᆡᆨ의 발근옷슬 / 슈즁의 ᄎᆡᄉᆡᆨ실노 장명을 슌을노와 / 옥동갓치 단쟝ᄒᆞ니 부모마음 엇더신고 ……"

醴泉寧有源　　예천이 따로 근원이 있으랴
洪鈞不偏與　　하늘은 한편에 치우치는 법이 없나니
至哉先民言　　지당하시다 성인의 말씀이여.114)

[2] 남의 부모 형제 붕우되난 ᄉᆞ람들아 자세이 들어보소. 고담이 허다ᄒᆞ되 이 말은 부모의계 효셩ᄒᆞᆷ과 형졔간의 우ᄋᆡᄒᆞ미 졔가유의ᄒᆞ니 도적갈튼 놈이라도 감동치 안니 ᄒᆞ리 업슬 써신니 부ᄃᆡ ᄂᆡ ᄎᆡᆨ을 등셔ᄒᆞ여 두고 보면 젼자젼손하야 부귀할 근본이라. 할 말니 무궁ᄒᆞ되 금셰샹 ᄉᆞ람이 물욕의 잠기여 ᄌᆞ포ᄌᆞ기ᄒᆞ난 일은 말나. 원형이정은 쳔도지상이요 인의예지난 인도지상이라 부ᄃᆡ ᄂᆡ 말을 명심불망ᄒᆞ여라.115)

[3] ᄎᆡᆨ쥬 김소져 이 ᄎᆡᆨ을 볏기고져ᄒᆞ니 노질험셔 볏겻스나 오ᄌᆞ 낙셔만ᄒᆞ니 ᄎᆞᆷ괴ᄎᆞᆷ괴 보시나니 눌너 ᄉᆞᆯ피시ᄋᆞᆸ 무용동 ᄃᆡ고모 무황셔염이나 ᄎᆡᆨᄉᆞ의 남여 업시 가ᄅᆡ보암즉ᄒᆞ니 심심소일 등셔ᄒᆞ여주나니 앗겨두고 간간여가의 ᄉᆞᆯ펴 명심계지할지라 일후 어진 고문현가의 츌가ᄒᆞ여 만인의 ᄎᆞᆼ찬과 ᄂᆡ외 화락 ᄇᆡᆨ슈동낙 유ᄌᆞᄉᆡᆼ녀 계계승승ᄒᆞ여 혈혈ᄌᆞ 나든 여훈을 ᄌᆞ손의 셜한ᄒᆞ고 ᄎᆞᄎᆡᆨ을 ᄃᆡ하거든 무용동 ᄃᆡ고모을 ᄉᆡᆼ각하여라 졍ᄉᆞ 이월 이십일일 필셔.116)

천한 백정의 딸이 〈사씨남정기〉를 읽고 단정한 몸가짐을 갖고자 다짐했던 내용의 [1]은 사람의 賢愚 여부를 신분의 고하를 기준으로 판

114) 김려, 〈古詩爲張遠卿妻沈氏作〉. 임형택 편역, 『이조시대 서사시』 하, 창작과비평사, 1992, 230~231면.

115) 국립도서관본 〈목시룡전〉 후기. 장유림, 「〈목시룡전〉 연구」, 한국교원대학교 석사학위논문, 2002, 7면에서 재인용.

116) 〈만고기담처세가〉 附記. 권순회, 「『초당문답가』의 이본 양상과 주제적 의미」, 고려대학교 고전문학한문학연구회 편, 『19세기 시가문학의 탐구』, 집문당, 1995, 349~350면에서 재인용.

단치 말라는 작자의 일갈도 파격적이거니와 작자가 수신자로 염두에 두지 않았던 이들까지 소설이라는 통속적 문예물을 적극적으로 수용함으로써 자신을 유가적 덕목의 주체로 상상하고 있는 정황을 보여준다는 점에서 흥미롭다.[117] [2]는 국립중앙도서관에 소장되어 있는 〈목시룡전〉의 후기이다. 조선 후기 소설 작품들의 지류를 한두 가지로 논할 수야 없겠지만, 필자는 누구나 접할 수 있는 통속적 문예물의 형태로 오륜적 질서의 준수를 강하게 종용하는 이와 같은 작품들이 유포되었을 때, 신분과 성별을 막론한 좀 더 많은 사람들을 오륜적 질서의 주체로 포섭할 수 있었을 것이라 생각한다.

[3]는 『초당문답가』의 이본인 『만고기담처세가』에 부기되어 있는 일종의 필사기이다. 무용동 대고모가 자신의 조카를 위해 謄書해 준다는 내용의 이 글에는 가부장제라는 불합리한 제도 속에서 인정받기 위해 당대의 여성들 스스로 꿈꾸었던 바람직한 부인의 조건들이 나열되어 있다. '만인의 층찬과 닉외 화락 빅슈동낙 유즈싱녀 계계승승'으로 표현된 부분이 바로 그것으로, 더 이상 자신들에게 관습의 동의 여부를 묻지 않게 된 시대에[118] 여성들이 취할 수 있었던 최선의 방법은 시대가 요구하는 방향으로 자신을 만들어 나가는 것 이외에는 선택의 여지가 없었다.

기실 이전 시기 사대부 작가들의 오륜시조 작품들은 그 대상과 공간이 비교적 뚜렷했다는 점에서 효용의 범위 또한 그리 크지 않았으리라 짐작된다. 하지만 좀 더 많은 사람들에게 유가적 덕목을 주지시키고자

117) 강상순, 「〈사씨남정기〉의 적대와 희생의 논리」, 『고소설연구』 12, 한국고소설학회, 2001, 152면.

118) 신경숙, 「규방가사, 그 탄식 시편을 읽는 방법」, 국제어문학회 편, 『한국문학사의 전개 과정과 문학담당층』, 국학자료원, 2002, 89면.

했던 조선 후기 士 계층의 의도가 불특정 다수를 대상으로 하는 일련의 문예물들을 통해 적극적으로 구현되게 되었을 때, 그 효과의 크기는 적지 않았을 듯하다. '도젹갈튼 놈이라도 감동치 안니 ᄒᆞ리 업슬' 것이라는 [2]의 套飾이 필사자의 단순한 호기로만 보이지 않는 것도 이러한 이유 때문이다.

상기한 자료들은 공히, 오륜과 유관한 유가적 덕목들이 조선 후기의 여성과 민중들에게 자발적으로 전유되던 일련의 정황을 담고 있다. 본 장에서 대상으로 삼은 몇몇의 오륜가사 작품들이 십수 종에 달하는 이본을 양산하면서 상당한 범위로 전파될 수 있었던 것은 이러한 자발성을 염두에 두지 않고서는 설명하기 어렵다. 특히 〈목시룡전〉에서 주인공의 입을 빌어 설파된 오륜가사 작품은 『장편가집』에 소재한 〈오륜가〉와 동일한 작품인바, 이는 곧 본 작품이 소설의 작자에게 차용될 정도로 대중적인 인기를 확보하고 있었음을 말해 준다. 요컨대 오륜 개념이 일부 士 계층의 사유 속에서만이 아니라 좀 더 많은 사람들에게 반드시 지켜야 할 당위적 준칙으로 자리하게 될 때, 이는 '양반과 非양반'을 구분하는 기준을 넘어 '사람과 非사람'을 구분하는 하나의 보편적 기준으로 작동하게 된다는 것이다. 그렇다면 18~19세기에 산출된 일련의 오륜가사 작품들이 담고 있는 내용의 실체는 무엇인가? 붕괴된 중세적 질서의 잔여물들인가? 아니면, 근대를 경유하면서 발생하게 된 전근대적 개념의 전환적 흔적들인가? 이를 통해 우리는 오륜가사 작품들의 창작 및 수용 목적을 좀 더 뚜렷하게 간취해 낼 수 있을 터, 이에 대해서는 항을 달리하여 살펴보도록 하자.

2.2. 시가와 소학의 결합: 구체적 생활윤리의 직접적 제시

오륜가사 작품들의 주된 대상이 여성과 민중들로 확장된다고 할 때, 그것이 담고 있는 내용 자체에도 일정한 변화가 있을 것임은 자명하다. 특히 문자에의 접근이 쉽지 않았던 그들과, 그들에게 오륜적 질서의 당위 여부를 전파하고자 했던 士 계층의 필요가 충돌하게 되면서 서로 간의 간극을 좁히기 위한 여러 가지 방법들이 모색되었을 터, 필자는 오륜가사 역시 그러한 방법들 가운데 하나였을 것으로 생각한다. 유가적 警句들을 어떻게 하면 보다 효율적으로 전달할 수 있을 것인가에 대한 나름의 해답이 가사 장르였다는 것이다. 이러한 가정을 염두에 두고 전대의 오륜시조 작품들과 비교해 볼 때, 18~19세기 오륜가사 작품들에서 선명하게 착목되는 현상은 구체적인 일상의 윤리들이 가사의 언어를 빌려 반복적으로 제시된다는 데에 있다.[119] 먼저 아래의 작품들을 살펴보도록 하자.

[1] 父母의 그른일도 거슬여 탄치말고
忿써지기 기다려서 和順柔聲 極諫ᄒᆞ소
昏定晨省 못ᄒᆞ거든 遊必有方 부ᄃᆡᄒᆞ쇼
不義行事 ᄒᆞ랴기로 出入處을 속기난니
不知去處 나간후의 急ᄒᆞᆫ일을 뉘傳ᄒᆞᆯ고
늘근父母 집의두고 먼길가지 말지여다
無常出入 ᄒᆞ지말고 오만ᄯᅢ에 부ᄃᆡ오쇼
百難之中 待人難의 무ᄉᆞᆷ念慮 업슬손가
ᄂᆡ몸操心 부ᄃᆡᄒᆞ여 病들게 말지여다
父母의 첫ᄌᆡ근심 子息病의 魂飛魄散

119) 박연호, 앞의 책, 212~232면.

이마음을 바꾸어서 病든父母 生覺ᄒᆞ고
生前에 正誠ᄃᆡ로 死後遺恨 업시ᄒᆞ며
醫藥의 심을 쓰면 神明이 感動ᄒᆞ리
부모뜻을 밧들랴면 얼골빗츨 順이ᄒᆞ게
道跖갓튼 몹슬놈도 敎訓心은 밧으오니
돈쓸ᄃᆡ을 生覺ᄒᆞ여 祖上부터 生覺ᄒᆞ고
衣服飮食 장만ᄒᆞᆯ 졔 父母次知 먼져 ᄒᆞ며
조흔飮食 만나거든 父母生覺 ᄒᆞ여보게[120)]

[2] ᄉᆡ벽의 일즉ᄭᆡ여 문안부터 만져하고
즐기시는 음식으로 졍사이 차려드려
부모한번 잡수시면 자식마음 깃버서라
이윽하면 시장할ᄶᅡ 날이차면 치우실ᄶᅡ
중염에 ᄆᆡ양먹어 잠시부모 닛지말세
부모님의 하고푼일 압셔가면 만저하고
부모압헤 항상잇셔 편안케만 하자구나
부모취침 하실ᄯᆡ의 자리ᄯᆞᆯ고 물너랄제
온량지절 살펴보세 츱게말고 덥게말고
평ᄉᆡᆼ을 하로가치 우리부모 셤겨보자
…(중략)…
위ᄐᆡ한ᄃᆡ 가지말자 부모근심 하시리라
주ᄉᆡᆨ잡기 멀니하자 부모님에 욕되리라
쳐자동ᄉᆡᆼ 화목하자 부모님이 깃버하네
아못쪼록 효도하여 부모은혜 가파보세
부모만일 노하시면 자식마음 송구하여
말씀을 나직이하고 낫빗츨 화순하여

120) 『초당문답가』, 〈오륜가〉. 원문의 출처는 정재호, 『(註解)草堂問答歌』, 박이정, 1996, 129~130면.

공경사랑 더욱하면 부모감동 하시리라[121]

[3] 계초명의 이리나셔 의관을 경제ᄒᆞ고
고당의 드러가셔 야간긔체 문안ᄒᆞ고
황혼이 되야서ᄂᆞᆫ 침셕제구 살펴보고
나제도 일업거던 슬하의 뫼셔잇고
밤의도 잠든전은 조심을 놋치마라
의복과 음식범절 ᄯᅢ를ᄯᅡ라 밧들제
온ᄂᆡᆼ한담을 주야로 살펴셔라 …(중략)…
주야로 상심ᄒᆞ야 정셩을 다홀진ᄃᆡ
만ᄉᆞ가 ᄌᆞ연ᄒᆞ야 효양이 지극ᄒᆞ며
마옴의 미뤄여셔 충셩에 각가오니
이러타시 부모훈계 즘든젼의 잇지말고
동동촉촉ᄒᆞ야 각별이 조심ᄒᆞ라[122]

[4] 부모시측 공경ᄒᆞ여 ᄯᅥ날날리 젼혀업시
부모양친 침실소의 황혼이면 온돌ᄒᆞ고
금침을 졍졔ᄒᆞ고 국궁ᄒᆞ여 물너가셔
ᄉᆡ벽달기 홰치거던 창황이 이러나셔
의관슈습 잠ᄭᅡᆫᄒᆞ고 침실노 드러갈졔
하긔이셩 기침쇼ᄅᆡ 몸밧긔셔 긔츰ᄒᆞ고
문안을 들린후의 ᄎᆞ고덥기 물어보며
죠셕진지 의복등절 친이보와 보살피고
긴관이셔 츌타ᄒᆞ면 가난이다 먼져고코
볼일보고 도라오면 완나이다 ᄯᅩ고ᄒᆞ네

121) 황립, 〈오륜가〉. 임기중, 앞의 책, 4권, 17~19면.
122) 곽시징, 〈오륜가〉. 유영무 著, 유구상 註, 「오륜가」, 『어문논집』 6, 민족어문학회, 1962, 66면.

근심ᄒᆞᆯ졔 그낫빗흔 죠흔화ᄉᆡᆨ 도로혀져
부모보기 조케토록 슬ᄒᆞ에 넘누러져
기절분부 ᄒᆞ신ᄃᆡ로 부모마음 슌케ᄒᆞ면
부모허물 험ᄒᆞᆫ말은 타일알가 둘려하여
삼시죠셕 간ᄒᆞᆫ말은 유슌키도 유슌ᄒᆞ다
부모곳 안드르면 ᄒᆞᄂᆞᆯ불너 호읍ᄒᆞ며
부모마음 분로ᄒᆞ셔 무한달초 형벌ᄒᆞ여
살리터져 피흘너도 원망마음 죠금업네[123]

상기한 자료들에는 공히, 부자유친의 덕목을 준수하기 위한 일련의 실천 사항들이 상세히 제시되어 있다. 가깝게는 부모의 잠자리나 의복·음식 등의 마련에서부터 멀게는 부모에게 과실이 있어 그것을 諫하는 방법에 이르기까지 일상 생활에서 일어날 수 있는 제반적인 사항들이 망라되어 있다. 중요한 사실은 이러한 사항들이 『소학』 및 『동몽선습』과 같은 初學書의 구절들을 가사체로 변환한 것에 지나지 않는다는 것이다. 다소 번거롭지만, 『소학』의 관련 부분들과 비교해 보면 다음과 같다.

[1] 자식이 부모를 섬기되 새벽에 닭이 처음 울거든 모두 세수하고 양치질하며, 머리를 빗고 치포건을 쓰고 비녀를 꽂고 상투를 하며, 髦에 먼지를 털며, 관을 쓰고, 갓끈을 매어 늘어뜨리며, 현단복을 입고 슬갑을 차고 띠를 매며, 홀을 꽂으며, 좌우에 소용품을 차며, 행전을 매고 신을 신고 끈을 맨다. …… 부모와 구고가 계신 곳에 이르러 기를 내리고 소리를 화하게 하여 옷의 따뜻하고 추움을 여쭈며, 병들어 아프거나 옴으로 가려움에 공손히 만져드리고 긁어드리며, 나가시거나 들

123) 고대본 〈오륜가〉. 고려대학교 중앙도서관 소장, 청구기호 만송 C15 A97A.

어오시면 혹은 앞서기도 하고 혹은 뒤서기도 하여 공손히 부축하고 붙들어 드린다.[124]

[2] 무릇 자식된 예는 겨울에는 따뜻하게 해드리고, 여름에는 시원하게 해드리며, 어두우면 이부자리를 정해드리고 새벽에는 안부를 살펴야 한다. 나갈 적에는 반드시 아뢰고, 돌아와서는 반드시 얼굴을 뵈며, 가는 곳을 반드시 일정함이 있게 하며, 익히는 바를 반드시 일삼는 것이 있게 하며, 평소 말할 때에 늙었다고 일컫지 않는다.[125]

[3] 부모가 계시거든 먼 곳에 가지 않으며, 가되 반드시 일정한 곳이 있어야 한다.[126]

[4] 부모가 과실이 있으시거든, 기를 내리고 얼굴빛을 화하게 하고 목소리를 부드럽게 하여 간할 것이니, 간하여 만일 들어주지 않으시거든 공경을 일으키고 효를 일으며 기뻐하시면 다시 간해야 한다. 부모가 기뻐하지 않으셔도 부모가 鄕黨·州閭에서 죄를 얻게 하기보다는 차라리 익숙히 간해야 하니, 부모가 노하여 기뻐하지 아니하여 종아리를 쳐 피가 흘러도 감히 미워하거나 원망하지 않고 공경을 일으키며 효도를 일으켜야 한다. …… 자식이 부모를 섬김에 세 번 간하여 듣지 않으시면, 울부짖고 울면서 따라야 한다.[127]

---

124) 『소학』〈명륜〉. "子事父母, 鷄初鳴, 咸盥漱, 櫛縰笄總, 拂髦冠緌纓, 端韠紳, 搢笏, 左右佩用, 偪屨著綦. …… 以適父母舅姑之所, 及所, 下氣怡聲, 問衣燠寒, 疾痛苛癢, 而敬抑搔之. 出入則或先或後, 而敬扶持之."

125) 『소학』〈명륜〉. "凡爲人子之禮, 冬溫而夏凊, 昏定而晨省. 出必告, 反必面. 所遊必有常, 所習必有業, 恒言不稱老."

126) 『소학』〈명륜〉. "父母在, 不遠遊, 遊必有方."

127) 『소학』〈명륜〉. "父母有過, 下氣怡色柔聲以諫, 諫若不入, 起敬起孝, 說則復諫, 不悅與其得罪於鄕黨州閭, 寧孰諫, 父母怒不悅, 而撻之流血, 不敢疾怨, 起敬起孝. …… 子之事親也, 三諫而不聽, 則號泣而隨之."

[1]은 부모를 섬기는 데 있어 하루의 시작을 묘사한 부분으로, 새벽에 일어나 의관을 정제하고 부모와 시부모의 처소로 옮겨 가 간밤의 사정을 묻는 지극히 일상적인 행위들이 나열되어 있다. 이 부분은 상기한 〈오륜가〉의 [2]~[4]에 모두 제시되어 있다. '溫凊의 여부', '昏定晨省', '出必告 反必面' 등을 당부한 [2] 역시 [1]~[4]에 나열되어 있으며, '遊必有方'을 경계한 [3] 역시 [1]·[4]에 기술되어 있다. 부모의 과실에 대처하는 자세를 논한 [4]는 [2]·[4]에 보인다. 특히 고대본 〈오륜가〉의 '삼시됴셕 간흔말은 유슌키도 유슌ᄒᆞ다 부모곳 안드르면 ᄒᆞ늘불너 호읍ᄒᆞ며 / 부모마음 분로ᄒᆞ셔 무한달초 형벌ᄒᆞ여 살리터져 피흘너도 원망마음 죠금업네'는 『소학』의 해당 부분을 그대로 옮겨 놓은 것에 지나지 않는다.

그런데 우리가 좀 더 유념해 보아야 할 부분은 『소학』에 제시되어 있는 여러 항목들 중 士 계층에게만 해당될 수 있는 부분들이 하나같이 배제되어 있다는 것이다. 대표적으로 새벽에 일어나 의관을 정제하는 과정에서 착복해야 할 이러저러한 장신구들의 나열은 상기한 오륜가사 작품들에는 보이지 않는다. 뿐만 아니라 宗家와 支家의 엄격한 구분이나 그에 따라 추수되는 일정한 의례 등 가문의 형성을 전제로 한, 士 계층에 필요시되는 조항들 역시 나타나지 않는다. 다시 말해 신분을 막론하고 개인적인 차원에서 이행할 수 있는 실천적 조항들만이 선별되었다는 것이다. 이 점, 군신유의의 항목을 노래한 부분들에서 좀 더 뚜렷이 확인된다.

> [1] 우리갓튼 인싱들은 초야농부 되어스니
> 나라츙셩 못ᄒᆞ나마 부모효양 ᄒᆞ여셰라[128]

128) 『장편가집』, 〈오륜가〉. 임기중, 위의 책, 14권, 549면.

[2] 草野의 農夫들아 上收업시 어이살며
먹고입고 ᄉᆞ난거시 졀노ᄂᆞ며 졀노되랴
得姓以後 몃百年의 우리님군 德이로다
洞內일도 거들거든 君事을 안이홀가
私債도 어렵거던 公納遲滯 부ᄃᆡ마소
朝廷議論 부질업다 世上是非 어이ᄒᆞ리
禁令을 犯치마소 敗家亡家 달엿ᄂᆞ니
世上의 몹슬놈이 富貴의 잇셔셔
權勢을 紛執ᄒᆞ여 百姓을 다ᄉᆞ리니
무어시 不足ᄒᆞ여 逆心을 먹단말가[129)]

[3] 문무에 ᄌᆡ조업서 동셔반에 못밋거든
막비왕토 이ᄯᅡ애셔 착졍경젼 일을삼아
놉흔밧테 셔속이며 나즌ᄯᅡ에 지장심어
오곡풍등 하인후에 ᄂᆡ젹ᄂᆡ챵 갈여노코
왕실세납 만져하야 관가봉양 슌이하고
삼동에 일업거든 군사조련 하엿다가
우리님금 블을실제 다토와셔 만져가소
신민되여 이리하면 불츙지죄 면하리라[130)]

상기한 작품들의 직접적 수신자는 모두 '농부'로 상정되어 있다. 『장편가집』〈오륜가〉의 일부분인 [1]은 '군신유의'의 항목이 아예 기술되지 않는다. 이는 본 작품이 상정하고 있는 대상이 '쵸야롱부'로 대변되는 일반 민중들이기에, 『소학』에 제시되어 있는 군신 사이의 禮則들이 그들에게는 그다지 긴요한 것으로 간주되지 않았음을 의미한다.[131)]

129) 『초당문답가』, 〈오륜가〉. 정재호(1996), 앞의 책, 136~137면.
130) 황립, 〈오륜가〉. 임기중, 앞의 책, 4권, 26~27면.

[2]에서는 '초야의 농부덜'로 호명된 이들에게 당부되는 사항들이 제시되어 있는데, 공납을 지체하지 말 것과 조정의 일에 대해 論難하지 말 것, 나라에서 금하고 있는 사항들을 범하지 말 것 등 일반 백성에게 요구되는 간략한 사항들만으로 한정되어 있다. 조정에 나아가 임금을 대하는 이러저러한 『소학』의 준칙들은 역시 보이지 않는다. [3] 역시 '문무에 재조업셔 동셔반에 못' 있는 백성들에게 착실히 농사를 지어 '왕실셰랍' 먼저 하고, '관령봉행' 순히 하며, 자신들에게 주어진 군역의 의무를 충실히 이행할 것을 당부하고 있다. 요컨대 『소학』의 내용들을 인용하면서도, 신분이나 관직과는 무관하게 일반적 사람들이 개인적 수준에서 준수해야 할 사항들만을 선택적으로 제시하고 있는 것이다. 여성들을 대상으로 한, '부부유별'의 항목 역시 마찬가지이다.

[1] 남ᄌᆞ는 거외ᄒᆞ고 녀ᄌᆞ는 거닉하야
ᄉᆞ부모 효셩이요 치가ᄉᆞ 법도로다

131) 육민수는 이에 대해, "향유 기반이 시정문화권이기 때문에 나타난 현상이기도 하지만 오륜의 의미와 역할이 이미 탈지배이념화했기 때문이기도 한 것이다. 군신유의의 항목이 빠진 그만큼, 사회적·문화적 맥락 속에서 왕권은 권위를 잃어가고 있었던 것"(앞의 책, 202면)으로 파악하였다. 후술된 내용으로 보아 오륜 개념의 효용이 더 이상 治人의 역할을 감당할 수 없었음을 의미하는 듯한데, 필자에게는 이 구절이 그와 같이 해석되지 않는다. 우선 해당 시기에 왕권의 권위가 얼마만큼 실추되고 있었던가도 의문이거니와 이 구절은 문면 그대로, 治人의 기회가 차단되어 있는 민중들에게 오륜의 당위를 납득시키기 위한 하나의 장치이다. 시적 화자는 '나라츙셩 못ᄒᆞ나마'라고 직접적으로 표현하고 있는바, '~나마'라는 조건적 연결어미에서도 짐작할 수 있듯 이는 나라/왕권에 대한 충성의 당위를 부정한 것이 아니라 그것을 충분히 인정하면서도 그러한 기회를 갖지 못한 것에 대한 아쉬움의 의미를 강하게 내포한다. 따라서 이 작품에서 군신유의의 항목이 기술되지 않은 것은 작품의 주된 대상인 민중들의 경우 치인의 기회를 갖게 될 가능성이 상당히 희박하다는 이유에서이지 오륜 개념이 탈지배이념화한 데에서 기인한 것으로는 보기 힘들 듯하다.

봉제ᄉᆞ 접빈객을 칭가뉴무 살펴ᄒᆞ고
(…중략…)
삼종지의 아라두고 지아비 섬길적의
유순으로 일을삼고 공경으로 법을삼아
일싱을 힘써ᄒᆞ면 ᄇᆡᆨᄉᆞ가 구편이라
당ᄃᆡ예 빗치ᄂᆞ고 ᄌᆞ손이 법을바다
싱전 ᄉᆞ후의 영화복녹 무궁ᄒᆞ리132)

[2] 奉祭祀 接賓客은 職分ᄃᆡ로 ᄒᆞ여가소
女中君子 不絕업고 閨中豪傑 쓸ᄃᆡ업다
글잘ᄒᆞ고 안ᄂᆞᆫ체는 八字에 奇薄ᄒᆞ고
말잘ᄒᆞ고 아ᄂᆞᆫ체는 親戚不和 샏이로다
몸便ᄒᆞ고 일업스면 간악이 졀노나고
女工의 촘쳑ᄒᆞ면 私心이 물너가ᄂᆞ니
夫和婦順 議論ᄒᆞ여 各盡其道 ᄒᆞ여갈제
박그로 周旋키는 男子의 할도리요
안으로 切用키는 婦人의 손슷치라133)

[3] 자결하종 엇듬이요 종신수졀 버금이라
일신을 조심하미 여느쎡에 비할소냐
추한의복 쑥머리로 어린드시 하고잇셔
얼인자식 교훈하여 문호보젼 하여보자134)

[1]은 곽시징 〈오륜가〉의 일부이다. 부부유별의 덕목이지만, 실제의

132) 곽시징, 〈오륜가〉. 유영무 著, 유구상 註, 앞의 논문, 68면.
133) 『초당문답가』, 〈婦人箴〉. 정재호(1996), 앞의 책, 143~144면.
134) 황립, 〈오륜가〉. 임기중, 앞의 책, 4권, 21~23 · 33면.

서술은 집안에서 부인이 감내해야 할 이러저러한 사항들에 집중되어 있다. '事父母 治家事', '奉祭祀 接賓客', '三從之義' 등은 가부장제 하에서 여성에게 부과된 삶의 무게들이다. 그들은 하나의 개체적 인간으로 인정되지 않는다. '당ᄃᆡ예 빗치ᄂᆞ고 ᄌᆞ손이 법을바다'에서 살펴볼 수 있듯 그들이 인정받을 수 있는 조건은 가문이라는 보다 큰 공동체의 번영과 지속에 기여할 수 있을 때에만 형성된다.

[2]는 『초당문답가』에 소재한 〈부인잠〉의 일부이다. 봉제사 접빈객의 강조는 말할 것도 없거니와 여성들의 지식 축적을 근원적으로 부정하고, 女工에 침잠할 것을 강하게 종용하는 등 가부장제의 유지를 위해 여성이 감내해야 할 구체적 덕목들을 나열하고 있다. 여성의 수절을 당부하고 있는 [3]에 주목해 보자. 작중의 화자는 스스로 목숨을 끊어 죽은 남편을 따르는 것이 으뜸이고, 개가하지 않고 종신토록 수절하는 것이 그 다음이라고 말한다. '봉제사 접빈객'으로 대변되는 유가적 의례의 준수와 '女工'으로 대변되는 가내 노동의 이행, '자결하종'으로 대변되는 정절의 고수. 이러한 자격들이 완비될 때, 여성들은 비로소 '오륜적 인간'으로 인정받을 수 있는 것이다.

이와 같이 오륜가사 작품들에 보이는 시어들은 한결같이 가부장제의 완성을 위해 가족 구성원들에게 요구되는 일련의 덕목들로 귀결된다. 필자는 일련의 오륜가사 작품들에서 보이는 이러한 지점들이 봉건적 질서로 대변되는 전근대적 시스템의 붕괴에서 기인했다거나, 혹은 근대라는 이질적 시공간을 경유하면서 오륜 개념이 이전과 다른 의미[敎養]로 轉用된 데에서 기인했다고 생각하지 않는다.

전자의 설명 하에서는 이와 같은 작품들이 다량의 필사본을 양산하면서 다수의 민중들에게 자발적으로 수용되던 정황을 설명하기 어렵다. 필사의 행위는 동일한 텍스트를 능동적으로 수용할 때 생산되는 것으로, 이는 곧 필사자가 작품의 의도에 깊이 공감하고 있었으며, 그만큼 의식화되었음을 의미한다. 따라서 이러한 작품들이 다량의 이본을 갖는 것과 넓은 지역에 분포한다는 사실은 이러한 작품의 논리에 수긍하는 이들이 적지 않았으며, 나름의 필요에 의해 적극적으로 수용하고 있었음을 의미한다.[135] 요컨대 봉건적 질서가 완전히 붕괴된 상황 하에서는 이와 같은 작품들의 족출과 광포의 현상이 나타나기 어렵다는 것이다.

후자의 경우는 일련의 오륜가사 작품들이 담고 있는 내용이 여전히 전근대적 의미의 자장 안에 머물러 있다는 점에서 적절치 않은 것으로 보인다. 주지하듯 자국의 역사와 지리에 대한 지식을 필두로 하는 근대적 교양의 성립은 舊學, 즉 오래된 중세적 지식 체계에 대한 전면적 부정을 통해 이루어지는바,[136] 상하적 인간관계에서 마땅히 지켜야 할 것들을 권면하고 있는 이러한 작품들을 근대적 의미의 '교양' 차원에서 파악하기는 어려울 듯하다.

그렇다면 18~19세기 오륜가사 작품들에 나타나는 이와 같은 면모들과 이들 작품들이 불특정 다수의 사람들에 의해 향유·전파되면서 지속적으로 재생산되었던 사실은 무엇을 의미하는가? 환원적인 설명이지만, 이러한 지점들은 낮은 계층의 사람들에게까지 유가적 덕목의 준수를 요구했던 士 계층의 변화된 인식과 그들의 요구를 나름의 이해관계에 따라 전유하고자 했던 하층민들의 의도가 결합되어 나타난 결과로 보인다. 기실 부계 중심의 친족 질서와 그것의 파생물인 가부장제가 일부의 양반가를 제외하고는 완전히 정착되지 않았던 이전 시기

135) 강명관(2009), 앞의 책, 455~456면.

136) 고미숙, 「근대적 "앎"의 배치와 "국민교양"의 탄생」, 『인문연구』 49, 영남대학교 인문과학연구소, 2005, 110~123면.

의 경우, 이와 같은 세칙들은 주지될 필요도, 수용될 가능성도 별로 없었다. 특히 이를 받아들일 만한 학적 토대나 사회경제적 기반이 결여되어 있던 다수의 민중들에게 각종 유가적 의례의 설행과 개인적 수신을 요구하는 위와 같은 작품들은 상당히 낯선 것으로 다가왔을 것이다.

하지만 조선 후기 들어 가부장제가 조선 사회의 보편적인 가족제도로 자리하게 되면서 이와 같은 덕목들은 신분을 막론하고 사회의 저변으로 확산되기 시작한다. 그러한 제도를 떠받치고 유지시킬 수 있는 가족 구성원들의 이념적 세뇌가 자연스레 요구되고, 또 수용된 것이다. 조선후기 문학작품들에 자주 등장하는 일그러진 가장의 형상과 성적 차별, 가사 노동, 심지어 가족의 생계까지 감내하는[137], 그러면서도 이에 대한 항변조차 제대로 하지 못하는 눈물겨운 아내의 형상들은 그러한 이데올로기가 사회 저층의 구성원들에게까지 내면화되어 부정적 방향으로 산출된, 일종의 시대적 결과물이다. 이러한 상황 하에서 일련의 오륜적 덕목들은 여성과 민중이 수용 가능한 언어와 형태로 일정한 변형을 꾀하지 않을 수 없는바, 시가[가사]와 소학[생활윤리]의 결합은 이러한 역사적 맥락 하에서 산생된 것이다.

기실 오륜의 당위성이 사회의 주도적 담론으로 자리하게 될 때, 그것의 파급 효과는 생각보다 거세다. 오륜적 질서의 준수가 양반들의 전유물로 인식되던 시대적 분위기 하에서 그것은 양반과 非양반을 구분하는 하나의 기준으로 작동한다. 필자가 생각하기에 적어도 17세기까지는 이러한 방향이 주류적이었으며, 하층민은 그것의 당위를 일방적으로 전수받는 피동적인 입장에 처해 있었다. 이를 자발적으로 수용할 만한 제도적·인식적 조건이 형성되지 않았다는 것이다. 그러나 가

137) 정출헌, 「가부장적 가족제도의 질곡과 〈사씨남정기〉」, 『배달말』 27, 배달말학회, 2000, 423~424면.

부장제와 같은 유가적 이데올로기가 사회의 저층에까지 침윤되어 일종의 주류적 담론으로 부상하게 되면, 이는 곧 '自身과 他人', '自家와 他家'를 구분하는 보편적 기준으로 자리하게 된다. 자기 감시의 기능과 더불어 다른 사람을 판단하는 기준으로도 활용되는 것이다. 공동체 사회 속에서 이러한 기준의 생성과 유지는 대단히 중요한 기능을 담당하게 되는데, 그것의 수용 여부가 자신과 가문의 생존과 직결될 터이기 때문이다.

2.3. 일탈형 인물의 등장과 그 의미

조선 후기의 가사 장르가 이전의 그것과 달라진 지점으로 새로운 인물 유형이 등장한다는 것은 주지의 사실이다. 대표적인 사례가 〈우부가〉에 등장하는 개똥이·꼼생원·꾕생원이나 〈용부가〉의 저부인·빼덕어미, 〈복선화음가〉의 괴똥어미 등으로, 이들이 조선 후기 사회의 변화된 세태를 반영하는 인물들이라는 점에 대해서는 대체적인 합의를 획득한 것으로 보인다. 연구자에 따라 이러한 인물들이 등장하는 작품들을 '서사가사'·'세태가사' 등의 새로운 군집으로 분류하기도 하지만 그것의 시비 여부를 떠나 그러한 인간상의 등장은 전에 없던 현상이라는 점에서 주목할 만한 지점임에 틀림없다. 중요한 것은 일련의 오륜가사 작품들에도 이러한 인물 유형이 등장한다는 것인데, 문제는 우리가 이들의 존재를 어떠한 시각에서 바라보고 해석하느냐에 달려 있다.

재래의 논의에서 이러한 인물들은 '중세적 질서의 붕괴' 여부를 진단하는 주된 표지로 인용되어 왔다. 경제가 우위를 점하게 된 사회적 변화와 이러한 사회사적 흐름 속에서 유교적 도덕과 인성이 타락하게 된 결과[138]의 흔적들이라는 것이다. 그런데 이와 관련하여 우리가 생각해 보아야 할 지점은 이들의 일탈 행위가 비단 중세적 질서로 지칭되는 한정된 테두리 안으로만 귀속되는가의 여부이다. 필자가 생각하기에 그들의 행위는 중세라는 시기적 표지를 떠나 인간이 살아가는 공동체 하에서는 언제든지 용납되기 어렵다. 과연 조선 후기 문학작품에 빈번히 출현하는 그와 같은 인물들이 이전 시기에는 실재하지 않았던가? 그러한 인물들은 조선 후기에 발생한 사회경제적 변화로 인해 새롭게 등장하게 된 '조선 후기적 인간형'일 뿐인가? 또한 경제적 가치에 대한 긍정적 인식의 상승과 인륜적 질서의 위반은 반드시 비례하기 마련인가?

물론 이러한 인물들이 보여주는 일련의 행태들이 조선 후기라는 특수한 국면 속에서 생성된 것임은 분명하다. 강명관이 지적한 바와 같이,[139] 투전에 골몰하거나 기방을 기웃거린다든지, 호사스런 의복·음식들로 사치를 일삼는다든지, 고리대금업을 통해 재물을 축적한다든지, 금점·은점 등의 개발을 미끼로 다른 이들의 재물을 탈취하는 등의 인간형은 조선 후기 사회의 변화된 물적 토대가 낳은 일종의 분비물임에 틀림없다. 다만 문제는 이러한 것들을 증거로 중세적 질서의 붕괴를 단정짓는다면 그 붕괴의 시기는 이전 시기의 어디쯤으로 무한히 상한될 수 있다는 데에 있다. 노동 이외의 행위로 다른 이들의 재물을 탈취하고자 하는 행태는 어느 시기의 사례에서도 손쉽게 찾아볼 수 있기 때문이다.

---

138) 재래의 논의에 대한 요약은 길진숙(2009), 앞의 논문, 88면 참조. 아울러 본 항에서 사용하는 '일탈형 인물'의 개념 역시 해당 논문에서 차용한 것임을 밝힌다.

139) 강명관, 「우부가 연구」, 상산정재호박사화갑기념논총간행위원회 編, 『한국가사문학연구』, 태학사, 1995, 467~480면.

작품에 제시된 구체적인 일탈의 사례들은 조선 후기의 상황에서 기인했을 터이나, 그렇다고 해서 이것이 중세적 질서가 해체되어 가고 있었음을 곧바로 증거하는 것은 아니다. 따라서 중세적 질서가 해체되었기 때문에 이러한 인물형이 출현하게 되었다기보다는 상시적으로 존재하던 인물형들이 조선 후기라는 특수한 국면을 맞아 일련의 문학작품 안으로 수렴되었다고 보는 편이 그 실상과 좀 더 부합할 듯하다. 重言이지만, 중요한 것은 중세와 근대라는 거시적 지표에서 벗어나 '그럼에도 불구하고' 이러한 인간 유형이 오륜시가의 편폭 안으로 들어오게 된 이유는 무엇인지, 작품 안에서 그들을 바라보는 시선은 어떠한지, 그러한 시선은 당대인들의 인식과 어떠한 연관 관계를 지니는지, 그리고 이를 통해 얻을 수 있게 된 구체적인 효용은 무엇인지를 적실히 탐색하는 일일 것이다.

一少年 ᄂᆡ다라셔 핀잔쥬려 ᄒᆞᄂᆞᆫ 말니
그 잔말 고만두고 陳談陋說 듯기 실에
聖人인지 賢人인지 小學인지 大學인지
孔孟兩聖 아니라도 졔 쳔셩이 어ᄃᆡ 갈가
글 잘ᄒᆞ고 아ᄂᆞ니ᄂᆞᆫ 悖理ᄒᆞᆫ 일 모다 ᄒᆞ데
時體ᄃᆡ로 ᄒᆞ여가지 옛 格式이 迂闊ᄒᆞ데
三綱五倫 모른ᄃᆡ도 먹고 입고 못ᄒᆞᆯ손야[140]

상기한 부분은 기존 논의를 통해 조선 후기 봉건적 질서의 붕괴 여부를 입증하는 주된 증좌로 거론되어 왔다.[141] 오륜적 질서의 준수와

140) 『초당문답가』, 〈開夢篇〉. 정재호(1996), 앞의 책, 154~155면.

141) 강명관(1995), 앞의 논문, 앞의 책, 483면. "소년의 말에서 이미 봉건적 윤리관이 철저히 붕괴되고 있음을 확인할 수 있다."; 박연호, 「『초당문답가』 소재 작품의

먹고 사는 생존의 문제가 무관함을 역설하는 이 부분은 강고히 작동하던 유가적 굴레를 떠올리면 가히 파격적이다. 하지만 소년의 이러한 언술이 작품 내에서 발휘하는 기능은 조선 후기 문학작품에 자주 등장하는 일탈형 인물들의 그것과 과히 다르지 않다. 부정적인 인물들을 등장시켜 각성 내지는 징치시킴으로써 작자가 상정한 궁극적 지향의 보편적 당위를 재확인시켜 주는 것, 이것이 그들이 담당하는 기능이다. 이런 점에서 시가와 소설에 등장하는 일탈형 여성 인물들을 통해, '당대인들이 보여준, 여성적 일탈에 대한 부정적이고 완강한 인식만을 읽어낼 수 있었다.'라는 길진숙의 언급[142]은, 이들의 등장이 그러한 질서가 붕괴된 당대의 현상을 그대로 모사한 것이 아니라 이들을 등장시킴으로써 좀 더 효율적으로 가부장적 이데올로기를 體認케 할 수 있었다는 점에서 시사적이다.

결론적으로 말해서, 필자에게는 이 문맥이 장유와 귀천을 막론하고 사회의 모든 구성원들에게 유가적 질서를 내면화시키고자 했던, 그리고 그것이 어느 정도 실현되고 있던 조선 후기의 상황을 말해주는 것으로 다가온다. 기실 인간이 지켜야 할 당위적 준칙의 제시는 현재의 우리들을 감안해 보더라도 '진담'과 '누설'로 인식되는 것이 보다 일반적이다. 더구나 상기한 소년의 말과 같이 그것이 현실에 산재해 있는

창작동인과 특성」, 같은 책, 445면. "기존윤리가 규정한 유교이데올로기로 제단된 가치기준을 깡그리 거부하고 그 자리를 먹고 사는 문제로 대치한다."; 권순회, 앞의 논문, 앞의 책, 357면. "『초당문답가』가 집중적으로 유통된 19세기 말은 중세에서 근대로 전환되던 시기로 어느 때보다 변화가 급격했다. 상품화폐경제의 발달과 그에 따른 신분제의 변화와 유흥문화의 확산 등 사회경제적 변화는 가치관의 혼란을 초래했고, 기존의 관념으로는 수용되지 않는 다양한 사회문제를 야기시켰을 것이다."; 육민수, 앞의 책, 205면. "삼강과 오륜으로 대표되는 성리학이 탈지배이념화하는 모습은 다음의 서술에서 찾을 수 있다."

142) 길진숙(2009), 앞의 논문, 116면.

구체적인 문제들을 해결해 줄 수 없는 것으로 인식될 때 더욱 그러하다. 과거 공부에 긴요하지 않다는 이유로 오륜적 질서의 준수 문제를 도외시하던 16~17세기의 적지 않은 사례들을 우리는 이미 살펴보지 않았는가? 요컨대 '삼강오륜'이라는 단어를 괄호에 넣고 보면, 특정 사회가 요구하는 사회적 규준들을 진부하고 고리타분한 것으로 여기는 것은 시대를 불문하고 대동소이하다. 따라서 필자는 이 부분을 토대로 중세적 질서의 붕괴 여부를 단정짓기에 앞서, 일개 소년[蒙]이 이를 '진담'과 '누설'로 간주할 정도로 삼강오륜의 개념이 전사회적으로 저변화되어 있었음에 주목하고자 한다. 또한 이 작품의 전반적 구도가 미성숙된 소년을 삶의 경험이 온축되어 있는 노인이 啓導하는 것으로 설정되었다는 점에도 주목하고자 한다. 과연 독자들은 양자 가운데 누구를 바람직한 모델로 선택할 것인가?

[1] 부모은덕 젼혀잇고 제몸만 중이여겨
제몸의 의식을낭 풍비이 갓초오고
부모의 긔ᄒᆞᆫ을낭 돈연이 니저시며
부모의 훈계ᄂᆞᆫ 귀밧긔 던저두고
부모의 ᄉᆞ중은 ᄃᆡ답이 불순ᄒᆞ야
힝노처로 ᄃᆡ답ᄒᆞ니 뉸긔가 문어진다
사라서 불효타가 그부모 죽어지면
남의니목 위ᄒᆞ여셔 삼연거상 입을저긔
슬흔우름 강잉ᄒᆞ고 업난정셩 ᄡᅱ며ᄂᆡ여
예절를 아ᄂᆞᆫ다시 성찬으로 예설ᄒᆞᆫ덜
남의소견 무셔오니 누구아니 속을볼가
임간의 가마귀도 반포할줄 아라거던
사ᄅᆞᆷ이라 일흠ᄒᆞ고 미물만 못ᄒᆞᆯ난가

부모긔 득죄ᄒᆞ고 세ᄉᆞᆼ의 용납ᄒᆞ랴
하나리 뮈워ᄒᆞᄉᆞ 앙화를 날이나니
그안이 두려오며 ᄯᅩ엇지 조흘넌가[143)]

[2] 엇던놈은 무삼쳔셩 남치기를 됴히녀겨
왈시왈비 언젼간의 두발부림 뉩ᄡᅧ셔셔
엄ᄂᆞᆫ용ᄆᆡᆼ 인ᄂᆞᆫ쳐름 남의시비 ᄡᅱ여들고
쇼마지ᄉᆞ 웃슬일을 큰소ᄅᆡ로 자아ᄂᆡ여
온목고ᄀᆡ 푸른심쥴 쥬쥴리 이러나며
헷ᄆᆡᆼ셔 탕탕불너 갓버셔 ᄑᆡᆼᄀᆡ치고
ᄌᆞ른목을 길게ᄡᆡ여 남의압헤 ᄡᅧᆨᄂᆞ셔니
남칠장본 시최로다 못볼네라 너의거동
불근핏ᄡᅧᆨ ᄡᅧᆼᄂᆡᆫ눈은 고아구목이 비등ᄒᆞ고
웃통벗고 벌건몸은 뫼ᄉᆞ리가 그안닌가
두손폐여 춤ᄇᆡ앗고 용약잇게 드난거동
관우쟝비 안쏙칠듯 ᄆᆡᆼ분오확 등ᄡᅧᆨ펠듯
별악갓치 달여드니 남의몸은 고ᄉᆞᄒᆞ고
네몸먼져 상ᄀᆡ엿다 위틔ᄒᆞᆫ 져 힝습이
강약을 몰ᄂᆡ본니 거쳘당상 네 아닌야
져런힝실 장ᄒᆞ기로 남의눈의 밉게뵈여
모리지ᄇᆡ 싸ᄀᆡ통과 여력인ᄂᆞᆫ 쟝부압헤
난장맛듯 낙부되여 유혈낭ᄌᆞ 졍신위골
상ᄒᆞ의복 열파ᄒᆞ고 ᄀᆡᄯᅩᆼ밧 진훌ᄡᅡᆼ의
휫두루 발피인니 츌호이지반호이라[144)]

143) 곽시징, 〈오륜가〉. 유영무 著, 유구상 註, 앞의 논문, 67면.
144) 고대본 〈오륜가〉.

상기한 작품들에는 부자유친의 덕목을 위반한 일련의 사례들이 제시되어 있다. 먼저 [1]은 부모의 생전과 사후를 나누어 생전에는 봉양의 문제를, 사후에는 喪事와 祭祀의 문제를 다룬다. 제 몸을 치중하느라 부모의 봉양을 度外하는 것, 부모의 훈계를 듣지 않거나 꾸중에 불순한 것, 이것이 작자가 제시한 불효의 사례이다. 부모에 대한 자식의 의무는 이것으로 그치지 않는다. 돌아가셨을 때 진심으로 슬퍼하고, 정성을 다해 상사와 제사를 받드는 유가적 의례가 반드시 추수되어야 한다. 이러한 절차를 지키지 않는 이들에게 작자는 '하나리 뮈워ᄒᆞᄉᆞ 앙화를 날'인다는 섬뜩한 경고의 메시지를 잊지 않는다. 그런데 앞서 진술된 당위적 사항들에 正反하는 사례들을 작자는 어떠한 이유에서 다시금 반복한 것인가?

곽시징 〈오륜가〉의 일탈적 사례들이 일반적인 그것이었다면, 고대본 〈오륜가〉의 일부인 [2]에서는 상당히 구체적인 장면들이 묘사된다. [2]에는 구체적인 이유도 부재한 채 다른 사람과의 싸움질에만 골몰하는 비정상적인 인물형이 등장한다. 이어 그러한 싸움의 현장이 마치 그림처럼 생생하게 전달되는데, 다른 사람과 시비를 붙는 과정, 그 과정에서 자행되는 으르렁거림의 모습들, 난무하는 허언과 겁박의 장면들 등 상대방과의 기싸움에서 우위를 점하기 위해 안간힘을 쓰는 일련의 정황들이 우스꽝스럽게 묘파된다. 뿐만 아니라 그렇게 호기롭던 모습이 보다 강한 상대를 만나 여지없이 무너지는 모습을 비약적으로 그려냄으로써 제시된 "엇던놈"은 改善의 가능성조차 주어지지 않은 채 형편없는 인간으로 추락하게 된다.

그런데 이러한 묘파의 과정에는 화자 자신의 온갖 냉소와 비웃음의 수사들이 동반된다. '엄ᄂᆞᆫ용밍 인ᄂᆞᆫ쳐름', '쇼마지ᄉᆞ 웃슬일을', '헷밍셔', 'ᄌᆞ른목을 길게쎄여', '못볼네라 너의거동', '뫼ᄉᆞ리가 그안닌가',

'관우쟝비 안쪽칠듯 밍분오확 등ᄶᅵ펠듯', '거쳘당상 네 아닌야', '난장맛듯 낙부되여', '유혈낭ᄌᆞ 졍신위골', 'ᄀᆡᄯᅩᆼ밧 진ᄒᆞᆯᄯᅡᆼ의', '휫두루 발피인니' 등이 그것으로, "엇던놈"을 바라보는 화자의 시선은 시종일관 곱지 않다. 물론 그가 싸우는 동기에 대한 설명은 철저히 생략되어 있다. 그저 천성이 '남치기를 됴히녀길' 뿐인데, 싸움의 원인을 천성으로 돌림으로써 해당 인물은 철저한 악인으로 귀속될 뿐이다. 그런데 이러한 점은 전대의 오륜시조와 비교할 때 주목할 만하다.

주지하듯 오륜시조 작품들의 경우 불선한 행위를 금기시하고, 선한 경지로의 개선을 유도한다. 그러나 오륜가사 작품들에 등장하는 이러한 인물형들에게 개선의 기회는 부여되지 않는다. 부여받은 천성이 그러하기 때문이다. 따라서 이들 인물형의 등장은 이와 같은 이들을 교화시키려는 데에 있다기보다는 독자들로 하여금 저들의 양태를 비웃고, 마음껏 조롱하게끔 만들려는 데에 있다. 이러한 설정 안에서 독자들은 그와 같은 인물들을 평가하는 화자의 시선에 반론을 제기하기 힘들다. 단지, 그들을 보고 인간적 우월감을 느끼면서 그들과 자신 사이에 상당한 거리를 확보함으로써 철저히 화자의 목소리에 동조하게 되는 것이다.[145] 이렇게 해서 '나'는 '저들'과 다르다는 식의 상대적 우위를 점하게 되는 순간, 독자들은 화자가 마련해 놓은 문학적 장치에 걸려들게 된다. 자신도 모르는 사이에 오륜적 덕목의 당위를 긍정하고, 자신을 되돌아보는 자기 감시의 효과가 발생하게 되는 것이다.

[1] 저부인 편성으로 ᄃᆡ답이 불순ᄒᆞ야
문별이 상적ᄒᆞ고 지처가 동열이라
나혼ᄌᆞ 무삼죄로 저호령 듯잔말가

145) 길진숙(2009), 앞의 논문, 104면.

언언이 ᄑᆡ악ᄒᆞ고 ᄉᆞᄉᆞ의 무엄ᄒᆞ야
부모게 욕이밋고 가중이 요란ᄒᆞ고
금슬이 부조ᄒᆞ고 칠거지악 범ᄒᆞ면은
후회ᄒᆞᆫ덜 엇지ᄒᆞ며 그무어시 조흘넌고.[146]

[2] 엇던계집 힝실보소 시부모의 긔걸말숨
졔마음의 불합ᄒᆞ면 입쌩우리 샐쭉ᄒᆞ여
츄상갓튼 악한말을 자죠퐁퐁 딥답으며
ᄒᆞ날갓튼 져의가쟝 눈쏙이고 마음쏙여
ᄉᆡ이셔방 숣겨두고 승간ᄒᆞ여 만ᄂᆡ보고
아츰제녁 군동ᄌᆡ와 밤낫으로 잠자기를
만ᄉᆞᄐᆡ평 이력숩고 손님오면 긔직ᄒᆞ여
두눈셥을 쑹그리고 흉ᄒᆞᆫ말노 부증ᄂᆡ여
슈졧소ᄅᆡ 놋기명을 예게뎅경 졔게뎅경
휫두루 부딋치며 즁즁쥐겨 요란ᄒᆞ니
가장친고 오신손님 그 무츰을 말ᄒᆞᆯ소냐
가장의 낫씻기고 집안가풍 험케 ᄂᆞᆫ네
고이ᄒᆞᆷ도 고이ᄒᆞ다 계집힝실 고약ᄒᆞ다[147]

[3] 져의눈의 드ᄂᆞᆫ남ᄌᆞ ᄒᆞᆫ번보고 두 번보면
비위됴케 마죠셔셔 묻도안는 무숨말을
굿ᄐᆡ어 넙누러셔 머리고ᄀᆡ 반만드러
남보기ᄂᆞᆫ 쳔연케로 가만가만 엽눈쥬어
둘의눈이 마쥬치니 그 버릇도 한심ᄒᆞ며
이웃집의 놀노가면 모모부인 모여안ᄌᆞ
잡된말과 남의흉건 낫낫치 써러ᄂᆡ여

146) 곽시징, 〈오륜가〉. 유영무 著, 유구상 註, 앞의 논문, 69면.
147) 고대본 〈오륜가〉.

이리뒤젹 져리뒤젹 숀벽치며 고ᄀᆡ노리
우숩소ᄅᆡ 버릇스니 그뒤구셜 업슬손가
말ᄉᆞ간의 자됴드러 이웃시비 붓쳐ᄂᆡ며
집안으로 드러셔ᄂᆞᆫ 일가간과 소솔간의
거즛말노 이간붓쳐 동실싸홈 ᄌᆞ아ᄂᆡ여
동긔간의 의상우고 친쳑간의 불목ᄒᆞ니
여러 가지 져힝실리 가엽고도 괘씸ᄒᆞ다
요물일쇠 요물일쇠 져런 계집 요물일쇠
괴ᄉᆞᄂᆞᆫ네 괴ᄉᆞᄂᆞᆫ네 져집안의 괴ᄉᆞᄂᆞᆫ네[148)]

상기한 부분은 부부유별의 덕목에 등장하는 일탈형 여성인물들의 사례로, 재래의 논의들에서 이들을 바라보는 시선은 과히 다르지 않다. 대상 작품의 차이가 있기는 하지만, 〈복선화음가〉의 괴똥어미를 두고 내려진 다음과 같은 평가들, 예컨대 “남성중심주의적 윤리가 착색되지 않은 인간의 원형을 그대로 드러낸 것”[149)]이라든지 “(이러한 여성들의) 과감하고 거침없는 행동을 통해 일종의 보상심리와 쾌감을 느끼게 된다.”[150)] 등은 오륜가사 작품들에 등장하는 이와 같은 인물들에게도 유사하게 적용될 듯하다. 이러한 인물들을 통해 당대 여성들이 자신들에게 가해지는 사회적 억압의 부당성을 자각하고 이에 저항했다는 식으로 적극적인 해석이 부여되었던 것이다. 이와 같은 해석 하에서 그들은 상당히 전위적인 인물로 자리매김되지만, 우리가 잊지 말아야 할 것은 작자가 이들의 등장을 통해 얻으려 했던, 혹은 얻을 수

---

148) 고대본 〈오륜가〉.

149) 이형래, 「〈복선화음가〉의 존재의미와 쟁점적 문제」, 『문창어문논집』 41, 문창어문학회, 2004, 81면.

150) 서영숙, 「복선화음가류 가사의 서술구조와 의미: 〈김씨계녀ᄉᆞ〉를 중심으로」, 『고전문학연구』 9, 한국고전문학회, 1994, 224면.

있었던 2차적 효용이 무엇이었는가의 문제이다.

우선, 작품의 문면에서 느껴지는 화자의 시선을 꼼꼼히 살펴보도록 하자. '후회혼덜 엇지ᄒᆞ며 그무어시 조흘넌고', '고이홈도 고이ᄒᆞ다 계집힝실 고약ᄒᆞ다', '요물일쇠 요물일쇠 져런 계집 요물일쇠', '괴ᄉᆞ눈네 괴ᄉᆞ눈네 져집안의 괴ᄉᆞ눈네' 등 화자가 그들에게 내뱉는 직접적인 언사들은 한결같이 부정적이다. 저들은 화자에 의해 가부장제를 유지하고 지속시키는 데에 불필요한 인물들로 그려지는바, 시부모에게 대들기, 남편 속이기, 샛서방 두기, 손님 박대하기, 다른 남성에게 눈길 주기, 다른 사람 욕하기, 남의 흉보기, 집안의 분란 일으키기 등이 대표적인 사례이다.

그런데 이들에게 부과된 혐의들은 어떠한 역사적 전망과 비전도 보이지 않는 일탈적 행위들일 뿐이다. 자신들을 속박하는 강고한 유가적 제도에 대한 반성이나 비판, 부정은 애초에 자리하기 어렵다. 그도 그럴 것이 이러한 유형의 인물들은 작자 자신의 예정된 企圖 아래 직조될 수 있었던 상상적 인물이기 때문이다. 여기서 중요한 것은 이러한 인물들이 중세 말기나 근대 전환기라는 특수한 시기적 국면 하에서만 나타나는 것이 아니라 인간이 살아가는 공동체 안에서 얼마든지 발견할 수 있는, 혹은 발견할 수 있을 법한 개연적인 인물들이라는 것이다. 이들을 두고 중세적 질서의 붕괴 여부를 진단하거나 근대 전환기에 목도되는 다수 대중의 부상을 쉽사리 점칠 수 없는 이유도 여기에 있다.

작품 내에서 이들이 범하는 일탈적 행위들의 구체적인 원인은 제시되지 않는다. 단지 [1]에서 제시된 바와 같이 '偏性', 즉 타고난 품성의 열등함에서 비롯된 것으로 치부될 뿐이다. 주목되는 것은 어떠한 작품에서도 이러한 인물들이 선한 인간으로 갱생되지 않는다는 것이다. 그들에 대한 삽화는 그들이 저지르는 온갖 악행의 사례들과 이에 대한 화자의 준엄한 선언['텬지귀신 발가잇다 그 죄악을 모론소냐 / 팔난팔익 험흔일을 너의싱젼 아니보면 / 구천타일 혼이라도 악형을 바드리라'[151]]으로 으레 종결된다. 작품 속에 함께 등장하는 오륜적 질서의 체현자들과 비교해 볼 때 그들은 단지 악인으로서의 역할만이 부여된 것이다. 이러한 장치의 마련이 의미하는 것과 이를 통해 거둘 수 있었던 구체적 효용은 무엇인가?

일탈형 인물들의 구체적 형상을 그와 대비되는 오륜적 인간형과 병행하여 제시함으로써 작품 내의 선악 구도는 비로소 완비된다. 이러한 구도는 양자에 대한 화자 자신의 대척적인 발언들, 뚜렷이 구분되는 보응의 증거들에 의해 더욱더 선명해진다. 특히, 일탈형 인물들은 그 자신들의 일그러진 형상이 화자의 냉소와 비웃음, 섬뜩한 경고의 메시지, 저주 어린 악의적 발언 등과 더불어 나타남으로써 그들이 지닌 악의 이미지는 좀 더 부각된다. 명확한 선악의 이분적 구도 하에서 독자들은 자신을 어디에 위치시키게 되는가? 과연 당대의 독자들은 "그녀의 상식을 벗어난 행동에 웃음을 터뜨리고 자신의 내부에 억눌려 있는 또다른 자아의 모습을 분출시킴으로써 후련함을 느끼게"[152] 될 수 있을까?

물론 그러한 독자들의 부재를 단정지을 수는 없지만, 필자는 그와 정반대의 독자들이 오히려 다수를 차지했을 것이라 생각한다. 일탈형 인물들이 보여주는 反오륜적 행위들에 긍정적인 방향으로 조응하기보다는 그들에 대한 화자의 냉소와 조롱에 동화되어 윤리적 우위를 담보한 화자의 자리에 자신을 위치시키는 것이 보다 자연스럽다는 것이다. 더구나 동일한 사례들을 계기적으로 서술해 나감으로써 공감의 미학

151) 고대본 〈오륜가〉.

152) 서영숙(1994), 앞의 논문, 224면.

을 추구하는 가사의 속성[153]을 고려해 볼 때, 화자의 시적 태도에 반론을 제기하기란 생각만큼 쉽지 않다. 당위와 非당위, 선과 악의 명징한 구분 하에서 독자들은 당연히 전자의 편에 서게 된다는 것이다.

작자가 일탈형 인물의 등장을 통해 企圖한 것은 바로 이 부분이다. '남의가문 죠흔가풍 네몸으로 더럽피고 유즈유손 남의가도 네손으로 망케ᄒᆞ니'[154]에서도 알 수 있듯 오륜적 질서의 위반은 가부장제의 유지를 저해하는 것과 직결된다. 그런데 독자들이 화자가 마련한 이와 같은 장치에 동조할 경우, 가부장제 자체에 내재된 각종 모순들은 은폐될 수밖에 없다. 온갖 악행을 일삼는 상상적 적대자를 등장시킴으로써 현실에 존재하는 모순의 근원은 제도가 아니라 개인에 있음을 不識간에 각인시키는 것이다. 기존의 이데올로기에 대한 비판적 성찰을 마비시키고, 그것이 제시하는 당위적 규준에 순응할 것을 종용하는 것, 이것이 바로 오륜가사 작품들이 내장하고 있는 궁극적 목적이다.

그런데 이러한 類의 작품들이 광범한 독자층을 확보하면서 다양한 방식으로 전파·수용되었던 것은 무엇을 의미하는가? 필자가 생각하기에 그러한 이념 내지 제도가 당대의 다수 대중에게 상당한 동의를 획득하지 못했다면 이와 같은 현상은 쉽사리 설명되기 어렵다. 다시 말해 가부장제와 그것을 밑받침하는 오륜적 질서가 많은 사람들에 의해 당위적인 것으로 인식되면서 이러한 작품들이 창작·향유될 수 있었다는 것이다. 오륜 개념을 중세적 질서로 지칭하는 것에 동의할 수 있다면, 상기한 사실의 이면에는 중세적 질서의 붕괴나 오륜 개념의 근대적 전환이 자리하고 있다기보다는 중세적 질서가 사회의 저층에까지 침투된 조선 후기의 현실이 자리하고 있다.

153) 조세형, 『가사장르의 담론특성 연구』, 서울대학교 박사학위논문, 1998, 18~19면.
154) 고대본 〈오륜가〉.

제6장
결론

본서는 조선조 '五倫' 담론의 역사적 변이 양상을 계보학적으로 탐색하고, 이를 '오륜시가'의 시기별 출현 양태와 비교·검토해 봄으로써 오륜 담론의 구성 과정이 오륜시가의 형성·변이·굴절에 미친 적지 않은 영향의 흔적들을 논증하는 데에 주된 목적을 두었다. 이상에서 논의된 내용들을 요약·정리하고 조선조 오륜 담론 및 오륜시가 연구의 발전적 전망과 과제를 제시하는 것으로 결론을 삼는다.

필자는 오륜시가에 대한 재래의 연구성과들이 오륜 개념의 유동 가능성을 상정하지 않은 채 해당 시기의 선험적 구도 하에 그것을 대입시켜 왔음을 지적하고, 푸코의 담론 이론을 통해 이를 극복해 보고자 하였다. 주지하듯 담론이란 개인을 주체로 인식하게 하는 주체화의 문제에 주목한 것으로, 오륜에 대한 특정인의 생각과 관련 행위들은 그 스스로가 만들어낸 주체적 사유가 아니라 보이지 않는 公識의 지반이 그렇게 하도록 견인한 결과라는 것이다. 이러한 구도 하에서 필자는 그러한 담론적 정황이 오륜시가의 형식·주제·미적 성취의 방식 등에 지대한 영향을 미쳤음을 가정하고, 이를 토대로 오륜시가의 역사적 전개 양상에서 착목되는 장르적 전환의 문제를 탐색하였다.

우선 2장에서는 15세기에 행해졌던 오륜 담론의 실체를 추적해 보고, 이를 궁중 악장인 경기체가 〈오륜가〉의 세계상과 연관 지어 해석하였다. 새로운 왕조의 건립을 天命의 移動으로 인식했던 선초의 사대부들은 문물·제도와 같은 예악질서의 확립을 통해 하늘로부터 전수받은 천명을 外現하고자 하였다. 이러한 과정에서 오륜 개념의 존재는 긴요하게 활용되었는데, 조선의 정체성을 다지기 위한 排佛의 담론이나 立法의 체계를 세우기 위한 기준의 마련 등이 그 대표적 용례이다. 특히 왕조의 유지와 지탱에 필수적인 禮樂·典章의 수립 과정에서 오륜 개념은 주요한 이론적 근거로 활용되었던바, 오륜적 질서의 완비는 건국의 정당성을 공표하고, 전수된 천명을 증거하는 결정적 표징으로 반드시 강조되어야만 했다. 경기체가 〈오륜가〉 속에는 이와 같은 鮮初의 사정들이 고스란히 녹아들어 있다.

경기체가 〈오륜가〉의 궁극적 지향은 '오륜'이라는 당위적 질서에 대한 권고 내지 촉구에 있다기보다는 각각의 인륜적 질서들이 이미 완벽하게 구비되어 있는 합리적 세계[조선], 그리고 그러한 세계의 무궁함에 대한 기원과 송축의 염원들, 이와 더불어 그것의 순차적 확인으로 인해 생기게 되는 高揚된 감정들을 묘파하는 데에 보다 많은 비중이 놓여 있었다. 이는 물론 현실에 대한 그대로의 모사가 아니라 조선의 건국과 국가적 기틀을 다졌던 선초 사대부들의 낙관적 사유가 빚어낸, 관념적·이상적 세계일뿐이다. 이에 따라 필자는 경기체가 〈오륜가〉의 창작목적을 '성리학적 사고를 통한 백성의 교화'로 파악했던 기존의 견해와 달리 본 작품은 창작 주체가 발딛고 서 있는 이 공간이 '오륜적 질서'가 이미 확립되어 있는, 그리고 그러한 질서가 영원할 것임을 노래하고 있는 '악장' 문학의 전형으로 해석하였다.

시조 〈오륜가〉가 출현하여 그것의 창작과 전파가 지속적으로 전개되는 16세기는 3장에서 다루었다. 필자는 이 시기에 발생한 시조 〈오륜가〉의 창작 및 전파가 주세붕·송순·정철과 같은 일련의 사림파 관료들을 통해 이행되었다는 사실에서 출발하였다. 이어, 당대의 사림파 문인들에게서 보이는 새로운 학문적 경향에 주목하여 이것이 오륜담론의 변화에 어떠한 영향을 미쳤는지, 그리고 오륜시조의 세계상과는 어떠한 지점에서 연접되는지를 탐색하였다.

오륜 담론의 구성 과정과 오륜시가의 전개 양상에서 16세기는 참으로 중요하다. 오륜 개념이 실체화되면서 그것이 인간을 교화하는 이론적 수단으로 사용된다는 점에서, 그리고 시조사의 초기적 전개 국면에서 강호시조와 더불어 양 축을 형성하고 있는 오륜시조 작품들이 대거 출현하다는 점에서 그러하다. 사림세력의 등장과 함께 '오륜'의 의미는 일정한 방향으로 재인식·재구성되는데, 이러한 과정의 이면에는 '이학·도학·심학'으로 지칭되는 그들의 새로운 학문적 경향이 오롯이 자리하고 있다. 개인적 수양을 통해 편벽된 기질을 교정하고 이를 토대로 성인의 경지에 다다를 수 있다는 이른바 '기질변화론'이 그것으로, 이러한 그들의 사유는 '노래'라는 매체로 백성들을 교화시키고자 했던 오륜시조의 창작 행위와 분명히 맞닿아 있었다.

우선, 16세기 사림파 문인들은 법이나 제도와 같은 거시적 차원의 것이 아니라 밥먹고, 일하고, 잠자는 개인의 미시적 행위양태들을 개인 스스로 규율하고 검속케 함으로써 자신들이 꿈꾸었던 소학적 세계를 구현하고자 했다. 법적 처벌을 지양하고 여러 교화적 도구들의 마련을 통해 오륜적 질서의 위반 사례들을 발본하려 했던 것도 이러한 그들의 신념과 무관하지 않다. 오륜시조 역시 이러한 역사적 맥락 하에서 출현했다. 비속한 것으로 인식되었던 당시의 음악은 기질의 변화 가능성을 저해하기 때문에 그들이 원하는 일정한 방향으로 재구되어야 했고, 이에 따라 당시 유행하던 諸노래들을 내용적으로, 그리고 형식적으로 그들의 의도에 맞게 윤색한 노래가 바로 오륜시조이다. 또한 소학적 질서로 표방되는 일상의 영역이 효율적으로 통어되기 위해서는 그것의 내용이 일상의 시공간 내에서 지속적으로 반복될 필요가 있는데, 필자는 바로 이 점이 경기체가가 아닌 시조 장르가 〈오륜가〉의 장르로 채택될 수 있었던 주된 이유로 보았다.

4장에서는 17세기의 오륜 담론과 오륜시조 작품들이 어떠한 지점에서 연계되는가를 살펴보았다. 17세기 오륜 담론의 특징적 면모는 16세기의 그것이 일부 사림파 관료/문인들을 중심으로 활용되었던 반면, 이 시기에 와서는 향촌의 재지사족들 사이에서 중요하게 인식될 정도로 확산·공유되고 있었다는 것이다. 이는 17세기 오륜시조 작품의 작자들, 김상용·박선장·박인로 등이 재지사족이었다는 사실과 일정한 함수관계를 갖는다. 오륜 개념이 현실적 관직을 보유하지 않은 재지사족들에게 확산되면서 자신 내지는 자신을 둘러싼 공동체 내의 필요에 의해 所用되었던바, 이 시기의 오륜시조 작품들이 보여주는 다채로운 궤적들 역시 이러한 담론적 정황과 상당 부분 일치한다. 성격이 다른 담론의 주체가 등장함으로써 그 방향 역시 이전과는 다른 식으로 설정되었던 것이다. 필자는 이를 가문, 향촌, 개인이라는 세 개의 범주로 구분하여 살펴보았다.

먼저 김상용의 〈오륜가〉는 관련 기록들의 검토를 통해 작품 창작의 주된 목적이 門中 자제들의 유가적 訓導에 있었음을 지적하고, 이를 17세기 이후 꾸준히 진행되었던 종법 질서로의 이행 과정과 연계하여 해석하였다. 둘째, 박선장의 〈오륜가〉는 전란으로 인해 피폐해진 향촌사회를 복구하는 과정에서 창작된 것으로, 여기에는 전란을 기점으로 달라지게 된 재지사족들의 위상과 인간에 대한 이해 방식의 변동, 洞契 구조의 변화 등 '오륜=교화' 식의 단선적 구도 하에서는 포착하기 어려운 다양한 현상들이 개재되어 있었다. 마지막으로, 박인로의 〈오륜가〉는 개인의 문제로 수렴된다. 박인로에게 있어 오륜이란 사회적 공명의 성취 과정 없이 세계에 참여하는 통로이며, 이를 통해 그는 현실에서 당면한 여러 결핍들을 극복할 수 있었다. 박인로 자신이 성리학적 삶을 경유하면서 획득하게 된 보편적 진리를 불특정 다수의 사람들과 공유하고자 했던 개인적 동기의 결과물인 것이다.

5장에서는 오륜시가의 장르 자체가 다시 한번 급변하여 오륜가사 작품들이 족출하게 되는 18~19세기를 다루었다. 필자는 오륜시가의 역사적 전개 과정에서 가사 장르로의 이전이 갖는 의미가 그러한 작품을 수용하거나 수용하기를 바라는 대상의 폭이 넓어진 결과로 파악하였다. 실제 이 시기에 산출된 오륜가사 작품들은 다량의 이본을 양산하면서 신분, 나이, 성별 등의 諸요소들을 불문하고 광범하게 전파·향유된다. 이러한 증거들은 조선 후기 오륜 담론의 실체적 면모와 상당 부분 부합하는바, 이 시기 오륜 담론의 두드러진 지점은 여성을 포함한 일반 민중을 오륜의 실천적 주체로 포섭하고 있다는 것이다.

이러한 과정을 통해 여성과 민중은 오륜적 질서를 수호하는 주체로 자리매김하게 되는데, 이는 곧 이전 시기까지 오륜적 질서 안으로 포섭되지 못했던 여성과 민중이 그 주체로 새롭게 호명됨으로써 오륜과 관련된 일련의 문화 현상들에 대한 수요가 증폭하게 되었음을 의미한다. 결론적으로 필자는 18~19세기에 족출한 오륜가사의 창작 동인이 '무너져 가는 중세적 질서의 고수' 내지는 '근대라는 문제적 시기에 의해 오륜 개념이 전대와 다른 의미로 전환된 것'에 있다기보다는 전대부터 지속되어 온 오륜 담론의 확장과 변모에 의해 점점 더 많은 사람들이 오륜의 당위성에 공감하게 되고, 그에 따라 오륜가사 작품들의 수요와 공급이 증가하게 된 결과로 파악하였다.

이와 같이 조선조 전 시기에 걸쳐 꾸준히 산출되었던 일련의 오륜시가 작품들은 '백성들에 대한 교화 정책의 일환'이나 '이념적 세뇌의 문학적 수단'과 같이 단선적·평면적인 규정만으로는 쉽사리 포괄할 수 없을 정도로 다양한 위상과 적지 않은 편차들을 그 내부에 간직하고 있다. 그러한 면모들이 본 논의를 통해 온전히 해명되었는가에 대해서는 확신할 수 없지만, 그것의 존재 가능성을 확인하고 이를 논의할 수 있는 일정한 지평을 마련하였다는 점에서 일말의 의의를 기대할 수 있지 않을까 한다.

'오륜=전근대적인 것'이라는 통념에 대한 의문에서 본고는 시작되었다. 촘촘해진 법적 규율, 학교 교육을 통해 습득된 사회적 규준, 다양한 방법을 통해 끊임없이 진화해 온 감시와 처벌의 기제들. 어떤 의미에서는 이러한 것들에 무의식적으로 노출되어 있는 근대적 인간들이 전근대의 그들보다 더욱더 '오륜적'이지 않을런지. 이러한 자문을 던짐으로써 필자는 향후에 해결해야 할 일련의 과제들을 안고 가게 된다. 필자가 생각하기에 이러한 의문들이 해소되기 위해서는 근대라는 전환의 시기에 오륜 개념은 전대의 무엇을 지속하고, 무엇을 변용했는가의 문제가 반드시 선결되어야만 한다. 이 시기의 어떤 이들은 오륜 개념을 봉건적 질서의 잔재로 인식했지만, 그보다 많은 자료들은 그것이 여전히 당대인들의 사유를 규정하고 결정짓는 중요한 잣대였음을 증거한다. 20세기 이후에도 꾸준히 창작·향유되어 온 수편의 오륜가사 작품들이 대표적이다. 지속과 변용의 흔적들이 혼종되어 있는 시공간 속에서 우리는 오륜 담론과 관련된 더욱더 흥미로운 지점들을 발견할 수 있을 터이다. 이러한 사항들은 추후의 과제로 남겨 둔다.

참고문헌

1. 자료

강　혼, 『목계일고』, 『한국문집총간』 17, 한국고전번역원, 1988.
강덕준, 『우곡선생훈자격언』, 국립중앙도서관 청구기호 古朝 41-79.
강헌지, 『퇴휴선생문집』, 국립중앙도서관 청구기호 BA3648-00-32-1-2.
권　근, 『입학도설』, 국립중앙도서관, 청구기호 BC古朝17-196.
금란수, 『성재선생문집』, 한국국학진흥원 홈페이지.
김　기, 『북애집』, 『한국문집총간』 속집 5, 한국고전번역원, 2005.
김매순, 『대산집』, 『한국문집총간』 294, 한국고전번역원, 2002.
김부륜, 『설월당집』, 『한국문집총간』 41, 한국고전번역원, 1988.
김상헌, 『선원유고』, 『한국문집총간』 65, 한국고전번역원, 1988.
김상헌, 『청음집』, 『한국문집총간』 77, 한국고전번역원, 1988.
김상헌, 『청음집』, 『한국문집총간』 77, 한국고전번역원, 1988.
김시관, 『절곡집』, 『한국문집총간』 속집 61, 한국고전번역원, 2008.
김안국, 『모재집』, 『한국문집총간』 20, 한국고전번역원, 1988.
김원행, 『미호집』, 『한국문집총간』 220, 한국고전번역원, 1998.
김진규, 『죽천집』, 『한국문집총간』 174, 한국고전번역원, 1996.
김창협, 『농암집』, 『한국문집총간』 162, 한국고전번역원, 1996.
나세찬, 『송재유고』, 『한국문집총간』 28, 한국고전번역원, 1988.
남몽뢰, 『이계선생문집』, 한국국학진흥원 홈페이지.
노경임, 『경암집』, 『한국문집총간』 74, 한국고전번역원, 1988.
민제인, 『입암집』, 『한국문집총간』 25, 한국고전번역원, 1988.
박선장, 『수서선생문집』, 『한국역대문집총서』 1577, 경인문화사, 1995.
박세채, 『남계집』, 『한국문집총간』 140, 한국고전번역원, 1994.
박윤원, 『근재집』, 『한국문집총간』 250, 한국고전번역원, 2000.
박인로, 『노계집』, 『한국문집총간』 65, 한국고전번역원, 1988.
박필주, 『여호집』, 『한국문집총간』 197, 한국고전번역원, 1997.

서사원, 『낙재선생문집』, 한국국학진흥원 홈페이지.
선우협, 『둔암집』, 『한국문집총간』 93, 한국고전번역원, 1988.
성근묵, 『과재집』, 『한국문집총간』 299, 한국고전번역원, 2002.
성해응, 『연경재전집』, 『한국문집총간』 279, 한국고전번역원, 2001.
성 현 저, 이래종 역주, 「부휴자담론」, 소명출판, 2004.
송 순, 『면앙집』, 『한국문집총간』 26, 한국고전번역원, 1988.
송병선, 『연재집』, 『한국문집총간』 329, 한국고전번역원, 2004.
송시열, 『송자대전』, 『한국문집총간』 113, 한국고전번역원, 1988.
송희규, 『야계선생문집』, 『한국문집총간속』 2, 한국고전번역원, 2005.
신익성, 『낙전당집』, 『한국문집총간』 93, 한국고전번역원, 1988.
신적도, 『호계선생유집』, 한국국학진흥원 홈페이지.
심대윤, 『복리전셔』, 국립중앙도서관, 청구기호 BA3636-175.
안방준, 『은봉전서』, 『한국문집총간』 80, 한국고전번역원, 1988.
안정복, 『순암집』, 『한국문집총간』 230, 한국고전번역원, 2000.
양득중, 『덕촌집』, 『한국문집총간』 180, 한국고전번역원, 1996.
오희문, 『쇄미록』, 이민수 역, 『쇄미록(상)』, 海州吳氏楸灘公派宗中, 1990.
유희춘, 『미암일기초』, 국학자료원, 1982.
유희춘, 『미암집』, 『한국문집총간』 34, 한국고전번역원, 1988.
윤 기, 『무명자집』, 『한국문집총간』 256, 한국고전번역원, 2000.
윤 증, 『명재유고』, 『한국문집총간』 136, 한국고전번역원, 1994.
윤 휴, 『백호집』, 『한국문집총간』 123, 한국고전번역원, 1994.
이 선, 『지호집』, 『한국문집총간』 143, 한국고전번역원, 1995.
이 식, 『사우정집』, 『한국문집총간』 16, 한국고전번역원, 1988.
이 익, 『우담집』, 『한국문집총간』 권12, 한국고전번역원, 1994.
이 준, 『창석집』, 『한국문집총간』 64, 한국고전번역원, 1988.
이 황, 『퇴계집』, 『한국문집총간』 30, 한국고전번역원, 1988.
이규경, 『오주연문장전산고』, 한국고전번역원 홈페이지.
이기홍, 『직재집』, 『한국문집총간』 149, 한국고전번역원, 1995.
이덕수, 『서당사재』, 『한국문집총간』 186, 한국고전번역원, 1997.
이정형, 『지퇴당집』, 『한국문집총간』 58, 한국고전번역원, 1988.
이중환 지음, 이익성 옮김, 『택리지』, 을유문화사, 2007.

이항로, 『화서집』, 『한국문집총간』 304, 한국고전번역원, 2003.
이형상, 『병와전집』, 국학중앙연구원, 1980.
장흥효, 『경당집』, 『한국문집총간』 69, 한국고전번역원, 1988.
정 양, 『포옹집』, 『한국문집총간』 101, 한국고전번역원, 1988.
정 철, 『송강집』 권7, 『한국문집총간』 46, 한국고전번역원, 1988.
정경세, 『우복집』, 『한국문집총간』 68, 한국고전번역원, 1988.
정사룡, 『호음잡고』, 『한국문집총간』 25, 한국고전번역원, 1988.
정약용, 『여유당전서』, 『한국문집총간』 282, 한국고전번역원, 2002.
조 익, 『포저집』, 『한국문집총간』 85, 한국고전번역원, 1988.
조 정 지음, 이현종 편역, 『조정선생문집』, 조정선생문집간행위원회, 1977.
조경남, 『난중잡록』, 한국고전번역원 홈페이지 "고전번역총서".
주세붕, 『무릉잡고』, 『한국문집총간』 26~27, 한국고전번역원, 1988.
주세붕, 『죽계지』, 한국고전번역원 홈페이지 "고전번역총서".
최유해, 『묵수당집』, 『韓國文集叢刊續』 23, 한국고전번역원, 2006.
최한기, 『인정』, 한국고전번역원 홈페이지 "고전번역총서".
한필수, 『오주유집』 上, 한국국학진흥원 홈페이지.
홍인우, 『치재유고』, 『한국문집총간』 36, 한국고전번역원, 1988.
홍직필, 『매산집』, 『한국문집총간』 295, 한국고전번역원, 2002.

『고려사』·『고려사절요』·『조선왕조실록』·『승정원일기』.
『公州(公山)李氏大同譜』, 공주(공산)이씨대동보편찬위원회, 1990.
安東金氏中央花樹會 編, 『安東金氏世譜』, 安東金氏中央花樹會, 1982.
오세창 外 편, 『영남향약자료집성』, 영남대학교 출판부, 1986.
한국학문헌연구소, 『推案及鞫案』, 아세아문화사, 1980.

김흥규 외, 『고시조 대전』, 고려대학교 민족문화연구원, 2012.

고대본, 〈오륜가〉. 고려대학교 중앙도서관 소장, 청구기호 만송 C15 A97A.
김석배 편, 『경오본 『노계가집』』, 구미문화원, 2006.
유영무 著, 유구상 註, 「오륜가」, 『어문논집』 6, 민족어문학회, 1962.
임기중 편, 『(개인본)역대가사문학전집』, 여강출판사, 1998.

정재호, 『(註解)草堂問答歌』, 박이정, 1996.
정재호・장정수, 『송강가사』, 신구문화사, 2006.

2.1. 저서: 국내서

강명관, 『국문학과 민족 그리고 근대』, 소명출판, 2007.
강명관, 『열녀의 탄생』, 돌베개, 2009.
강명관, 『조선시대 문학 예술의 생성 공간』, 소명출판, 2002.
강성호, 『마르크스주의 역사학의 새로운 시작을 위하여』, 책세상, 2003.
고정희, 『고전시가와 문체의 시학: 윤선도와 정철의 경우』, 월인, 2004.
길진숙, 『조선전기 시가예술론의 형성과 전개』, 소명출판, 2002.
김건태, 「조선시대 양반가의 농업경영」, 역사비평사, 2004.
김명준, 『악장가사 연구』, 다운샘, 2004.
김성룡, 『여말선초의 문학사상』, 한길사, 1995.
김성우, 『조선중기 국가와 사족』, 역사비평사, 2001.
김준형, 『조선 후기 단성 사족층 연구』, 아세아문화사, 2000.
김창현, 『高麗의 女性과 文化』, 신서원, 2007.
김풍기, 『朝鮮前期 文學論 硏究』, 태학사, 1996.
김학성, 『한국 시가의 담론과 미학』, 보고사, 2004.
김 현 編, 『미셸 푸코의 문학비평』, 문학과지성사, 1989.
김흥규, 『욕망과 형식의 시학』, 태학사, 1999.
김흥규, 『한국문학의 이해』, 민음사, 1986.
박경주, 『경기체가 연구』, 이회문화사, 1996.
박능서, 『韓國系行譜』 天, 보고사, 1980.
박성의, 『月巖全集 (4): 松江・蘆溪・孤山의 詩歌文學』, 예그린출판사, 1978.
박연호, 『가사문학 장르론』, 다운샘, 2003.
박연호, 『교훈가사 연구』, 다운샘, 2003.
박용운, 『고려시대사』, 일지사, 2008.
박원재, 『유학은 어떻게 현실과 만났는가』, 예문서원, 2001.
박 주, 『조선시대의 정표정책』, 일조각, 1997.
양운덕, 『미셸 푸코』, 살림, 2003.

오영교 편, 『조선 건국과 경국대전체제의 형성』, 혜안, 2004.
육민수, 『조선 후기 가사문학의 담론 양상』, 보고사, 2009.
윤평중, 『담론이론의 사회철학』, 문예출판사, 1998.
이광수, 『이광수전집』 10, 우신사, 1979.
이만규, 『조선교육사』, 을유문화사, 1947.
이상원, 『17세기 시조사의 구도』, 보고사, 2000.
이상원, 『조선시대 시가사의 구도와 시각』, 보고사, 2004.
이우성, 『實是學舍散藁』, 창작과비평사, 1995.
이진경, 『철학의 외부』, 그린비, 2006.
이해준, 『조선시기 촌락사회사』, 민족문화사, 1996.
이형대, 『한국 고전시가와 인물 형상의 동아시아적 변전』, 소명출판, 2002.
임형택 편역, 『이조시대 서사시』 하, 창작과비평사, 1992.
조규익, 『봉건시대 민중의 저항과 고발문학: 거창가』, 월인, 2000.
정재훈, 『朝鮮前期 儒教政治思想 硏究』, 태학사, 2005.
정진영, 『조선시대 향촌사회사』, 한길사, 1999.
제자원, 『그랜드 종합 주석』 12, 성서교재간행사, 1995.
조동일, 『한국문학통사(3판)』 2권, 지식산업사, 2003.
조윤제, 『조선시가사강』, 동광당서점, 1937.
최재남, 『사림의 향촌생활과 시가문학』, 국학자료원, 1997.
한국사상연구회, 『조선유학의 개념들』, 예문서원, 2003.

2.2. 저서: 국외서

G.W. 길모어 지음, 신복룡 옮김, 『서울풍물지』, 집문당, 1999.
H.B. 헐버트 지음, 신복룡 옮김, 『대한제국멸망사』, 집문당, 1999.
J.S. 게일 지음, 신복룡 옮김, 『전환기의 조선』, 집문당, 1999.
Philip C.C. Huang, The Peasant Family and Rural Development in the Yangzi Delta, 1350~1988, California: Stanford University press, 1990.
T. Hawkes 지음, 심명호 옮김, 『은유』, 서울대학교 출판부, 1986.
W.E. 그리피스 지음, 신복룡 옮김, 『은자의 나라 한국』, 집문당, 1999.
고지마 쓰요시 저, 신현승 역, 『송학의 형성과 전개』, 논형, 2004.

기시모토 미오 · 미야지마 히로시 지음, 김현영 · 문순실 옮김, 『조선과 중국 근세 오백년을 가다: 일국사를 넘어선 동아시아 읽기』, 역사비평사, 2003.
다이안 맥도넬 지음, 임상훈 옮김, 『담론이란 무엇인가: 알튀세 입장에서의 푸코 · 포스트맑시즘 비판』, 한울, 2002.
데이비드 맥렐런 지음, 구승회 옮김, 『이데올로기』, 도서출판 이후, 2002.
도날드 베이커 지음, 김세윤 옮김, 『朝鮮後期 儒敎와 天主敎의 대립』, 일조각, 1997.
루이 알뛰세르 지음, 김동수 옮김, 『아미엥에서의 주장』, 솔, 2000.
마루야마 마사오 지음, 김석근 옮김, 『일본정치사상사 연구』, 한국사상사연구소, 2005.
마르티나 도이힐러 지음, 이훈상 옮김, 『한국 사회의 유교적 변환』, 아카넷, 2005.
마크 피터슨 지음, 김혜정 옮김, 『유교사회의 창출: 조선중기 상속제와 입양제의 변화』, 일조각, 2000.
미셸 푸코 지음, 이정우 옮김, 『담론의 질서』, 새길, 1993.
미조구치 유조 外 지음, 동국대학교 동양사연구실 옮김, 『중국의 예치시스템』, 청계, 2004.
미조구치 유조 外 편저, 김석근 外 옮김, 『중국사상문화사전』, 민족문화문고, 2003.
야스마루 요시오 지음, 남춘모 옮김, 『방법으로서 사상사』, 대왕사, 2010.
야스마루 요시오 지음, 박진우 옮김, 『현대일본사상론』, 논형, 2006.
에드워드 와그너 지음, 이훈상 · 손숙경 옮김, 『조선왕조 사회의 성취와 귀속』, 일조각, 2007.
오하마 아키라 저, 이형성 옮김, 『범주로 보는 주자학』, 예문서원, 1997.
李澤厚 지음, 권호 옮김, 『화하미학』, 동문선, 1990.
조셉 칠더즈 · 게리 헨치 엮음, 황종연 옮김, 『현대 문학 · 문화 비평 용어사전』, 문학동네, 2003.
테리 이글턴 지음, 김현수 옮김, 『문학이론입문』, 인간사랑, 2001.
피터 K. 볼 지음, 심의용 옮김, 『중국 지식인들과 정체성: 사문(斯文)을 통해 본 당송 시대 지성사의 대변화』, 북스토리, 2008.
해리 하르투니언 지음, 윤영실 · 서정은 옮김, 『역사의 요동』, 휴머니스트, 2006.

3.1. 논문: 학위논문

강문식, 「權近의 經學과 經世觀」, 서울대학교 박사학위논문, 2005.

고미숙, 「19세기 시조의 전개 양상과 그 작품 세계 연구: 예술사적 흐름과 관련하여」, 고려대학교 박사학위논문, 1993.

김남이, 「집현전 학사의 문학 연구」, 이화여자대학교 박사학위논문, 2001.

김문택, 「16~17世紀 安東의 眞城李氏 門中 硏究」, 한국학중앙연구원 박사학위논문, 2004.

김민정, 「『경국대전』 상속입법주의에 관한 연구」, 이화여자대학교 석사학위논문, 2006.

김 범, 「朝鮮前期의 王權과 政局運營: 成宗·燕山君·中宗代를 중심으로」, 고려대학교 박사학위논문, 2005.

김선호, 「오륜가 연구」, 건국대학교 석사학위논문, 1981.

김성애, 「沈大允의 (福利全書)校註 飜譯」, 고려대학교 석사학위논문, 2010.

김용철, 「훈민시조 연구」, 고려대학교 석사학위논문, 1990.

김윤희, 「주세붕의 국문시가 연구」, 고려대학교 석사학위논문, 2005.

김정신, 「조선전기 훈구·사림의 정치사상 비교」, 연세대학교 박사학위논문, 2008.

김중기, 「신재 주세붕의 교훈시조 연구」, 계명대학교 석사학위논문, 2006.

김진영, 「17세기 사대부 시조 연구: 강호 시조와 훈민 시조를 중심으로」, 영남대학교 석사학위논문, 2009.

김창원, 「조선후기 사족창작 농부가류 가사의 작가의식 연구」, 고려대학교 석사학위논문, 1993.

노규호, 「조선 후기 교본성 가사 연구」, 홍익대학교 박사학위논문, 1998.

박연호, 「조선 후기 교훈가사 연구」, 고려대학교 박사학위논문, 1996.

박현순, 「16~17세기 예안현 사족사회 연구」, 서울대학교 박사학위논문, 2006.

신경숙, 「朝鮮後期 女唱歌曲의 硏究」, 고려대학교 박사학위논문, 1994.

양승민, 「17세기 傳奇小說의 통속화 경향과 그 소설사적 의미」, 고려대학교 박사학위논문, 2003.

서원경, 「18세기 사회변화 속에서의 書堂의 역할」, 이화여자대학교 석사학위논문, 2003.

육민수, 「조선 후기 교훈가사의 담론특성 연구: 19~20세기 초반 작자성이 상실된 텍스트를 중심으로」, 성균관대학교 박사학위논문, 2003.

이경구, 「17~18세기 壯洞 金門 연구」, 서울대학교 박사학위논문, 2003.
이명희, 「조선 후기 공동체 윤리규범의 특성에 관한 연구: 『승총명록』과 〈남평문씨 고문서〉를 중심으로」, 한국학중앙연구원 박사학위논문, 2000.
이용기, 「19세기 후반~20세기 중반 洞契와 마을자치」, 서울대학교 박사학위논문, 2007.
이은영, 「朝鮮 初期 祭文 硏究」, 이화여자대학교 박사학위논문, 2001.
이황진, 「초당문답가 연구」, 단국대학교 석사학위논문, 1999.
임상혁, 「조선전기 민사소송과 소송이론의 전개」, 서울대학교 박사학위논문, 2000.
임주탁, 「연시조의 발생과 특성에 관한 연구: 〈어부가〉, 〈오륜가〉, 〈도산육곡〉 계열 연시조를 중심으로」, 서울대학교 석사학위논문, 1990.
장유림, 「〈목시룡전〉 연구」, 한국교원대학교 석사학위논문, 2002.
장윤선, 「조선 전기 귀신 담론 연구」, 서강대학교 박사학위논문, 2007.
조세형, 『가사장르의 담론특성 연구』, 서울대학교 박사학위논문, 1998,
조재현, 「〈진대방전〉 연구」, 국민대학교 석사학위논문, 1998.
조진희, 「權近의 天人心性論 硏究: 『入學圖說』을 중심으로」, 연세대학교 석사학위논문, 2001.
조태흠, 「훈민시조 연구」, 부산대학교 박사학위논문, 1989.
지연숙, 「〈여와전〉 연작의 소설 비평 연구」, 고려대학교 박사학위논문, 2001.
최경훈, 「조선시대 간행의 주자 저술과 주석서의 편찬」, 경북대학교 석사학위논문, 2008.
최현재, 「박인로 시가의 현실적 기반과 문학적 지향 연구」, 서울대학교 박사학위논문.
하윤섭, 「俛仰 宋純의 현실대응방식과 시적 지향」, 고려대학교 석사학위논문, 2007.
한창훈, 「朴仁老・鄭勳 詩歌의 現實認識과 志向」, 고려대학교 석사학위논문, 1993.
홍인숙, 「근대계몽기 여성담론 연구」, 이화여자대학교 박사학위논문, 2007.

3.2. 논문: 일반논문

Kyuhan Bae, "Labor Strategy for Industrialization in South Korea", Pacific Affairs 62, no.3, 1989.
강명관, 「우부가 연구」, 상산정재호박사화갑기념논총간행위원회 編, 『한국가사문학연구』, 태학사, 1995.

강명관, 「節婦, 烈婦, 烈女」, 동양한문학연구』 25, 동양한문학회, 2007.
강상순, 「〈사씨남정기〉의 적대와 희생의 논리」, 『고소설연구』 12, 한국고소설학회, 2001.
강상순, 「한국 고전문학 연구에 수용된 탈근대, 탈민족 담론에 대한 비판적 고찰: 고미숙과 강명관의 논의를 중심으로」, 『민족문화연구』 53, 고려대학교 민족문화연구원, 2010.
강전섭, 「전곽사부의 오륜가에 대하여」, 『동양학』 13, 단국대학교 동양학연구소, 1983.
계승범, 「한국의 유교화와 17세기」, 『한국사학사학보』 20, 한국사학사학회, 2009.
고미숙, 「근대적 "앎"의 배치와 "국민교양"의 탄생」, 『인문연구』 49, 영남대학교 인문과학연구소, 2005.
고영화, 「장르의 매체적 성격과 장르 선택 원리에 대하여: 오륜가 계열 경기체가와 시조를 중심으로」, 『문학교육학』 5, 한국문학교육학회, 2000.
구희진, 「19세기 중반 유자들의 보편교육론과 동몽서의 편찬」, 『역사교육』 92, 역사교육연구회, 2004.
권내현, 「조선후기 입양의 확산 추이와 수용 양상」, 『역사와현실』 73, 한국역사연구회, 2009.
권내현, 「조선후기 평민 동성촌락의 성장」, 『민족문화연구』 52, 고려대학교 민족문화연구원, 2010.
권두환, 「松江의 〈訓民歌〉에 대하여」, 『진단학보』 42, 진단학회, 1976.
권두환, 「시조의 발생과 기원」, 국어국문학회 편, 『고시조 연구』, 태학사, 1997.
권두환, 「목소리 낮추어 노래하기: 송강 정철의 〈훈민가〉」, 백영 정병욱 선생 10주기추모논문집 간행위원회, 『한국고전시가작품론』 2, 집문당, 1992.
권순회, 「『초당문답가』의 이본 양상과 주제적 의미」, 고려대학교 고전문학한문학연구회 편, 『19세기 시가문학의 탐구』, 집문당, 1995.
권오석, 「서당교재에 관한 서지적 연구」, 『서지학연구』 10, 서지학회, 1994.
길진숙, 「주세붕의 『죽계지』 편찬과 시가관: 황준량과의 시가편입 논쟁을 중심으로」, 『민족문학사연구』 11, 민족문학사학회, 1997.
길진숙, 「16세기 사림의 주자의례 실천과 〈분천강호가〉: 제도에 맞는 몸과 마음은 어떻게 만들어지는가?」, 『한국문학이론과비평』 31, 한국문학이론과비평학회, 2006.
길진숙, 「빽덕어미와 괴똥어미의 일탈과 그 성격: 〈용부가〉, 〈복선화음가〉, 〈심청가〉의 일탈형 여성인물에 대한 고찰」, 『한국고전연구』 19, 한국고전연구학회, 2009.

김경호, 「16세기 조선 지식인 사회의 『심경』 수용과 철학적 담론의 형성」, 『동양철학』 19, 한국동양철학회, 2003.

김기봉, 「시뮬라크르 시대에서 역사란 무엇인가」, 『한국언어문화』 25, 한국언어문화학회, 2004.

김남이, 「17세기 사대부의 『주자가례』에 대한인식과 일상에서의 예 실천」, 『정신문화연구』 29-2, 한국학중앙연구원, 2006.

김남이, 「세종대 과거제도에 관한 논쟁과 유교문화 국가의 이상」, 『민족문학사연구』 33, 민족문학사학회, 2007.

김명숙, 「『여흥민씨가승기략』을 통해 본 17~18세기 여흥 민문의 형성과 가문 정비」, 『한국사상과 문화』 46, 한국사상문화학회, 2009.

김무진, 「조선 후기 서당의 사회적 성격」, 『역사와현실』 16, 한국역사연구회, 1995.

김문용, 「심대윤의 복리사상과 유학의 세속화」, 『시대와 철학』 21-3, 한국철학사상연구회, 2010.

김 범, 「조선전기 '훈구·사림세력' 연구의 재검토」, 『한국사학보』 15, 고려사학회, 2003.

김 범, 「훈구 세력'에 대한 공정한 인식과 평가」, 『내일을 여는 역사』 26, 내일을 여는 역사, 2006.

김석배, 「庚午本 『蘆溪歌集』 硏究」, 『어문학』 91, 한국어문학회, 2006.

김선홍, 「조선 봉건제론의 연구사적 재검토」, 『산경논총』 12, 강릉대학교 영동산업문제연구소, 1990.

김성우, 「연속된 두 시기로서의 16·17세기: '조선중기론'의 입장에서」, 『내일을 여는 역사』 24, 내일을 여는 역사, 2006.

김성우, 「"조선 중기"를 바라보는 두 개의 시선: 한국과 미국의 역사학계 비교」, 『한국사연구』 143, 한국사연구회, 2008.

김언순, 「18세기 종법사회 형성과 사대부의 가정교화」, 『사회와역사』 83, 한국사회사학회, 2009.

김영민, 「성리학의 형이상학: 개별 자아의 세계 전유」, 『철학과 현실』 58, 철학문화연구소, 2003.

김영민, 「『맹자』의 「불인인지심장」 해석에 담긴 정치 사상」, 『정치사상연구』 13-2, 한국정치사상학회, 2007.

김영민, 「미시성의 정치: 논어의 경우」, 『한국정치학회보』 43, 한국정치학회, 2009.

김영민, 「철학의 역사와 의미의 역사, 성리학자와 연암 박지원」, 『한국학논집』 43, 계명대학교 한국학연구소, 2011.

김정신, 「조광조, 인간의 도덕성에 대한 믿음으로 조선의 정치를 개혁하다」, 『내일을 여는 역사』 36, 내일을 여는 역사, 2009.

김정신, 「조선전기 훈구세력의 인성론과 형정 중시의 정치운영」, 『한국사상사학』 33, 사상사회연구소, 2009.

김정신, 「조선전기 "훈구", "사림"의 출처론과 공신관」, 『한국사상사학』 37, 한국사상사학회, 2011.

김준석, 「조선전기의 사회사상: 『소학』의 사회적 기능 분석을 중심으로」, 『동방학지』 29, 연세대학교 국학연구원, 1981.

김창원, 「18~19세기 향촌사족의 가문결속과 가사의 소통」, 고려대학교 고전문학 한문학연구회 편, 『19세기 시가문학의 탐구』, 1995.

김창원, 「조선전기 시조사의 시각과 경기체가」, 『한국시가연구』 9, 한국시가학회, 2001.

김필동, 「「통속도덕」의 역사성에 대한 일고찰」, 『일본어문학』 34, 일본어문학회, 2006.

김항수, 「조선전기 삼강행실도와 소학의 편찬」, 『한국사상의문화』 19, 한국사상문화학회, 2003.

김현숙, 「서양인 여행기에 표상된 '공존·공생'의 조선 사회상」, 『역사와 담론』 54, 호서사학회, 2009.

김훈식, 「16세기 『이륜행실도』 보급의 사회사적 고찰」, 『역사학보』 107, 역사학회, 1985.

김훈식, 「고려후기의 『효행록』 보급」, 『한국사연구』 73, 한국사연구회, 1991.

김훈식, 「朝鮮初期 『三綱行實圖』 보급의 대상」, 『인제논총』 12, 인제대학교, 1996.

김흥규, 「선초 악장의 天命論的 상상력과 정치의식」, 『한국시가연구』 7, 한국시가학회, 2000.

김흥규, 「사설시조의 애욕과 성적 모티프에 대한 재조명」, 『한국시가연구』 13, 한국시가학회, 2003.

노관범, 「19세기 후반 淸道 지역 南人學者의 학문과 『小學』의 대중화」, 『한국학보』 27-3, 일지사, 2001.

도베 히데야키, 「'민중사상사' 연구의 출발」, 도면회·윤해동 엮음, 『역사학의 세기: 20세기 한국과 일본의 역사학』, 휴머니스트, 2009.

박경하, 「倭亂 直後의 鄕約에 대한 硏究: 高坪洞을 중심으로」, 『중앙사론』 5, 한국중앙사학회, 1987.

박규홍, 「시조의 사회적 기능 고찰: 조선조 사회와 시조의 관계를 중심으로」, 『시조학논총』 19, 한국시조학회, 2003.

박성의, 「『경민편』과 〈훈민가〉 소고」, 『어문논집』 10, 안암어문학회, 1967.

박연호, 「19세기 오륜가사 연구」, 고전문학한문학연구학회 편, 『19세기 시가문학의 탐구』, 집문당, 1995.

박연호, 「퇴계가사의 퇴계소작 여부 재검토」, 『우리어문연구』 36, 우리어문학회, 2010.

박요순, 「20세기 가사 考: 오륜가를 중심으로」, 『한남어문학』 4, 한남대학교 국어국문학과, 1988.

박은정, 「〈진대방전〉에 나타난 이념의 위상과 이본 생성 동인」, 『한민족어문학』 47, 한민족어문학회, 2005.

박재현, 「조선전기 불교의 이념적 변화 과정 연구」, 『불교학연구』 26, 불교학연구회, 2010.

박현순, 「17~18세기 예안현 사족사회와 향안, 원생안, 교생안」, 『고문서연구』 30, 한국고문서학회, 2007.

배항섭, 「19세기 지배질서의 변화와 정치문화 변용」, 『한국사학보』 39, 고려사학회, 2010.

백순철, 「청계 강복중 시조 연구」, 『한국시가연구』 12, 한국시가학회, 2002.

변동명, 「고려시기의 불교와 유교」, 『한국중세사연구』 18, 한국중세사학회, 2005.

서만수, 「鄭松江의 〈訓民歌〉 硏究」, 『한국어문학연구』 7, 동악어문학회, 1971.

서영숙, 「오륜가사의 서술방식과 의미」, 『한국언어문학』 37, 한국언어문학회, 1996.

손대현, 「노계 박인로의 경제적 기반과 문학적 형상화」, 『한국시가연구』 29, 한국시가학회, 2010.

스튜어트 홀 지음, 김덕련 옮김, 「문화연구에서 그람시의 적절성」, 『읽을꺼리』 6, 카피레프트, 2000.

신경숙, 「19세기 연행예술의 유통구조: 가곡(시조문학)을 중심으로」, 『어문논집』 43, 민족어문학회, 2001.

신경숙, 「규방가사, 그 탄식 시편을 읽는 방법」, 국제어문학회 편, 『한국문학사의 전개 과정과 문학담당층』, 국학자료원, 2002.

신경숙, 「권섭 『가보』의 악보사적 의의」, 이창희 외, 『옥소 권섭과 18세기 조선 문화』, 다운샘, 2009.

신경숙, 「조선후기 가곡 향유 범위와 그 의미」, 『시조학논총』 34, 한국시조학회, 2011.

신연우, 「주세붕에서 정철로 훈민시조의 변이와 그 의의」, 『온지논총』 4, 온지학회, 1998.

야스마루 요시오 지음, 박환무 옮김, 「'역사 교과서' 문제와 현대 일본」, 『당대비평』 16, 생각의나무, 2001.

오경후, 「여말선초 기화의 유·불회통론」, 『한국사상과 문화』 32, 한국사상문화학회, 2006.

오종록, 「유교는 고려와 조선의 통치에 어떤 역할을 하였나?」, 『내일을 여는 역사』 16, 내일을 여는 역사, 2004.

우용제, 「조선 후기 서당교육의 양면성」, 『교육사학연구』 4, 서울대학교 교육사학회, 1992.

우응순, 「16세기 정치현실과 시가문학」, 『민족문학사강좌(상)』, 창작과비평사, 1995.

우응순, 「주세붕의 백운동서원 창설과 국문시가에 대한 방향 모색: 황준량과의 논의를 중심으로」, 『어문논집』 35, 민족어문학회, 1996.

우응순, 「박인로의 "안빈낙도" 의식과 자연」, 우응순 외, 『조선중기 시가와 자연』, 태학사, 2002.

육민수, 「『片片奇談警世歌』와 『萬古奇談處世歌』의 출판 배경과 텍스트 지향」, 『한민족어문학』 50, 한민족어문학회, 2007.

윤덕진, 「송강가사 전승사실의 맥락」, 『열상고전연구』 26, 열상고전연구회, 2007.

윤성근, 「훈민시조 연구」, 『한메김영기선생고희기념논문집』, 형설출판사, 1971.

윤인숙, 「16세기 『小學諺解』의 사회 정치적 의미와 대중화: 『飜譯小學』과 『小學諺解』를 중심으로」, 『한국어문학연구』 58, 한국어문학연구학회, 2012.

윤지훈, 「조선 후기 여항인의 교육활동과 그 효과」, 『한자한문교육』 21, 한국한자한문교육학회, 2008.

윤진영, 「지식의 유통에 있어 『삼강행실도』 판화의 기능과 특징」, 주영하 외, 『조선시대 책의 문화사』, 휴머니스트, 2008.

윤진욱, 「조선전기 '소학계' 연구」, 『경주사학』 32, 경주사학회, 2010.
이도흠, 「18~19세기 가사에서 상품화폐경제에 대한 태도 유형 분석」, 『고전문학연구』 34, 한국고전문학회, 2008.
이상보, 「朴善長의 五倫歌 硏究」, 『명대논문집』 9, 명지대학교, 1976.
이상원, 「강복중 시조 연구」, 『한국시가연구』 1, 한국시가학회, 1997.
이석규, 「조선초기 '교화'의 성격」, 『한국사상사학』 11, 한국사상사학회, 1998.
이영림, 「(서평) 『삼강행실도』, 유교윤리의 강요와 모방, 전유의 장: 주영하 외, 『조선시대 책의 문화사』(휴머니스트, 2008)」, 『시민인문학』 16, 경기대학교 인문과학연구소, 2009.
이영호, 「주자학파의 『대학』 해석과 조선전기 주자학적 『대학』 해석의 특징」, 『동방한문학』 19, 동방한문학회, 2000.
이영훈, 「18・19세기 大渚里의 身分變動과 自治秩序」, 안병직・이영훈 편, 『맛질의 농민들』, 일조각, 2001.
이영훈, 「조선전호고」, 『역사학보』 142, 역사학회, 1994.
이용기, 「미군정기의 새로운 이해와 '사회사'적 접근의 모색」, 『역사와현실』 35, 한국역사연구회, 2000.
이정원, 「판소리 문학에서 삼강행실도의 수용 양상」, 『한국고전여성문학연구』 14, 한국고전여성문학회, 2007.
이정철, 「조선 후기 경제변동의 새로운 성격 규정을 위하여」, 강만길 엮음, 『조선후기사 연구의 현황과 과제』, 창작과비평사, 2000.
이종건, 「김상용 시가문학론」, 『사림어문연구』 4, 사림어문학회, 1987.
이태문, 「윤리의식의 중세적 형상화: 〈진대방전〉을 중심으로」, 『연세학술논집 27, 연세대학교 대학원 총학생회, 1995.
이헌창, 「조선왕조의 경제통합체제와 그 변화에 관한 연구」, 『조선시대사학보』 49, 조선시대사학회, 2009.
이현국, 「〈진대방전〉의 전반적 성격」, 『국어국문학연구』, 연거제 정년기념논총 간행위원회, 1995.
이형대, 「〈강호사시가〉의 장르적 성격과 세계 형상, 『어문논집』 36, 민족어문학회, 1997.
이희락, 「고려시대 유교의 실천윤리」, 『한국사연구』 10, 한국사연구회, 1974.
임선묵, 「水西와 〈五倫歌〉」, 『국문학논집』, 단국대학교 국어국문학과, 1968.
장경남, 「임・병 양란과 17세기 소설사」, 『우리문학연구』 21, 우리문학연구회,

2007.

장동우, 「조선 후기 가례 담론의 등장 배경과 지역적 특색」, 『국학연구』 13, 한국국학진흥원, 2008.

장동표, 「임진왜란 전후 밀양 재지사족의 동향」, 『역사와현실』 55, 한국역사연구회, 2005.

장동표, 「17세기 영남지역 재지사족의 동향과 향촌사회」, 『역사와경계』 68, 부산경남사학회, 2008.

장석만, 「한국 의례 담론의 형성」, 윤해동 外, 『근대를 다시 읽는다』 1, 역사비평사, 2006.

전재강, 「훈민시조 작가와 작품의 역사적 성격」, 『어문학』 79, 한국어문학회, 2003.

정순우, 「주세붕의 『心圖』 편찬과 그 사상적 의미」, 『퇴계학보』 123, 퇴계학연구원, 2008.

정익섭, 「경민편과 훈민가」, 『한국언어문학』 3, 한국언어문학회, 1965.

정일영, 「임진왜란 이후 '교화'의 양상: 광해군대 『동국신속삼강행실도』를 중심으로」, 『한국사상사학』 34, 한국사상사학회, 2010.

정재훈, 『조선전기 『대학』의 이해와 성학론』, 『진단학보』 86, 진단학회, 1998.

정지영, 「임진왜란 이후의 여성교육과 새로운 '충'의 등장: 『동국신속삼강행실도』를 중심으로」, 『국학연구』 18, 한국국학진흥원, 2011.

정출헌, 「고려가요의 층위와 그 전승양상」, 『민족문학사연구』 13, 민족문학사연구소, 1998.

정출헌, 「가부장적 가족제도의 질곡과 〈사씨남정기〉」, 『배달말』 27, 배달말학회, 2000.

정출헌, 「고전문학에서의 근대성 논의, 그 반성의 자리와 갱신의 계기」, 『국제어문』 35, 국제어문학회, 2005.

정출헌, 「16세기 사림파 문인의 문학사회학적 인식 지평과 문학생성 공간의 연구」, 『동양한문학연구』 24, 동양한문학회, 2007.

정충권, 「판소리 사설에 나타난 관용적 지식 담론의 문화적 의미」, 『판소리연구』 31, 판소리학회, 2011.

정한기, 「이경의 〈飜訓民歌十八章〉에 나타난 〈훈민가〉 한역의 배경과 그 양상」, 『고전문학과 교육』 11, 한국고전문학교육학회, 2006.

정호훈, 「16~17세기 『警民編』 간행의 추이와 그 성격」, 『한국사상사학』 26, 한국사상사학회, 2006.

정환국, 「「설공찬전」 파동과 16세기 소설인식의 추이」, 『민족문학사연구』 25, 민족문학사학회, 2004.

조규익, 「선초악장 〈오륜가〉의 시대적 의미」, 『온지논총』 24, 온지학회, 2010.

조남호, 「조선에서 주기철학은 가능한가」, 『논쟁으로 보는 한국철학』, 예문서원, 1995.

조성래, 「朴仁老 〈五倫歌〉의 構造文體 硏究」, 『어문논총』 14, 청주대학교, 1999.

조춘호, 「목시룡전 연구」, 『어문학』 58, 한국어문학회, 1996.

조태흠, 「유교이념의 시적 변용고: 훈민시조를 중심으로」, 『국어국문학지』 27, 문창어문학회, 1990.

조현설, 「성녀와 악녀: 조선 전기 불교계 소설의 여성 형상과 유가 이데올로기의 접점에 관한 시론」, 『불교어문논집』 8, 한국불교어문학회, 2003.

조현설, 「형식과 이데올로기의 분화: 16세기 몽유록의 생성과 전개」, 『민족문학사연구』 25, 민족문학사학회, 2004.

조현우, 「〈오륜행실도〉 도상의 삽화적 성격과 그 함의」, 『한국고전연구』 20, 고전연구학회, 2009.

최재남, 「〈훈민가〉 보급의 경과와 그 의미」, 『고시가연구』 21, 한국고시가문학회, 2008.

최진덕, 「주자학적 예치의 이념과 그 현실」, 김상준 外, 『유교의 예치 이념과 조선』, 청계, 2007.

최현재, 「敎訓時調의 傳統과 朴仁老의 〈五倫歌〉」, 『한국시가연구』 14, 한국시가학회, 2003.

편집부, 「조선 중기 예학사상의 사회적 수용과 일상문화의 변화」, 『정신문화연구』 29-2, 한국학중앙연구원, 2006.

하윤섭, 「시적 체험의 다양성과 〈노처녀가(1)〉: 규방가사 권역에서 향유된 〈노처녀가(1)〉을 중심으로」, 『국어문학』 44, 국어문학회, 2008.

하윤섭, 「17세기 송강 시가의 수용 양상과 그 의미」, 『민족문학사연구』 37, 민족문학사학회, 2008.

하윤섭, 「鮮初 〈五倫歌〉의 고전적 원천과 그 의미: 경기체가 〈오륜가〉와 시조 〈오륜가〉를 중심으로」, 『어문논집』 60, 민족어문학회, 2009.

하윤섭, 「16세기 오륜시조 출현의 시기적 조건과 그 정치적 의미」, 『민족문학사연구』 46, 민족문학사학회, 2011.

하윤섭, 「16세기의 법적 질서와 〈오륜가〉의 발생: 15세기와의 대비적 지점을 중심으로」, 『우리어문연구』 46, 우리어문학회, 2010.

한국유교학회, 『유교사상연구』 24, 한국유교학회, 2005.

한기범, 「沙溪·愼獨齋 禮學의 성격과 위상」, 『유교사상연구』 19, 한국유교학회, 2003.

한창훈, 「17세기 향반계층 시가의 강호 인식」, 우응순 외, 『조선중기 시가와 자연』, 태학사, 2002.

한창훈, 「박인로의 〈오륜가〉에 드러난 작가의식과 그 사회적 성격」, 『한국시가연구』 2, 한국시가학회, 1997.

허왕욱, 「박인로의 〈오륜가〉에 나타난 미의식의 양상」, 『청람어문교육』 15, 청람어문학회, 1996.

황병익, 「박선장의 교육자적 면모와 그 문학세계 고찰」, 『한국문학논총』 23, 한국문학회, 1998.

하윤섭

학력 및 경력

고려대학교 국어교육과 및 동 대학원 국어국문학과 졸업
고려대학교 민족문화연구원 선임연구원
한국고전번역원 국역연수원 일반연수부 졸업
한국연구재단 박사후연구원(경기대학교 · 한성대학교)
현 충북대학교 국어교육과 교수

논문

「17세기 송강 시가의 수용 양상과 그 의미」(2008)
「조선후기 『삼국지』 인물 차용 시조의 유행과 시대적 동인에 대한 탐색」(2012)
「서포 김만중의 송강가사 수용과 그 배경」(2012)
「의미의 역사와 〈누항사〉: 교육적 독법의 마련을 겸하여」(2013)
「조선 후기 단군에 대한 기억의 변화와 그 所因」(2013)
「가부장적 이데올로기의 모순과 상상적 봉합」(2013) 등

民族文化研究叢書144
조선조 오륜시가의 역사적 전개 양상

2014년 2월 28일 초판 1쇄 펴냄

저 자 하윤섭
발행인 최용철
발행처 高麗大學校 民族文化研究院

등록 1964년 9월 28일 제6-18호
주소 서울특별시 성북구 안암동
전화 02-3290-1610~3
팩스 02-926-8385
http://riks.korea.ac.kr

정가 24,000원